U0720657

国家社会科学基金重大招标项目（批准号：15ZDC023）
国家社会科学基金重大招标项目（批准号：17ZDA054）　研究成果
国家社会科学基金重点项目（批准号：17AJY008）

数字经济对我国产业结构转型升级影响与对策研究

辛金国　李广乾　著

科 学 出 版 社
北 京

内 容 简 介

本书以数字经济驱动产业结构优化升级为主线,通过构建数字经济对产业结构转型升级的评价指标体系,系统研究了数字经济推动产业结构转型升级的作用机制及关键影响因素,实证分析了数字经济影响产业结构升级的路径与差异原因,并据此从数字经济产业发展角度,探索了我国数字经济促进产业结构升级的具体途径和若干政策建议。本书包括总论篇、数字经济与产业结构转型升级测度与评价研究篇、数字经济对我国产业结构转型升级影响机理的实证研究篇、数字经济促进产业结构转型升级的对策研究篇与我国数字产业化发展若干问题的调研报告篇,共五篇三十章,把数字经济发展战略与产业结构转型升级有机结合,具有战略性、前瞻性、创新性与应用性结合的特点,这对于丰富数字经济促进产业结构升级发展战略研究的理论体系、推进数字经济发展战略的建设实践,具有积极的推进作用。

本书适合数字经济与产业组织研究与实践工作者、政府官员、企业管理人员、高等学校相关专业教师和研究生等参考阅读。

图书在版编目(CIP)数据

数字经济对我国产业结构转型升级影响与对策研究 / 辛金国,
李广乾著. —北京:科学出版社,2020.12
　ISBN 978-7-03-066615-4

Ⅰ. ①数… Ⅱ. ①辛… ②李… Ⅲ. ①信息化-影响-产业结构升级-研究-中国 Ⅳ. ①F269.24

中国版本图书馆 CIP 数据核字(2020)第 210897 号

责任编辑:陈会迎 / 责任校对:贾伟娟
责任印制:张 伟 / 封面设计:无极书装

科 学 出 版 社 出版
北京东黄城根北街 16 号
邮政编码:100717
http://www.sciencep.com

北京中科印刷有限公司 印刷
科学出版社发行　各地新华书店经销

*

2020 年 12 月第 一 版　开本:720×1000　B5
2023 年 8 月第二次印刷　印张:22
字数:435 000
定价:218.00元
(如有印装质量问题,我社负责调换)

前　言

　　本书是国家社会科学基金重大招标项目"我国实施网络强国战略的推进机制与实现路径研究"（15ZDC023）、国家社会科学基金重大招标项目"互联网融合产业经济理论与政策研究"（17ZDA054）、国家社会科学基金重点项目"我国特色小镇竞争力的综合评价与实现路径研究"（17AJY008）的研究成果。

　　目前，以物联网、云计算、移动互联网及大数据为代表的新一代信息技术正在发生深刻的变化，一批数字化、信息化、智能化程度较高的数字经济悄然兴起。数字经济已经成为世界关注的重要经济模式，各国政府将数字经济的发展视为促进自身经济增长、改善经济结构以及加强国际竞争力的不可避免的选择。一方面，信息技术的各主要领域整体上正处于群发性突破和颠覆性变革前夜。信息技术促进了多技术、多系统的深度集成与综合，促进了平台、产品、内容的多层面融合，促进了网络、业务、内容和终端的互动式发展，开辟了技术扩散、知识共享和开放获取的新模式，缩短了技术发现、技术发明和技术创新的周期，推动了知识创造和管理服务走向一体化。另一方面，我国产业结构与就业结构正在发生深刻变化。目前，我国传统制造业正面临产能过剩、出口滞缓甚至是部分企业倒闭、外迁的局面。在东南沿海地区，这种情况相对比较明显，特别是那些玩具制造、服装鞋帽生产、电器加工等以代工为主的劳动密集型行业。但是，我国数字经济却在蓬勃发展，新一代信息技术不仅催生了许多新兴行业，而且快速进入了很多传统经济领域，从而促进了我国产业结构的转型与升级。

　　新一代信息技术及其信息化与工业制造业的深度改造与融合，对于提高企业、行业的产品、市场竞争实力与国家的综合竞争力具有特别重要的意义，因而受到西方发达国家的极大关注。2009年以来，这种深度改造与融合首先成为美国政府"再工业化"与"重振美国制造业"战略的重要内容。美国2009年12月出台《重振美国制造业框架》，2011年6月启动"先进制造伙伴计划"，2012年3月提出建设"国家制造业创新网络"，并于2013年1月发布《国家制造业创新网络初步设计》。2011年，在德国举行的"汉诺威工业博览会"上提出了"工业4.0"的大体概念，其后德国发布《高技术战略2020》将"工业4.0"作为十大未来项目之一；2013年，德国"工业4.0"工作组发布《保障德国制造业的未来：关于实施"工业4.0"战略的建议》的报告。当前，通过新一代信息技术及其信息化深度融合与改造工业制造业，正在成为跨国公司与世界发达国家加强科技研发、促进产业发展的战略方向。

党的十八大以来，以习近平同志为核心的党中央高度重视数字经济发展，2016年5月颁布了《国务院关于深化制造业与互联网融合发展的指导意见》（国发〔2016〕28号），从互联网视角对数字经济发展进行战略部署，是推动我国数字经济快速发展的关键纽带。2019年8月，《国务院办公厅关于促进平台经济规范健康发展的指导意见》（国办发〔2019〕38号）发布，提出"大力发展'互联网+生产'"，"深入推进智能制造和服务型制造"。2019年10月，国家数字经济创新发展试验区启动会举行，会议发布了《国家数字经济创新发展试验区实施方案》，并向浙江省、河北省（雄安新区）、福建省、广东省、重庆市、四川省等6个"国家数字经济创新发展试验区"授牌，正式启动试验区创建工作。截至2022年，数字产业化和产业数字化已取得显著的成效。2020年4月，国家发展改革委、中央网信办印发《关于推进"上云用数赋智"行动　培育新经济发展实施方案》的通知，提出"大力培育数字经济新业态，深入推进企业数字化转型，打造数据供应链，以数据流引领物资流、人才流、技术流、资金流，形成产业链上下游和跨行业融合的数字化生态体系"。因此，数字经济驱动产业结构转型升级，是我国适应产业升级需要，顺应世界数字经济发展趋势，充分发挥数字经济的规模优势和应用优势，推动产业结构转型升级，构筑产业发展新优势和新动能，促进我经济提质增效升级所面临的一项重大项目。

本书以"数字经济对我国产业结构转型升级影响与对策研究"为主题，在归纳总结数字经济对产业结构转型升级影响的国内外相关理论的基础上，从数字经济对产业结构转型升级的指标体系构建、影响机理、对策建议、调研报告等方面进行问卷调查及实证分析，从数字经济产业发展角度，提出了相关的政策建议，为我国产业结构优化升级提供理论指导和经验借鉴。

本书共有五篇三十章内容。

第一篇：总论。在阐述本书研究背景、研究框架和内容、研究方法、研究意义的基础上，通过数字经济推动产业结构转型升级等国内外基本理论研究现状的动态评述，提出了创新我国数字经济提升产业结构转型升级推进机制与实现路径等问题，并对构建数字经济推动产业结构转型升级的制度体系与实现路径提出了独特的见解。

第二篇：数字经济与产业结构转型升级测度与评价研究。该篇通过对数字经济对产业结构转型升级的评价指标体系的筛选与构建探索，实证分析了浙江省乃至全国的数字经济发展指数及其对产业结构转型升级的影响指数等问题，并为解决这些问题提出了新的方法与思路。

第三篇：数字经济对我国产业结构转型升级影响机理的实证研究。该篇针对以往研究主要是定性分析数字经济影响产业结构转型升级，而定量研究较少的问题，依据数字经济发展的五大要素，实证分析了各要素对产业结构转型升级的影响机理与实现路径，并对数字消费影响产业结构转型升级的机理进行了创新性和探索性的研究，以及用投入产出法系统分析了数字经济对经济社会的影响效应。

第四篇：数字经济促进产业结构转型升级的对策研究。该篇主要从国家信息领域核心技术设备发展、信息化促进产业结构转型升级、电子商务经济推动我国产业结构升级、数字经济平台治理、"互联网+"环境建设、工业互联网平台推进制造业转型升级、数字经济驱动医疗产业转型升级、组织信息标准化等方面提出了数字经济促进产业结构转型升级的对策。

第五篇：我国数字产业化发展若干问题的调研报告。该篇在对数字产业发展的现实性、针对性强等问题进行求真务实的调查研究的基础上，深入分析这些问题产生的原因，并提出相应的对策建议。这些调研报告包括：关于以5G引领浙江省"未来产业"发展的建议，浙江省加快发展芯片核心软件产业的对策建议，广州"区块链十条"对浙江省的借鉴启示，全球性芯片短缺对浙江省产业链供应链安全稳定的冲击及对策建议，新冠疫情下浙江省加快5G产业发展对策研究，杭州打造"区块链之都"的优势、短板及建议，杭州加快北斗卫星导航应用产业发展对策研究，杭州市打造"未来经济之都"的对策建议。我们充分发挥了重大项目成果为党和国家重大战略问题决策服务的智库作用。

本书主要由辛金国、李广乾等负责，辛金国负责整体设计、组织与统撰工作。具体参加本书撰写的成员有（以章节为序）：前言，辛金国、李广乾；第一章，辛金国；第二章，辛金国、张亮亮、方程；第三章，李广乾；第四章，辛金国、姬小燕；第五章，辛金国、沙培锋；第六章，辛金国、张亮亮；第七章，辛金国、张亮亮；第八章，辛金国、张亮亮；第九章，辛金国、方程；第十章，辛金国、马帅西；第十一章，李广乾；第十二章，李广乾；第十三章，李广乾、沈俊杰；第十四章，李广乾、陶涛；第十五章，陶涛、李广乾；第十六章，李广乾；第十七章，李广乾；第十八章，李广乾；第十九章，李广乾；第二十章，李广乾、周刚、司琳华、洪悠悠、袁东明；第二十一章，李广乾、陶涛；第二十二章，李广乾；第二十三章，辛金国、范剑；第二十四章，辛金国、刘淑春、刘军；第二十五章，辛金国；第二十六章，辛金国、刘昱、金洁；第二十七章，辛金国；第二十八章，辛金国；第二十九章，辛金国；第三十章，辛金国、金洁。辛金国、李广乾等对全书初稿进行了编撰。

本书在研究和撰写过程中，一直得到全国哲学社会科学规划办公室、国务院发展研究中心、教育部社科司、浙江省哲学社会科学工作办公室、杭州电子科技大学等有关部门及领导的指导与关怀，这使得本书内容新颖、数据准确、观点创新、资料丰富，在此一并表示诚挚的感谢！

尽管在本书撰写过程中，各位专家、学者以及实际部门的工作者都进行了耐心细致的专题研究，但由于水平有限、时间紧，同时在数字经济发展中又不断涌现出许多新问题，本书难免有不足之处，敬请各位读者批评指正。

目　　录

第一篇　总　　论

第二篇　数字经济与产业结构转型升级测度与评价研究

第三篇　数字经济对我国产业结构转型升级影响机理的实证研究

第四篇　数字经济促进产业结构转型升级的对策研究

第五篇　我国数字产业化发展若干问题的调研报告

第一篇　总　　论

第一章 绪　论

第一节　研究背景与意义

一、研究背景

（一）新一代信息技术的各主要领域均处于更新换代的重大变革期

1. 信息技术的各主要领域整体上正处于群发性突破和颠覆性变革前夜

随着泛在获取、高速传输、海量存储、数据挖掘和知识共享等需求的相互叠加与促进，集成电路、基础软件、计算机、通信网络、互联网应用、信息处理等核心技术不断取得突破，原有技术架构和发展模式不断被打破，开始步入代际跃迁的关键时期。当前，集成电路正在步入"后摩尔时代"，石墨烯等新型信息功能材料、器件和工艺加速发展；软件技术进入"云时代"，以精细化、平台化、服务化、个性化、"云化"为特征的新一代软件与行业需求深入结合；计算机整机进入"后PC时代"，"Windows-Intel架构"（由微软操作系统与英特尔中央处理器所组成，也称Wintel）平台正在瓦解，以ARM①架构安卓系统为主的多开放平台和技术产业新格局加速形成；数据网络正在步入"后IP时代"，发展安全可信、宽带融合、高效扩展的未来网络正成为网络科学家的努力方向；移动通信全面步入5G新时代，为移动互联网发展带来新机遇；互联网应用技术进入"后web时代"，以超文本标记语言（hyper text markup language，HTML）的第5次重大修改和超文本传输协议的第2版为核心的新一代web技术将推动互联网应用的变革；云计算、大数据与物联网、移动互联网深度融合，共同推动信息处理方法及应用模式的根本性变革。

2. 跨界融合与垂直整合成为当前信息技术时代技术创新和产业竞争的主要模式

信息技术促进了多技术、多系统的深度集成与综合，促进了平台、产品、内

---

① ARM 即 advanced RISC（reduced instruction set computer，精简指令集计算机）machines，进阶精简指令集机器。

容的多层面融合，推动了网络、业务、内容和终端的互动式发展，开辟了技术扩散、知识共享和开放获取的新模式，缩短了技术发现、技术发明和技术创新的周期，推动了知识创造和管理服务走向一体化。一些跨国龙头企业凭借自身的技术优势及其所主导的产业生态体系，加速技术的跨界融合和垂直整合，积极推进信息技术的系统性和体系化创新，着力推动单点技术优势向体系化技术优势的转化、单一产品优势向产业体系优势的转化，从单点创新向体系化创新模式转变，打造国际先进的信息网络、计算、信息安全等核心技术体系，并推动缔结类似于"Windows-Intel"架构的技术产业联盟，构建新型产业格局，推动集成电路、基础软件、关键器件等薄弱领域的整体突破。

（二）我国数字经济推动产业结构转型升级面临着严峻的国际挑战

新一代信息技术及其信息化与工业制造业的深度改造与融合，对于提高企业、行业的产品、市场竞争实力与国家的综合竞争力具有特别重要的意义，因而受到西方发达国家的极大关注。2009年以来，这种深度改造与融合首先成为美国政府"再工业化"与"重振美国制造业"战略的重要内容。美国2009年12月出台《重振美国制造业框架》，2011年6月启动"先进制造伙伴计划"，2012年3月提出建设"国家制造业创新网络"，并于2013年1月发布《国家制造业创新网络初步设计》。"国家制造业创新网络"的重点研究领域包括：完善3D打印技术相关标准、材料和设备，实现利用数字化设计进行低成本、小批量的产品生产；创造智能制造的框架和方法，允许生产运营者实时掌握来自全数字化工厂的"大数据流"，以提高生产效率、优化供应链，并提高能源、水和材料的使用效率等。为响应和实施美国政府"再工业化"与"重振美国制造业"战略，2012年11月，美国通用电气公司（以下简称GE）发布《工业互联网：突破智慧和机器的界限》白皮书，提出了"工业互联网"概念，认为工业互联网是"将工业革命的成果及其带来的机器、机组和物理网络，与近期的互联网的成果——智能设备、智能网络和智能决策的相互融合"，计划投资15亿美元。为此，GE与国际商业机器公司（以下简称IBM）、思科系统公司（以下简称思科）、英特尔公司（以下简称英特尔）和美国电话电报公司（以下简称AT&T）等信息技术（information technology，IT）企业联手组建"工业互联网联盟"，计划通过开放成员制打造一个"通用蓝图"，通过制定通用标准，打破技术壁垒，利用互联网激活传统工业过程，使各个厂商、设备、流程之间可以实现数据共享，更好地促进物理世界和数字世界的融合。2011年，在德国举行的"汉诺威工业博览会"上提出了"工业4.0"的大体概念，其后德国发布《高技术战略2020》将"工业4.0"作为十大未来项目之一；2013年，德国"工业4.0"工作组发布《保障德国制造业的未来：关于实施"工业4.0"战略的建议》的报告。该报告把"工业4.0"称为继机械化、电气化、信息化之后的第四次工业革命，其特点是通过价值网络实现横向集成、贯穿整个价值链的端到端工程数字化集成、纵向集成和网络化制造系统，并且认为，当前由信息技术所推动的以工业自动化为代表的第三次工业革命，正在向第四次工业革命转变。"工业4.0"发展战略的核心概念是"信息物理系统"，希望通过"信息物理系统"构造新型的"智能工厂"。而所谓的"信息物理系统"，是指通过传感网紧密连接现实世界，将网络空间的高级计算能力有效运用于现实世界中，从而在生产制造过程中，通过传感器采集与设计、开发、生产有关的所有数据并对其进行分析，形成可自律操作的智能生产系统。当前，通过新一代信息技术及其信息化深度融合与改造工业制造业，正在成为跨国公司与世界发达国家加强科技研发、促进产业发展的战略方向。

（三）我国数字经济促进我国产业结构转型升级呈现出两种冷热不均的发展局面

（1）我国产业结构与就业结构正在发生深刻变化。一方面，目前我国传统制造业正面临产能过剩、出口滞缓甚至是部分企业倒闭、外迁的局面。在东南沿海地区，这种情况相对比较明显，特别是那些玩具制造、服装鞋帽生产、电器加工等以代工为主的劳动密集型行业。另一方面，近年来我国数字经济正在蓬勃发展，新一代信息技术不仅催生了许多新兴行业，而且快速进入了很多传统经济领域，从而安置了大量的劳动就业。因此，尽管我国国内生产总值（gross domestic product，GDP）增速近年来总体呈下降趋势，但是却没有引发全社会的失业问题。出现这种局面的根本原因，就在于我国产业结构与就业结构正在发生深刻变化。

（2）数字产业尚未形成有效协同的产业生态系统。一方面，数字龙头企业的缺乏导致无法整合优质的全球资源和行业资源带动产业链的发展，产业链协同能力较弱，各类技术产品间缺乏相互支撑。比如，我国目前自主芯片、操作系统、办公软件等厂商间缺乏有效呼应，产品之间存在兼容性问题，难以实现整合。另一方面，对于缺少生产研究必要的配套工具的中小创新型企业，单个产品应用成本过高。以我国自主芯片产品为例，由于应用方较少，我国自主研发的龙芯缺少基本的开发工具，应用单位普遍反映无法使用或成本过高。这种情况严重地限制了国产产品的推广应用和企业竞争力的提升。

（3）数字产业与传统产业"深度融合"尚有很大发展空间。从长期以来的发展实践来看，我国的数字产业与传统产业实际上是两个并行发展的领域，两者并没有实现真正的融合，相关的成功案例较少。一方面，我国数字技术运用主要发生在商贸流通以及娱乐行业。当前，以中国三大互联网公司百度在线网络技术（北京）有限公司（以下简称百度）、阿里巴巴集团控股有限公司（以下简称阿里巴巴）、深圳市腾讯计算机系统有限公司（以下简称腾讯）（Baidu Alibaba Tencent，BAT）

代表的IT企业，其业务投资集中于电子商务、媒体、游戏等行业，出现了人们所说的互联网经济"泛娱乐化"现象。另一方面，制造业的数字化建设比例偏低。即使是从一些传统行业的数字化建设来看，制造业的数字化水平甚至还不如一些第三产业的服务行业。

（四）我国数字经济推动产业结构转型升级评价的理论与方法亟须突破

当前我国经济发展进入新常态，经济正处于转型升级、新旧动能转换的重要时期，这个时期伴随着互联网、大数据、云计算、移动互联网等新兴技术的蓬勃发展，经济新常态与新技术革命历史性交汇给数字经济发展带来了重要机遇，但是数字经济对产业结构转型升级的影响效应测度与评价和社会发展的需要仍存在较大差距。以纺织印染业为例，近年来随着数字技术特别是智能技术在纺织印染领域的广泛应用，如数控机床和数字印花机，纺织印染业的生产效率不断提升，纺织和印染过程以及纱、线与布成品的数字化程度也越来越高。然而，从生产法角度进行核算，智能技术提升生产率所衍生出的额外增加值，都被统一划归纺织印染业，而无法拆分到数字经济中。收入法在国民经济核算实践中本身也非主要的方法和依据，并且劳动者报酬、折旧、生产税净额、营业盈余，每一项基本都难以直接同数字技术联系在一起。可能的途径是从数字相关的微观企业或细分行业层面测算后再加总，但操作性较低。而目前国内理论界在数字经济推动产业结构转型升级方面仍未形成相对成熟的理论框架，迫切需要理论创新和突破来对数字经济推动产业结构转型升级的影响效应进行测度与评价，满足经济社会发展需要。

（五）我国数字经济推动产业结构转型升级面临着历史性的战略机遇

十八大以来，党中央、国务院先后提出创新驱动发展、网络强国和制造强国三大战略[①]。2015年7月印发的《国务院关于积极推进"互联网+"行动的指导意见》（国发〔2015〕40号）和2016年5月印发的《国务院关于深化制造业与互联网融合发展的指导意见》（国发〔2016〕28号）是从互联网视角对数字经济发展进行的战略部署，是推动我国数字经济快速发展的关键纽带。进入21世纪特别是党的十八大以来，党中央、国务院高度重视数字经济发展，2019年8月，《国务院办公厅关于促进平台经济规范健康发展的指导意见》（国办发〔2019〕38号）发布，提出"大力发展'互联网+生产'。适应产业升级需要，推动互联网平台与工业、农业生产深度融合，提升生产技术，提高创新服务能力，在实体经济中大力推广应用物联网、大数据，促进数字经济和数字产业发展，深入推进智能制造和服务型制造"。2019年10月，国家数字经济创新发展试验区启动会举行，会议发布了《国

---

① 《"互联网+"新政要为创新开路》，http://szb.mnw.cn/cyzx/979803.shtml[2022-08-11]。

家数字经济创新发展试验区实施方案》，并向浙江省、河北省（雄安新区）、福建省、广东省、重庆市、四川省等6个"国家数字经济创新发展试验区"授牌，正式启动试验区创建工作，通过2019~2021年的探索，数字产业化和产业数字化已取得显著成效。2020年4月，国家发展改革委、中央网信办印发《关于推进"上云用数赋智"行动 培育新经济发展实施方案》的通知，提出"大力培育数字经济新业态，深入推进企业数字化转型，打造数据供应链，以数据流引领物资流、人才流、技术流、资金流，形成产业链上下游和跨行业融合的数字化生态体系"。因此，数字经济推动产业结构升级，是顺应世界数字经济发展趋势，充分发挥我国数字经济的规模优势和应用优势，推动产业结构转型升级，构筑产业发展新优势和新动能，促进我国经济提质增效升级所面临的一项重大项目。

综上所述，对数字经济推动我国产业结构转型升级问题进行研究，是经济全球化、新技术革命和全球价值链体系迅猛发展的客观要求；是实现数字中国战略的强烈要求；是党和国家"十四五"规划国民经济发展战略的重要组成部分，也是我国抓住这历史性和现实性重大战略机遇与挑战，求生存、求发展，实现转型升级战略的自身迫切需要。

二、研究的意义

依据上述国内外研究背景所提出的历史性和现实性重大战略机遇与挑战，本书的研究具有以下意义。

（一）有利于数字经济促进产业结构转型升级理论的丰富与发展

本书基于数字经济这一前沿视角，在结合技术经济范式和产业融合理论的基础上，系统建立数字经济对产业结构转型升级影响的理论模型，深入系统地分析了数字经济对产业结构转型升级影响的规律和现状，定量研究了数字经济基础产业对促进产业结构升级的效果，这有利于在数字经济发展背景下，推动数字经济基础产业与产业结构转型升级融合理论的丰富与发展。

（二）有利于建立优势互补、分工合理的产业结构和相互促进的产业体系

随着国内资源的过度消耗，原有的粗放型经济发展方式不可持续，扭转生产模式、调整产业结构势在必行。当前，政府也在不断研究产业结构转型升级的有效方式，通过对数字经济促进产业结构转型升级的理论与现象进行研究，可为建立优势互补、分工合理的产业结构和相互促进的产业体系提供研究支撑。

（三）有利于我国制造业实现跨越式发展和带动经济转型发展

未来几年是我国深化改革、加快转变经济发展方式的攻坚期，在全球数字经济趋势下，如何引导数字经济促进产业结构转型升级，尤其是数字经济与传统制造业的顺利融合，对于我国制造业能否实现跨越式发展和带动本国经济转型发展均具有重要意义。

（四）为数字经济促进产业结构转型升级带来的挑战提供科学的测度

数字经济对产业结构转型升级的影响作为前沿的经济现象，其发展过程必然伴随诸多问题与挑战，本书期望通过研究，为应对数字经济促进产业结构转型升级带来的挑战提供科学的测度参考，为政府部门及行业管理机构制定政策提供参考依据。

第二节　本书框架结构与主要内容

一、框架结构

本书围绕研究设计的总体框架、研究目标和主要内容，紧扣"数字经济对我国产业结构转型升级影响与对策研究"主题，对数字经济与产业结构转型升级测度、数字经济对产业结构升级影响等问题进行问卷调查和实证分析。

二、主要内容

依据上述框架结构，共有五篇三十章内容，具体如下。

第一篇：总论。在阐述本书研究背景、研究框架和内容、研究方法、研究意义的基础上，通过数字经济促进产业结构转型升级等国内外基本理论研究现状的动态评述，提出了创新我国数字经济促进产业结构转型升级推进机制与实现路径，对构建数字经济影响产业结构转型升级体制机制与实现路径提出了独特的见解。

第二篇：数字经济与产业结构转型升级测度与评价研究。该篇通过对数字经济对产业结构转型升级的评价指标体系的筛选与构建的探索，实证分析了浙江省乃至全国的数字经济发展指数及其对产业结构转型升级的影响指数等问题，并为解决这些问题提出了新方法与新思路。

第三篇：数字经济对我国产业结构转型升级影响机理的实证研究。该篇针对以往研究主要是定性分析数字经济对产业结构转型升级的影响，而定量研究较少的问题，依据数字经济发展的五大要素，实证分析了各要素对产业结构转型升级的影响机理及影响路径，对数字消费影响产业结构转型升级的机理进行了创新性和探索性的研究，并用投入产出法系统分析了数字经济对经济社会的影响效应。

第四篇：数字经济促进产业结构转型升级的对策研究。该篇主要从国家信息领域核心技术设备发展、信息化促进产业结构转型升级、电子商务经济推动我国产业结构升级、数字经济平台治理、"互联网+"环境建设、工业互联网平台推进制造业转型升级、数字经济驱动医疗产业转型升级、组织信息标准化等方面提出了数字经济促进产业结构转型升级的对策。

第五篇：我国数字产业化发展若干问题的调研报告。该篇在对数字产业发展的现实性、针对性强等问题进行求真务实的调查研究的基础上，深入分析这些问题产生的原因，并提出相应的对策建议。这些调研报告包括：关于以5G引领浙江省"未来产业"发展的建议，浙江省加快发展芯片核心软件产业的对策建议，广州"区块链十条"对浙江省的借鉴启示，全球性芯片短缺对浙江省产业链供应链安全稳定的冲击及对策建议，新冠疫情下浙江省加快5G产业发展对策研究，杭州打造"区块链之都"的优势、短板及建议，杭州加快北斗卫星导航应用产业发展对策研究，杭州市打造"未来经济之都"的对策建议。我们充分发挥了重大项目成果为党和国家重大战略问题决策服务的智库作用。

第三节 本书的创新性与研究价值

本书聚焦数字经济促进产业结构转型升级这个重大战略问题，通过国内外大量数据的问卷调查与社会调研，采用符合现代科学的定性与定量的方法，从五个重要领域展开研究与突破，本书是国内比较系统研究并解决数字经济推动产业结构转型升级的重要理论与现实问题的研究成果，内容的前沿性与创新性主要有以下几点。

一、视角创新

本书以数字经济产业推动产业结构优化升级为主线，从要素驱动的角度出发，结合相关影响因素，将数字经济对产业结构转型升级的影响从信息基础、数字消费、信息产业、知识支撑及发展效益五个角度构建"五力动因模型"，重点分析了数字经济产业对产业结构的影响机理与实现路径，数字经济和产业结构转型升级的发展现状，以及数字经济产业发展与产业结构转型升级的实证关系；进而从数字经济产业发展角度，提出了我国产业结构优化升级的政策建议。

二、内容创新

在全球数字技术革命与经济变革中，数字经济推动传统产业结构转型升级已成为不可阻挡的时代潮流，但国内外学者对"数字经济推动产业结构转型升级"的理论尚未进行系统研究。本书通过对数字经济与产业结构转型升级融合发展进行多角度、多层次的调研,剖析数字经济推动我国产业结构转型升级的影响效应,构建数字经济影响效应测度与评价的理论框架,从而体现本书全局性、前瞻性、创新性、理论性和应用性的研究特色。

三、方法创新

现有研究对数字经济和产业结构升级的研究方法的选用大多相似,首先,本书在研究方法上采用贝叶斯隐马尔可夫异质面板模型、面板向量自回归(panel vector autoregression,PVAR)模型及脉冲响应分析,对于数字经济促进产业结构转型升级发展的突变点进行检测,并在此基础上研究两者动态的影响。其次,现有研究中关于数字经济促进产业结构转型升级影响路径分析不够深入,本书采用结构方程与影响因素、指标体系相结合,深入研究影响路径。

四、应用对策创新

本书通过对国内外数字经济促进产业结构转型升级过程中的政策动态与实施效果的调查与分析,探究中央与地方多级政策体系的联动机制及其政策实践中的冲突解决与均衡实现的内在机制,明晰数字经济促进产业结构转型升级过程中的关键节点与保障因素,从完善数字经济发展机制、创新生态支撑体系及体制机制保障体系等方面构建多维支撑体系和多主体均衡的利益实现机制,设计和优化政策体系,为政府和相关部门决策提供理论依据和实践指导。

第四节　研究方法

本书综合应用了文献演绎、系统理论分析、问卷调查与实证分析、案例比较分析、访谈与实地考察调研分析、统计分析等方法,具体如下。

一、应用文献演绎方法

本书的文献综述部分主要采用了此方法。首先,在大量文献搜集、筛选和整理的基础上,确定了本书相关的文献资料;其次,从数字经济的内涵及其演变、数字经济对经济社会影响效度的研究现状及发展趋势、数字经济对产业结构影响测度的相关研究及发展趋势、数字经济对产业结构转型升级影响的研究现状与发展动态、数字消费对产业结构转型升级影响的相关研究与发展动态、数字经济促进产业结构转型升级的推进机制与支撑体系的相关研究六个方面提炼出与本书相关的研究成果、范式及研究方法;最后,总结出本书的理论基础、主要研究内容和目标、研究方法与范式。

二、应用系统理论分析方法

本书中第三章研究内容采用了上述方法。本书应用系统理论分析方法，创造性提出信息化从此由重装向轻装转变的问题。近年来随着信息经济、智慧城市、"互联网+"、数字经济等诸多经济产业词汇的流行，信息化的理念、理论受到冲击，被人们所遗忘，这给我国的信息化整体发展战略带来了影响。轻装信息化为我们认识数字经济、"互联网+"等提供了一个科学合理的理论框架。

三、应用问卷调查与实证分析方法

本书中第五、九、十章等研究内容采用了上述方法。本书针对大数据背景下"三新"（新产业、新业态、新商业模式）统计数据质量影响因素的问卷调查，从流程、技术和管理三个层面实证分析大数据背景下"三新"统计数据质量影响因素等问题，并为解决这些问题提出了新的战略思路、战略重点与实现路径。应用该方法形成的研究成果，极大地丰富了提升数字经济特别是"三新"统计数据质量的理论与方法，其研究结论对于提高我国数字经济测度与评价水平具有重要的借鉴意义和参考价值。

四、应用案例比较分析方法

本书中第十一、十二、十三、十五、十六、十八章等研究内容采用了上述方法。一方面，应用案例比较分析方法对美国、德国、日本等发达国家发展电子商务与工业互联网平台的经验与教训进行总结，再通过比较分析找出它们的相同点和不同点，进而提出系统的借鉴与对策建议；另一方面，选择国内广州市考拉先生网络科技有限公司（以下简称考拉先生）与便利店革命等典型案例，对构建的"互联网+"时代平台治理体系与切实可行的融合性新兴产业政策进行总结与实证分析研究。应用这些方法形成的研究成果为构建平台治理体系、完善实现路径提供了可资借鉴的新鲜经验与样板。

五、应用访谈与实地考察调研分析方法

本书中第二十三章至第三十一章等研究内容采用了上述方法。本书选择我国数字产业发展中具有代表性的重大事件与最新问题进行重点深入的实地考察调研分析研究。每项重大事件（问题）都应用了访谈与实地考察调研分析方法，同时这些调研报告大都采用了现状与特点分析—动因分析—构建因素分析—对策建议等四层次调查研究分析过程，因此能确保上述成果具有强烈的针对性、时效性、前沿性。

六、应用统计分析方法

本书中第四章和第六章到第十章等都应用了统计分析方法。举例如下。

（1）提升数字经济对产业结构升级的促进作用是我国新常态下深化供给侧结构性改革、提高经济发展质量和效益的迫切任务。本书基于全国31个省区市2003~2014年面板数据，采用面板协整分析、PVAR模型及脉冲响应模型研究数字经济对产业结构升级的动态影响。实证结果显示：从长期来看，数字经济与产业结构升级存在均衡关系，并且前者对后者及自身内部的促进作用更为显著。

（2）本书基于数字消费和产业结构关系，运用面板单位根检验、面板协整分析、PVAR模型探索等探究数字消费驱动我国产业结构升级影响机制。实证表明：数字消费与产业结构升级具有协整关系，两者发展来源于自身的内部促进和数字消费对产业结构升级的促进作用。

（3）在指标体系和作用机制分析的基础上进一步分析数字经济与产业结构的影响路径，利用驱动力模型与路径分析模型实证分析数字经济与产业结构转型升级自身内部影响路径及外部影响路径。

总之，本书的各项统计方法的应用，均遵循了总体概述—统计样本分析—建模—结论与建议的统计分析规范；确保各项分析成果数字准确、模型创新、方法恰当、结论可靠。

第五节　本书的学术价值、应用价值和社会影响

一、本书的学术价值

本书研究成果中许多具有前沿性、创新性的观点以12篇论文形式，分别在《管理世界》《中国行政管理》《学习与探索》《电子政务》《改革》《科研管理》等中国社会科学引文索引期刊和《经济日报》理论版上发表，在国内已产生一定学术影响，具体如下。

（一）建立了数字经济推动我国产业结构转型升级影响测度与评价的理论体系

本书包括数字经济对产业结构转型升级影响效应的内涵、特征、机理、关键要素、评价指标体系、推进机制、实现路径、支撑体系等，探索提升我国产业结构升级的战略重点定位与路径选择，建立与完善数字经济提升我国产业结构升级的理论体系与推进机制等内容，它可丰富产业组织学、信息经济学、生产力经济学，投入产业经济学、规模经济学等理论，特别是对产业经济学、信息经济学理论做出了一定的理论贡献。

（二）在国内首次构建数字经济推动产业结构转型升级的"五力动因模型"、"五大关键要素模型"与"三层次评价指标体系"

本书围绕数字经济的内涵和特征，从信息基础、数字消费、信息产业、知识支撑及发展效益等五个维度构建数字经济驱动产业结构升级的"五力动因模型"，利用面板单位根检验、面板协整分析、贝叶斯隐马尔可夫模型、PVAR模型及脉冲响应模型探讨了数字经济对产业结构转型升级的作用机制，具体分析了两者间的长期关系、短期波动、突变点情况及两者的动态变化。利用驱动力模型与路径分析模型分别探讨了数字经济促进产业结构转型升级内部影响路径及外部影响路径，为我国推进数字经济发展提供了努力方向与具体目标，为数字经济影响效应测度评价奠定了理论基础，提供了操作方案。

（三）首次探索了数字消费对我国产业结构转型升级的影响，提出了应多策并举释放数字消费潜能

已有的研究中对数字消费的研究多集中在居民实证消费，以及基于个人消费行为的实证消费函数的研究，本书构建了数字消费水平的复合指标体系评价整个区域的数字消费水平，并将其运用到区域经济的研究中，具有较大的创新性。本书提出必须建立能够统筹促进数字消费协调发展的机制和体制，当前必须破除两种类型的垄断：一种是数字基础设施领域的垄断，另一种是数字消费领域出现的新型垄断。

（四）创造性提出轻装信息化的概念及理论体系，为我们认识数字经济、"互联网+"等提供了一个科学合理的理论框架

信息化建设在信息化日益分化为"重装""轻装"的过程中出现了两种前所未有的现象：其一是信息化正日益融入经济社会发展的各行各业，具体表现在各行各业在应用信息化方面的技术难度和成本均日益降低；其二是信息化呈现出日益分化为"重装""轻装"的趋势，这不仅加剧了IT产业、信息基础设施建设行业的竞争，也加快了各行各业的技术进步，促使传统行业面貌发生重大变化，不断出现跨界融合。轻装信息化的出现为我国数字经济政策的建立提供了坚实的科学基础，也为政策措施的有效制定提供了有价值的参考依据。为此，在轻装信息化的基础上，我们可以对数字经济和其他概念、说法进行合理的区分，如数字经济与"互联网+"、"+互联网"、"消费互联网"、"产业互联网"以及第三次工业革命、"工业4.0"、工业互联网等。

（五）率先对我国电子商务平台生态化与平台治理政策进行了系统的研究

平台生态化是当前中国电子商务经济发展的核心趋势，具体表现为众多行业性小平台依托某个大型电子商务平台所集聚的海量用户资源，快速打通行业上下游，改造并形成新的行业生态系统。网约车、共享单车及广州市考拉先生所开创便利店革命的新局面，都体现了平台生态化的特征。平台生态化趋势也引发了人们对于平台治理问题的高度关注；然而，我们只有从法人分类制度出发，才能认清平台治理问题的本质属性。为此，本书基于颁布实施的《中华人民共和国民法典》（以下简称《民法典》）的法人分类原则，将大型平台、平台治理界定为第四方法人和第四方治理，这为我们构建"互联网+"时代的平台治理体系、制定切实可行的融合性新兴产业政策，提供了一个科学合理的分析路径。

（六）在国内较早研究了电子商务经济促进中国产业结构转型升级的问题

电子商务经济通过影响国内需求结构、产业与企业结构、贸易结构、要素结构、区域经济结构对中国经济转型升级产生重大的作用。电子商务经济不仅拉动全社会消费品需求的快速增长，还将进一步引导政府和企业加大在信息网络，特别是新一代信息技术领域的投资，促进产业结构升级。电子商务服务业直接促进我国现代服务业发展，而电子商务应用则加速传统产业的创新发展；跨境电子商务是未来电子商务经济的发展重点，要从国家经济转型发展战略去认识发展跨境电子商务经济的意义，本书着力研究完善跨境电子商务生态体系；通过对全社会信息流、资金流、物流及劳动就业的巨大影响，电子商务（特别是电商平台）开始有效整合人力、技术、生产与资本等社会资源，并日益成为社会资源配置的重要方式和手段。

（七）首次探索了平台演进、模式甄别与跨境电子商务拓展取向关系

平台演进模式包括四个不断演进的发展阶段：平台逻辑、产业链逻辑、工具逻辑和特色模式逻辑。在跨境电子商务环境下，平台演进模式的各个阶段都会发生相应的变化，呈现出有别于国内电子商务的发展趋势和规律。未来应积极利用我国在电子商务市场方面的优势，克服我国跨境电子商务发展的瓶颈和短板。本书提出应从基本思路来看，围绕平台演进模式，从物流、资金流、管理流和信息流等方面进行展开，重点克服跨境物流与第三方电子支付国际化方面的障碍。

（八）在国内首次构建了组织机构代码研究的理论框架，对于理解数字经济推动产业结构转型具有重要价值

本书关于组织机构代码的主要创新与贡献主要体现在：①深入分析信息化条件下组织机构代码的组织功能与基本作用；②进一步研究加快组织机构代码相关的元数据工作，促进信息资源开发利用的模块化进程；③分析组织机构代码要有一定的可扩展性，使之能适应法律法规与政策文件对组织机构管理制度变化的要求；④本书的实践意义体现在数字经济时期的组织机构新国家标准的制定为产业发展提供了一个改变外部发展环境的机会。

二、本书的应用价值和社会影响

本书在应用价值与社会影响方面已取得突出效应：通过对全国20个省区市相关政府部门和300多家企业求真务实的调查研究，完成了一批聚焦和服务于数字经济促进我国产业结构转型升级的新思路、新方法和新实施方案，这些成果具有较强的战略性、针对性与可操作性，为数字经济促进我国产业结构转型升级的重大战略决策提供了高质量的智力支持，并为政府决策提供了创新性的思路与对策建议，具体如下。

（一）关于我国国家信息领域核心技术设备发展的战略与建议

"开放、竞争、市场驱动"才是发展我国信息领域核心技术设备的必然选择和必由之路。一是加强部门协调，打破行业壁垒。二是要加强需求侧管理，改善发展环境。三是要完善自主创新体系，有序推进国产替代。四是要不断改善人力资源，充分利用全球高端人才。五是要构建产业协同体系，加快发展龙头企业。六是要实施开放竞争战略，实现多元合作共赢。七是要建立严格管理体系，健全监管审查制度。八是要深化体制机制改革，改善产业发展环境。

（二）关于我国跨境电子商务面对的主要挑战与政策建议

随着跨境电子商务试点城市积极有效推进有关试点示范工作，一些长期困扰我国跨境电子商务发展的瓶颈得到了初步解决。当前我国发展跨境电子商务仍面对下述一些方面的挑战：通关服务亟须改进，市场监管体系有待完善，结汇方式需调整优化等。建议重视下述工作：一是优化通关、支付、物流、结汇等服务支撑体系；二是完善跨境电子支付体系，支持跨境电子支付服务企业发展，允许试点支付企业办理境外收付汇和结售汇业务；三是在保税区、通关、检验检疫、工商等与跨境物流配送相关环节，制定调整优化措施，进一步完善有关管理规范，推进贸易便利化，促进国内物流快递企业的国际化发展。

（三）关于尽早启动工业互联网平台建设，抢占国际有利地位的对策与建议

本书认为，为克服我国制造业信息化的总体落后局面，要充分发挥我国举国体制的优势，将工业互联网平台建设作为深化制造业与互联网融合发展的主打方向，分层次地推进我国工业互联网平台建设。首先，构建针对整个工业制造业的国家工业互联网平台。其次，选择具备国际竞争力的优势行业（服装、家电及部分先进制造业等），并基于产业价值链和平台生态化特征整合这些行业的相关企业，组建行业的工业互联网联盟，创新机制，激发各方动力，以发展该行业的工业互联网平台。最后，鼓励和支持部分有较强技术与市场实力的龙头企业，启动建设本行业的工业互联网平台。

（四）关于以信息化促进中国产业结构转型升级的对策建议

本书提出要处理好五大关系。一是要认识新兴产业对新常态的驱动作用，将新一代信息技术及其信息化作为引领中国经济"新常态"的牵引力量。二是要处理好地方产业规划与新兴产业规律之间的关系，不应以传统产业思维去对待新一代信息技术及其信息化相关产业的发展。三是要处理好局部利益与全局利益的关系，为产业结构转型升级提供适宜、宽松的制度环境。四是要处理好新技术研发与产业发展的关系，完善自主创新产业发展链条。五是要处理好产业发展与产业安全的关系，通过技术研发与产业协调发展确保国家安全。

（五）关于将组织机构代码作为"统一社会信用代码"的对策与建议

本书认为国家已经明确要求以组织机构代码为唯一标志，因此要加快法人单位基础信息库的建设。一是通过法律强制推行代码在政府行政管理和社会服务中的应用；二是以ISO 6523-1-1998《信息技术——组织和组织各部分标识用的结构　第1部分：组织标识方案的标识》（"Information technology—Structure for the identification of organizations and organization parts—Part1：Identification of organization identification schemes"）为基础；三是必须在一个统一的工作平台上才能体现其信息资源的基础性功能；四是应发挥组织机构代码的多重功能。

（六）关于以5G引领浙江省"未来产业"发展的对策建议

本书提出，一是加快谋划以5G升级"浙江智造"，有关部门要研究制定5G升级"浙江智造"的路线图和时间表。二是要加快建立5G产业发展推进机制。三是在浙江省开展"5G+智能制造""5G+智能网联汽车""5G+联网无人机""5G+云增强现实/虚拟现实（augment reality/virtual reality，AR/VR）""5G+工业互联网""5G+智慧城市""5G+社会治理"等5G应用场景案例征集，推动5G创新应用落地。

（七）关于浙江省加快发展芯片核心软件产业的对策建议

本书提出了针对性建议，一是以芯片电子设计自动化（electronic design automation，EDA）软件为突破口超前谋划浙江省集成电路产业；二是加快建立芯片EDA软件发展推进机制；三是要密切结合产业应用，适度前瞻，以优势技术积累点为突破口，由点及面推进EDA软件产业发展；四是要健全芯片EDA软件创新生态体系；五是要健全法律法规体系并加大政策扶持力度；六是要加大对硅谷溢出的EDA软件研发人员的招才引智力度。

（八）关于广州"区块链十条"对浙江省区块链产业发展的借鉴启示

本书通过对广州"区块链十条"政策的对比，提出浙江省要大力扶持区块链产业的发展，必须做到：第一，补基础研究的短板，加大对基础研究的扶持，引领抢占区块链产业制高点。第二，补行业标准的短板，加大对标准制定的扶持，引领抢占区块链行业话语权。第三，补应用推广的短板，加大对区块链应用场景建设的扶持，努力将杭州打造成"区块链之都"。

总之，本书的一系列调研报告，对中央及各级政府、各类企业在制订"十三五"规划期间和未来数字经济促进我国产业结构转型升级、加快数字化产业发展，实现产业结构转型升级战略的规划与方案上，已形成并将持续产生重要的应用价值和社会影响。

第二章　国内外研究现状与述评

通过第一章对研究背景的论述，我们发现了数字技术迅猛发展并广泛渗透应用于经济社会各产业领域，重构了经济社会的物质基础，人类经济社会正沿着技术革新、产业重构、融合应用和制度改造的路径，向数字经济演化发展。当前和未来一段时期是我国通过数字经济推动产业结构转型升级战略，寻求竞争新优势的关键与攻坚时期。为此，我们将从数字经济的内涵及其演变、数字经济对经济社会影响效度的研究现状及发展趋势、数字经济对产业结构影响测度的相关研究及发展趋势、数字经济对产业结构转型升级影响的研究现状与发展动态、数字消费对产业结构转型升级影响的相关研究与发展动态、数字经济促进产业结构转型升级的推进机制与支撑体系的相关研究等六个方面进行文献综述分析。

第一节　数字经济的内涵及其演变

一、数字经济的内涵与外延

尽管"数字经济"出现得越来越频繁，但在经济学上，现在还未形成被国际社会普遍认可的严谨定义。中外学者对"数字经济"赋予了不同的含义。

（一）国外学者关于数字经济的内涵与外延的相关研究

美国商人Tapscott（1996）首先提出了"数字经济"一词，他认为互联网对经济发展影响巨大，数字经济的未来取决于电子商务的发展。部分学者从相关角度出发，认为除了电子商务，数字经济从范围上还包括信息技术（Moulton and Seskin，1999）、相对应的信息通信技术（information communications technology，ICT）基础设施、IT行业本身、商品和服务的数字传输，以及由IT支持的有形商品的零售（Kling and Lamb，1999）。还有一些学者认为数字经济强调新活动、新产品、新模式，他们把数字经济称为"新经济"（Carlsson，2004）。

Carlsson（2004）提出数字经济是基于ICT的经济活动的总和，是一种独立的经济形态。它包括相关的经济活动，如计算机、电子商务、数字交付服务、软件和通信服务等。法国数字经济联合会认为，数字经济还包括电信业、视听业、软件业、互联网业及使用电信、视听、软件、互联网技术来支持其活动的行业。韩国则将数字经济定义为基于信息和通信行业的所有经济活动，包括互联网、电子交易和搜索服务等。经济合作与发展组织（Organization for Economic Co-operation and Development，OECD）从生态系统视角出发，对数字经济的系统组成部分做出判断，认为数字经济是一个由数字技术驱动的并在经济社会领域发生持续数字化转型的生态系统，该生态系统至少包括大数据、物联网、人工智能和区块链（OECD，2015）。在二十国集团（Group 20，G20）杭州峰会通过的《G20数字经济发展与合作倡议》中，数字经济定义为是利用数字知识和信息作为关键生产要素，以现代信息网络作为重要载体的一系列经济活动，其对信息和通信技术的有效利用是提高效率和优化经济结构的重要推动力。

（二）国内学者关于数字经济的内涵与外延的相关研究

中国信息通信研究院（2017）认为，数字经济是以数字知识和信息作为关键生产要素，数字技术创新为核心驱动力，现代信息网络为重要载体的新型经济形态，它不断提高传统产业数字化投入、智能化水平，加快重建经济发展和政府治理模式。从其内涵特征上，数字经济具有带来新活动和新产品的动态性特征，主要表现如下：一是数字经济的发展依赖于信息通信基础设施；二是ICT应用的深度和广度是影响数字经济的重要因素；三是数字经济改变了企业业务流程和交易模式，打破了地域限制和时间限制。张太平（2018）认为，数字经济是以数字化的知识和信息为关键生产要素，以数字技术创新为核心驱动力，以现代信息网络为重要载体，以大数据在线模式为物联平台，以分享经济为方向，以智能制造为动能，通过数字技术与实体经济深度融合，不断提高传统产业数字化、智能化水平，加速重构经济发展与政府治理模式的新型经济形态。张鹏（2019）则从历史范畴的角度出发，认为数字经济形态是从经济系统中技术、组织和制度相互作用过程中宏观涌现出的，这一过程是以基于技术优化资源配置为导向的人类经济活动的高度协调和互动塑造的新生产组织方式的不断演化，构成了数字经济的本质。杨佩卿（2020）认为数字经济是指利用数字化手段处理知识和信息，以现代新型网络作为载体，以ICT的有效使用作为效率提升和经济结构优化的重要推动力的一种经济模式，该经济模式的运转本质上遵循摩尔定律、达维多定律及美特卡夫法则。数字经济涵盖数字信息化、产业数字化、治理数字化，它是数字化、网络化、智能化发展到一定阶段的必然产物。

二、数字经济的发展阶段

互联网是实现数字经济的载体，网络经济是数字经济在现阶段以及将来很长一段时间内的具体表现形式。根据不同时期网络经济发展的不同特征，大致可以将数字经济的发展分为五个阶段,详见表2-1。

表 2-1　数字经济的发展阶段与典型特点

发展阶段	典型特点	代表人物
第一阶段——小规模阶段（1963~1994 年）	①网络接入和网络接入设备较昂贵;②使用互联网需要专业知识和技能,网络资源和服务有限;③网络使用的主要目的是信息收集和收发电子邮件	Varian 和 Shapiro（1999）,Katzl 和 Shapiro（1985）等
第二阶段——起步阶段（1995~1998 年）	①网络接入成本下降,网络使用软件易操作性增强;②网络服务主要以"门户网站和电子邮件"等交互服务为主;③网络服务以免费方式为主	Tapscott（1996）,Economides（2001）等
第三阶段——高速发展阶段（1999~2001 年）	①网络接入和网络接入设备已非常廉价且方便;②以"股票交易、商品直销、网上书店等"为主要内容的专项电子商务开始发展;③网络专项性服务的便捷性、选择多样性提高;④网络开始与企业管理的各项流程融合	乌家培（2000）,黄璐和李蔚（2001）等
第四阶段——成熟阶段（2002~2013 年）	①网络使用率大大提升,互联网服务普遍化;②互联网经济开始与传统产业进行全面融合;③互联网促进企业传统管理的变革;④互联网经济进入成熟期	萧琛（2003）,王丙毅（2005）,Shy（2001）等
第五阶段——全球网络阶段（2014 年至今）	随着移动互联网的兴起,全球逐步实现了统一网络,全球资源通过全球化的网络在世界范围内进行优化配置,真正实现全球经济的一体化和信息化	凌黎和庄贵军（2015）等

三、数字经济内涵的发展与演变

学术界关于"数字经济内涵的发展与演变"的理解可归纳为以下几种观点:一是数字经济是由技术革命带来的经济发展和增长;二是数字经济是建立在信息技术和其他高科技基础上的知识经济,知识成为经济发展中的重要生产要素;三是数字经济是新经济的一种形态,详见表2-2。

表 2-2　数字经济内涵的发展与演变

主要观点	代表人物
数字经济是由技术革命带来的经济发展和增长	Poutanen和Kovalainen（2017）;黄群慧（2016）;Tapscott（1997）;Reenen（2011）;Acemoglu和Restrepo（2016）;刘树成和李实（2000）;庄贵军（2015）;Katz（1985）;王梦菲等（2020）;Shy（2001）;黄璐和李蔚（2001）;王丙毅（2005）;Gatti等（2009）;黄宗捷（2001）;乌家培（2000）
数字经济是建立在信息技术和其他高科技基础上的知识经济,知识成为经济中的重要生产要素	Scott（2016）;许宪春（2016）;Economids（1996）;李国杰和徐志伟（2017）;Turcan等（2014）
数字经济是新经济的一种形态	黄征学（2016）;Poutanen和Kovalainen（2017）;萧琛（2003）;马化腾（2018）;陈维涛（2017）;杜庆昊（2018）;黄群慧（2016）

（一）数字经济是由技术革命带来的经济发展和增长

20世纪90年代以来,美国积极推进信息技术革命,加快发展高新技术产业,经济获得强劲复苏和发展。以"低失业率、低通货膨胀率、低财政赤字率、高经济增长率、高劳动生产率、高企业经济效益"为特征的"新经济"逐步产生并快速发展（Poutanen and Kovalainen，2017）。在"新经济"发展背景下，新一轮科技和产业革命开始推动新的生产、交换、消费、分配活动产生，并逐步替代原有的生产生活方式与经济增长模式（黄群慧，2016）。著名经济学家熊彼特用"产业突变"来描述数字经济"创新性破坏"过程，生产技术的革新、生产方式的变革、企业生产组织的发展都表现出与"产业突变"相似的变化过程：就是不断摧毁旧经济结构，不断创造新经济结构。Tapscott（1997）认为技术进步所导致的"学习效应"普遍存在，从而使网络经济呈现出"报酬递增"的特征。Reenen（2011）对欧洲国家劳动密集型行业的研究表明，技术创新能够在中长期对经济增长产生显著促进作用，创新驱动是决定"数字经济"长期稳定发展的重要因素。Acemoglu和Restrepo（2018）则从企业层面研究了技术进步、经济增长及就业的关系，表明技术进步带来的自动化操作会减少人力操作的成本，能够为知识研发提供更多支持，促进经济增长，而且能够在中长期保持就业稳定，这在一定程度上解释了数字经济发展下"低通货膨胀率、低失业率"的现象。刘树成和李实（2000）指出"新经济"概念进入中国时主要是侧重于信息技术革命层面的含义，可以把"新经济"理解为"由新技术革命推动的经济发展与增长"。凌黎和庄贵军（2015）通过对网络交互的研究，认为网络环境早已潜移默化成为一种基础性的环境因素。Katz和Shapiro（1985）分析了网络外部性在行业中的技术采用情况，认为网络技术的领先者具有战略优势，并且有可能占领市场。王梦菲和张昕蔚（2020）指出数字经济条件下，技术的易用性和快速扩散一方面降低了生产者进入某一产业的门槛，在提高产业内劳动生产率的同时拓展了产业规模，另一方面使新产品生产和创新过程更具柔性，从而推动了整个生产过程的异质性程度加深，并使生产组织方式朝网络化和社会化方向演进。Shy（2001）认为网络产业的经济学将成为一个充满活力和挑战的新领域。由于网络商品行业的发展，信息和通信技术的发展见证了具有网络外部性的产品的激增。还有学者把网络经济等同于数字经济（黄璐和李蔚，2001；王丙毅，2005；Gatti et al.，2009），许多学者认为从经济形态这一最高层面来看，网络经济就是有别于游牧经济、农业经济、工业经济的信息经济或知识经济。由于所说的网络是数字网络，所以它又是数字经济（黄宗捷，2001；乌家培，2000）。

（二）数字经济是建立在信息技术和其他高科技基础上的知识经济，知识成为经济中的重要生产要素

数字经济是由电子计算机、电子通信及因特网技术发展而产生的相关市场的总称，是在知识经济的基础上，兴起于美国、扩展于世界的新技术革命，引起经

济增长方式、经济结构及经济运行规则等的变化（许宪春，2016）。Economides（1996）指出数字经济是知识社会和正在发生的深刻技术变革的框架内组织经济活动的最重要方式。李国杰和徐志伟（2017）认为，在实现经济转型和产业升级的过程中，新技术能否形成新动能，新动能能否带动新经济，已成为政府部门、产业界和学术界普遍关心的问题。他们从信息技术发展态势的角度判断新经济的前景和风险，指出信息技术是未来15～20年发展新经济的主要动力，对于培育经济新动能，技术积累与技术创新同等重要。信息技术是数字经济的一个关键资源，可以转变成新的社会经济价值，并为开发新产品、提供新服务创造了巨大的机会（Turcan et al.，2014）。

（三）数字经济是新经济的一种形态

黄征学（2016）认为我国目前的新经济本质上是知识经济、数字经济和分享经济，它以新技术为基础，以新主体为源泉，以新产业为引擎，以新业态为亮点，以新模式为重点，交互作用，相互影响，共同孕育经济发展新动能。因此，新经济的覆盖面和内涵较为广泛，涉及第一、第二、第三产业，不仅指第三产业中的"互联网+"、物联网、云计算、电子商务等新兴产业和业态，也包括工业制造当中的智能制造、大规模定制化生产，还涉及第一产业中有利于推进适度规模经营的家庭农场、股份合作制，农村第一、第二、第三产业融合发展等。从"新经济"的概念来看，创新驱动是"新经济"的核心内容（Poutanen and Kovalainen，2017）。萧琛（2003）认为"新经济"实质是经济体制的"信息化"和"全球化"，需要通过数字技术和行业经验的深度融合来实现（马化腾，2018）。陈维涛（2017）认为"新经济"是新一轮的科技和产业革命驱动产生的新经济活动和经济形态，其产生与发展的核心是创新驱动，典型表现为"数字经济"。杜庆昊（2018）认为"新经济"是引导经济高质量发展的主要动力。黄群慧（2016）提出"新经济"具有四个基本特征：以信息技术突破应用为主导形成物理技术、数字技术、生物技术相互渗透的新一代高新技术簇；以信息（数据）为核心要素提高社会经济运行效率；以追求范围经济为导向不断创新社会分工形态和商业模式；以智能制造为先导融合构造现代产业体系。

四、数字经济的特征

（1）数字经济具有对地理位置依赖小，对平台依赖大，受网络与大数据技术影响大等特点，其对原有生产、流通、分配、消费等生产模式产生了颠覆性影响，是"新经济"发展的重要组成部分（Jeucken，2001）。宁吉喆（2017）提出新经济已经显示出以下几个特征：一是互联网；二是物联网；三是云计算；四是大数据；五是信息化；六是数字化；七是共享型；八是知识型；九是全球化。鲜祖德（2016）认为新时期"新经济"主要特征有：一是互联网成为核心基础设施；二是数据成为一种新的资源；三是跨界融合混营是大势所趋；四是分享无处不在；五是快速、高效、透明使竞争更加激烈；六是新经济推动动能转换。在"数字经济"的背景下，创新的边际成本趋于零，而边际收益不断增长。

（2）"数字经济"的产品与传统可见的排他性产品相比，在经过初始投资后，后期的生产与消费的边际成本几乎为零，如电子书等（Rifkin，2014）。Schor（2014）将分享经济分为四类：一是货物的流通（交易平台网站）；二是耐用性财产的增长性使用（空闲的客房或割草机等资产的租赁）；三是服务的交换（早期表现为"时间银行"）；四是生产性资产的分享，他对分享经济的环境保护作用存在质疑，甚至认为分享经济加大了碳排放。Ahmad和Schreyer（2016）讨论了以数字经济为特征的一系列交易活动中是否存在"测度不当"的问题，导致生产率被误估。他们讨论四种类型的分享经济基本活动：住宅租赁服务、商业和运输服务、分销服务平台、财务中介服务。财务中介服务包括互联网金融点对点（peer to peer，P2P）借贷平台、网贷。他们认为从GDP概念的角度来看，GDP捕获了这些交易活动及其创造的增加值。指出GDP是衡量生产的指标，而不是衡量福利或消费者盈余的指标，认为用一些反映福利的指标去完善GDP是有必要的。鲁春丛和孙克（2017）认为，数字经济是信息化发展的高级阶段，是继农业经济、工业经济之后的更高级的经济社会形态，正在成为各国壮大新兴产业、提升传统产业、实现包容性增长和可持续增长的重要驱动。对于我国而言，发展数字经济，对建设制造强国、质量强国、网络强国、数字中国意义重大，将为实现"两个一百年"奋斗目标提供强大支撑。蓝庆新和窦凯（2018）认为发展数字经济是新常态下实现经济转型升级、引领国家创新发展的重要动能。李晓华（2019）认为数字经济具有颠覆性创新不断涌现、平台经济与超速成长、网络效应与"赢家通吃"、"蒲公英效应"与生态竞争等新特征。杨佩卿（2020）认为数字经济有别于农业经济和工业经济，在数字经济中，数据资源成为数字经济的关键生产要素，"云+网+端"成为数字经济的核心基础设施，平台经济成为数字经济的主流商业模式，而知识智能是数字经济的经济形态特征，数字经济的消费理念是个性多元，其治理方式则是多元共治。罗贞礼（2020）指出我国数字经济发展主要体现为高技术、高渗透、高融合、高增长、高安全，变革属性主要表现为质量变革、效率变革、动力变革、管理变革、治理变革，路径属性主要贯穿于平台化、智能化、生态化、人性化、共享化。

第二节　数字经济对经济社会影响效度的研究现状及发展趋势

一、数字经济对经济社会发展影响效应的理论基础

（一）数字经济带来竞争优势的相关理论

Porter（1990）提出"钻石模型"，指出决定国家国际竞争优势的六大基本因素是要素条件、需求条件、相关与支持性产业以及企业战略、结构和竞争者；两大辅助因素是机遇与政府。"钻石模型"认为，国家竞争优势来源于高级要素的培养、产业聚集、企业战略与竞争，以及苛刻的市场需求等。他还提出了信息产业是国民经济"第四产业"的概念，并创立了信息经济测度模式，即"波特体系"。但Dunning（1993）认为Porter的模型仅针对单一国家，对跨国企业竞争力问题很难解释清楚。Rugman和Verbeke（1994）提出了双菱形模型，该模型对美国与加拿大两国竞争力的差异做出了较好的解释。Siggel（2001）则认为比较优势不应该局限在李嘉图的概念下，应该是动态的、开放的。葛继平等（2010）从信息化的视角出发，采用Porter的"钻石模型"和"价值链理论"作为产业竞争优势来源的理论分析框架，分析了装备制造业竞争力形成的内在机理，认为中国提升信息化的装备制造业国际竞争力的主要途径有融合产业价值链各环节、引进创新信息化平台、培养复合型人才。数字经济推动着资本、信息、人才在全球范围内加速流动，并重新配置研发设计、生产制造、产品流通等全球供应链体系，加速推动国家竞争优势向高效共享和协同转变。龚晓莺和王海飞（2019）从资本扩张、世界市场与全球贸易新体系等角度分析了数字经济的演化逻辑，并基于技术统治生产、供需市场精细化、产权交易壁垒消减和全要素生产率攀升等方面阐述了数字经济的发展动因，推出数字经济具有促使全球经济提质增效、释放市场经济活力、实现资源优势流动和竞争性提价、引致商品交换无缝对接等积极性质。

（二）数字经济带来后发优势的相关理论

Gerchenkron（1962）创立了后发优势理论，他认为由于某些工业化前提条件的缺乏，后起国家通过引进先进国家的技术、设备和资金，参考先进国家的经验教训从而达到相同的或相近的工业化结果。Abramoitz（1989）提出了"追赶假说"，一个国家与其说是处于一般性的落后状态，不如说是处于技术落后但社会进步的状态，具有经济高速增长的强大潜力。Brezis等（1993）提出"蛙跳"模型，在此基础上van Elkan（1996）建立了开放经济条件下技术转移模仿和创新的一般均衡模型，强调经济欠发达国家可以通过技术模仿、引进或创新，最

终实现技术和经济水平的赶超，转向技术的自我创新阶段。Bell（1973）最先研究并向社会提交了令人耳目一新的未来"后工业社会"理论与思想，认为未来的方向是掌握知识与智能的人和制定决策的"智能技术"。数字经济向传统产业渗透，推动产业链垂直整合、制造业服务化转型和企业跨界发展，为后起国家带来后发优势。

（三）雁形产业发展相关理论

Akamatsu（1932）在"雁形产业发展形态说"中提出：发展中国家通过从国外引进先进技术，实现"国外引进—国内生产—产品出口"的闭环，可以快速实现产业结构工业化、重工业化和高加工度化。Clark（1940）认为随着经济的不断发展和人均国民收入的逐渐提高，国民收入和劳动力的相对比重在第二产业中逐渐提升，而在第一产业中逐渐下降。随着经济的进一步发展，国民收入和劳动力在第三产业中的比重也逐渐提升。Hirschman（1958）基于工业部门与农业部门联系效应的对比，提出：发展中国家要想使有限的资本发挥出最大的效果，应考虑采取"不均衡发展"策略，即优先发展联系效应较大的工业部门，借助工业部门的力量推进整个国家的工业化，其中以资本品工业部门为重点对象。数字经济改变了传统产业的发展路径，重构了新的产业发展格局，通过数字经济发展带动了相关产业的同步发展。

（四）信息化与工业化反梯度推移理论

刘茂松（2005）提出了"信息化与工业化反梯度推移理论"，系统地分析了经济跨越式发展战略模式理论，提出了信息化条件下发展中地区工业化反梯度推移理论和战略，从知识促进、技术创新、人力资本、世界市场、制度安排等新经济的几个方面，探讨了工业化反梯度推移即工业化突进模式的运行机制。俞立平等（2009）基于向量自回归模型对信息化和工业化的关系进行了研究，发现二者并非互为对方的格兰杰原因，而是一种长期稳定的动态关系。信息化的发展和波动能带动工业化的发展和波动，工业化对信息化的影响无论是从速度还是影响本身上来说都比信息化对工业化的影响更快、更稳定。牛艳梅（2012）基于陕南相对落后的经济发展状况和贫乏的区位禀赋，运用反梯度推移理论对陕南如何实现可持续发展和绿色产业发展进行了研究。Soete（1985）认为技术落后国可通过引进发达国家耗费几十甚至上百年时间才研发成功的先进技术，快速实现信息化与工业化的反梯度推进。白雪和雷磊（2014）运用多指标综合评价方法对我国17个区域性城市群的两化融合水平进行了测算和多角度分析，研究结果表明我国两化融合水平尚处于初级阶段，具体表现为整体融合水平偏低且存在地区差异较大的问题，东部地区融合水平高于西部地区。陈醒（2018）指出，中国数字经济规模、增速、占比在稳步提升中呈现出明显的省域差异。

（五）数字经济驱动经济高质量发展理论

杜传忠和杨志坤（2015）利用协调发展模型测算了我国 2001～2013年的两化融合程度，测算结果表明我国两化融合水平已经有了显著的提升，但与发达国家的融合水平还有一定的差距。通过进一步推进两化深度融合，以信息化带动工业化是我国经济走向高质量发展的必由之路。荆文君和孙宝文（2019）认为在微观层面，互联网、移动通信、大数据、云计算等新兴技术可以形成兼具规模经济、范围经济及长尾效应的经济环境，在此基础上更好地匹配供需，形成更完善的价格机制，由此提高经济的均衡水平。在宏观层面，数字经济可以通过三条路径促进经济增长，即新的投入要素、新的资源配置效率和新的全要素生产率，数字经济还具有一种类似于斯密提出的自增长模式的增长模式。刘淑春（2019）指出，数字经济是现代化经济体系构架的重要支柱、是数字中国和网络强国战略的重要基石、是中国经济弯道超车的重要路径。丁志帆（2020）通过研究认为：在微观层面，数字技术驱动下的关键要素成本递减与网络效应不仅有助于企业实现生产的规模经济与范围经济，而且有助于改善配置效率，实现"数量-种类-价格"的多元、动态均衡；在中观层面，数字经济可以通过产业创新效应、产业关联效应和产业融合效应实现产业结构调整和转型升级；在宏观层面，数字经济不仅可以通过丰富要素来源、改善要素配置效率和资本深化效应促进经济增长，而且可以通过技术创新和扩散效应提高全要素生产率，推动经济高质量发展。

二、数字经济对经济社会发展影响机理的相关研究

数字技术对社会经济发展的影响过程十分复杂，一是从数字产品与相关产品之间的关系上可分为"替代效应"、"渗透效应"和"协同效应"。二是从数字技术的传播途径上可概括为企业干中学效应、行业内竞争的水平传导路径和行业间供应链的垂直传导路径三种。ICT能够显著促进经济增长。（陈亮等，2011）。在互联网数字通信技术的推动下，消费者和生产者可以直接进行交易，减少了流通环节和成本，大大消除了信息不对称性，这不仅有利于生产者及时把握消费者的需求，降低生产成本，扩大消费者的选择，使之获得更多质优价廉的商品和服务，也能促进新的生产、消费和物流商业模式的产生与发展（McAfee and Brynjolfsson，2016）。赵洪江和陈林（2015）通过研究认为互联网给现代经济的信息环境带来了很大的改变，这种改变同时又会使现代经济运行方式发生巨大改变。刘生龙和胡鞍钢（2010）认为信息技术作为基础设施的一种，可以利用其外溢效应使经济增长。宋艳萍（2014）指出近年来在各地推进城镇化进程中信息化开始广泛渗透和深度融入，但信息化对城镇化的引领提升作用还没有得到有效发挥，需要进一步

发挥信息化的引领带动作用，适度超前推进信息基础设施建设。

还有部分学者认为信息技术作为基础设施能够显著地促进技术进步。殷国鹏和陈禹（2009）在企业资源观（resource-based view，RBV）的理论基础之上，使用结构方程，创建了信息技术能力及其信息化成功影响模型。郭珍军和徐柳（2012）通过研究认为我国目前两化融合处于硬融合阶段，工业化水平高于信息技术应用水平。王自锋等（2014）通过建立一个利用基础设施规模及其利用效率来分析其对技术进步影响的模型，得出中国基础设施规模和利用效率对技术进步既有直接效应又有间接效应的结论。部分学者通过研究认为，ICT在提高国家出口绩效方面也有一定作用，李坤望等（2015）利用中国12 400家企业2002～2004年的相关数据（数据取自世界银行）进行分析，结果显示，企业信息化程度、地区信息基础建设水平都显著影响着中国企业出口绩效，此结果与理论分析结果相同。谢康等（2017）分析2000～2009年中国31个省区市工业化与信息化融合系数发现：无论是通过信息化带动工业化，还是通过工业化促进信息化，融合系数均未达到最优水平，工业化与信息化融合水平距离最优水平还有一定差距。

第三节　数字经济对产业结构影响测度的相关研究及发展趋势

一、国外关于数字经济测度的相关研究

美国经济学家弗·马克卢普（Machlup，1962）率先提出了知识产业的概念，他认为知识产业包含的不仅是生产和传播知识的部门，还应包括任何其他物质生产部门中从事信息服务或生产信息产品的组织或机构。因而弗·马克卢普计算了国民经济中知识产业的占比，实现了最早的社会信息化的测算。李京文等（1994）提出了"信息化指数法"，他从信息量、信息装备率、通信主体水平和信息系数4个维度出发，选取了11项指标来度量社会信息化的发展程度。美国学者克里夫特·厄斯（Eres，1982）选取了49个可能反映国家的信息活动水平的变量进行相关分析，筛选出图书馆、技术、文字传播总量三个有效因子来衡量国家的信息发展水平，进而测算了87个欠发达国家社会经济发展程度与其信息发展水平的相关性。美国学者鲍科和法国学者米诺于1983年提出信息利用潜力（information utilization potential，IUP）指数，IUP指数由能够反映国家信息基础结构和信息利用潜力的230个变量构成，其中27%的变量用于反映国家的基础信息活动条件，20%的变量用于反映信息的需求和使用情况，53%的变量用于反映信息资源和活动的丰富程度。国际数据公司（以下简称IDC）1996年提出"信息社会指数"，它从社会、信息和计算机三个角度对信息社会进行定量分析，测算多个国家获取、

吸收和有效利用信息技术的水平。

面对数字经济给政府统计带来的挑战，以OECD、欧盟统计局、联合国统计委员会等为代表的国际组织，以及以美国、英国、瑞士、法国和荷兰等为代表的发达国家开展了研究和实践活动，取得了初步成果。

（一）OECD关于数字经济测度的相关研究

2001年OECD召开了以可持续发展与新经济为主要议题的论坛，讨论了新经济给社会和经济发展可能带来的益处、风险及对环境的影响，引起了世界各国对数字经济发展的重视。其对ICT的定义具有普遍的应用意义，并成为目前世界范围研究ICT，特别是统计ICT指标时广泛采用的主流定义。OECD对数字经济统计的研究经历了对互联网经济统计和数字经济统计的探索过程。

（1）OECD对互联网经济测度的相关研究。研究成果集中体现在《OECD互联网经济展望2012》（*OECD Internet Economy Outlook 2012*）中，OECD将测度互联网经济的方法归为3类，将互联网经济规模视为GDP或商务部门增加值的一部分；重视互联网对所有产业的动态影响，互联网活动对生产率增加和GDP增长的影响等；考虑互联网的间接影响，如考虑互联网对消费者盈余和社会福利的影响。

（2）OECD对数字经济统计的相关研究。OECD构建的数字经济指标体系涵盖了具有国际可比较性的38个指标，详见表2-3。OECD运用大量数据，充分展现了主要国家数字经济的发展水平，也讨论了测度ICT传播和影响数据的设备的必要性，包括大数据集的分析工具。

表2-3　OECD数字经济统计指标体系

一级指标	二级指标
投资智能化基础设施	宽带普及率，移动数据通信，互联网发展，开发更高速度，网络连接价格，ICT设备及应用，跨境电子商务，网络安全，感知安全和隐私威胁，完善网络安全和隐私证据基础
赋权社会	互联网用户，在线行为，用户复杂性，数字原住民，儿童在线，教育中的ICT，工作场所中的ICT，电子商务消费者，内容无边界，电子政府应用，ICT和健康
创新能力	ICT与研发，ICT行业创新，电子商务，发挥微观数据的潜力，ICT专利，ICT设计，ICT商标，知识扩散
ICT促进经济增长与增加就业岗位	ICT投资，ICT商业动态，ICT附加值，信息产业劳动生产率，测度经济服务质量，电子商务，ICT人力资本，ICT工作岗位及ICT行业工作岗位，贸易经济与GDP

（二）欧盟关于数字经济统计信息系统的相关研究

欧盟数字经济统计信息系统（New Economy Statistical Information System，NESIS）认为数字经济很难通过一个或几个特征来捕获，对数字经济进行统计测度时要充分考虑到以下三个方面：第一，知识经济背景下的ICT运用；第二，数字经济的动态影响，即数字经济对地区宏观经济发展的影响；第三，数字经济的国际竞争与全球化问题。NESIS构建的数字经济统计框架由六大模块构成，如

表2-4所示，强调数字经济面临着全球化背景下ICT带来的机遇和风险。

表 2-4　欧盟数字经济统计指标体系

一级指标	二级指标
ICT 与全球化	基于购买力平价水平的人均 GDP，商业部门的服务增加值，ICT 制造业增加值，高技术制造业增加值，雇佣人人均劳动生产率，贸易对 GDP 的比率，ICT 产品的出口，外资制造业，外资服务业
创新	企业研发支出，专利申请，ICT 专利，制造业和服务业中的创新企业，改变组织结构的企业，创新产品带来的交易额
特征与表现	ICT 支出，创新在市场占有率中的作用，网络域名数，互联网使用的费用，电子商务及企业中的电子销售，创业企业，风险资本投资
宏观经济	总雇佣率，通货膨胀率，公共平衡，经济能源密集度，温室气体排放，收入分配中的不平等，中长期失业率
能力和策略	企业中的研发人员，创新合作，企业互联网使用，企业宽带使用；住户互联网使用，个人互联网使用，住户宽带使用
扶持政策与设施	科技人力资源，高中毕业率，公共部门研发人员，人均拥有手机数量，博士毕业率，科学与工程博士；私营企业创新活动的公共资金，政府资助的研发支出，在线政府服务

　　欧洲非常注重数字经济的发展与统计，为此欧盟委员会编制了数字经济和社会指数（digital economy and society index，DESI）并发布了"Digital economy & society in the EU"（《欧盟数字经济和社会》）报告，该指数由欧盟根据各国宽带接入、人力资本、互联网应用、数字技术应用和数字化公共服务程度等5个主要方面的30项二级指标计算得出。每个二级指标有不同的权重，该指数的合成方法参照OECD的*Handbook on Constructing Composite Indicators：Methodology and User Guide*（《复合指标构建手册：方法论与用户指南》），DESI是探析欧盟成员国数字经济和社会发展程度的重要窗口。《欧盟数字经济和社会》报告分为4个部分，包括数字经济和企业的概况、电子商务、互联网安全和云服务及数字单一市场，它描述了欧盟成员国数字经济的发展情况及面临的挑战。联合国统计委员会尚未决定修改现有的产业分类体系，欧盟统计局提出尽可能使用现有的国际标准产业分类体系反映数字经济带来的新产品和新服务等。

　　（三）美国信息技术与创新基金会关于新经济指数编制的相关研究

　　截至2022年，研究成果已经形成8份报告，分别是1999年、2002年、2007年、2008年、2010年、2012年、2014年及2020年发布的7份《美国新经济指数》，美国构建的新经济指标体系包括了以下25个指标，详见表2-5。

表 2-5　美国新经济指数指标体系

一级指标	二级指标
知识工作	信息技术工作，管理型、专业型和技术型工作，劳动力受教育程度，知识工人的移入，美国知识工人的移动，制造业附加值，高收入贸易服务业
全球化	外商直接投资，制造业和服务业的出口
经济活力	就业不稳定性，发展迅速的公司，公司首次公开募股（initial public offering，IPO），创业活动，专利发明
数字经济	在线农业，数字政府，宽带通信技术，健康 IT
创新能力	高技术工作，科学家与工程师，专利，企业研发投资，非企业研发投资，清洁能源经济，风险投资

（四）新加坡关于新经济指数编制相关研究

知识经济指数是由新加坡贸易与工业部于2001年发表的，新加坡政府认为知识已经成为当前关键的竞争性资产，因此新加坡政府在向新经济迈进的同时，有必要系统性地研究新的指标。在指标的选取上，新加坡政府制定了两个原则，一是指标必须涵盖数字经济的特征，特别是取得、创造、使用与扩散知识的能力；二是指标必须同时涵盖有形与无形资产两部分。新加坡政府选定了包括企业环境、信息科技、创新体系、人力资源发展等四大方面具有代表性的指标共15个，详见表2-6。

表 2-6　新加坡新经济指数指标体系

一级指标	二级指标
企业环境	外国直接投资，技术收支平衡，新创企业占所有企业的比例，传统企业占所有企业的比例
信息科技	个人计算机普及程度，移动电话普及程度，因特网普及程度，信息科技的投资
创新体系	电子商务的投资，研发支出总额，专利数，劳动力的增长
人力资源发展	中等学校以上入学比例，知识工作者的比例，每 10 000 劳动者中研究人员、科学家及工程师所占比例

（五）亚太经合组织关于知识经济状态指数编制的相关研究

知识经济状态指数是由亚太经合组织（Asia-Pacific Economic Cooperation，APEC）经济委员会于2000年研究完成的，涉及21个成员，涵盖了企业环境、信息与通信技术基础设施建设、人力资源发展、创新体系等四大方面共24个细项指标，详见表2-7。其特点是提供各细项指标的明确定义，说明指标体系在推动知识经济发展进程中的重要性，详细注明原始数据的来源，满足知识获取、知识创造、知识扩散、知识使用的分类。

表 2-7　APEC 知识经济状态指数的指标内容

一级指标	二级指标
企业环境	外国直接投资，高科技出口占 GDP 的比例，服务出口占 GDP 的比例，知识型产业的附加值占 GDP 的比例，政府的透明度，企业的透明度，竞争政策
信息与通信技术基础设施建设	每 1000 个居民中移动电话的数目，每 1000 个居民中电话机的数目，每 1000 个居民中个人计算机的数目，因特网使用人数比例，每 1000 个居民中因特网主机数目，电子商务的年盈余
人力资源发展	中等学校入学比例，每年自然科学毕业生人数，知识工作者的比例，每 1000 个居民中每日报纸的发行量，人类发展指数
创新体系	研发支出毛额占 GDP 的比重，企业研发支出占 GDP 的比重，每年在美国取得专利数目，每万人中研究人员数目，公司间合作程度，公司、大学间合作程度

二、国内关于数字经济测度的相关研究

（一）对美国数字经济的特征进行剖析和归纳的相关研究

这类研究主要集中在2000年左右，美国新经济思想传入中国的初期。刘树成和李实（2000）探讨了新经济在美国形成的宏观大背景，以及美国不同业界对新经济的不同理解和看法。杜厚文和董裕平（2000）讨论了美国新经济成长的特征、新经济与全球化的关系。刘崇仪（2001）讨论了美国"新经济"形成的原因和存在的问题，并对新经济做出了评价。王军和马上（2000）认为，知识经济测度的实质是量化观察国民经济中知识经济形态形成与发展的水平及作用；在这项工作中，现行的国民经济核算体系仍具有重要的核算功能；指标体系的构建应突出知识经济的本质特征；只有在此基础上，才能结合对知识经济内涵特征的深入认识，改进与完善知识经济的测度方法。陈曦和王中华（2017）、张莉（2016）结合美国新经济不景气的大背景，探讨美国当局如何利用"新经济剩余"和"网络财政"等新型手段，因势利导地促成了"消费—投资替代"和"实体经济—虚体经济的替代"从而形成了一种网络经济新型管理调控模式。陈曦和王中华（2017）通过借鉴美国新经济成熟的指标体系及其数据获取、信息分析、发布和动态调整的有效机制及其相关做法，提出要加快构建科学评价新经济发展的指标体系，尽早形成定期发布报告并根据新情况及时修正补充的机制。许宪春和张美慧（2020）在系统梳理信息经济、互联网经济、数字经济演变历程的基础上，提炼数字经济的内涵与形成要素，构建数字经济规模核算框架，对2007～2017年中国数字经济增加值与总产出等指标进行测算，并将测算结果与美国和澳大利亚进行比较，发现近年来，中国数字经济增加值年均实际增长率明显高于美国和澳大利亚。

（二）对我国知识经济、信息经济产业的分类、指标创新及测度方法的相关研究

靖继鹏和王欣（1993）采用潜在能力、信息生产能力、信息流通能力、信息利用（吸收）能力和产业平衡力5个指标来反映信息产业的发展状况及其在国民经济中的地位，提出了一种新的信息产业测度方法——信息产业综合指标体系。王爽英（2005）研究分析了企业信息化水平的评价指标体系，提出了相对科学的指标体系及计算过程。屈超和张美慧（2015）在总结了OECD和澳大利亚等国际经验的基础上，认为创建ICT卫星账户是测度信息经济较为可行的方法。刘仕国（2002）提出新技术、新产业和新社会三个方面是"新经济"概念缺一不可的要素，他认为新经济即信息经济，并对信息产业的外延做出了界定。魏和清（2007）对知识经济的测度方法进行了研究，并探讨了知识经济与IBM系统网络体系结构（systems network architecture，SNA）之间的关系，对知识经济与SNA如何对接给出了独到的见解。关欣等（2013）认为，信息化发展指数体系与科技进步指数体系内在要素之间存在正向影响作用，且作用关系具有显著的地区性差异。李静萍和高敏雪（2018）通过对网约打车交易宏观核算的机理进行研究，对比传统国民经济核算，在新经济统计的划分方面提出了新思路和新问题。于长钺（2020）从创新驱动、融合发展、全面（数量、速度、质量、效益）、协调、可持续和以人为本6个方面进行指标设计，构建基于熵权的TOPSIS[①]评价方法的评价指标体系对我国31个省区市两化融合发展水平进行评价。通过实证分析对比了上海市与江苏省信息化与工业化的发展情况，证实了该综合评价方法的有效性，为各省区市推进两化融合进程提供了决策参考。刘军等（2020）在对数字经济内涵进行界定的基础上，结合数据的可得性，从信息化发展、互联网发展和数字交易发展三个维度将数字经济指数分解，其中每个维度均从基础与影响的角度衡量其发展水平，且在每个一级指标下分别设立二级指标，并赋予权重。由此设计了中国分省区市数字经济评价指标体系。

（三）对我国数字经济现象的描述和类型划分相关的研究

近年来，随着ICT的发展逐渐成熟，"互联网+"的经济模式渗透到国民经济各个行业中，分享经济逐渐在中国发展起来。温广龙（2014）指出新经济对统计提出了新的要求，与创新经济相适应，统计的成功将取决于统计的改革，要求企业统计确立新的思路，提出新的对策，实现统计工作全面改革。万金（2018）认为在社会主义市场经济快速发展的过程中，企业的组织形式及经营形态逐渐发生转变，以法人单位为原则的统计单位划分容易产生重复统计严重及核算原则相悖

---

① TOPSIS，technique for order preference by similarity to ideal solution，一般称为双基点法或优劣解距离法。

的问题，无法适应当前和经验的新经济统计发展需求。杨仲山（2001）认为网络经济不仅仅是一种产业层面的经济，而且是一种全新的经济模式，他建议用国民消费总值指标来衡量新经济规模。乔阳娇和岳国强（2020）根据数字经济发展历程和特点，将数字经济企业划分为基础型数字经济、福利型数字经济、融合型数字经济及新生型数字经济4种类型。并从20个具有代表性的数字经济企业价值评估方法的总结归纳中发现，目前国际上常用的现金流贴现方法和相对估值，以及基于二者基础上的分类加总估值方法对数字经济企业进行估值值得进一步研究。

（四）分析我国数字经济统计下的制度建设

许宪春（2016）在分析了国际组织、发达国家和权威机构对新经济统计研究的基础上，总结出新经济给政府统计工作带来的挑战，认为在新经济基本概念、统计调查方法和GDP核算原则上均存在挑战。徐琼梅和文斌（2016）通过分析数字经济统计概念与我国新经济统计下的制度建设状况，以及数字经济下统计调查方法，提出了我国在新经济下统计工作存在的难点，并给出了我国数字经济统计制度的相关建议。刘丽波（2017）提出为顺应发展大势，真实准确、完整及时地反映新发展和服务新常态，更好地发挥政府统计的职能作用，应积极探索并建立起以"三新"（即新产业、新业态、新商业模式）为主要内容的新经济统计。纪宏等（2020）提出面对大数据人才奇缺的市场，要加快建设完整的新经济统计教育体系，更新教育理念，改革教育模式，打造共商、共建、共享新经济统计教育共同体，实现政、企、产、学、研深度融合，以促进未来的经济发展。

第四节　数字经济对产业结构转型升级影响的研究现状与发展动态

新一代数字技术颠覆信息化建设面貌，并通过向传统产业的快速渗透与融合创新重构现代产业体系，而数字化与全球化相互交织，推动着资本、信息、人才在全球范围内加速流动，并重新配置研发设计、生产制造、产品流通等全球供应链体系，产业创新模式加速向高效共享和协同转变。信息技术产业边界日益交融，新型商务模式和服务经济加速兴起，衍生和催生着新的业态。以电子商务、现代物流、软件和服务外包为代表的新型生产性服务业迅猛发展，网络出版、在线游戏、数字音乐、手机媒体等数字内容产业快速成长，新型显示器件、数字视听、半导体照明、汽车电子、电力电子等新兴产业群加速形成。数字技术加快向传统产业渗透，互联网的价值发现、聚合资源、互动创新作用，推动产业链垂直整合、制造业服务化转型和企业跨界发展，生产设备智能化、生产方式柔性化、生产组织灵巧化重构产业价值链，使得产业附加值的知识和信息含量不断提升，推动了规模经济向知识经济的延伸发展，加速了传统产业向高端制造和现代服务业的转变。

一、学术界对产业结构转型升级的研究现状

关于产业结构内涵的研究一直是经济学界研究的热点之一，包括配第-克拉克定理、库兹涅茨的"三次产业"划分、霍夫曼比例、钱纳里工业化阶段理论及雁行形态发展论等。

而国内学者在经典理论的基础上结合我国产业结构特点均提出了有推动性的见解。首先，我国产业结构转型具有封闭性的特征，一般以政府主导调整为主，资源利用、产业、社会需求、就业及发展效益作为调整的参考方向（刘芳和倪浩，2009）。廖荣俊（2010）认为产业结构的调整是量变，产业结构升级是质变，并且是一个产业结构从低级不断向高级演进的动态过程。在动态演变过程中，产业结构转型升级在不同的历史阶段具备不同阶段特色，但基本方向应该是产业结构不断趋于合理化，产业资源配置使得发展效益最大化，供求结构更加协调，经济持续发展（杨安，2013）。其次，我国新经济常态对于产业结构转型升级又提出了新的要求，不仅需要满足经济增长最大化，而且需要在综合经济和生态效益的基础上，提升产业结构与环境的适应性，实现经济增长最优化（贺丹和田立新，2015）。目前，中国经济可持续发展遭受环境污染掣肘，依托于"高能耗、高污染"的传统粗放式经济发展道路难以为继，转变发展方式，调整经济结构，转换增长动力，实现中央政府"绿水青山就是金山银山"的战略目标的核心就是发挥环境规制在产业结构转型升级中的重要作用（林秀梅和关帅，2020）。同时随着信息技术、新型经济的快速发展，不同产业间的融合和协同发展为产业结构转型升级提供了新的方向，通过高新技术、信息产业等高端产业带动传统产业改造升级、淘汰高能耗、低收益的低端产业成为我国产业结构转型升级的有效手段之一（朱永彬等，2013）。

二、关于产业结构转型升级影响因素的相关研究

国内外关于产业结构转型升级影响因素的研究视角相对比较完整，范围涉及生产要素层面、产业自身发展、外商投资、技术创新等，并且在研究领域、研究方法方面都比较成熟。有些学者认为产业类型一般可以分为劳动密集型、资本密集型、知识密集型三种，劳动密集型产业一般会成为产业结构转型升级的阻力（王智波，2012），而资本密集型产业存在资源依赖性、与新兴产业互动性不足等问题，知识密集型产业逐渐成为产业结构转型升级的动力（顾颖和陈馨，2012）。而外商直接投资、税收优惠、政府管理水平、个人消费等因素对于我国产业结构升级的影响有大量学者进行了分析，如武晓霞（2014）研究发现对于产业结构转型升级

作用较大的因素为技术水平和外商直接投资，而且两者均对产业结构转型升级起到促进作用，个人消费、政府管理及政府投资等因素对产业结构转型升级的贡献相对较小。此外税收对产业结构转型的促进作用也十分明显（崔勇，2014）。技术创新对产业结构转型升级起到显著的促进作用，这也几乎是业内学者的共识，这与赵喜仓和余正娟（2014）利用灰色关联方法，吴继英和孙晓阳（2015）应用格兰杰因果关系检验和回归检验得出的结论都一致，并且技术创新与产业结构转型升级呈现单向因果关系。林秀梅和关帅（2020）基于政府竞争视角，构建了空间杜宾模型分析环境规制对产业结构转型升级的影响。研究发现：标尺竞争机制下，环境规制的非完全执行特征使得环境规制未能促进本地产业结构合理化；地方政府环境规制策略互动行为削弱了要素配置效率，不利于产业结构合理化，同时，环境规制激发创新补偿效应促进产业结构高度化进程。环境规制执行对产业结构转型升级的影响具有复杂性，总体而言，并未显著推动产业结构转型升级。

三、数字经济对产业结构转型升级影响的相关研究

数字经济对产业结构转型升级影响主要体现在对产业结构合理化、高级化和高效化的影响上。

（一）数字经济对产业结构合理化影响的相关研究

国内外文献对于数字经济对产业结构合理化影响的研究主要集中在数字产业、数字技术等对产业结构合理化的影响上，而且多是从区域合理化的角度进行分析。刘厉兵（2010）基于社会信息化的视角，通过指标体系的形式从理论上分析我国社会信息化存在的问题、短板，通过熵值法、聚类等统计方法对信息化与产业结构影响关系加以研究，发现社会信息化越高的地区，产业结构合理化的提升越迅速。俞立平（2012）运用状态空间模型研究发现区域信息化的弹性系数小于资本、劳动力，同时利用面板数据研究发现信息化的弹性系数和区域经济发展水平呈现显著的关系，经济欠发达地区的弹性系数大于经济发达地区，经济中等发达地区系数最低，最后利用分位数回归分析得出信息经济弹性系数与区域经济发展呈现"U"形曲线。支燕和白雪洁（2012）研究发现不同行业初步呈现出两极分化的现象，制造业等传统行业多属于劳动密集型产业，而信息产业多属于资本密集型或知识密集型产业，产业结构配置不合理现象依旧显著。段君玮（2014）利用案例分析探讨了现在产业结构存在的问题，如产业链分配、产业转移、产业布局等方面均存在不同程度的不合理，此外，他运用神经智能网络模型研究了信息技术创新与产业结构调整的作用机制，发现二者存在长期显著的互动关系。

（二）数字经济对产业结构高级化影响的相关研究

国内外关于数字经济对产业结构高级化影响的研究主要集中在数字经济的具体维度对产业结构高级化的影响上。首先，我国数字产业的产业结构转型升级是动态的，不同阶段作用机制存在不同，高新技术、高附加值及信息产业等新兴产业的发展不仅带动了传统产业的转型，同时促进了产业结构逐渐趋于高级化，并且不同地区数字产业的促进作用存在明显的区域性（刘丹，2013）。其次，信息技术的发展起到的作用是多方面的，一方面，通过促进信息产业的发展和对传统产业的改造促进了社会进步；另一方面，通过产品质量、生产效率的提升，促进了产业结构高级化（余冬筠和魏伟忠，2008）。杨智峰等（2014）研究了推动产业结构转型升级的影响因素，其中技术进步对重工业特别是冶金、机械工业的产业结构转型升级的推动作用较为突出。学界普遍认为我国信息产业与工业或制造业的耦合程度处于中低耦合阶段（王瑜炜和秦辉，2014），而且存在发展不协调、耦联效率低下等问题（陶长琪和周璇，2015）。韩先锋等（2014）认为数字经济是以信息技术为手段、数字产业为核心、信息需求为导向来促进经济形态、产业发展方式优化的过程。

（三）数字经济对产业结构高效化影响的相关研究

现有关于数字经济对产业结构高效化影响的研究多集中在数字经济的某一维度对产业结构高效化的影响上。例如，相关研究发现行业信息化通过影响技术创新效率来影响产业结构高效化，韩先锋等（2014）通过2005~2011年工业部门行业面板数据发现，随着行业信息化的提升，技术创新效率会随之增长，但到达某一节点之后，会出现下降的情况。同时，存在信息产业对工业产业的促进作用不断提升而融合效率却逐渐下降的现象（张轶龙和崔强，2013），但普遍认为信息技术的提升对产业结构高效化起到了明显的促进作用（余冬筠和魏伟忠，2008），包括通过信息技术提升生产效率、降低生产成本等，同时随着电子商务、电信业务等数字消费的不断提升，数字消费有助于提高产业结构转型效率，促进产业结构高效化（郑丽，2014）。

第五节　数字消费对产业结构转型升级影响的相关研究与发展动态

一、关于数字消费内涵的相关研究

梳理国内外学者对数字消费内涵的研究，主要是从以下三个角度进行分析。一是从信息消费基本范畴的角度。包括Machlup（1962）、Varian和Shapiro（1999）

等的研究。Vandenberg（1995）分析了数字消费可能带来的风险。Shirk（1998）
分析了消费者消费行为的影响因素，发现不同年龄、受教育程度及社会地位均
会影响消费行为。Adaval（2001）指出消费者情绪的变化会影响其对产品信息
的判断，当消费者认为享乐大于实用时，产品的信息效用更强。邓胜利（2002）
将数字消费置于21世纪信息经济高速发展的大背景下，提出数字消费主要借助
互联网、广播电视、通信网得以实现。赵付春（2014）从经济学的角度出发，
认为数字消费强调的是最终数字消费品和服务，既包括消费者为满足自身信息
需求而直接付费的交易，如信息硬件设备、信息软件、专业信息咨询服务的购
买，以及知识产权的交易；也包括消费者未直接付费，通过企业或政府机构构
建的信息平台来满足自身信息需求的活动，如各类社交平台、电商平台和政务
平台。

二是从数字消费的目的与功能的角度。贺修铭（1996）认为信息是继物质、
能量后的又一重要资源，其基本作用是消除人类认知行为的不确定性，数字消费
活动是社会进步发展的原动力，是对信息资源的开发和利用，可分为生活、学习、
科研、决策四个层次。Ariely（2000）认为控制信息流动有助于消费者更理性地
做出决策，更好地满足自身的需求。吴钢华等（2007）认为广义数字消费是消费
者为生产、生活和传承知识的需要，而对信息资源进行使用与创新的过程，狭义
数字消费则是在市场中使用信息产品、享用信息服务并为之付费的活动，并参照
恩格尔理论的核算方法提出了数字消费系数及相应的测算方法。

三是从数字消费过程的角度。李君君和孙建军（2006）指出消费者通过网络
渠道获得信息产品和信息服务的消费活动就是数字消费，消费是在无形的过程中
得以实现的，同时分析了数字消费区别于传统消费的本质在于数字消费的主体性。
张媛（2013）认为数字消费是一种以精神消费为主，以满足消费者的信息需求或
获得增值收益为目的的消费过程，同时强调在数字消费的过程中，物质资料的投
入固然重要，但数字消费主体的智力与精力投入更加重要，最关键的是消费主体
的满意程度。

二、关于数字消费测算的相关研究

国外对于数字消费测算的研究主要有：Hoag（1998）通过分析线缆调制解
调器对网络消费的影响研究消费主体满意度的复杂性，对消费主体满意情况进
行测度。Kunreuther（2001）指出产品目录的重要来源信息是消费者体验，消费
者的在线评价与网络社区讨论是影响消费者消费行为的重要因素，通过在线讨
论评价消费者的数字消费状况。国内关于数字消费测算方式的研究，可分为以
下三类。

（1）支出法。直接测算居民在信息产品与服务上的货币支出与时间支出。梳理相关研究后发现，货币支出法是最常使用的研究方法。第一种，蒋序怀（2000）、张鹏（2001）、尹世杰（2007）、肖婷婷（2010）、王田青（2014）的研究把教育文化娱乐、医疗保健、交通通信等三类产业的支出作为数字消费额，用三项支出总额占总支出的比重来衡量居民数字消费水平。蒋序怀（2000）认为医疗保健和交通通信消费并不完全都是数字消费。第二种，张同利（2005）认为医疗保健支出中的医疗器材及药品支出不属于数字消费的范畴。第三种，郑英隆和王勇（2009）、吴凤武和胡祖铨（2013）以通信、教育文化娱乐及部分医疗保健消费作为居民数字消费额，剔除了交通支出这一类信息含量较少的支出，保留了部分居民医疗保健支出。第四种，杨京英等（2006）、沈小玲（2013）、郑丽（2014）选择教育文化娱乐和通信两个方面的支出之和与总支出的比值，测算了居民数字消费系数。

（2）指数法。由于数字消费的共享性和无形性特征，如通过政企构建的开放型数据平台、盗版的软件及影视作品获取信息，并未产生消费支出行为，数字消费水平很难只通过货币支出数额来反映，因此，有学者建立了由多指标构成的复合型指标体系来衡量数字消费水平。崔建华（2006）基于测度国家或地区的整体数字消费水平的目的提出了数字消费力的概念，数字消费力即数字消费主体在一定的数字消费环境下，为了满足自身的数字消费需要，从而对信息产品和服务进行消费的能力，并从数字消费需求方、供给方、环境水平与消费质量四个方面构建了较为详细的数字消费力评价指标体系。杨诚（2010）构建了我国农民数字消费力评价指标体系，李旭辉和程刚（2012）构建了包括信息设施因素、支付能力因素、信息生态因素、知识素质因素、偏好因素和效果因素等方面的综合型评价指标体系。但上述三篇文章部分指标难以估量与获取，如政策法规完善情况、市场供求均衡程度；部分指标不够科学，如每千人有线电视台数。

（3）结构法。还有很多学者基于数字消费中不同类别消费品的比重提出了结构法，研究各类别数字消费之间的差异。沙勇忠和刘焕成（2001）认为可以从传统类、家电类和电脑网络类三方面划分数字消费内部的结构。邓小军和史薇（2016）根据马斯洛的需求层次理论，将高校学生的网络数字消费划分为学习、通信、生活、娱乐四个层次，并分析对应媒介工具的使用情况和影响因素。上述观点有一定的合理性，但多数时候，这几类数字消费类型及其媒介有交叉重合部分，将其区分分析不够缜密。

关于数据获取方式，即采用怎样的方式获取数据能更科学地反映数字消费水平方面的研究主要有两种：一是采用统计年鉴的数据。前文提到的运用支出法测算数字消费的研究中，大部分学者便是对由统计年鉴获取的官方数据进行分类，然后通过统计方法测算数字消费水平。二是采用问卷调查方式获取数据。由于在我国现行的统计口径中，并没有单列数字消费的门类，通过国家统计机构获取的指标有一定的局限性，因此，诸多学者结合问卷调查方式采集数据。例如，朱红和张洪亮（2005）通过问卷调查收集数据，运用层次分析模型对山西高校数字消费水平进行了分析。汪景梁和王叶冰（2008）构建了包含数字消费主体、客体、环境三方面的高校数字消费水平评价指标体系，通过问卷调查收集数据，运用模糊评价法对结果进行分析。张思航（2015）运用层次分析法确定居民个人数字消费影响因素的权重，通过问卷调查收集数据，构建居民个人数字消费函数，从而分析我国居民数字消费的现状与特征。

三、关于数字消费与产业结构升级关系的相关研究

（1）经典文献中的论述。马克思指出："没有需求，就没有生产，而消费则把需要再生产出来。"西斯蒙第的《政治经济学新原理》认为，经济社会中所有消费者的总需求决定了社会的生产结构，只有合乎消费的生产才有意义。库兹涅茨则认为消费结构与产业结构的相关性非常大。卡莱茨基根据消费结构估计了各部门的需求，进而估计了产业结构，发现消费结构升级促进了产品结构升级。

（2）关于数字消费促进产业结构转型升级的研究可分为理论研究与实证研究两个方面。相关理论研究主要有：胡世良（1998）强调信息产业与数字消费之间的关系实质是生产与消费的关系，信息产业的发展，最终受数字消费增长的影响。张亦学（2002）指出数字消费是一种新型绿色消费模式，能够减少物质资源消耗和废弃物排放，促进劳动者素质的全面提升，有利于我国经济的可持续性发展。姜涛（2009）得出在生产过剩条件下，居民的消费结构决定着产业结构的变迁，中间需求和最终需求最能推动产业发展的结论。邓少军（2014）基于动态能力理论，分析消费者、企业、产业或产业集群、区域或国家多层次数字消费协同推动产业结构升级的路径与机理。杨震和黄卫东（2014）分析江苏省政府、产业、居民三个层面的数字消费的水平与特征，得出江苏省数字消费与经济发展不相当的原因在于信息供给的创新能力不足和数字消费的有效需求不足，并提出江苏省数字消费促进产业发展的战略措施。贾晓峰（2015）考察了江苏省最终需求结构与产业结构之间的互动关系，指出需求结构的变动会通过价格机制影响产业结构。郑英隆和袁健（2016）基于系统论的方法建立起包含时间、空间与逻辑的三维结构模型，得出由于消费群体与消费组合的多样性，我国数字消费水平在时间与空间上发展存在多极差异的结论。并从可持续发展理论着手，结合数字消费的时空差异匹配性，进一步发现数字消费可以提升劳动者的综合能力，进而促进产业结构升级。相关实证研究主要有：马成文和毛舒乐（2010）运用格兰杰因果关系检

验分析我国农村居民消费结构与产业结构关系，研究得出居民消费结构变动是产业结构变动的内在动因。朱晓铭（2012）从投入产出分析和时间序列分析两个角度实证研究了居民消费结构影响产业结构的情况，主要结论是不同的消费偏好、不同的地区对产业结构的影响不尽相同。赵广川（2013）运用时间序列模型对消费结构、产业结构与经济增长关系进行研究，得出三者相互促进的结论。胡美娣（2014）采用VAR模型研究了中国产业结构、消费结构的关系，得出消费结构单向促进产业结构改变。随着消费模式由传统物质消费向数字消费的转变，数字消费这一新型消费模式从根本上扭转了人类对大自然无节制的索求和破坏的错误行为，更重要的是，数字消费使高耗低效的产品必然被市场淘汰，只有那些生产效率高、污染环境小的产品才能生存下来，这减轻了对环境的污染和损害。数字消费承载起人与自然和谐相处的重大责任，提升了产业结构的可持续化水平。

（3）有少数学者探讨了居民数字消费与产业结构升级的关系：陈炜（2008）根据协整检验和向量误差修正（vector error correction，VEC）模型分析了中国数字消费与经济增长之间的关系，并认为中国应借助数字消费快速发展的大好时机，建立完善的数字消费环境，提升数字消费水平，使产业结构由以物质投入为主的粗放型发展向以知识和信息为主的集约型发展转变，进而实现产业结构的快速调整，最终实现国民经济的可持续发展。郑丽（2014）从消费规模和消费结构两个层面运用投入产出模型探究居民数字消费导致第三产业和42个高能耗、低能耗部门的比例关系的变化，结果显示居民数字消费对第二、第三产业的促进效应较为明显，数字消费对产业结构优化升级的作用会随着数字消费规模的增大越来越明显。

第六节　数字经济促进产业结构转型升级的推进机制与支撑体系的相关研究

一、数字经济促进产业结构转型升级推进机制的相关研究

不同的学者对数字经济促进产业结构转型升级的推进机制进行了不同角度的分析。一些学者在分析数字经济推动产业结构转型升级的研究中借鉴了协同论的思想。陶长琪和齐亚伟（2009）基于哈肯模型和主成分分析法，且以中国电子信息制造业为例，建立信息产业融合创新与产业结构的协同演化方程，研究发现产业结构演化的序参量是产业融合创新，二者的协同发展可以促进信息产业的成长。林莉和葛继平（2012）认为营造协同管理文化、促进知识共享可以促进信息化与工业化融合，该思想借鉴了协同管理思想；搭建协同管理数字化平台，实现内外全面协同；加强人员互动学习，实现人员协同；优化业务流程，实现流程协同；

优化组织结构，实现资源协同。王锰和郑建明（2015）认为信息技术推动、市场需求拉动和政府政策引导的协同是信息化与工业化融合的实现机制。另有一部分学者认为推动制造业与信息化的融合是数字经济促进产业结构升级的关键点。而制造业服务化、服务业产品化是数字经济对经济社会影响效度的重要手段，因此还需加强其与现代服务业的融合。谢康等（2009a）通过国内外对比，认为提高技术效率是中国推动工业化与信息化融合的发展方向。谢康等（2009b）认为促进信息化与工业化融合的两条途径分别是借助信息技术改造传统产业和信息技术企业投资、经营传统产业，并提出了两化融合机制的技术效率模型，该模型对于成本最小化和收益递增的观点做出了较好的解释。易明和李奎（2011）结合国家级两化融合试验区的建设经验，指出应该从主体、阶段和区域三个维度划分来推进信息化与工业化融合，具体表现为分层推进，即企业—产业—社会—区域。因此，我国需要通过一系列政策措施来提高我国数字经济产业的国际竞争力。促进产业融合、实现融合创新的现实空间平台就是产业协同集聚，而产业协同集聚进行空间布局调整是实现城市生产效率增进的现实选择，这不仅需要差别化和精细化指导，还需要突破行政区划限制进行协调（陈建军等，2016）。

二、数字经济促进产业结构转型升级支撑体系的相关研究

关于数字经济促进产业结构转型升级的支撑体系，学者给出了众多的建议，主要集中在技术创新、体制机制等两个方面。

（一）引导企业技术创新，促进数字经济发展

技术创新促成了数字经济的诞生，而技术融合则推动了数字经济的发展（Jorgensen and Stiroh，2000；Porter，1985）。信息化与工业化融合需要提高自主创新能力，积极培育复合型人才，完善政策支撑体系（荣宏庆，2013；徐丽梅和李宪立，2012；焦勇和杨蕙馨，2017），许多学者从不同角度分析了技术创新对数字经济的驱动作用。例如，陈柳钦（2007）认为导致产业渗透现象的主要内生驱动力是技术创新，不同产业技术创新之间的交叉扩散引起了技术融合，进一步促使了产业结构转型升级。杨卓凡（2018）认为，随着时间推移，信息技术投资能通过规模的持续扩张来构建"大平台+富生态"的商业生态体系，进而带来效率的持续改善、技术的持续进步、全要素生产率的持续提升及盈利能力的持续增加。陈晓红（2018）认为，数字新技术推动以创新为关键要素的数字经济的发展，实现了经济发展由要素驱动向创新驱动转变，由低成本竞争向质量效益竞争转变，由粗放制造向绿色制造转变，加快建设开放型、创新型和高端化、信息化、绿色化现代产业新体系，推动传统产业结构转型升级，加速新旧发展动能转换。马名杰（2018）认为，近些年，数字技术创新与商业模式创新和业态创新相结合，更

快速、更深入地应用和渗透到教育、医疗等社会服务领域。在形成一个个新增长点的同时，也在不同程度上改变原有的教育、医疗等服务供给格局。不过，也有学者认为技术创新并非数字经济发展的主因，如王成东和綦良群（2015）以我国装备制造业与生产性服务业的互动效率为研究对象，建立了互动效率评价指标体系，实证结果表明技术创新并非推动数字经济发展的主因，内部化技术创新反而阻碍了装备制造业与生产性服务业的产业发展。因此，要想利用新技术使得数字经济取得突破性的进展，需要将其作为数字经济发展的重要内生驱动力之一，加以创新，形成新的市场结构并有效利用现有技术（Hacklin，2008）。王翔和肖挺（2015）的研究表明数字经济的发展对服务业企业的商业模式创新绩效具有正向促进作用。王彬燕等（2018）基于腾讯研究院公布的数字经济指数，运用插值模拟、Zipf位序–规模法及地理探测器等方法，对2016年中国数字经济发展的空间分异特征进行分析，并对其影响因素进行探测比较。结果表明中国数字经济发展空间分异明显，省域尺度呈现出自东向西梯度递减的特征，因此，政府应突破行政区划，增加数字技术方面的投入，使其对数字经济的发展能起到重要作用。

（二）推动数字经济体制机制创新

数字经济体制机制是数字经济发展的整体框架设计。国内外学者就数字经济体制对数字经济发展的影响展开了诸多颇有成效的研究。国外学者Lei（2000）认为相对宽松的经济体制能够有效扩展企业技术和商业模式创新的市场边界，降低市场壁垒。国内学者吴伟萍（2003）认为信息化与工业化需要协同推进，持续提升工业化对信息化的带动力；走政府引导与市场利益驱动统筹结合的道路；高度重视体制机制创新，营造利于信息化与工业化协同发展的制度环境。马健（2003）认为在政治强势的中国，更应当采取积极的和开放的产业管制政策。赵珏和张士引（2015）认为放松产业规制能够激励和扩展企业技术和商业模式创新，发现市场边界，使得不同产业的企业要素流动畅通，将各自独立产品部件连接成更大系统的整合框架,对加大产业融合的广度和深度有能动的积极作用。张凤乔等（2017）提出了促进信息化与工业化融合的三条路径。分别是完善政策，提供制度保障；不断创新，提高融合动力；调整互动机制，完善环境。国内外学者从不同角度探讨了体制机制给数字经济发展带来的影响。国外学者Lei（2000）认为放松管制可以激励和扩展企业技术和商业模式创新的市场边界，降低市场准入壁垒，往往可以为该产业带来新产品或新商业模式。国内学者吴伟萍（2003）认为信息化与工业化协同推进需要做大做强信息产业，提升信息化对工业化的带动力；走市场利益驱动与政府引导统筹相结合的道路；高度重视制度创新，营造信息化与工业化并举的制度保障环境；全方位打造人才队伍支撑体系。赵珏和张士引（2015）认为放松产业规制能够激励和扩展企业技术和商业模式创新，降低市场准入壁垒，不同产业的企业相互连接，将各自独立产品部件连接成更大系统的整合技术，促使产业边界模糊，进而有利于产业融合。因此在传统行政势力较强的中国，更应采取积极的和开放的产业管制政策（马健，2003）。张凤乔等（2017）指出了促进信息化与工业化融合有完善政策提供制度保障、不断创新提高融合动力、调整互动机制完善环境支持三条途径。从制定和实施放松产业融合约束条件，增强产业融合动因驱动强度和保障产业融合过程三个方面看，应放松产业规制、鼓励多元化资本进入，扩大融合型产品市场需求规模、提高产业创新能力与研发水平，以及对融合过程进行组织保障、制度保障和政策保障，从而促进装备制造业与生产性服务业融合发展（王成东和綦良群，2015）。全球已经进入新经济时代，创新驱动下的共享经济也促使政府重新审视原有管制政策，与创新紧密结合的共享经济带来了市场与经济的新模式，对于不同的共享经济产业政府应当制定差异性的管制规则，而不是一味地追求创新而放松管制或过于保护传统行业而采取"旧瓶装新酒"的管制策略（孙伯龙，2018）。此外，部分学者就如何适当放松政策管制提出了许多建设性的意见，如增订新的市场管制规则、法律法规及市场政策，适度放宽政府的产业管制；调整相关产业的市场准入门槛，重制产业各子系统的市场规则框架。尽快形成条块结合、辐射联系的管制模式，打破部门分割及行政垄断，在产业间形成合理的经济联系等，从而加快推进产业间的融合进程（唐昭霞和朱家德，2008；孙永波和王道平，2009）。同时，加快区域数字经济发展政策的制定，使之与特定地区的发展阶段特点密切联系，表现出"本土化"的特点（陈永清等，2016）。唐晓华等（2015）通过对我国30个地区2012年产业融合情况进行测度研究，发现我国各地区产业融合程度存在显著差异，而且与区域经济发展水平存在高度一致性。研究结果表明，传统的行政绩效考核体制使得数字经济发展受限于地方行政区划，而这往往会阻碍数字经济发展。

第七节 简略的评述

一、数字经济内涵及其演变的评述

数字经济相关新名词的相继出现，反映出人们对数字经济的认识程度逐步加深。在数字经济发展初期，国外学者对涉及的新经济规律进行了虽不系统但比较深入的探索，研究内容覆盖传统的规模经济分析、网络外部性分析等。随着数字经济的迅速发展，以及数字经济所包含的新技术、新创造的涌现，OECD、欧盟统计局等主要国际组织仅保留和沿用"知识经济或数字化经济"，并对其进行研究。国内学者开始从宏观的角度考虑我国数字经济发展的相关战略，或者从产品和企业的微观角度出发，对数字经济的特征及某些分支领域进行研究。然而，国内外学者对数字经济的研究缺乏对其发展规律的深入分析，均未能形成比较严密而系统的理论体系。事实上，数字经济的交易费用理论、外部性理论、范围经济理论、边际收益递增规律等还处于探索阶段，谈不上形成数字经济的系统理论体系，这将对本书和未来的探索提出挑战。

二、数字经济对经济社会的影响效度评价的相关研究评述

美国和法国在国际上比较早地系统研究了新经济对国民核算的影响，瑞典、英国等国家率先成立工作组，探索性地开展了数字经济核算工作。主要发达国家对新经济统计的实践，一是利用各种可用的数据源测度新经济，如英国等统计发达国家在测度"共享经济"企业交易额时，尝试通过一系列已有的调查获得所需数据，另外在已有的统计调查问卷中增加调查内容，利用互联网公司的管理数据或利用其他部委的行政记录，使用大数据进行测度等。二是根据商品和服务的质量变化对价格指数进行调整，如生产者物价指数（producer price index，PPI）调整和消费者物价指数（consumer price index，CPI）调整。OECD等对新经济研究的侧重点主要集中在数字经济上，关于新经济的测度OECD没有给出系统的测度方法指导，缺乏实证研究，故而更多的是对新的经济现象不同表现形式的划分及理论分析研究。国际上一些著名的咨询机构，大学或者研究机构也开始从自身的理解或特长出发，尝试测度新经济，这些机构设计的指标体系或者测算方法尚未得到主要国际组织或官方的关注和认可，指标的可信度和应用范围也存在争议。

三、数字经济与产业结构转型升级相关研究的评述

通过检索回顾国外文献可以发现，国外学者对数字经济与产业结构转型升级的理论进行了长期、深入的评述和多角度的研究，目前已经形成了较系统的理论体系。国内外学者对产业结构转型升级的研究主要集中在产业结构转型升级内涵及影响因素方面，对数字经济促进产业结构转型升级的影响的研究主要集中在数字产业与产业结构的相关关系上。总体来说，国内外对数字经济与产业结构方面的研究具有连续性与时效性，国内外对数字经济和产业结构转型升级均有相当深入的研究。

关于数字消费内涵的研究，基本基于数字消费过程与数字消费功能等视角，关于数字消费的定量研究多集中在居民数字消费及基于个人消费行为的数字消费函数的研究上。从数字消费水平测算方法看，众多国内外研究并没有形成一个统一的、有权威性的标准，关于数字消费测算的几种方法各有优点，但也存在以下缺陷：支出法只能测算居民数字消费支出占总支出的比重，并没有直观反映信息

消费与其他因素之间的联系，对分析区域数字消费水平无明显帮助；指数法可能存在部分指标难以估量与获取的情况；结构法仅仅研究结构问题，难以反映数字消费水平与宏观环境之间的关系，而且运算过程复杂，可操作性不强。

四、数字经济促进产业结构转型升级的推进机制与支撑体系相关研究的评述

从上文可以看出，国内外学者对数字经济可持续发展的内涵、发展现状、对产业经济和产业政策的影响的研究很丰富，基本认同数字经济是创新和经济增长的主要动力，促进产业结构转型升级和提升产业竞争力的观点，都认为放松产业管制和引导技术创新可以促进数字经济健康发展，并采取了案例和计量模型分析方法，这为未来学者的进一步深入研究提供了许多有益的思路。但是，针对数字经济可持续发展的推进机制与支撑体系方面的研究较少，且尚不系统，这将成为本书和未来探索的方向。

五、有待研究的问题

通过上述四个方面的研究现状及发展动态的综述分析，我们发现国内外已对数字经济促进产业结构转型升级开展了一些研究，但仍存在以下许多有待研究的问题。

一是当前国内外学者对数字经济与产业结构转型升级的具体内容研究较多，但对数字经济促进产业结构转型升级，特别是对数字经济促进产业结构转型升级机理缺乏系统性、战略性的研究。为此，急需在经济高质量发展背景下，以数字经济理论为基础，通过数字经济促进产业结构转型升级战略，寻求竞争新优势，构建一套符合全球化、科学性、前瞻性特征的数字经济促进产业结构转型升级战略研究体系。

二是在研究数字经济促进产业结构转型升级问题时，有三个问题尚需引起高度重视。第一，必须摸清数字经济促进产业结构转型升级的准确评价，这是数字经济促进产业结构转型升级竞争力的基础；第二，针对数字经济与产业结构转型升级相分离的问题，考虑不同区域数字经济促进产业结构转型升级的影响问题，进而研究异质性条件下数字经济促进产业结构转型升级如何应用不同的战略模式与路径优化问题；第三，必须紧密联系中国国情，针对数字经济促进产业结构转型升级，研究其支撑体系问题。

三是数字经济促进产业结构转型升级的主要障碍，很大程度上是在于数字经济促进产业结构转型升级的制度系统，包括法令法规、标准规范、文化传统等方面的不适应。因此，研究数字经济促进产业结构转型升级，要分析不同制度特征

对数字经济促进产业结构转型升级的影响。

四是由国内外大量文献检索可知，关于数字经济促进产业结构转型升级的战略模式与路径创新的研究成果较少。例如，数字经济促进产业结构转型升级的思路转换问题，国内外典型经验的总结比较与借鉴问题，加快发展中国数字经济的战略机遇问题，产业结构转型升级的难题与相关政策等问题，都是亟须研究与解决的重要理论与应用问题。

第三章　数字经济对产业结构转型升级影响的关键：轻装信息化

第一节　引　言

数字经济已经成为当下最热门的话题。自从2016年G20杭州峰会通过《G20数字经济发展与合作倡议》以后，数字经济立即成为人们重点关注的内容，一时间各种分析、论述数字经济发展战略和政策的学术论文，以及一些地方和企业促进数字经济发展的新闻报道突然间便多了起来，各级政府也开始抓紧研究起草促进地方数字经济发展的政策措施。从这些现象来看，数字经济似乎作为一种新兴经济形式，开始对我国的经济社会发展产生日益重要的影响。

然而，回顾过去20多年的发展历程，我们发现，由于类似"数字经济"的诸多新兴概念而兴起的经济社会热潮实在是不胜枚举。在过去的20年时间里，新技术、新业态不断涌现，与此同时，各种名词和说法层出不穷，让人应接不暇。特别是从2008年开始，物联网、云计算、大数据、移动宽带等技术几乎同时密集地出现，近年来又冒出了区块链、新一代人工智能等最新技术。在这些新兴技术和概念的触动下，先后诞生了众多看似雷同的产业、经济词汇。例如，2000年前后，受美国互联网泡沫的影响，人们喜欢讨论信息经济或互联网经济；在2000年之后，"数字城市"成为人们讨论的热门话题；2008年之后，"智慧城市"的概念大行其道，"智慧产业""智慧经济""智能产业"等又跟着登场，占据媒体重要版面；2015年，数字经济兴起之后，人们又着手研究各行各业的数字经济；2018年又兴起所谓"城市大脑"的说法。

如何认识这些专业的高新技术概念、如何理解这些技术概念与这些经济产业词汇之间的相互关系，不仅考验着普通民众的科学素养，也考验着一些行业干部甚至工程技术人员的专业认知能力。实际上，目前人们在如何认识这些产业词汇上是很不一致的。这些"不一致"不仅表现在对同一个特定现象、特定主体的不同称谓的不同认识上，也表现在对于同一个称谓的不同认识上。例如，尽管数字经济已经成为全社会的一个很常用的概念，但大家对数字经济的认识还是有很大差别,目前能够找到的数字经济的定义不下10种。概念和说法上的这种模棱两可、不断反复的混乱局面表明,当前我们不仅对单项信息技术本身的特性、作用和影响缺乏深刻认识和理解,更对这些技术对经济社会发展的综合作用和影响缺乏深刻认识和理解。

第二节　具有中国特色的信息化认识框架

出现这种混乱局面的根本原因在于,我们未能始终如一地坚持和创新"信息化"的思维和理念。为此,我们有必要简要地回顾一下人类的信息化认识过程,以及我国20多年前建立的具有中国特色的信息化发展理论的基本内容。

1963年,日本学者梅棹忠夫第一次提出"信息化"的概念,他在题为《论信息产业》的文章中提出,"信息化是通信现代化、计算机化和行为合理化的总称",社会计算机化的程度是衡量社会是否进入信息化的一个重要标志。之后,梅棹忠夫的"信息化"概念引起西方社会各界的高度关注并产生了广泛影响。这种影响可以从两个方面去认识:从"形而上"层面看,"信息社会"成为西方学界分析工业化社会之后的一个基础工具,信息社会被认为是工业社会之后人类社会的未来发展形态,成为"后工业社会""后现代社会"的代名词;从"形而下"层面来看,信息化被认为是信息技术改造企业业务、提高经营绩效的基本过程,计算机辅助设计(computer aided design,CAD)、企业资源计划(enterprise resource planning,ERP)、电子商务等成为企业信息化的基本内容。

"信息化"的概念在传入我国的过程中,发生了不少有趣的变化。在20世纪80年代,信息化对我国的影响相对有限。一方面,由于我国工业化水平比较低,对于所谓的"后工业化"缺乏必要的认识和理解,"形而上"的"信息社会"在我国很难产生多少影响;另一方面,由于当时我国企业应用信息技术的能力相对较低,信息化"形而下"的表现仍然不甚理想。然而,从20世纪90年代开始,随着"三金"工程(金桥工程、金卡工程和金关工程)的实施,信息化的巨大作用得到认同,这促使我们必须从理论上提高和深化对信息化的认识和理解。为此,1997年的首届全国信息化工作会议从国家战略层面提出了我国对信息化的认识框架,其主要内容包括:信息化是指培育、发展以智能化工具为代表的新的生产力并使之造福于社会的历史过程;国家信息化就是在国家统一规划和组织下,在农业、工业、科学技术、国防及社会生活各个方面应用现代信息技术,深入开发、广泛利用信息资源,加速实现国家现代化进程;国家信息化体系由6个要素组成,即信息技术和产业,信息网络,信息资源,信息技术应用,信息化人才,信息化政策法规和标准规范(图3-1)(考虑到当时信息技术与信息化应用尚处于初级发展阶段,信息网络安全问题尚未凸显出来,现在看来,国家信息化体系应该加上一个新的要素，即信息网络安全，为此，后面统一使用"信息化七要素论"的说法）。

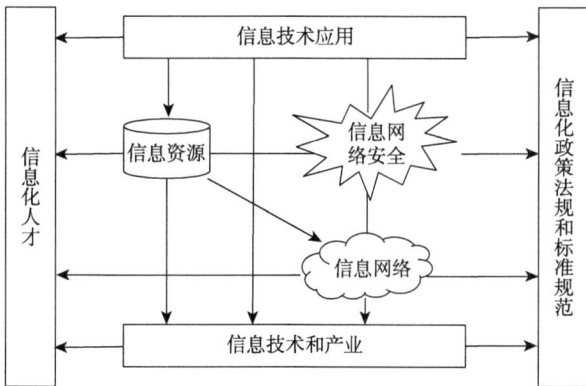

图 3-1　信息化七要素

　　与西方国家的信息化认识相比，我国的信息化认识框架更加科学合理：一方面，从国家层面去界定信息化属性，克服了在发展初期信息化的高技术门槛对于企业信息化建设的巨大障碍，有利于释放信息化的巨大技术红利；另一方面，"信息化七要素论"让我们能够全面、系统地去综合认识、规划和建设信息化，有利于实现平衡发展。回顾20多年来我国的信息化发展历程，可以毫不夸张地说，"信息化七要素论"是一种科学合理的信息化认识框架，是我国信息化得以快速发展的一个非常重要的原因。

第三节　新一代信息技术的解构与轻装信息化

　　然而，近年来，作为一种科学合理的信息化认识框架，"信息化七要素论"未能得到一以贯之的坚持和有效的贯彻。虽然信息化也常被人们提及，但其影响国家政策的指导性作用已经大为减弱。造成这种情况的原因主要有两点：首先，大概从2008年开始，物联网、云计算、大数据等新一代信息技术密集涌现，每项技术都带有某种革命性的功能，因而冲淡了人们原有的对于信息化的热情。例如，从2010年开始，一些地方政府热衷于智慧城市建设，纷纷发布当地的智慧城市建设规划，并以此取代其信息化发展规划。其次，信息化的理论没有得到及时更新。面对新一代信息技术作用下的信息化发展局面，传统的"信息化七要素论"的解释能力大为减弱，迫使人们另起炉灶、"再赋新词"。因此，如何构建新一代信息技术作用下的信息化认识框架，也就具有特别重要的理论与现实意义。

　　重构信息化认识框架的核心是深刻认识新一代信息技术对信息化七要素的作

用。实际上，以物联网、云计算、大数据和移动互联网技术等为代表的新一代信息技术从结构框架、基础设施建设、业务应用范围、参与主体等诸多方面不断颠覆传统的信息化建设面貌。具体来说，我们可以基于图3-1的信息化七要素去详细分析新一代信息技术对信息化七要素的作用，详见表3-1。

表 3-1　新一代信息技术对信息化七要素的作用

信息化七要素	物联网	云计算	大数据	移动互联网
信息技术和产业	技术创新	技术创新	技术创新：大数据既是一种数据处理技术（系统），也是一种信息资源的应用方式和思维	技术创新
信息网络	拓宽网络连接范围	基础设施即服务（infrastructure as a service，IaaS）改变网络建设方式	—	由固定向移动化转变，加快了移动智能终端的发展，以及增加了人们运用信息化的深度和广度
信息资源	极大地增加了信息资源的数量与类型，非结构化数据大量增加	改变数据资源存储和计算方式，提高了信息资源处理能力	赋予信息资源 4V[1] 特征，非结构化数据日益成为主要内容	来自移动终端的信息数据极大地增加了信息资源的总量
信息技术应用	拓宽了业务应用范围，使得很多传统行业如服务业、制造业等可以纳入信息化范畴	软件即服务（software as a service，SaaS）改变业务系统开发建设模式和应用方式	作为一种决策辅助工具，极大地提高了决策分析能力与实效性	应用程序（application，App）日益成为人们的信息化应用方式
信息网络安全	涉及面更广泛、危害更直接：不光是计算机系统的安全，也涉及机器设备与人身财产安全	由分散的安全问题转变为集中的安全问题	提高安全分析能力	智能终端的安全问题更加普遍
信息化人才	增加	增加	增加	增加
信息化政策法规和标准规范	加强	加强	加强	加强

1）4V 即大量（volume）、高速（velocity）、多样（variety）、有价值（value）

从表3-1可见，新一代信息技术对信息化七要素的影响，不仅全面，而且深刻，从而给传统的信息化建设带来了根本的变化。我们可以从下面几个方面来分析这种深刻的变化和影响。

首先，新一代信息技术基于信息生命周期重构信息化建设模式。与以前的信息技术的创新发展不同，新一代信息技术具有一个最为显著的特点，就是围绕着海量信息的产生、传输、处理、决策进行分析，以前后相互连贯的产业链条的形式集中出现，详见图3-2。新一代信息技术所建立的信息采集、传输、处理与应用之间的统一，构建了一种崭新的"信息化元模型"。而这种元模型也成为当前信息化发展的基本方向，各行各业得以借助信息化元模型的这种统一性去发展各自需要的新型信息化业务体系，从而掀起新一轮威力更大的信息化发展浪潮。

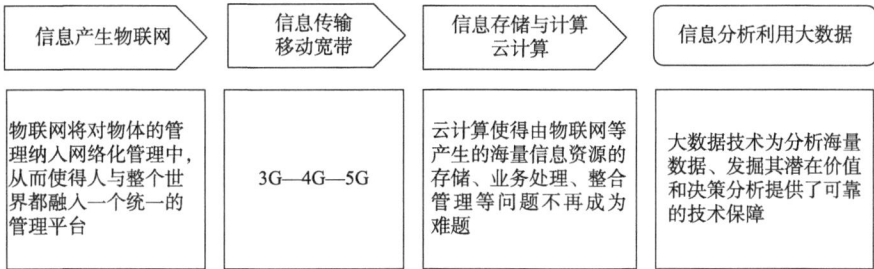

信息产生物联网	信息传输移动宽带	信息存储与计算云计算	信息分析利用大数据
物联网将对物体的管理纳入网络化管理中，从而使得人与整个世界都融入一个统一的管理平台	3G—4G—5G	云计算使得由物联网等产生的海量信息资源的存储、业务处理、整合管理等问题不再成为难题	大数据技术为分析海量数据、发掘其潜在价值和决策分析提供了可靠的技术保障

图 3-2　信息化元模型

其次，信息化发展的"重资产、轻应用"趋势得到不断强化。云计算技术和思维使得信息化建设领域出现新的分工、分化。在传统技术条件下，企业需要自建内部网络环境、建设专门机房和数据中心、购买各类服务器和存储器等，耗资巨大，动辄千万。但是，在新一代信息技术条件下，企业可以不再需要自己建设、购买那些需要巨额投资的东西了，而是向电信运营或IT企业（如已经投资建设大型云计算中心的BAT）租用相关技术、软件业务系统和基础设施；甚至容灾备份都可以不用管了，因为云计算企业已经具备了这方面的条件。在传统技术条件下，这些投资占据企业信息化建设费用的绝大多数，给企业发展带来巨大负担。我们可以将信息化建设的这些内容看作信息化建设的"重装"部分。

毫无疑问，由"自建"向"租用"的转变大大简化了企业信息化建设，企业得以"轻装上阵"并节省大量的投资费用。在这种情况下，企业的主要任务是规划合理有效的信息化建设计划，建立、完善和管理业务数据库，加强业务信息系统的日常管理与维护，建立相应的管理制度等。我们可以将信息化建设的这些内容看作信息化建设的"轻装"部分。

随着信息化日益分化为"重装""轻装"两个部分，信息化建设日益出现两种从未有过的现象：第一，各行各业应用信息化的技术难度日益降低、成本不断下降，信息化日益融入经济社会发展的各行各业；第二，"重装""轻装"日益分化的趋势，不仅加剧了IT产业、信息基础设施建设行业的竞争，加快了这些行业的技术进步，也加快了各传统行业的技术进步，跨界融合不断出现，传统行业面貌开始发生重大变化。为此，我们可以将信息化的这种新的发展趋势称为轻装信息化。

最后，新一代信息技术催生新的信息基础设施。从实际应用情况来看，从信息化元模型出发，轻装信息化开始形成新的信息基础设施，即"云、网、端、台"。具体来说，"云"即云数据中心，指基于云计算、大数据技术所建设的基础设施；"网"即物联网，不仅指互联网，也包括以感应技术出现的狭义的物联网，物联网将对物体的管理纳入网络化管理中，使得人与整个世界都融入一个统一的平台；"端"即用户采用的电脑、移动终端、可穿戴设备、传感器乃至于以嵌入式软件形式存在的各种应用功能；而"台"要复杂一些，不仅包括一些基于核心技术和标准形成的技术开发和运行体系（如物联网平台），也包括经过充分的市场竞争而形成的行业性业务协作机制，如各类电子商务平台、社交媒体平台（如微信）等。"云、网、端、台"也成为新一轮信息化即轻装信息化的信息基础设施建设内容，如图3-3所示。

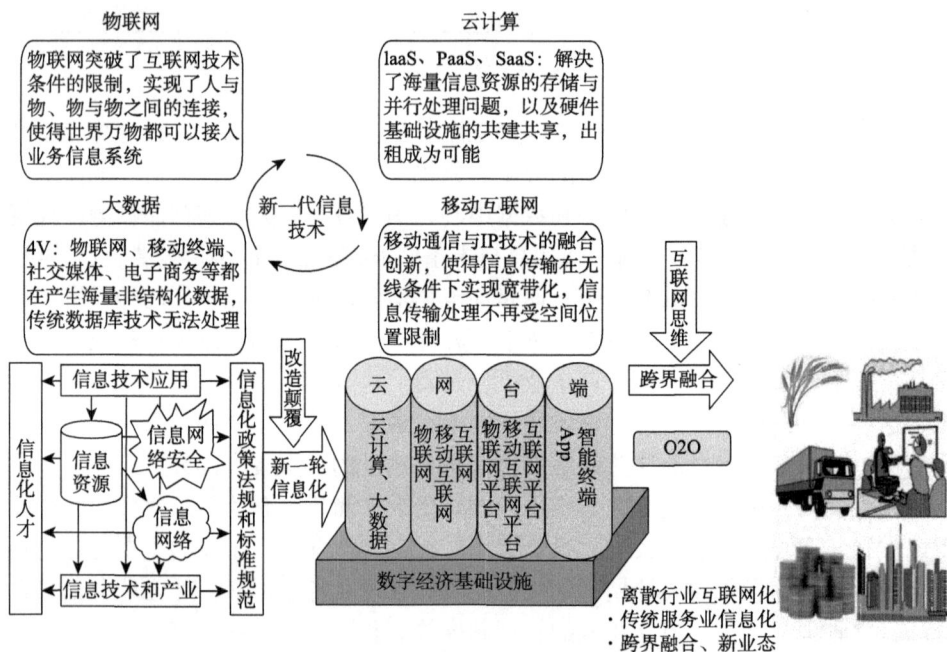

图 3-3　轻装信息化与数字经济

O2O 即 online to offline，线上到线下

第四节　轻装信息化是数字经济的本质特征

作为超越模拟技术的一种创新经济，数字经济早在20世纪80年代便被提出来，到20世纪90年代得到欧美国家的使用，美国商务部就曾经在1998年发布《浮现中的数字经济》报告，此后"数字经济"一词传入我国。不过，在2016年的G20杭州峰会之前，"数字经济"的用法在我国一直未能产生显著的影响。

　　"数字经济"的用法已经跨越20余年，这20多年也正是信息化建设发生重大转型的历史时期。因此，"数字经济"理应随着技术革新和时代发展而被赋予新的内涵。实际上，G20杭州峰会发布的《G20数字经济发展与合作倡议》就认为，数字经济是指以使用数字化的知识和信息为关键生产要素、以现代信息网络为重要载体、以ICT的有效使用为效率提升和经济结构优化的重要推动力的一系列经济活动。该定义实际上也与信息化七要素存在很大的相似性。从图3-3可以看出，数字经济其实就是新一代信息技术作用下的信息化的又一个具象化的称谓和表述而已。从这个意义上讲，数字经济的实质其实就是上述的轻装信息化，图3-3的"云、网、端、台"即数字经济的基础设施。

　　轻装信息化为我们认识数字经济提供了一个科学合理的理论框架。这也使得我国的数字经济政策得以建立在坚实的科学基础之上，为我们制定有效的政策措施提供了有价值的参考依据。此外，基于轻装信息化，我们也就可以比较合理地分析数字经济与其他概念和说法之间的关系和区别，如数字经济与"互联网+"及"+互联网"，"消费互联网"与"产业互联网"，以及第三次工业革命与"工业4.0"、工业互联网等。

第五节　研究结论与启示

　　早在1997年，我国就提出了具有中国特色的信息化认识框架。以物联网、云计算、大数据等为代表的新一代信息技术对信息化七要素产生了重要影响，信息化从此由"重装"向"轻装"转变。然而，近年来随着信息经济、智慧城市、"互联网+"、数字经济等诸多经济产业词汇的流行，信息化的理念、理论受到冲击，被人们遗忘，这给我国的信息化整体发展战略带来了影响。轻装信息化为我们认识数字经济、"互联网+"等提供了一个科学合理的理论框架。

　　一是要坚持信息化的理论基础。"信息化七要素论"是我国政府首创的对于信息技术作用于经济社会发展这一复杂系统的科学合理的认识框架，明确了各相关要素、主要内容及其相互关系、作用机制，并建立了与其相对应的国家信息化管理体系。实践证明，这个认识框架是正确的、有效的。我们不应该因为某种新技术或新现象的出现而轻易地抛弃这个信息化认识框架。"信息化七要素论"的认识框架应该成为数字经济、智能产业、"互联网+"等诸多词汇或说法的理论基础。

　　二是要创新信息化理论。近年来，新一代信息技术的快速发展已经实现了信息化由"重装"向"轻装"的转变。与重装信息化相比，轻装信息化在基础设施（物联网、云计算等）、网络（移动宽带）、大数据及行业门户网站治理等诸多方面都日益表现出多样化特征，需要我们加强研究，从不同层面完善、丰富轻装信息化的理论与实践。当前，尤其要以轻装信息化去综合认识新一代信息技术对信息化建设的各种新作用、新现象、新业态、新形式，并根据轻装信息化要求优化我国的信息化管理体制。

三是要规范、整合信息化政策体系。这些年来，我国的信息化政策变化太快，各种概念太多，让人有点眼花缭乱，今后应该对此进行规范、整合。为此，可以考虑以轻装信息化为理论基础，以"互联网+"为政策总纲，以数字经济为发展方向，构建科学合理的信息化政策框架。

第二篇　数字经济与产业结构转型升级测度与评价研究

第四章　浙江省数字经济发展综合评价实证分析

第一节　引　　言

目前，数字技术领域快速发展，诸如云计算、物联网、大数据等产业势如破竹，如日中天，由此，数字经济以数字化、智能化等优势特征悄然出现在大家的视野中。2016年，G20杭州峰会上通过的《G20数字经济发展与合作倡议》就如何发展数字经济展开讨论，并认为"数字经济"是G20国家经济增长和创新发展的宏图。党的十九大以来，习近平总书记对数字经济发展做出了一系列指示与战略部署[①]。各国专家学者认识到数字经济发展的重要性，并相继开始探讨数字经济及其发展规律。其中，数字经济发展测算与评价已逐步成为学术界、实务界研究的重点。对数字经济发展现状进行测算和评价，一方面可以体现数字经济发展对各个行业和产业的影响，另一方面可以为如何促进数字经济发展提供针对性政策意见。数字经济涉及领域较为广泛，产业体系与传统经济尚未完全分离，仍有一定的交叉，导致数字经济基础数据获取比较困难，因此，加强数字经济发展测度与评价的研究，准确地监测浙江省数字经济发展现状，客观解读浙江省数字经济运行的趋势特征和变化规律，具有重要理论价值与现实指导意义。

第二节　相关文献综述与问题提出

一、数字经济内涵的相关研究

首先提出"数字经济"这个观点的人是Tapscott（1996），他强调了网络给世界经济格局带来的变化，并且认为数字经济未来发展和电子商务息息相关。此后，各国专家学者纷纷给出了"数字经济"的含义和对其的理解。

---

① 《做强做优做大我国数字经济　习近平这样擘画》，https://baijiahao.baidu.com/s?id=1739045977024197425&wfr=spider&for=pc[2022-07-22].

（一）国外学者对数字经济内涵的研究

Lane（1999）将数字经济视为各国在发展本国经济时的重要依仗，认为信息与科技相互交流促进了电子商务的萌芽与发展，并带来了大量组织变革。Kim（2002）认为数字化交易导致数字经济成为一种特殊的经济形态。Hui和Chau（2002）认为能够被数字化的产品或服务就是数字产品。Kling和Lamb（1999）认为数字经济是一个各个环节都要依靠数字化技术的经济部门。Brynjolfsson和Kahin（2000）提出，数字经济包括ICT基础设施和信息数字化。英国政府认为数字经济除了数字化商品和服务之外，还包括运用数字技术发展推进各个企业转型升级。

（二）国内学者对数字经济内涵的研究

丁志帆（2020）认为数字经济与实体经济深度融合，成为新时代中国经济动能转换和高质量发展的重要驱动力。数字经济是一种新兴经济形态（张琳和汪明珠，2019；杨佩卿和张鸿，2019；尚进，2018），它较传统经济学更高级，传统经济学因此面临挑战（裴长洪，2018）。张太平（2018）提出数字经济是指数字技术结合实体经济并相互交融，从而实现经济发展与政府治理模式的重组。张辉和石琳（2019）认为数字经济是通过信息网络实现各种交易的新型经济。柳杨等（2019）认为数字经济是一种新的经济形态和资源配置方式，并给出了数字经济具体的涵盖范围。赵星（2016）认为数字经济运用数字技术交易数字产品，是一种虚拟化却十分严谨的经济活动。何枭吟（2013）认为数字经济是基于知识，利用数字技术对各个环节进行数字化表现的一种新经济形态。逄健和朱欣民（2013）认为数字经济基于ICT，运用现代信息网络的渠道完成交易的数字化。数字经济的内在核心推动力是数字技术创新能力，重要生产要素是信息及知识的数字化，通过现代信息网络，数字经济运用数字技术融合实体经济深入发展，不断实现传统产业的数字化、智能化，从而加速经济发展与政府治理模式的重组（中国信息通信研究院，2017）。

二、数字经济对经济增长影响的相关研究

对数字经济对于经济增长的作用的研究尚不充分，现有文献主要侧重于数字经济基础设施及互联网等对经济增长的作用。国外学者：Oliner和Sichel（2000）细分了资本投入，以此考察计算机和相关产业的投入对经济增长的贡献。亚洲、欧洲等地区的国家也存在信息技术对经济增长的促进作用（Jorgenson and Motohashi，2005；Jorgenson and Vu，2007）。此外，移动通信等对生产率存在显著提升作用（Garbacz and Thompson，2007；Gruber and Koutroumpis，2010）。国内学者：周勤等（2012）通过研究发现信息技术对我国经济增长的促进作用十分

明显。韩宝国和李世奇（2018）研究发现，软件和信息技术服务明显促进了中国经济增长，并且存在区间效应。赵洪江和陈林（2015）认为互联网的高速发展，明显对现代经济环境产生了影响，这种影响必将改变经济运行方式，使其向新兴经济形态转变。刘生龙和胡鞍钢（2010）通过研究发现，信息技术产生外溢效应，从而促进了经济增长。王自锋等（2014）通过模型分析，检验了基础设施对技术进步的影响作用。夏炎等（2018）构建了非竞争型就业投入占用产出模型，采用支出法GDP核算了我国数字经济的经济规模，并研究了数字经济对中国经济增长和就业的影响。

三、数字经济综合评价的相关研究

现有关于数字经济发展综合评价的文献不多，鉴于数字经济本质在于信息化，其评价也可借鉴信息经济综合评价的研究方法。苏为华和陈骥（2006）从多个层面阐述了分层评价、组合评价及动态评价等多种综合评价技术。李鹏飞（2013）通过模糊综合评价方法对企业进行了综合分析评价。王静（2013）通过理论分析，构造了信息经济集对分析评价矩阵，运用德尔菲法和层次分析法（analytic hierarchy process，AHP）确定指标权重。AHP存在主观特性，针对这个短板，周骥（2013）采用人工神经网络（artificial neutral network，ANN）对指标权重进行了修正。闫海（2013）在进行综合评价时运用了熵值法和TOPSIS法。

综上所述，众多学者在数字经济研究领域做出了巨大努力，结果卓有成效。现有关于数字经济发展的研究较为丰富，但结合国内外研究文献，我们可以发现如下问题。

（1）现有文献大部分属于理论研究，难以量化评估数字经济发展水平，不能准确反映数字经济发展现状，研究广度和深度可以进一步探索。此外，指标体系缺乏时效性，无法全面评估数字经济发展水平，所以更新和完善数字经济指标体系迫在眉睫。

（2）针对综合评价结果，可进一步构建统计模型，深入分析数字经济发展状况和趋势，对未来的数字经济发展进行综合评价。当今社会竞争日趋激烈，经济形势瞬息万变，对未来数字经济发展的评价，在降低经济行为风险等方面作用显著。

第三节　国内外数字经济发展现状分析

一、国外数字经济发展现状分析

数字经济已逐渐成为经济社会发展和转型的核心驱动力，各国政府十分关注数字经济，先后推出各种政策举措推动数字经济的发展。

（一）美国数字经济发展状况

据不完全统计，美国数字经济总量在2017年超过10万亿美元，在GDP占比中高达约57%，在全球处于绝对领先地位。从美国数字经济发展历程来看，美国数字经济的巨大发展离不开美国政府对数字经济发展的规划和推动。

早在1993年9月，美国克林顿政府就发布了"国家信息基础设施行动计划"，支持发展信息产业，推动互联网普及，为美国数字经济发展奠定了基础。2009年，美国联邦政府发布《开放政府指令》，作为大数据的前奏推出了"Data.gov"公共数据开放网站，又在2010年提出将重心转向"云优先政策"。在数字经济领域，美国做了众多战略部署，于2018年发布了《数据科学战略计划》等政策文件。战略提出，在发展数字经济的过程中坚持"美国优先"的理念，并提出了一系列促进数字经济发展的规划政策，以巩固美国在数字经济领域独占鳌头的地位。

通过美国数字经济的迅猛发展，我们可以从中借鉴一些经验，见表4-1。

表 4-1 美国数字经济发展经验

经验	做法
重视基础设施建设	发布"国家信息基础设施行动计划"、颁布《国家网络战略》等
鼓励创新	发布多版《美国国家创新战略》等
重视人才建设	提出《外来移民与国籍法修正案》《国家网络战略》规划人才建设等
政府的引导作用	2009年《透明与开放政府备忘录》、2012年《数字政府战略》、2014年《美国开放数据行动计划》等
知识产权保护	发布《专利法》《商标法》《版权法》《网络安全法》《软件专利》等
开放与安全并重	《网络空间政策评估》《网络空间国际战略》《网络空间行动战略》等

（二）日本数字经济发展状况

日本数字经济起步较早，全球发达国家数字经济占GDP比重在50%左右，2016年日本是46.4%，这明显高于我国目前的发展水平。近年来，虽然日本经济发展总体趋于保守，但数字经济目前仍然是日本经济发展的重要支柱。为了更好地利用现代通信技术，突破数字技术发展难点，打造信息安全、全面健康发展的数字化经济社会系统，日本政府于2009年7月制定了《i-Japan战略2015》。2017年10月，日本经济产业省正式发布了《"互连产业"：东京举措2017》《提高生产率特别措施法》，视发展数字经济为新一轮的"生产率革命"，通过立法突破原有条条框框的限制，采取特别措施为加快发展"互连产业"扫清了制度性障碍。日本政府在2019年度补充预算案中列入超过9550亿日元的"数字新政"相关预算，以推动人工智能和5G通信网络的建设与发展，为未来构建"数字经济立国战略"的宏大构想奠定基础。

（三）英国数字经济发展状况

在加快发展数字经济领域，英国政府一直在行动。英国政府于2010年4月颁布并实施了《数字经济2010年大法》（*Digital Economy Act 2010*），对数字经济实现有效管理和监测，以促进数字经济相关产业的快速发展。2015年，英国政府出台了《数字经济战略（2015—2018）》，见表4-2，将发展数字经济定为首要目标，倡导通过数字化创新来驱动经济社会发展，把英国建设成未来的数字化强国。2018年又发布了《数字宪章》等一系列战略计划。2019年，英国数字经济规模占GDP比重高达62.3%，这与英国政府长期以来对数字经济发展的推动作用是分不开的。

表 4-2　英国《数字经济战略（2015—2018）》

发展战略	内容
五大目标	鼓励、扶持数字化创新者； 建设以用户需求为中心的数字化社会； 为个人创新者提供帮助； 促进基础设施、各个平台及生态系统的发展； 确保数字经济可持续创新发展
三大挑战	初创型数字化企业面临挑战； 企业在扩大自身规模方面面临挑战； 数字经济长期发展战略及跨行业合作需求面临挑战
四大机遇	移动通信网络不断发展； 物联网不断发展； 企业服务提供方式转型； 数据/大数据分析发展

二、我国数字经济发展状况分析

（一）我国数字经济发展规模

近年来，一方面，随着我国现代ICT和数字技术创新的不断发展，数字经济发展规模越来越大，发展速度越来越快，已成为推动我国国民经济高速发展的重要力量。另一方面，数字经济与传统产业融合渗透不断加快，推动传统产业不断改造升级，数字经济推动经济增长的作用愈加明显。

图4-1表明了2016～2018年我国数字经济规模的发展情况，可以看出这三年来我国数字经济发展呈现稳步增长的态势。2016年我国数字经济总量约为22.58万亿元，约占GDP的三分之一；2017年我国数字经济发展规模达到了27.17万亿元，跟2016年比较增长了20.3%；到了2018年，我国数字经济总量又创新高，数额已达31.3万亿元，在GDP中占比高达34.8%，其中数字经济名义增长量约为20.9%，比GDP名义增长多了足足11.2个百分点。根据数据估算，我国数字经济在2018年对

GDP的贡献率已经高达67.9%，毋庸置疑，数字经济已经成为我国国民经济快速发展过程中的中流砥柱。

占GDP比重/%

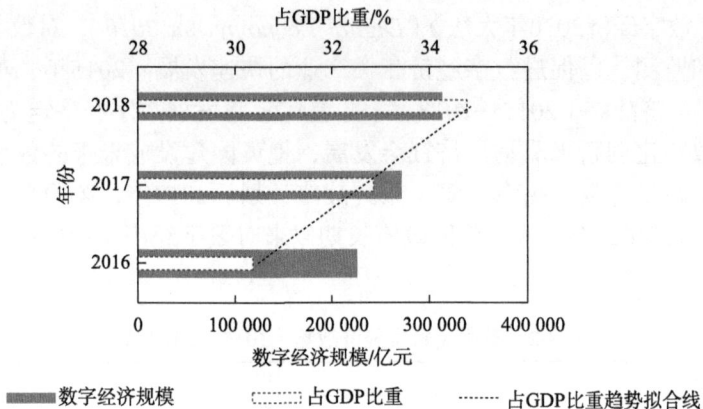

图4-1 数字经济发展情况

资料来源：中国信息通信研究院

另外，我国数字经济发展具有较强的地区差异性，就2018年而言，数字经济规模总量最大的是长三角地区，约为8.63万亿元，占地区生产总值的比重约为40.9%。此外，发展比较好的区域是珠三角地区，2018年数字经济总量约为4.31万亿元，约占地区生产总值的44.3%，是我国数字经济占比份额最大的区域。相对而言，数字经济发展较慢的是西北地区，2018年西北地区数字经济规模仅为1.26万亿元，占地区生产总值比重约为25.6%。由此可知，数字经济发展与一个地区的经济发展水平密切相关。地区经济持续稳步增长的实现需要依托数字经济的快速发展，换言之，数字经济已经成为地区经济增长的核心力量。

（二）数字经济结构

数字产业化指的是数字产业的发展，包括通信行业、电子信息行业、互联网行业等信息产业的发展；而产业数字化是指传统行业通过数字技术对其进行改造、升级、重组，通过互联网技术等实现传统产业的数字化。所以，产业数字化的发展可以很好地衡量我国数字经济的发展情况及结构变化。

图4-2体现了2016～2018年我国数字产业化规模和产业数字化规模的变化情况，从图中可以看出，产业数字化规模远远大于数字产业化规模，从增长速率来看，产业数字化规模每年增长速度明显高于数字产业化规模。就2018年而言，我国产业数字化规模总量高达约24.9万亿元，约占GDP的27.1%，占数字经济总量的比重高达79.5%，对数字经济发展的贡献率高达86.4%，而数字产业化规模约为6.4万亿元，占GDP的比重为7.0%，在数字经济的总体规模中也达到了20.5%的占比。

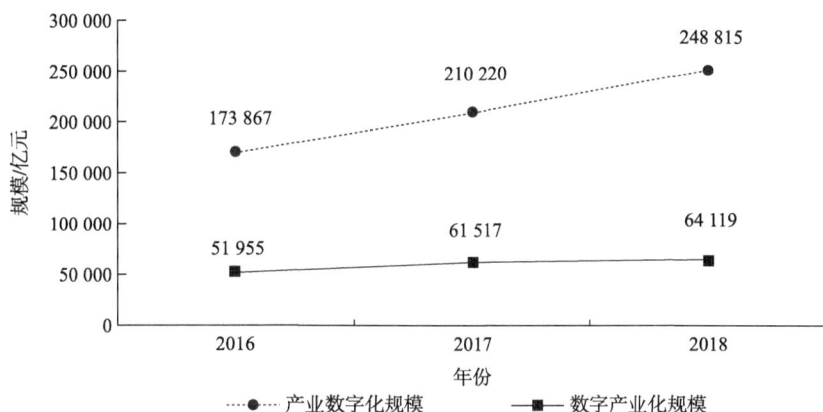

图 4-2　数字经济结构图

资料来源：中国信息通信研究院

第四节　浙江省数字经济评价指标体系的构建

一、数字经济测度指标体系构建的原则

基于数字经济内涵特征及发展规律，本节进行评价指标构建时遵循了以下原则。

（一）全面性原则

对数字经济发展的综合评价就是要做到全面完整地测算产业数字化的发展程度与规模。因此，构建的评价指标体系必须覆盖面广泛，才能够充分体现产业数字化发展的整体特征，不能遗漏任何一个指标。

（二）科学性原则

数字经济发展综合评价指标的选择要遵循科学性原则。指标体系的设置能够从各个角度反映数字经济的发展现状，并且指标体系的设置应该考虑指标的内在逻辑，能够体现数字经济的内在结构特点，确保指标具有可比性。

（三）简明性原则

数字经济系统内部结构复杂，容易受到各种因素波动影响，应该多角度、全方位地设置衡量数字经济发展程度的指标。指标个数的多少不是衡量指标体系构建好坏的因素。如果指标设置过多，收集数据就比较困难，容易造成各种误差。而且，不同指标之间可能存在反映问题不一致，甚至完全相反的现象。所以，在构建数字经济发展评价指标体系时应力求简单明了。

（四）针对性原则

设计指标时，应该根据研究目的构建综合评价指标体系，而不是建立一个任何发展系统都能往里套的评价体系。我国数字经济发展综合评价涉及的方面很多，所以指标设计应该具有针对性，选取指标时应符合数字经济发展综合评价的目的，选择对其发展影响较大的指标。

二、数字经济评价指标体系的筛选

（一）关键要素确定

为了全面科学评价浙江省数字经济综合发展情况，基于上述数字经济指标体系的构建原则，并借鉴已有的国内外数字经济研究，本节构建了科学适用的数字经济发展评价指标体系。包括ICT发展指标、技术创新指标、持续发展指标、产业数字化指标和电子商务指标共5个一级指标，涵盖了21个二级指标。

（二）指标体系及数据来源

ICT发展指标：主要从固定电话普及率、移动电话普及率、互联网宽带普及率、高等教育入学率等指标反映数字经济发展的基础条件。技术创新指标：主要从有R&D①活动的规上企业数、规上企业R&D支出、专利申请量、专利授权量等指标反映数字经济发展的中坚力量。持续发展指标：主要从R&D人员占就业人员比重、R&D经费占地区生产总值比重、万人在校大学生数、万人科技活动人员数、地方财政科技拨款占地方财政支出的比重等指标反映数字经济的可持续发展能力。产业数字化指标：主要从企业每百人信息技术人员数量、信息化投入相当于营业收入的比例、数字经济核心产业占地区生产总值比例、数字经济核心产业劳动生产率等指标反映数字经济的转型力量。电子商务指标：主要从人均电子商务交易额、电子商务交易额占地区生产总值比重、网络零售交易额占地区生产总值比重、网络零售交易额在社会消费品零售总额中占比等指标反映数字经济中企业数字化的程度。

根据指标选择原则，本章选取的2010~2018年各指标的统计数据，主要来自《浙江统计年鉴》、浙江省邮政管理局等。其中，某些指标数据部分年份缺失，则根据数据变化特征及同年度经济环境，通过统计分析得到相应替代值。此外，由于客观因素，数字经济核心产业增加值2010~2012年数据选择信息经济核心产业增加值进行替代。

最终选定的数字经济发展综合评价指标体系如表4-3所示。

---

① R&D 即 research and development，研究与发展。

表 4-3　数字经济发展综合评价指标体系

一级指标	二级指标
ICT 发展	固定电话普及率（线/百人）
	移动电话普及率（部/百人）
	互联网宽带普及率（户/百人）
	高等教育入学率（%）
技术创新	有 R&D 活动的规上企业数（个）
	规上企业 R&D 支出（亿元）
	专利申请量（项）
	专利授权量（项）
持续发展	R&D 人员占就业人员比重（%）
	R&D 经费占地区生产总值比重（%）
	万人在校大学生数（%）
	万人科技活动人员数（%）
	地方财政科技拨款占地方财政支出的比重（%）
产业数字化	企业每百人信息技术人员数量（%）
	信息化投入相当于营业收入的比例（%）
	数字经济核心产业占地区生产总值比例（%）
	数字经济核心产业劳动生产率（万元/人）
电子商务	人均电子商务交易额（元）
	电子商务交易额占地区生产总值比重（%）
	网络零售交易额占地区生产总值比重（%）
	网络零售交易额在社会消费品零售总额中占比（%）

第五节　浙江省数字经济发展综合评价研究

一、浙江省数字经济发展指数测度及耦合分析

（一）浙江省数字经济发展指数测度分析

1. 数据处理

为了消除量纲，使得各个指标具有可比性，首先运用数据变换等方法对收集来的原始数据进行处理，使得数据序列之间可比，方法如下。

$$x'_{ij} = \frac{x_{ij}}{x_{i1}}, \quad i = 1, 2, \cdots, 21; \quad j = 1, 2, \cdots, 8 \qquad （4-1）$$

式（4-1）中 x'_{ij} 指第 i 个指标在第 j 年的数据进行处理后的结果。

2. 熵值法

熵值法具有能够剔除人为干扰影响的特点，使得每个指标的评价具有客观公正性。具体计算步骤如下。

首先，根据式（4-2）和式（4-3）计算各指标 x'_{ij} 的信息熵。

$$p_{ij} = \frac{x'_{ij}}{\sum_{j=1}^{n} x'_{ij}}, \quad n=9 \qquad （4-2）$$

$$h_i = -k \sum_{j=1}^{n} p_{ij\ln p_{ij}}, \quad i = 1, 2, \cdots, 21 \qquad （4-3）$$

$$k = \frac{1}{\ln n} = \frac{1}{\ln 9} \approx 0.4551$$

其中，n 表示年数；h_i 表示第 i 个指标的信息熵。其次，根据式（4-4）计算各指标的权重。

$$g_i = 1 - h_i$$

$$w_i = \frac{g_i}{\sum_{i=1}^{m} g_i}, \quad i=1,2,\cdots,21; \quad m=21 \qquad （4-4）$$

其中，m 表示指标数量；g_i 表示第 i 个指标的差异系数；w_i 表示第 i 个指标的熵权。

一般而言，熵权代表可提供的信息，指标熵权越大，说明其可提供的信息越多，对所要研究的系统影响越大，起到的作用也越高。

3. 测度结果

首先运用式（4-1）对数字经济发展指标数据进行处理，每个指标进行数据变化后得到一个矩阵，如 A 所示。如 $x_{2,2} = 105.2$，该指标（第2个指标）的基年（2010年）数据 $x_{2,1} = 93.3$，则第2个指标第2年初值化后的值 $x'_{2,2} = \frac{x_{2,2}}{x_{2,1}} = \frac{105.2}{93.3} = 1.13$。

2010～2018年浙江省数字经济发展状况评价指标初始化值详见表4-3。

$$A = \begin{bmatrix} x'_{1,1} & \cdots & x'_{1,9} \\ \vdots & & \vdots \\ x'_{21,1} & \cdots & x'_{21,9} \end{bmatrix}, \quad i = 1, 2, \cdots, 21; \quad j = 1, 2, \cdots, 9$$

然后，根据式（4-2）、式（4-3）、式（4-4）计算得出浙江省数字经济发展各个指标的熵权，结果如表4-4所示。

表 4-4　浙江省数字经济发展各指标熵权

指标	熵权	指标	熵权	指标	熵权
x_{11}	0.0172	x_{24}	0.0264	x_{42}	0.0091
x_{12}	0.0073	x_{31}	0.0156	x_{43}	0.0203
x_{13}	0.0592	x_{32}	0.0053	x_{44}	0.0495
x_{14}	0.0037	x_{33}	0.0007	x_{51}	0.1830
x_{21}	0.0040	x_{34}	0.0181	x_{52}	0.1065
x_{22}	0.0221	x_{35}	0.0011	x_{53}	0.2075
x_{23}	0.0514	x_{41}	0.0034	x_{54}	0.1887

由表4-4可得，x_{51}、x_{52}、x_{53}、x_{54}四个指标权重之和高达0.6857，单个指标x_{53}的权重就达到0.2075，说明近年来电子商务的迅猛发展对数字经济产生了一定的积极影响，促进了浙江省数字经济的快速发展，其中网络零售的作用尤为明显。由此可见，电子商务对浙江省未来数字经济的可持续发展起着一定的推动作用。x_{21}、x_{22}、x_{23}、x_{24}四项指标权重之和为0.1039，说明技术创新能力在数字经济发展中也是一个关键因素，不可或缺。此外，x_{11}、x_{12}、x_{13}、x_{14}四项指标之和为0.0874，说明ICT未来发展需要加快。而x_{31}、x_{32}、x_{33}、x_{34}、x_{35}五个指标权重之和仅为0.0408，说明对数字经济持续发展的投入相对不足。x_{41}、x_{42}、x_{43}、x_{44}四个指标权重之和为0.0823，说明数字经济发展需要不断促进产业数字化。

最后，我们根据式（4-5），计算得出 2010～2018年浙江省数字经济发展的指数，结果详见表4-5、图4-3。

$$I_j = \frac{\sum x'_{ij} w_i}{\sum w_i}, \quad i=1,2,\cdots,21；j=1,2,\cdots,9 \qquad (4\text{-}5)$$

表 4-5　2010～2018 年浙江省数字经济发展指数

指数	2010 年	2011 年	2012 年	2013 年	2014 年	2015 年	2016 年	2017 年	2018 年
综合指数	1	1.2603	2.0567	3.2075	4.1094	5.1983	6.4251	7.5038	8.8190
ICT 发展指数	1	1.1160	1.2071	1.2794	1.3017	1.3147	1.9184	2.1287	2.2736
技术创新指数	1	1.2890	1.7603	2.0176	1.8818	2.1482	2.5138	2.4666	3.0158
持续发展指数	1	1.1495	1.2190	1.3446	1.4514	1.5502	1.5924	1.6696	1.8903
产业数字化指数	1	1.0720	1.1639	1.4425	1.6442	1.8429	2.0705	2.0612	2.3825
电子商务指数	1	1.3035	2.3669	3.9563	5.2589	6.7754	8.4025	9.9527	11.7176

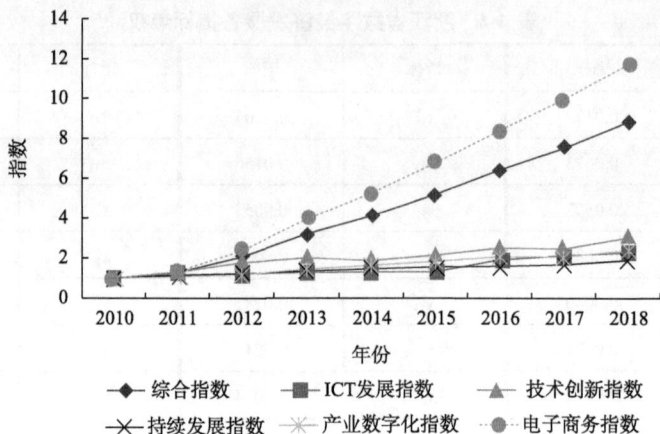

图 4-3　浙江省数字经济发展指数趋势图

根据表4-5和图4-3，从2010年到2018年这八年的时间里，浙江省数字经济复合增长率达到了31.27%，其中2012年同比增长率为63.2%，增速最快，2017年同比增长率为16.8%，增速有所减缓，ICT发展、技术创新、持续发展、产业数字化和电子商务五个指标均呈现不同程度的上升趋势。其中，电子商务增长趋势最为明显，复合增长率高达36%。

（二）浙江省数字经济发展耦合模型分析

1. 耦合理论

所谓耦合，指的是几个系统或者不同的运动形态之间通过某种特定关系对各自产生相互影响、相互作用的行为。它是一个物理学概念，现在常被用来研究某个复合型系统内部各个子系统在发展或者运动过程中的作用，并引入耦合度的概念反映这个作用的强弱。

2. 模型建立

本章根据ICT发展、技术创新、持续发展、产业数字化和电子商务五个子系统所建立起来的研究体系较为复杂。采用熵值法对数字经济发展每个指标的实际数值进行评估，再对数字经济系统内部各个子系统（各分类指数）进行耦合/协调度计算，这样可以有效规避主观因素的影响，较为客观地找出浙江省数字经济内在的发展规律。

3. 测度步骤

对ICT发展、技术创新、持续发展、产业数字化及电子商务组成的复合系统进行耦合/协调度测算，测算步骤如下所示。

步骤1：确定权重w_j。

$$h_i = \frac{1}{\ln m}\sum_{j=1}^{n}\ln p_{ij}$$

$$f_j = 1 - h_j$$

$$w_j = \frac{f_j}{\sum_{j=1}^{n}f_j} \qquad (4\text{-}6)$$

步骤2：计算子系统的综合测度值。

$$u_s = \sum_{j=1}^{m}w_j \times x_{ij} \qquad (4\text{-}7)$$

其中，u_s（$s=1,2,3,4,5$）表示ICT发展、技术创新、持续发展、产业数字化和电子商务5个子系统的综合测度值。

步骤3：计算耦合度。即ICT发展、技术创新、持续发展、产业数字化和电子商务之间相互影响的水平值。数字经济5个子系统相互作用的耦合度计算如式（4-8）所示。

$$c_n = \left\{ \frac{(u_1, u_2, \cdots, u_m)}{\prod(u_i + u_j)} \right\}^{\frac{1}{n}} \qquad (4\text{-}8)$$

其中，c_n表示涉及多个系统的综合耦合度；u_i表示每个评价系统的综合测度得分。本节属于测算ICT发展、技术创新、持续发展、产业数字化和电子商务5个评价系统，$m=s=5$，计算公式为

$$c = \left[\frac{(u_1 \times u_2 \times u_3 \times u_4 \times u_5)}{(\frac{u_1 + u_2 + u_3 + u_4 + u_5}{5})^5} \right]^{\frac{1}{5}} \qquad (4\text{-}9)$$

其中，u_1、u_2、u_3、u_4、u_5分别表示ICT发展测度值、技术创新测度值、持续发展测度值、产业数字化测度值和电子商务测度值。

步骤4：计算协调度。

$$D = \sqrt{C \times T}, \quad T = \alpha u_1 + \beta u_2 + \delta u_3 \qquad (4\text{-}10)$$

其中，D表示协调度。本节涉及ICT发展、技术创新、持续发展、产业数字化和电子商务5个子系统，相互影响作用较为复杂，导致各自系数α, β, δ的权重难以确定，所以选择$\alpha = \beta = \delta = \frac{1}{5}$，则

$$D = \sqrt{C \times \frac{1}{5}(u_1 + u_2 + u_3 + u_4 + u_5)} \qquad (4\text{-}11)$$

4. 测度结果

首先进行数据处理,对2010~2018年浙江省数字经济综合发展5个子系统的各个指标数据进行同度量化处理,结果如表4-6所示。

表 4-6　数字经济各指标数据同度量化表

指标		2010 年	2011 年	2012 年	2013 年	2014 年	2015 年	2016 年	2017 年	2018 年
ICT 发展	x_{11}	0.14	0.14	0.13	0.12	0.11	0.10	0.09	0.08	0.08
	x_{12}	0.08	0.09	0.10	0.11	0.12	0.12	0.12	0.12	0.13
	x_{13}	0.06	0.07	0.08	0.09	0.09	0.09	0.15	0.17	0.18
	x_{14}	0.09	0.10	0.10	0.11	0.11	0.12	0.12	0.12	0.13
技术创新	x_{21}	0.11	0.09	0.10	0.11	0.13	0.10	0.11	0.12	0.13
	x_{22}	0.07	0.08	0.09	0.11	0.12	0.11	0.12	0.14	0.16
	x_{23}	0.05	0.07	0.09	0.11	0.10	0.12	0.15	0.14	0.17
	x_{24}	0.06	0.07	0.11	0.11	0.11	0.13	0.12	0.12	0.16
持续发展	x_{31}	0.08	0.09	0.09	0.10	0.11	0.12	0.13	0.13	0.15
	x_{32}	0.09	0.09	0.10	0.10	0.11	0.12	0.12	0.12	0.13
	x_{33}	0.10	0.11	0.11	0.11	0.11	0.11	0.11	0.11	0.12
	x_{34}	0.07	0.08	0.09	0.10	0.11	0.12	0.13	0.13	0.15
	x_{35}	0.11	0.10	0.11	0.11	0.11	0.11	0.11	0.11	0.12
产业数字化	x_{41}	0.11	0.10	0.11	0.12	0.12	0.10	0.10	0.11	0.13
	x_{42}	0.09	0.09	0.10	0.11	0.11	0.11	0.12	0.13	0.14
	x_{43}	0.07	0.09	0.09	0.10	0.11	0.12	0.13	0.14	0.15
	x_{44}	0.06	0.06	0.07	0.09	0.11	0.13	0.15	0.14	0.17
电子商务	x_{51}	0.03	0.04	0.04	0.07	0.08	0.13	0.17	0.21	0.24
	x_{52}	0.05	0.05	0.05	0.08	0.09	0.13	0.16	0.18	0.20
	x_{53}	0.01	0.02	0.05	0.08	0.11	0.14	0.17	0.20	0.23
	x_{54}	0.02	0.02	0.05	0.08	0.11	0.13	0.16	0.19	0.23

根据同度量化的结果,我们可以计算出2010~2018年ICT发展、技术创新、持续发展、产业数字化和电子商务5个子系统的综合测度值,详见表4-7和图4-4。

表 4-7　浙江省数字经济各子系统综合测度值表

年份	ICT 发展	技术创新	持续发展	产业数字化	电子商务
2010	0.0071	0.0061	0.0032	0.0057	0.0165
2011	0.0077	0.0075	0.0036	0.0061	0.0205
2012	0.0082	0.0102	0.0039	0.0067	0.0322
2013	0.0086	0.0116	0.0043	0.0082	0.0527
2014	0.0086	0.0110	0.0046	0.0092	0.0686
2015	0.0086	0.0123	0.0049	0.0102	0.0907
2016	0.0118	0.0142	0.0050	0.0115	0.1130
2017	0.0129	0.0140	0.0053	0.0115	0.1341
2018	0.0137	0.0171	0.0059	0.0132	0.1573

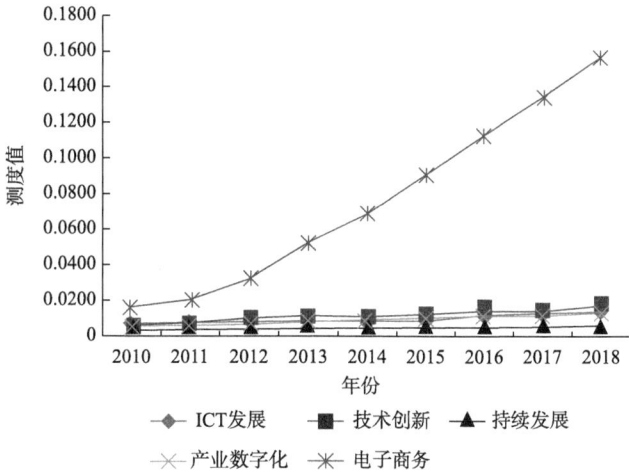

图 4-4 浙江省数字经济各子系统综合测度值图

由图4-4可以看出，2010～2018年浙江省电子商务的发展呈现明显的上升趋势，这与实际情况相符，说明电子商务相关产业已成为拉动浙江经济发展的重点引擎。相比而言，持续发展投入相对平稳，增长几乎为零。而ICT发展和产业数字化则呈现缓慢的上升趋势，技术创新的发展趋势则相对较快。

另外，在浙江省数字经济5个子系统的各个年份综合测度值基础上，我们可以计算出2010～2018年浙江省数字经济综合发展5个子系统耦合度、协调度的值，结果详见表4-8和图4-5。

表 4-8 数字经济耦合/协调度表

耦合/协调度	2010 年	2011 年	2012 年	2013 年	2014 年	2015 年	2017 年	2018 年
耦合度	0.8619	0.8432	0.7603	0.6608	0.6000	0.5405	0.4814	0.4732
协调度	0.0815	0.0877	0.0964	0.1062	0.1107	0.1171	0.1308	0.1401

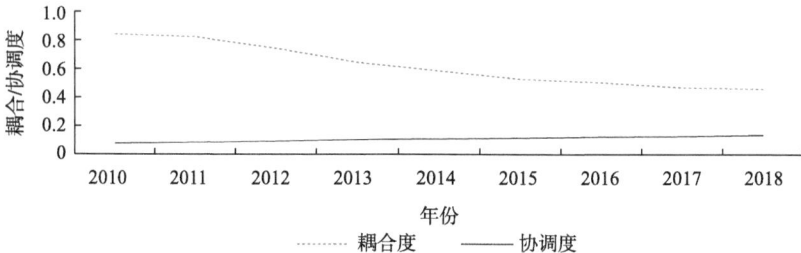

图 4-5 数字经济各系统耦合/协调度图

由表4-8可以发现，浙江省数字经济5个子系统的协调度值还是比较低，最大值为2018年的0.1401，但其发展呈上升趋势，这说明浙江省数字经济综合发展协调性在不断改善。

二、浙江省数字经济发展灰关联分析

（一）灰关联分析法

关联度指的是两个序列之间随着时间或其他维度的因素发生变化，从而产生一定程度的关联性大小。如果序列之间变化趋势一致，则认为两者之间关联度较大，反之，两者的关联度就越小。这种计算灰色系统数据序列之间关联度的方法称为灰关联分析法。在某种程度上，灰关联分析法体现了一个系统的动态发展趋势变化，具有现实研究意义。并且，灰关联分析法对数据序列没有要求，即使是小样本也同样适用，同时计算方法简便，常为人们所使用。

（二）数字经济灰关联分析

本节将运用灰关联分析法对浙江省数字经济发展指数的关联程度进行详细分析。分析步骤如下。

1. 确定原始数据序列

将ICT发展、技术创新、持续发展、产业数字化和电子商务作为数字经济发展复合系统的5个子系统，研究它们之间的关联程度。从中任取一个子系统作为母序列，记作 $X_0 = (X_{0,1}, X_{0,2}, \cdots, X_{0,8})$，其他4个子系统作为子序列，记作 $X_i = (X_{i,1}, X_{i,2}, \cdots, X_{i,8})$，$i=1,2,3,4$，以此类推，确定本模型的原始数据序列。

2. 计算灰关联度

首先对五个子系统的原始数据序列进行数据预处理，再根据式（4-12），计算浙江省数字经济发展子系统之间的灰关联度 γ_{0i}。

$$\gamma_{0i} = \frac{1 + |s_0'| + |s_i'|}{1 + |s_0'| + |s_i'| + |s_i' - s_0'|} \tag{4-12}$$

其中，

$$|s_i' - a_0'| = \left| \sum_{k=2}^{n-1} (x_i'^0(k) - (x_i'^0(k)) + \frac{1}{2}(x_i'^0(n) - x_0'^0(n)) \right|$$

$$|s_0'| = \left| \sum_{k=2}^{n-1} x_i'^0(k) + \frac{1}{2} x_i'^0(n) \right|$$

$$|s_i'| = \left| \sum_{k=2}^{n-1} x_i'^0(k) + \frac{1}{2} x_i'^0(n) \right|, \quad i = 1, 2, 3, 4$$

利用式（4-12）对浙江省数字经济发展的5个子系统进行灰关联分析，结果详见表4-9。

表 4-9　数字经济子系统灰关联度表

分类指数	ICT 发展指数	技术创新指数	持续发展指数	产业数字化指数	电子商务指数
ICT 发展指数	1				
技术创新指数	0.8795	1			
持续发展指数	0.8762	0.7856	1		
产业数字化指数	0.9940	0.8841	0.8717	1	
电子商务指数	0.5823	0.6084	0.5619	0.5833	1

由表4-9可以得出以下结论。

第一，浙江省数字经济发展5个子系统的灰关联度最小为0.5619，最大为0.9940。其中，ICT发展指数与技术创新指数、持续发展指数、产业数字化指数灰关联度较大，最大为0.9940，最小也达到了0.8762。这表明ICT发展指数与产业数字化指数联系紧密，与技术创新指数、持续发展指数关联次之，ICT的不断普及发展能促进产业数字化的发展。

第二，技术创新和产业数字化之间灰关联度最大，达到了0.8841，而两者与电子商务灰关联度相对不高，分别为0.6084、0.5833。

第三，电子商务子系统与其他4个子系统的灰关联度相对较小，最小为0.5619，最大也才0.6084，但其发展速度远高于其他4个子系统，说明了电子商务产业对数字经济子系统的均衡发展没有起到应有的带动作用。

（三）浙江省数字经济协调度影响因素分析

我们在分析数字经济发展的同时，需要判断浙江省数字经济发展协调度与各影响因素的关联强度，找出关联性较强的影响因素。数字经济发展协调度与各指标之间的灰关联度计算结果详见表4-10。

表 4-10　浙江省数字经济发展协调灰关联度

一级指标	二级指标	灰关联度
ICT 发展	固定电话普及率（线/百人）	0.9310
	移动电话普及率（部/百人）	0.9891
	互联网宽带普及率（户/百人）	0.9531
	高等教育入学率（%）	0.9769
技术创新	有 R&D 活动的规上企业数（个）	0.9556
	规上企业 R&D 支出（亿元）	0.9728
	专利申请量（项）	0.8793
	专利授权量（项）	0.9541

续表

一级指标	二级指标	灰关联度
持续发展	R&D人员占就业人员比重（%）	0.9872
	R&D经费占地区生产总值比重（%）	0.9849
	万人在校大学生数（%）	0.9644
	万人科技活动人员数（%）	0.9820
	地方财政科技拨款占地方财政支出的比重（%）	0.9604
产业数字化	企业每百人信息技术人员数量（%）	0.9578
	信息化投入相当于营业收入的比例（%）	0.9892
	数字经济核心产业占地区生产总值比例（%）	0.9769
	数字经济核心产业劳动生产率（万元/人）	0.9464
电子商务	人均电子商务交易额（元）	0.7952
	电子商务交易额占地区生产总值比重（%）	0.8924
	网络零售交易额占地区生产总值比重（%）	0.6095
	网络零售交易额在社会消费品零售总额中占比（%）	0.6483

从表4-10中可以看出，在一级指标中，浙江省数字经济发展耦合协调度与各个相关因素的关联度强弱排序为：持续发展>产业数字化>ICT发展>技术创新>电子商务。

在ICT发展子系统中，各个相关因素的关联度强弱排序为：移动电话普及率>高等教育入学率>互联网宽带普及率>固定电话普及率。

在技术创新子系统中，各个相关因素的关联度强弱排序为：规上企业R&D支出>有R&D活动的规上企业数>专利授权量>专利申请量。

在持续发展子系统中，各个相关因素的关联度强弱排序为：R&D人员占就业人员比重>R&D经费占地区生产总值比重>万人科技活动人员数>万人在校大学生数>地方财政科技拨款占地方财政支出的比重。

在产业数字化子系统中，各个相关因素的关联度强弱排序为：信息化投入相当于营业收入的比例>数字经济核心产业占地区生产总值比例>企业每百人信息技术人员数量>数字经济核心产业劳动生产率。

在电子商务子系统中，各个相关因素的关联度强弱排序为：电子商务交易额占地区生产总值比重>人均电子商务交易额>网络零售交易额在社会消费品零售总额中占比>网络零售交易额占地区生产总值比重。

由此可得以下结论：持续发展指标是影响浙江省数字经济均衡发展的最大因素，其次是产业数字化指标，而电子商务发展较快，对数字经济发展起到很好的带动作用。

在各一级指标中，影响数字经济发展最大的几个二级指标分别为移动电话普及率、规上企业R&D支出、R&D人员占就业人员比重、信息化投入相当于营业收入的比例及电子商务交易额占地区生产总值比重，因此，为了提高浙江省数字经济发展，应该加大对这几个方面的投入，促进其快速发展。

第六节　浙江省数字经济未来发展趋势分析

一、计算灰色系统预测模型 GM(1,1)模型的模拟值

本节以2010～2018年的浙江省数字经济发展综合指数作为原始数据，构成数列，运用灰色GM(1,1)模型，对原始数据序列进行预处理，得到一个新的数列 $X^{(1)}$，构造矩阵 B，Y_n：

$$B=\begin{bmatrix} -1.6302 & 1 \\ -3.2887 & 1 \\ -5.9208 & 1 \\ -9.5792 & 1 \\ -14.2331 & 1 \\ -20.0448 & 1 \\ -27.0092 & 1 \\ -35.1706 & 1 \end{bmatrix}, \quad Y_n=\begin{bmatrix} 1.2603 \\ 2.0567 \\ 3.2075 \\ 4.1094 \\ 5.1983 \\ 6.4251 \\ 7.5038 \\ 8.8190 \end{bmatrix}$$

根据公式 $\hat{a} = (B^{\mathrm{T}}B)^{-1}B^{\mathrm{T}} \cdot Y_n$，求得 $\hat{a} = \begin{bmatrix} -0.2184 \\ 1.6323 \end{bmatrix}$，$b/a = -7.4739$，将 $\hat{a}$ 代入响应函数得到预测模型：

$$\hat{x}^{(1)}(k+1) = 8.4739\mathrm{e}^{0.2184k} - 7.4739$$

然后，利用预测模型计算出浙江省数字经济发展的综合指数预测值，详见表4-11。浙江省数字经济发展综合指数实际值与GM模型模拟值对比详见图4-6。

表 4-11　浙江省数字经济发展综合指数预测值

年份	实际值	预测值	残差	波动指数
2010	1.0000	1.0000	0.0000	0.0000
2011	1.2603	2.0683	−0.8080	−0.3907
2012	2.0567	2.5730	−0.5163	−0.2007
2013	3.2075	3.2009	0.0066	0.0021
2014	4.1094	3.9821	0.1273	0.0320
2015	5.1983	4.9539	0.2444	0.0493
2016	6.4251	6.1629	0.2622	0.0425

续表

年份	实际值	预测值	残差	波动指数
2017	7.5038	7.6668	−0.1630	−0.0213
2018	8.8190	9.5379	−0.7189	−0.0754
相对残差 Q 检验		$Q=0.1240$		
方差比 C 检验		$C=0.1464$		
小误差概率 P 检验		$P=1$		

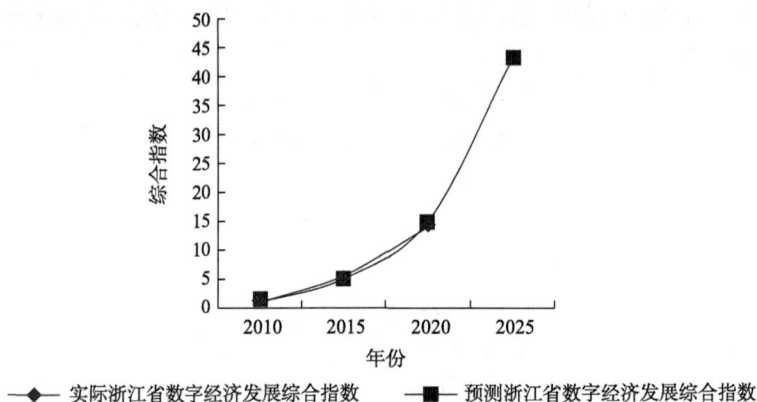

图 4-6　数字经济发展综合指数实际值与 GM 模型模拟值比较

从图4-6中可以看出,灰色模型的模拟值与浙江省数字经济发展综合指数的实际值变化趋势基本相同,运用残差检验得出GM(1,1)模型:$C=0.1464$,$P=1$。对比表4-12可知,GM(1,1)模型对浙江省数字经济发展综合指数的拟合是适当的。

二、计算灰色马尔可夫模拟值

我们再将GM(1,1)模型得出的预测值用马尔可夫模型进行修正,计算得到初步灰色马尔可夫模型模拟值,并与实际值进行比较,结果如表4-12所示。

表 4-12　两种模型模拟值对比

年份	发展指数实际值	灰色模型模拟值	残差	灰色马尔可夫模型模拟值	残差
2010	1.0000	1.0000	0.0000	1.0000	0.0000
2011	1.2603	2.0683	−0.8080	1.3030	−0.0427
2012	2.0567	2.5730	−0.5163	2.1356	−0.0789
2013	3.2075	3.2009	0.0066	3.2969	−0.0894
2014	4.1094	3.9821	0.1273	4.1016	0.0078

续表

年份	发展指数实际值	灰色模型模拟值	残差	灰色马尔可夫模型模拟值	残差
2015	5.1983	4.9539	0.2444	5.1025	0.0958
2016	6.4251	6.1629	0.2622	6.3478	0.0773
2017	7.5038	7.6668	−0.1630	7.8968	−0.3930
2018	8.8190	9.5379	−0.7189	7.9165	0.9025

　　最后，求解出每个状态的平均残差，对灰色马尔可夫模型模拟结果进行修正，修正之后的结果如表4-13所示。将浙江省数字经济发展综合指数实际值与各种模型的模拟值对比，结果详见图4-7。

表 4-13　实际值与各模型模拟值对比

年份	发展指数实际值	灰色模型模拟值	残差	灰色马尔可夫模型模拟值	残差	修正灰色马尔可夫模型模拟值	残差
2010	1.0000	1.0000	0.0000	1.0000	0.0000	1.0000	0.0000
2011	1.2603	2.0683	−0.3907	1.3030	−0.0427	1.2603	0.0000
2012	2.0567	2.5730	−0.2007	2.1356	−0.0789	2.5474	−0.4907
2013	3.2075	3.2009	0.0021	3.2969	−0.0894	3.2467	−0.0392
2014	4.1094	3.9821	0.0320	4.1016	0.0078	4.0514	0.0580
2015	5.1983	4.9539	0.0493	5.1025	0.0958	5.0523	0.1460
2016	6.4251	6.1629	0.0425	6.3478	0.0773	6.2976	0.1275
2017	7.5038	7.6668	−0.0213	7.8968	−0.3930	7.8466	−0.3428
2018	8.8190	9.5379	−0.0754	7.9165	0.9025	8.3283	0.4907
中误差		0.4226		0.3334		0.2670	

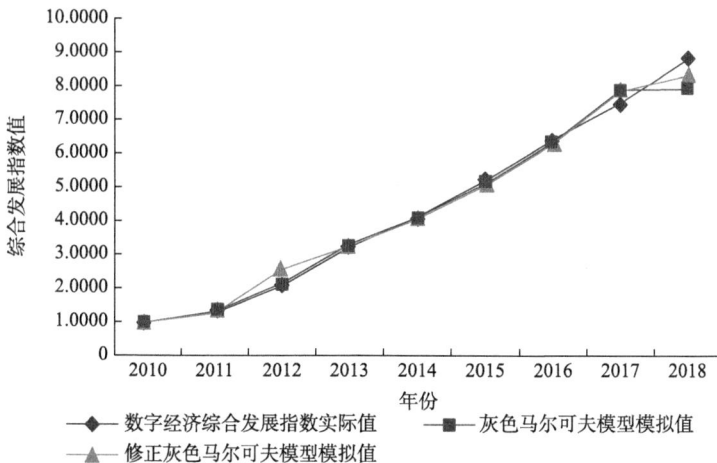

图 4-7　实际值与模拟值的对比

从图4-7可以得出：灰色马尔可夫模型模拟值与数字经济发展综合指数实际值相比，两者变化趋势总体相似，但存在残差。修正后的灰色马尔可夫模型模拟值与数字经济发展综合指数实际值相比，几乎没有差异，所以运用修正后的灰色马尔可夫模型对浙江省数字经济发展综合指数实际值模拟较为精准。

三、浙江省数字经济发展综合评价分析

（一）对浙江省数字经济总体发展的评价

根据上述修正后的灰色马尔可夫模型对2019～2023年的浙江省数字经济综合发展指数模拟值进行分析，结果如表4-14所示。

表 4-14　综合发展指数模拟值

指数	2019 年	2020 年	2021 年	2022 年	2023 年
综合发展指数	11.3069	13.8968	17.0799	20.9921	25.8004

根据模拟结果，可以看出浙江省数字经济综合发展总体趋势是日益增长的，并且增长速度很快，年均增长率达到了22.91%，这与浙江省自身的经济发展环境、各级地方政府为数字经济发展所做的巨大努力及强有力的政策支持分不开。

（二）对浙江省 ICT 发展的分析

根据上述修正后的马尔可夫模型，2019～2023年的浙江省ICT发展指数模拟值结果如表4-15所示。

表 4-15　ICT 发展指数模拟值

指数	2019 年	2020 年	2021 年	2022 年	2023 年
ICT 发展指数	2.5409	2.8564	3.2112	3.6101	4.0584

表4-15数据显示，2019～2023年浙江省ICT发展指数呈现上升趋势，年均增长率为12.42%，说明未来浙江省ICT发展形势谨慎乐观。

（三）对浙江省数字经济持续发展的分析

根据上述修正后的马尔可夫模型，对2019～2023年的浙江省数字经济持续发展指数模拟值进行分析，结果如表4-16所示。

表 4-16　浙江省数字经济持续发展指数模拟值

指数	2019 年	2020 年	2021 年	2022 年	2023 年
持续发展指数	1.9764	2.1124	2.2578	2.4131	2.5791

根据表4-16所示，2019～2023年浙江省数字经济持续发展指数也呈增长趋势，但是增长幅度不大，年均增长率仅为6.88%。此外，持续发展指数本身数值不大，最大的也才在2023年达到2.5791，说明浙江省数字经济未来应该把重心放在持续发展上。

（四）对浙江省数字经济技术创新发展的评价

根据上述修正后的马尔可夫模型，对2019～2023年的浙江省数字经济技术创新指数模拟值进行分析，结果如表4-17所示。

表 4-17　浙江省数字经济技术创新指数模拟值

指数	2019 年	2020 年	2021 年	2022 年	2023 年
技术创新指数	3.2168	3.5434	3.9031	4.2993	4.7358

根据表4-17，2019～2023年浙江省数字经济技术创新指数也呈现缓慢上升的趋势，年均增长率为10.15%，说明浙江省数字经济未来在技术创新方面还有很大的发展空间。

（五）对浙江省数字经济产业数字化发展的评价

根据上述修正后的马尔可夫模型，对2019～2023年的浙江省数字经济产业数字化指数模拟值进行分析，结果如表4-18所示。

表 4-18　浙江省产业数字化指数模拟值

指数	2019 年	2020 年	2021 年	2022 年	2023 年
产业数字化指数	2.6900	2.9948	3.3341	3.7118	4.1323

根据表4-18所示，2019～2023年浙江省数字经济产业数字化指数呈现缓慢增长的趋势，年均增长率为11.33%，说明浙江省数字经济在产业数字化方面发展速度还可以，但仍有很大的上升空间。

（六）对浙江省数字经济电子商务发展的评价

根据上述修正后的马尔可夫模型，对2019～2023年的浙江省数字经济电子商务指数模拟值进行分析，结果如表4-19所示。

表 4-19　浙江省电子商务发展指数模拟值

指数	2019 年	2020 年	2021 年	2022 年	2023 年
电子商务指数	16.1395	20.3453	25.6471	32.3305	40.7556

根据表4-19，2019～2023年浙江省数字经济电子商务发展呈现迅速发展趋势，

年均增长率高达26.06%。

第七节　浙江省发展数字经济成功经验与主要做法

一、抓顶层设计

早在2014年，浙江省政府就提出将加快发展以互联网为核心的信息经济作为支撑浙江省未来发展的八大万亿产业之首和重中之重，先后制定出台《浙江省人民政府关于加快发展信息经济的指导意见》《浙江省信息经济发展规划（2014—2020年）》《浙江省国家数字经济创新发展试验区建设工作方案》《浙江省数字经济五年倍增计划》《浙江省数字贸易先行示范区建设方案》等一系列政策文件。力争到2022年全省数字经济总量突破4万亿元，建设成为国家数字经济示范省。

二、抓住产业变革机遇不断提升数字产业发展能级

浙江省实施云计算、大数据、人工智能、智能硬件等行动计划，加快推进5G、超高清视频等产业谋划布局，积极抢占柔性电子、量子信息等未来产业发展制高点，促进新动能加快集聚。推进杭州"城市大脑国家新一代人工智能开放创新平台"建设，加快打造"核心技术智能软硬件及智能终端—行业应用"的人工智能产业体系，2020年全省人工智能企业数量位居全国第4位，专利申请量位居全国第5位。

三、以制造业高质量发展推进产业数字化

浙江省在全国率先制定企业上云标准体系，包括上云指南、评估标准和考核认定等标准，推动企业数字化转型。全面启动"十百千万"智能化技术改造行动，建立"分行业推进+现场会推广+技术改造考核评价"推进模式，助力制造企业加速从"制造"到"智造"转型。浙江省目前已形成了"一批行业龙头示范领跑、一批骨干优势企业支撑追赶、一大批小微企业紧跟成长"的产业数字化转型的良好局面。

四、抢占数字科技创新高地提升数字经济竞争力

以国家目标和战略需求为导向，完善"一体双核多点"布局，全力推进之江实验室的建设与发展，为支撑具有国家竞争力的创新型产业集群和争创网络信息国家实验室打下扎实的基础。积极推进阿里巴巴达摩院、国家技术创新中心、柔性电子研究院等一批引领性创新平台建设。不断完善人才政策和服务体系，逐步从"零敲碎打"到"滚雪球式、成建制式"转变，不断加大海内外高层次人才和

领军人才引进培养力度。开展青年数字经济"鸿鹄奖"评选，着力挖掘培养具有浙商精神的新时代"鸿鹄青年"。

五、聚焦政府治理数字化转型优化营商环境

浙江省推动政府数据开放共享，推出全国首个覆盖下辖区域的省级政府数据统一开放平台，"掌上浙江"建设深入推进，"浙里办"App全新迭代上线，全省100%的民生事项和企业事项实现网上办理，63.6%的民生事项实现"一证通办"。深化政务服务，主动服务企业，为企业送信心、送政策，建立全省统一的惠企政策平台，"最多跑一次"改革成为浙江省全面深化改革的金字招牌。

第八节 研究结论与建议

一、研究结论

（一）数字经济虽增长迅速，存在发展不协调问题

从2010~2018年，浙江省数字经济发展总体呈增长趋势。其中，电子商务增长最快，对数字经济发展产生的贡献也最大。其次是技术创新，该指标在2013~2014年增速加快，对数字经济发展产生的贡献仅次于电子商务。但数字经济发展不协调问题十分严重，创新能力增长相对较慢，而产业数字化发展对数字经济发展贡献更低，不利于数字经济的发展。

（二）数字经济技术创新存在提升空间

浙江省2010~2018年创新能力趋势是上升的，但是速度十分缓慢，说明其技术创新还有很大的提升空间。技术创新指标的年均增长率在2012年达到最大值，但是在2012年之后的年均增长率明显呈下降趋势，甚至在2014年变为负的增长率。技术创新是数字经济发展的一个重要指标，应当下功夫提升企业的技术创新能力，达到加快推动数字经济发展的目的。

（三）产业数字化发展相对缓慢

根据数字经济核心制造业的增加值等方面的变动特征，可看出产品附加值及竞争力提升缓慢。新兴产业发展虽快，但数量少，新业态、新商业模式对经济增长支撑作用还很有限。浙江省是数字经济大省，但还不是数字经济强省，自主核心技术尚不完善，核心基础零部件和关键基础材料对外依赖度较高，缺乏核心竞争力。

二、对策与建议

（一）打造高标准数字基础设施

一是升级信息网络基础设施。建设高速、移动、安全、泛在的网络基础设施，推进5G率先商用和互联网协议第6版（Internet protocol version 6，IPv6）规模部署。二是推进感知互联网络部署。推进城市基础设施数字化改造，推进窄带物联网在公共服务、城市管理、防灾救灾、生产制造等领域的建设。三是优化云计算数据中心布局。推动北斗导航位置服务数据中心建设。

（二）加快推进数字产业化发展

一是做大做强数字产业。做强云计算、大数据、物联网、人工智能等新兴产业，提升发展高端软件、集成电路、通信与网络、网络安全、元器材及材料等基础产业，布局发展区块链、量子信息、柔性电子等前沿产业，着力提升产业竞争力，培育世界级产业集群。二是推动新平台新主体建设。以杭州城西科创大走廊为重点，布局建设国际先进的科学中心和研发平台，超常规集聚成长性高、引领性强的数字经济大企业、大项目、大产业和创新资源、创新人才，打造世界级"数字廊区"。

（三）加快推动产业数字化转型

一是发展工业互联网。构建工业互联网平台体系，丰富工业技术软件化应用解决方案，推进工业互联网融合应用和企业上云上平台。二是推进制造业数字化转型。加快数字化新技术、新工艺、新装备创新和推广，深入推进智能制造，鼓励发展网络化协同、个性化定制、众包设计、服务型制造等新业态、新商业模式，推动集群、园区数字化转型。三是发展融合型新产品、新业态、新商业模式，发展智能机器人、智能网联汽车、智能无人机及可穿戴产品、智能家电、智能家居等智能化产品。

（四）加快培育数字化融合新动能

一是打造以数字贸易为标志的新型贸易中心。深化跨境电子商务综合试验区建设，推进世界电子商务贸易平台（Electronic World Trade Platform，eWTP）全球化布局，发展体验消费、线上线下、社交电商、近场零售、无人零售等新业态、新商业模式，打造进口商品"世界超市"。二是打造具有全球影响力的新兴金融中心。推进"移动支付之省"建设。发展区块链金融、消费金融等新业态、新商业模式，促进传统金融机构数字化转型，创新金融科技监管。三是加快服务业数字化转型。做强智能设计、智慧物流、智慧供应链等生产性服务业，发展智慧教育、智慧养老、智慧健康、智慧旅游等数字化服务。

（五）不断提升技术创新引领能力

一是推进之江实验室、阿里巴巴达摩院等创新机构建设，谋划建设数字技术大科学装置和数字经济制造业创新中心。二是加大政府对数字经济企业和研发团队的财政支持，鼓励企业进行科研创新活动，提高专利申请量，扩大研发产出。三是加强数字经济领域基础共性标准、关键技术标准的研制及推广，提升标准话语权。

（六）推动数字经济体制机制新突破

一是加快实施《浙江省数字经济促进条例》，清理、修订不适应数字经济发展的相关法规政策。二是建立包容、审慎的监管机制，建立新业态、新商业模式容错机制，审慎出台市场准入政策，营造良好的发展环境。三是探索构建政府、平台、企业、行业协会及公众共同参与的多方治理机制，强化对互联网经营主体和行为的监管。

第五章　大数据背景下"三新"统计数据质量影响因素研究

　　党的十八大以来，我国经济发展呈现出新常态，新产业、新业态和新商业模式等新经济活动异军突起。新经济、新动能一跃成为我国经济发展过程中的关键增长点，也是我们寻求创新发展的一个重要标志。

　　"三新"经济的蓬勃发展，给现行统计带来了新的挑战。"新经济"活动随着其内涵的变化而显得错综复杂。某些行业具体应该属于哪一部分，分类中是属于传统经济还是属于新经济，在这一行业内部的小类是否又存在差异，"新经济"活动中，具体又应该划分为"新产业""新业态"，还是"新商业模式"，这一系列问题都直接影响到"三新"统计指标的建立和对新经济发展状况的测算精确程度。因此，利用大数据技术，提高"三新"统计数据质量，客观而准确地揭示新经济发展的特征和规律，为各级领导分析经济发展形势并做出相关决策提供高质量的统计数据参考，已经成为统计部门亟待解决的热点问题。

第一节　"三新"统计数据质量内涵分析

一、"三新"统计数据质量内涵的界定

　　所谓"三新"经济，是经济发展中涌现的新产业、新业态和新商业模式的统称，它是一种经济发展形态，也是一种新型产业活动的表现形式。新产业表现形式多样。第一种是新技术直接催生的新产业，如互联网平台等；第二种是顺应新的市场需求出现的新产业，如送餐服务、快递服务等；第三种是传统产业应用新技术和新能源，如高端装备制造等。前两种比较容易确定，第三种就比较难以划分。新产业与新业态和新商业模式实际上是不同层次的问题。产业是按照单位提供的产品或服务来划分的，三者放在一起容易混淆。

　　因此，"三新"统计数据质量更加注重"以用户需求为中心"，其概念仍趋向于多维度综合评价。"三新"统计中的海量异构、半结构化、非结构化统计数据挖掘处理使得统计数据在产生、提供及使用三个阶段发生了显著的变化，最终使得"三新"

统计数据质量维度构成更具准确性、相关性、适用性，并与用户的需求紧密联系。

二、"三新"统计数据质量内涵的进一步分析

本章基于大数据背景，进一步从数据生产、统计数据提供、数据使用三个视角探索"三新"统计数据质量内涵的特征及基本要素。

（一）数据生产视角

首先，元数据即统计最原始数据，是整个统计过程及结果的基石，决定了统计数据质量的走向。对于我国统计数据质量的质疑如此之多，很大一部分原因是元数据产生时不同机构和部门标准各异、元数据的丢失、元数据的利用不够充分等。新经济活动单位跨界融合、混业经营，规模小、数量多、变化快等特性，导致以法人单位为主，兼顾产业活动单位的统计单位名录库组织模式难以适应新经济统计需要，这使得元数据的标准及处理受到更大挑战。

其次，高质量的数据所需要的时间周期不会很长，并且，随着时间的推移，统计数据需要不断更新，其质量才能不断得到提升。"三新"经济由于数量多、变化快，统计数据每分每秒都会大量产生并实时更新，生产周期大幅缩短，数据质量必然会上升。

最后，"三新"统计积极利用拓展网上信息平台及网络直报系统等信息化数据生产系统，共享平台数据，完善统计系统，拓展平台功能，改进统计服务，提升了"三新"统计数据质量。

（二）统计数据提供视角

首先，"三新"统计数据的搜集质量是决定整体数据质量的最关键部分。"三新"经济不仅有着高度信息化的特征，而且运用了高新技术和现代管理的理念，使得企业在劳动生产率大幅提高的同时用人也相对较少，因此催生出了大量的小微企业。现行中小企业抽样方法无法客观反映"三新"发展情况，只有通过典型调查或重点调查进行推算，或者通过工商、税务资料、大数据分行业进行推算，创新统计数据搜集方式与标准，"三新"统计数据搜集阶段质量才能得到提升。

其次，在"三新"统计中，数据的集成整合显得尤为重要。"三新"统计数据具有海量、非结构化、多元等特点，要提取其中有价值的部分无异于沙海淘金，其中很大一部分数据属于冗余部分。因此，需要运用大数据技术加工整理来挖掘其中有价值的部分，提升"三新"统计数据的质量。

（三）数据使用视角

从数据使用角度上看，"三新"统计数据质量内涵仍以多维度构成为主，基本要素为准确性、相关性、时效性，具体包括准确性、相关性、适用性、时效性、

衔接性、可解释性、可取得性、可比性等八个方面，此外以客观性、透明性、用户满意度、简便易操作性等作为补充。

第二节 大数据背景下影响我国"三新"统计数据质量的因素分析

本节结合现有文献的研究，认为大数据背景下"三新"统计数据质量的影响因素主要来源于流程、技术和管理三个层面。

一、流程层面

"三新"经济涉及行业种类繁多，行业之间界定模糊，统计指标制定困难。一方面，数据生产类型多样，视频、图片、文本等非结构化、异构数据的产生使得统计数据类型更加完整、多样；另一方面，新经济活动单位数量多、变化快等，数据产生速度过快，容易导致统计速度跟不上数据生产速度。主要表现在以下方面。

（1）伴随智能设备、传感器及社交协作技术在"三新"统计中的应用，"三新"统计数据的来源趋向于复杂化。目前，海量网页，以及主动和被动系统的传感器数据等半结构化和非结构化数据是"三新"统计数据的重要来源。因此，统计部门要从众多的"三新"企业数据源中获取有效的数据，确保统计数据的质量，这是一项异常艰巨的任务。

（2）单位名录库建设还跟不上新经济统计需要，影响了统计数据质量。新经济具有融合跨界、混业经营等特性，导致新经济活动统计对统计单位名录库中单位经营活动的描述提出更高要求，使得统计单位名录库的更新维护困难重重，其对"三新"经济统计的作用难以充分发挥。另外，套表单位"关停并转"变化快，增加了统计调查工作难度。

（3）传统的存储系统难以满足"三新"统计数据存储需要。目前传统的存储系统主要有三种构架，包括直连式存储（direct-attached storage，DAS）、网络接入存储（network-attached storage，NAS）、存储区域网络（storage area network，SAN），这能很好地满足结构化数据的需求。但是面临半结构化和非结构化的"三新"统计数据，传统的存储要经过较复杂的转换过程，将其转化成结构化数据，才能进行存储和处理。在数据转化的过程中，转化方式可能会失当，这将直接影响"三新"统计数据的准确性和完整性等。

（4）现有的数据开发能力滞后，影响了统计数据质量。由于"三新"统计数据规模庞大、瞬息万变，需要迅速对数据进行处理分析。因此，要充分运用大数据技术，在最短时间内，使统计数据价值达到最大化，以免造成"三新"统计数据"过期"，使决策无法达到预期目的。

二、技术层面

从技术维度分析，影响"三新"统计数据质量的因素主要有三个方面，即数据库技术、数据质量检测识别技术和数据分析技术。

目前，关系型数据库完全可以满足数据量较小的数据集的存储。但在"三新"统计中，复杂性是"三新"统计数据的一大特征，采用传统的数据检测来识别、检测那些复杂的、结构化与非结构化并存的数据中的错误、缺失、无效或延迟数据时，通常需要数百万或更多的记录和语句，这将耗费数小时乃至几天的时间。因此，面对这样的现象，传统的数据库技术已经无法应对"三新"统计的挑战，这就要求政府统计部门注重开发或引进数据库新技术应对"三新"统计需要。

另外"三新"统计数据处理应用软件也不统一。各地自行开发的网络直报平台和数据采集系统较多，很少有受到行业统一认可的系统，采用不同的数据处理软件，无形中增加了重复投资造成的资金浪费问题。"企业一套表"试点软件系统目前还处在试验阶段，有待进一步推广，并且需要向其他专业部门扩展和延伸。

三、管理层面

目前，"三新"统计在国内尚处于起步阶段，并没有形成完整管理体系，在人员配置、业务培训、质量控制等方面也处于探索期，这影响了"三新"统计数据质量的提升。

（一）样本单位存在"三怕"问题

一些样本单位（特别是专业市场内的个体经营户）对统计申报工作存在"三怕"，即一怕"征税"，二怕"露富"，三怕"露底"，存在数据瞒报、少报现象，因这类单位规范性不够，难以建立、健全统计台账，或者是虽建立台账，但记录不完整、不准确，账目不全，从账簿上不可能得到真实材料，根据单位负责人口头申报也无法做到数出有据，致使样本数据总体偏小。

（二）基层统计力量不稳定，业务综合素质待提高，统计调查对象配合程度有所降低

基层统计中心人员虽不少，但有正式编制的专职人员不多，且统计人员相对不稳定。调查对象工作任务只增不减，其统计配合程度有降低的趋势，特别是小规模企业统计人员兼职较多，存在统计人员抓"小升规""下转上"意愿不强的现象。

（三）专门的数据库人员配备是保证"三新"统计质量不可或缺的部分

"三新"统计的特征决定了其复杂的本质，导致其较难进行统计。在这样的

环境下，需要既能解决技术问题，又熟知企业业务的综合型人才，这样才能管理好"三新"统计数据，确保数据的质量。目前数据管理方面的落后是阻碍"三新"统计数据质量提升及信息技术应用的重要因素。

（四）统计标准话语权与国际存在差距

我国的统计标准话语与国际存在一定的差距，其中，最关键的是调查对象是自己上报数据，因此，调查者得到的"三新"统计数据水分较多，统计部门也无法制止虚报、瞒报行为的发生。同时，存在被调查者可能对调查指标有误解，指标计算考虑不周全等问题。还有受年度专业统计报表制度缺陷和季度地区生产总值核算办法规定的影响，一些达到"规上"或"限上"规模的企业也不能纳入常规统计，如金融领域内小额贷款公司、基金公司等目前难以纳入常规统计范围，而季度金融业增加值则是按照金融机构存贷款增速来测算的，这不能客观真实地反映区域金融业发展实际情况。这些有关统计制度上的问题，将严重影响"三新"统计数据的质量。

第三节　基于物联网技术统计数据采集应用的影响因素实证研究

物联网作为一种大数据的重要信息获取方式和信息处理模式，它将逻辑上的信息世界与客观上的物理世界联系起来，改变了人类采集数据的方式，实现了物理世界、计算世界及人类社会三种世界的连通，它将会给大数据统计信息的采集带来深远影响。未来的"三新"经济统计数据采集如果能和物联网相结合，为数字经济统计提供可靠的数据来源，将大大提升数字经济统计工作效率和数据质量。目前我国数字经济统计数据采集基本还是停留在采用传统的方式收集的层面，不仅很多数据无法通过人工采集得到，而且人工收集到的数据在时效性、完整性和准确性等方面都存在不足。而通过以传感器感知为基础的物联网技术解决数字经济统计数据高效、准确、实时采集问题，以便让政府相关部门能够根据感知信息精确快速地做出决策、采取行动，其实践意义十分重大。

一、问卷设计和数据准备

问卷的设计主要是采用利克特五级量表法。通常五级量表的内部一致性较好，问项级别较多会使调查对象难以做出选择，较少则会使得量表不够精确。本书问卷的选项主要是通过"少""较少""一般""较多""多"，或"无""较低""一般""较高""高"进行衡量，分别给1～5分的评价。

本次问卷发放的对象是工业企业中与统计、财务或者生产管理有关的工作人员，调查对象所在企业有杭州娃哈哈集团有限公司（以下简称娃哈哈）、康师傅集团控股（香港）有限公司（以下简称康师傅）等大型企业，也有宁波精华电子科技股份有限公司等中型企业，地域分布上有杭州、宁波、舟山、深圳、广州、中山等城市，共发放正式问卷150份，回收问卷136份，经过预处理后，其中有效问卷124份。问卷回收率为90.7%，回收问卷有效率为91.2%。

二、模型选择

（1）两步聚类算法：异常值检验。

（2）信效度分析：本节采用克龙巴赫 α 系数（Cronbach's α coefficient）测量量表总体信度和各分量表的信度。

（3）独立样本 t 检验：对受调查者所在企业的性质进行独立样本 t 检验以研究其是否对可行性有显著影响。

（4）多项logistic回归分析：分析企业自身因素、物联网数据采集技术及外部环境的影响程度。

三、实证研究

（一）异常值检验

首先采用两步聚类算法对数据进行异常值检测，通过Clementine 12.0实现，阈值的选择是基于最小异常指数水平为2，调整系数设置为6.0，噪声水平和噪声比率分别按照默认值，执行数据流后，结果如表5-1所示。

表 5-1　两步聚类算法异常值检测情况

贡献	计数	平均指数
就职不同行业、类型企业	6	0.097
应用层技术完善程度	1	0.088
管理信息系统	3	0.100
物联网采集数据的准确性	1	0.074
政府统计部门支持程度	1	0.068
企业领导重视程度	1	0.065
可操作性	1	0.088
使用物联网问题	7	0.086
统计人员对物联网了解程度	1	0.062
物联网采集数据及时性	1	0.095
所属领域	3	0.087
采集技术	3	0.086
物联网采集数据的适用性	1	0.094

异常：从估计的共 134 条记录中找到 10 条记录，未知原因的残差为 73.69%

经过数据的预处理，对缺失数据的分析研究及异常点检验分析，使得数据集变得更加完整，在此基础上讨论基于物联网技术的"三新"经济采集数据的影响因素。

（二）数据处理

1. 问卷信效度分析

对问卷的12个问题进行KMO（Kaiser-Meyer-Olkin）检验及Bartlett球形检验，如表5-2所示，KMO指数为0.822>0.7，且球形检验显著，适合进行因素分析。通过主成分因子分析方法，提取了4个公因子，经过方差最大正交旋转得到因子成分矩阵，与之前预调查时提取的成分一致，进一步说明本问卷的结构效度良好。同时，通过对问卷信度的分析，可以看到，问卷总体的克龙巴赫 α 系数为0.814，信度较高，各成分内部一致性信度也达到可接受范围，因此，本问卷具有较好的内部一致性信度。

表 5-2 效度检测

KMO 检验和 Bartlett 球形检验		
取样足够度的 KMO 度量		0.822
Bartlett 球形检验	近似卡方	348.100
	df	66
	Sig.	0.000

2. 因素分析

（1）不同行业的企业对物联网采集数据技术应用的影响：不同行业的企业在管理模式上有一定的差别，在进行应用过程中也会有所差异。表5-3是独立样本t检验方法在不同行业的企业应用过程中的可操作性上的差异，可操作性是检验变量，是否为高新技术企业是分组变量。

表 5-3 独立样本 t 检验

变量	均值方程的 t 检验				
	t	df	Sig.（双侧）	均值差值	标准误差值
可操作性	−1.079	121	0.161	−0.476 55	0.154 76

注：本表假设方差相等

原假设为是否为高新技术企业对应用可操作性有显著影响，这里Sig.（双侧）值为0.161，大于0.05，检验结果为接受原假设，认为企业是否属于高新技术对应用可操作性有显著影响。而且均值差为−0.476 55显著，高新技术企业在物联网技术应用上的可操作性显著高于非高新技术企业。

（2）企业领导重视程度对物联网采集数据技术应用的影响：企业领导重视程度是进行物联网采集数据技术应用的决策动力。选择检验方法为双向有序列联表卡方检验，横向为企业领导重视程度，纵向是可操作性。表5-4是双向有序列联表卡方检验结果。

表 5-4　卡方检验结果

检验方法	值	df	渐进 Sig.（双侧）
卡方	67.188	12	0.143
似然比	67.809	12	0.320
有效案例中的 N	123		

检验结果显示，卡方、似然比的Sig.值都大于0.05，接受原假设，认为企业领导重视程度与物联网采集数据技术应用有显著线性关系。

（3）物联网采集数据技术应用影响因素的多项logistic回归分析：通过前面分析中得出的企业自身、物联网数据采集技术应用的价值和政策制度这3方面的7个变量建立logistic回归模型，本节在处理过程中采用了线性回归的方法，将操作性"高"设置为基准参照类别，通过Clementine 12.0建立数据流。回归模型结果如表5-5所示，根据物联网采集数据技术应用的多项logistic回归分析结果，可以有如下结论。

表 5-5　物联网采集数据技术影响因素的多项 logistic 回归分析

可操作性	变量	系数 B	标准误	Wald	df	显著水平	Exp（B）
较高	截距	2.298	2.946	0.608	1	0.435	
	F6	0.727	0.419	3.014	1	0.083	2.070
	F1	−1.092	0.540	4.091	1	0.043	0.336
	F5	−0.045	0.632	0.005	1	0.943	0.956
	F4	1.007	0.519	3.768	1	0.052	2.737
	F3	0.807	0.469	2.955	1	0.046	2.241
	F2	0.008	0.571	4.078	1	0.045	1.008
	F7	−1.060	0.590	3.224	1	0.073	0.347
一般	截距	6.050	3.002	4.063	1	0.044	
	F6	0.413	0.424	0.948	1	0.330	1.512
	F1	−1.783	0.547	10.624	1	0.001	0.168
	F5	0.332	0.623	0.284	1	0.594	1.394
	F4	1.250	0.536	5.444	1	0.020	3.489
	F3	0.401	0.469	0.731	1	0.093	1.493

续表

可操作性	变量	系数 B	标准误	Wald	df	显著水平	Exp（B）
一般	F2	−0.727	0.584	10.553	1	0.005	0.483
	F7	−0.723	0.583	1.535	1	0.215	0.485
较低	截距	10.622	3.274	10.524	1	0.001	
	F6	0.255	0.495	0.265	1	0.607	1.290
	F1	−1.953	0.600	10.611	1	0.001	0.142
	F5	0.094	0.664	0.020	1	0.887	1.099
	F4	0.741	0.616	1.447	1	0.229	2.099
	F3	−0.038	0.534	0.005	1	0.093	0.963
	F2	−1.118	0.674	10.252	1	0.007	0.327
	F7	−1.005	0.655	2.353	1	0.125	0.366

注：①参考类别是"高"；②F1是物联网三层架构的开放性，F2是政府部门支持力度，F3是企业信息化程度，F4是物联网标准化水平，F5是企业领导重视程度，F6是企业统计人员素质，F7是物联网安全

物联网三层架构的开放性指标的Wald统计量在这三类可操作性上都呈0.05水平显著，其中在"一般"与"较低"上呈0.01水平显著，说明物联网三层架构的开放性对物联网采集数据技术应用有显著性影响，与可操作性"高"相比较，物联网三层架构开放性越高，物联网采集数据技术应用可操作性的倾向越高。

政府部门支持力度指标的Wald统计量在这三类可操作性上都呈0.05水平显著，其中在"较高"上呈0.1水平显著说明政府部门支持力度对物联网采集数据技术应用有显著性影响，与可操作性"高"相比较，政府部门支持力度越大，物联网采集数据技术应用可操作性的倾向越高。

企业信息化程度指标的Wald统计量在这三类可操作性上都呈0.1水平显著，说明企业信息化程度对物联网采集数据技术应用有一定显著性影响，但是不是特别显著，与可操作性"高"相比较，企业信息化程度越高，物联网采集数据技术应用可操作性的倾向越高。

物联网标准化水平指标的Wald统计量分别在"较高""一般"可操作性上呈0.1、0.05水平显著，说明物联网标准化水平对物联网采集数据技术应用有一定显著性影响，但是不是特别显著。

企业领导重视程度、企业统计人员素质、物联网安全指标的Wald统计量在"一般"和"较低"可操作性上都呈0.1水平不显著，说明这三个指标对物联网采集数据技术应用没有显著性影响。

本节采用Clementine 12.0数据挖掘软件建立数据流，同时得到物联网采集数据技术影响因素的多项logistic回归分析的变量重要性结果，如图5-1所示。

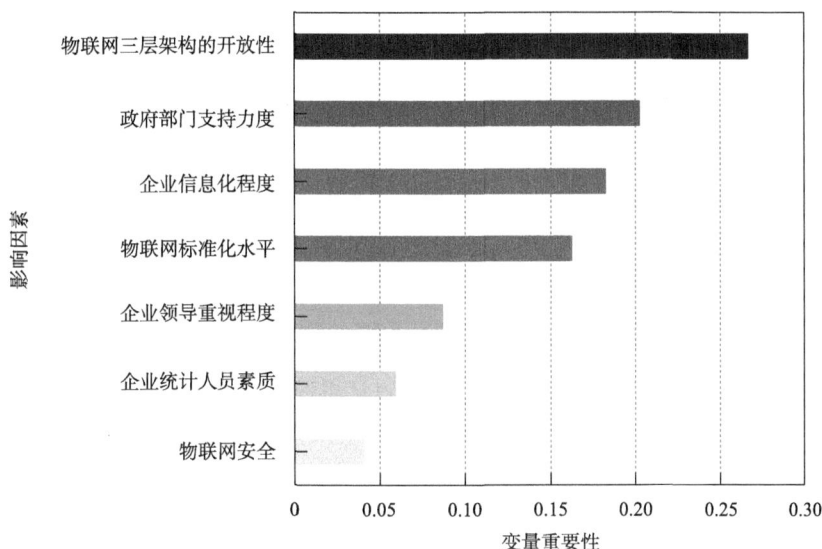

图 5-1 多项 logistic 回归分析的变量重要性

由图5-1可知,物联网采集数据技术应用的影响因素中,重要性从大到小依次为物联网三层架构的开放性、政府部门支持力度、企业信息化程度、物联网标准化水平、企业领导重视程度、企业统计人员素质、物联网安全。

第四节 大数据背景下提高"三新"统计数据质量的建议与设想

针对目前"三新"统计面临的问题,本节试图从数据流程、数据采集技术和管理三个方面探索提升"三新"统计数据质量的设想。

一、数据流程方面的解决对策

(一)数据的采集准备

首先,要健全完善统计单位名录库。"三新"统计涵盖面广,特别是"三新"跨界、共生、渗透、融合等特征较为突出,往往涉及多个部门,统计分类标准界定难度大,而现行统计单位名录库部分分类属性已不适应目前经济形势发展变化的需求,建议充分且广泛地应用行政记录,包括一些企业的工商注册登记信息、企业法人单位基础信息库信息和税务登记信息,还可以应用大数据公司和行业协会中的一些信息,及时掌握"三新"企业的动态,建立"三新"经济基本单位名录库,把好名录库入口关。同时在名录库指标中设置"三新"字段标志,为"三新"统计对象筛选、分析和解读奠定基础。

其次，采取"行政记录、大数据、传统调查"多举措构建获取调查对象基础资料渠道。"三新"法人单位和个体户：可以依托部门（工商、税务等）的行政记录，结合"三新"特征来获取调查对象基础资料。网店、微店：可以借助平台（淘宝、天猫、京东、腾讯）的网上交易信息等大数据资源获得调查对象基础资料及数据。因此，必须开发新的数据收集技术，积极探索网络搜索技术，与互联网行业龙头企业合作采集"三新"统计数据，夯实"三新"统计基础数据。

（二）数据清洗整理

数据清理不仅要进行常规处理，更多的是应要求数据处理团队基于各个项目特定的目标进行更高质量的数据清洗整理。因此在"三新"指数的制定中，可以尝试按月去重和按年去重这样不同的标准，来考察对"三新"指标稳健性的影响。有重点地对专业漏统部分在地区生产总值核算中引用基础专业数据时加以补算，如采用商务部网络零售增长速度和居民网络消费增长速度对零售业商品销售额增长速度进行修订，办法可根据网店占实体店比重或线上和线下比重进行加权计算，以客观反映当前电商冲击下零售业销售实际。

（三）数据分析

要从传统的数据汇总模式向数据挖掘方面转变，尝试分别使用数据挖掘算法模型和可视化策略等来分析结构化数据与非结构化数据等，同时结合专家的主观判断。

（四）评估结果

评估结果包括定量评估和定性评估。在定量评估方面，需要重视主观标准的可靠程度。"三新"统计在许多关键节点上仍然有赖于主观标准，因此在定量评估时，需要加强对数据的稳健性检验。在定性评估方面，重点是评估分析结果的合理性及调查方案的可行性。

二、数据采集技术方面的解决对策

由于"三新"经济本身都是大量的小微企业，现行中小企业抽样方法无法客观反映"三新"发展情况。解决对策有：第一，通过典型调查或重点调查进行推算；第二，通过工商、税务资料和大数据分行业进行推算。

针对大数据背景下"三新"统计数据的类型多样、结构不一，数据管理者应该建立相应的数据库，如分布式缓存、基于大规模并行处理（massively parallel processing，MPP）的分布式数据库、分布式文件系统、各种NoSQL^①分布式存储方案等，使大数据的存储更加便捷，使用更加高效。因此，政府统计部门要根据"三新"企业统计的不同需求，建立专门的数据库，努力降低存储成本。

另外，数据的去冗降噪技术、数据挖掘和基于大数据的预测分析技术的开发显得尤为重要。比如，Yahoo、Facebook、LinkedIn等众多企业纷纷转向Hadoop，搭建分布式数据处理平台，使用新的数据挖掘工具。因此，政府统计部门要充分利用"可视化技术"、"文本挖掘"和高性能计算等技术，提高"三新"统计数据处理能力。

三、管理方面的解决对策

（1）"三新"统计是一个新生事物，专业性相对较强，除了对基层统计中心负责人开展培训外，还应分专业进行专题培训。

（2）企业管理者要支持"三新"统计数据硬件建设和软件开发，成立专门的大数据统计应用机构，引进数据分析人才，确保"三新"统计数据的采集到使用分析过程有序地进行，确保"三新"统计的质量。

（3）政府部门应该加强"三新"统计数据标准规范建设，仔细审核不同来源的统计数据的标准规范，结合现行标准，通过对比分析，有效整合和统一"三新"统计标准规范。

---

① NoSQL：not only SQL，非关系型数据库。SQL：structured query language，结构化查询语言。

第六章 数字经济对产业结构转型升级影响综合评价研究

随着物联网、大数据、云计算、人工智能等信息技术的快速发展及网络强国战略与"互联网+"经济的提出，我国逐步形成了以数字经济为核心的新型经济形态。*Information Economy Report 2015*（《信息经济报告2015》）显示全球电子商务市场规模企业对企业电子商务（business to business，B2B）在2013年达到15万亿元，企业对顾客电子商务（business to consumer，B2C）达到1.2万亿元。《2015中国信息经济研究报告》显示，2014年，我国数字经济规模同比增长21.1%，显著高于GDP增速，且对GDP增长的贡献达到58.4%。同期美国、日本、英国数字经济对GDP的贡献率分别为69.4%、42.2%、44.2%，我国数字经济发展已经呈现出良好的发展趋势，甚至已经超越某些发达国家。

回顾产业结构转型升级发展，我国长期处于以第二产业为主体的进程，直至2013年第三产业比重首次超越第二产业，比重为46.1%。2015年，我国第三产业比重增长至50.5%。从产业构成比例上看，产业结构处于不断优化的过程，但目前存在的问题同样突出。能耗高、生产效率低、环境污染等问题仍然困扰着大多数传统产业。在新常态下，物联网、大数据、云计算、人工智能等信息技术对传统产业效率的革新及新型产业的拓展发挥着显著的作用，丰富了经济发展方向和产业发展内容及方式。数字经济已经成为我国经济增长的强劲动力，并且对推动经济结构改革、产业结构转型升级起到了极其重要的作用。

第一节 数字经济对产业结构转型升级的评价指标体系的构建

根据产业结构的内涵及理论分析，本章从产业结构合理化、产业结构高级化、产业结构高效化、产业结构可持续化四个维度构建产业结构转型升级综合评价指标体系。

（一）产业结构合理化

产业结构合理化体现了产业结构整体的协调性和系统性。本节用人均产值密度、资源合理配置系数、产业结构偏离度反映区域产业发展与全国平均水平的差异程度、地区环境代价，以及劳动力结构与产值结构之间所处的状态。

（二）产业结构高级化

产业结构高级化是指通过产业技术化和集约化水平的提高，增加产品的附加价值，提升产业的规模效益，体现了现代产业在产业结构配置中的分量。考虑到数据可获得性，本节拟用第三产业就业人数占比、第三产业增加值占比、第三产业产业成长程度来衡量技术产业进步情况及第三产业的发展情况。

（三）产业结构高效化

产业结构高效化体现了资源、要素、技术的高效配置，本节拟用全社会劳动生产率、资金利税率与第三产业区位熵来衡量劳动技术水平、区域资金的产出效益、地区环境收益及第三产业部门间的比较优势。

（四）产业结构可持续化

随着对资源、环境的逐步重视，可持续发展显得尤为重要，因此，在产业结构转型升级过程中也要注重可持续性。本节拟用万元工业增加值"三废"排放量、万元生产总值能耗、第三产业就业弹性系数反映地区的能源利用效率、就业弹性及环境资源综合利用情况。

产业结构转型升级综合评价指标体系如表6-1所示。

表 6-1　产业结构转型升级综合评价指标体系

	一级指标	二级指标
产业结构转型升级综合评价	产业结构合理化	人均产值密度
		资源合理配置系数
		产业结构偏离度
	产业结构高级化	第三产业就业人数占比
		第三产业增加值占比
		第三产业产业成长程度
	产业结构高效化	全社会劳动生产率
		资金利税率
		第三产业区位熵
	产业结构可持续化	万元工业增加值"三废"排放量
		万元生产总值能耗
		第三产业就业弹性系数

第二节 评价指标体系的优化

为保持指标体系优化的严谨性，在保证数据可获得性的前提下，本节将从纵向和横向对数据指标进行优化，以排除个别异常指标的影响。

特征回归算法原理如下。

（1）计算

$$n_{dc} = \frac{\sum_{i=1}^{k}|p - p_i|}{p_{\max} - p_{\min}} \times \frac{1}{k} \tag{6-1}$$

其中，p表示变量$D_i(1 \leqslant i \leqslant r)$的第1维变量值；然后从剩余的$r-1$组变量中搜索出与$D_i(1 \leqslant i \leqslant r)$相似度最高的$k$组变量，$p_i(1 \leqslant i \leqslant k)$表示这$k$组特征构成的子集变量中的第$i$行的第1维特征取值；$p_{\max}$、$p_{\min}$表示$p$的极大值、极小值。

（2）计算

$$n_{dA}[A] = \frac{\sum_{i=1}^{k}|A - A_i|}{A_{\max} - A_{\min}} \times \frac{1}{k} \tag{6-2}$$

其中，A表示p所在行中某一维特征的取值；A_i表示上一步选择出的相似度最高的k组特征中第i个特征所对应的该维特征的取值；$A_{\max}$、$A_{\min}$分别表示选择全集中A所在维数对应的特征取值的最大值、最小值。

（3）计算

$$n_{dc\&dA}[A] = \frac{1}{k}\sum_{i=1}^{k}\left(\frac{|p - p_i|}{p_{\max} - p_{\min}} \cdot \frac{|A - A_i|}{A_{\max} - A_{\min}}\right) \tag{6-3}$$

（4）重复步骤（1）～（3），每次选出不同的D_i。

（5）计算特征A的$W[A]$值：

$$W[A] = \frac{n_{dc\&dA}[A]}{n_{dc}} - \frac{n_{dA}[A] - n_{dc\&dA}[A]}{m - n_{dc}} \tag{6-4}$$

（6）按照式（6-4）求得2～$n+1$维特征项A_j所对应的判断统计量$W[A_j]$，每个$W[A_j]$都对应一个p值，按照p值从大到小取前q个特征项构成最有特征子集。其中$j = 2, 3, \cdots, n+1$。

设置最大迭代次数为1000次，若迭代次数小于1000次时满足特征选择算法结束的条件或迭代次数大于1000次时，迭代结束。

按照特征选择算法原理，当$p \geqslant 0.9$时，该特征选择迭代结果为重要，当$0.8 \leqslant p < 0.9$时，该特征为一般重要，$p < 0.8$时，该特征为不重要。

第三节　数字经济对产业结构转型升级影响的综合指数水平评价

一、数据来源及测算方法

本章的数据来源主要有《中国统计年鉴》《中国信息年鉴》《中国基本单位统计年鉴》《中国电子信息产业统计年鉴》《中国能源统计年鉴》等年鉴，由于相关指标数据在各省统计网站有所披露，因此参考了相关省份统计网站及统计年鉴并对其进行理，并基于已有国家统计数据进行了量纲化处理。由于西藏、宁夏、甘肃等地区相关年份数据缺失，对相关缺失数据进行了科学填补。

二、数字经济促进产业结构转型升级综合指数水平测算

为计算出实际指数水平，本节首先计算出2014年全国各省区市数字经济与产业结构转型升级的综合指数水平，并以此为参照物，将各省纵向发展速度指数水平按比例进行量纲化。具体过程如下。

（1）计算各省区市数字经济与产业结构转型升级综合指数。以浙江省为例，利用熵值法计算出浙江省数字经济与产业结构转型升级指标权重，结果如表6-2、表6-3所示。

表 6-2　浙江省数字经济发展指标权重

一级指标	权重	二级指标	权重
数字经济			
信息基础	0.1577	每百人城镇计算机拥有量	0.0221
		每百人农村计算机拥有量	0.0308
		互联网普及率	0.0327
		移动电话普及率	0.0310
		固定互联网宽带接入用户占比	0.0411
数字消费	0.3202	人均电信业务量	0.0250
		人均邮电业务量	0.0288
		人均快递量	0.1000
		通信类居民消费价格指数	0.0460
		通信工具类居民消费价格指数	0.0171
		通信服务类居民消费价格指数	0.1033
信息产业	0.1870	信息传输、计算机服务和软件业单位从业人员占比	0.0311
		信息传输、计算机服务和软件业总产值地区生产总值占比	0.0532
		信息传输、计算机服务和软件业企业单位数占比	0.0278
		电子信息制造业总产值地区生产总值占比	0.0575
		电子信息制造业就业人数占比	0.0174

续表

一级指标		权重	二级指标	权重
数字经济	知识支撑	0.2053	科技活动人员占比	0.0286
			每万人大学生人口数	0.0159
			万元地区生产总值技术市场成交额	0.0311
			R&D经费支出占地区生产总值的比重	0.0336
			万元地区生产总值国内发明专利受理量	0.0448
			万元地区生产总值国内发明专利授权数	0.0513
	发展效益	0.1298	万元地区生产总值的废气、废水和固体废物排放量	0.0188
			电子信息制造业产值增长率	0.0258
			信息传输、计算机服务和软件业产值增长率	0.0260
			万元地区生产总值电力消耗	0.0291
			人均信息产业产值	0.0301

表 6-3　浙江省产业结构转型升级指标权重

	一级指标	权重	二级指标	权重
产业结构转型升级综合评价	产业结构合理化	0.2591	人均产值密度	0.0912
			资源合理配置系数	0.0357
			产业结构偏离度	0.1322
	产业结构高级化	0.2919	第三产业就业人数占比	0.0945
			第三产业增加值占比	0.1148
			第三产业产业成长程度	0.0826
	产业结构高效化	0.2116	全社会劳动生产率	0.0698
			资金利税率	0.0456
			第三产业区位熵	0.0962
	产业结构可持续化	0.2374	万元工业增加值"三废"排放量	0.0526
			万元生产总值能耗	0.0694
			第三产业就业弹性系数	0.1154

接着，利用线性加权方法计算出浙江省2003～2014年数字经济及子系统与产业结构转型升级及子系统综合指数发展速度水平，结果如表6-4、表6-5所示。

表 6-4　浙江省数字经济及子系统综合指数发展速度水平

年份	数字经济	信息基础	数字消费	信息产业	知识支撑	发展效益
2003	0.3891	0.1923	0.4474	0.5991	0.2256	0.4393
2004	0.4110	0.2279	0.4660	0.5753	0.2564	0.5046
2005	0.4333	0.2955	0.4875	0.5667	0.2690	0.5340
2006	0.4656	0.3565	0.5101	0.5563	0.3201	0.5875
2007	0.5294	0.4491	0.5475	0.6435	0.3803	0.6533
2008	0.5741	0.5380	0.5865	0.6068	0.4606	0.7195
2009	0.6267	0.6106	0.6626	0.6192	0.5225	0.7333
2010	0.6836	0.7107	0.6940	0.6395	0.6070	0.8100
2011	0.6939	0.7962	0.5894	0.6276	0.7149	0.8901

年份	数字经济	信息基础	数字消费	信息产业	知识支撑	发展效益
2012	0.7773	0.9238	0.6413	0.6597	0.8894	0.9271
2013	0.8277	0.9020	0.7341	0.6778	0.9691	0.9611
2014	0.9110	0.9442	0.8956	0.7954	0.9588	0.9987

表 6-5 浙江省产业结构转型升级及子系统综合指数发展速度水平

年份	产业结构转型升级	产业结构合理化	产业结构高级化	产业结构高效化	产业结构可持续化
2003	0.6408	0.6267	0.7252	0.7533	0.4520
2004	0.6382	0.6357	0.7313	0.7579	0.4197
2005	0.6880	0.6449	0.7726	0.7641	0.5631
2006	0.6961	0.6499	0.7654	0.7839	0.5829
2007	0.6891	0.6980	0.7993	0.8052	0.4402
2008	0.7382	0.7116	0.7996	0.8053	0.6319
2009	0.8265	0.7604	0.9336	0.8228	0.7699
2010	0.7783	0.7531	0.8251	0.9001	0.6396
2011	0.8060	0.8044	0.8324	0.9407	0.6554
2012	0.8588	0.8890	0.9098	0.9348	0.6954
2013	0.9596	0.9223	0.9675	0.9613	0.9891
2014	0.9091	0.9914	0.8923	0.9607	0.7939

同理，根据上述计算原理及过程，可以算出全国31个省区市2003～2014年数字经济与产业结构转型升级综合指数水平。

（2）利用2014年全国31个省区市区域横截面数据，根据熵值法与线性加权的方法计算出2014年全国31个省区市数字经济发展综合指数水平与产业结构转型升级综合指数水平，结果如表6-6、图6-1、表6-7、图6-2所示。

表 6-6 2014 年全国各省区市数字经济发展综合指数水平

地区	指数	排序	地区	指数	排序	地区	指数	排序	地区	指数	排序
北京	0.9727	2	上海	0.9981	1	湖北	0.7059	14	云南	0.5036	30
天津	0.8988	6	江苏	0.9617	3	湖南	0.6730	15	西藏	0.4651	31
河北	0.6004	20	浙江	0.9534	4	广东	0.9437	5	陕西	0.7470	9
山西	0.5795	24	安徽	0.7103	13	广西	0.6445	18	甘肃	0.5362	28
内蒙古	0.5923	22	福建	0.8918	7	海南	0.5429	27	青海	0.5984	21
辽宁	0.7526	8	江西	0.6580	17	重庆	0.7105	12	宁夏	0.5070	29
吉林	0.6249	19	山东	0.7153	11	四川	0.7335	10	新疆	0.6588	16
黑龙江	0.5865	23	河南	0.5795	25	贵州	0.5495	26			

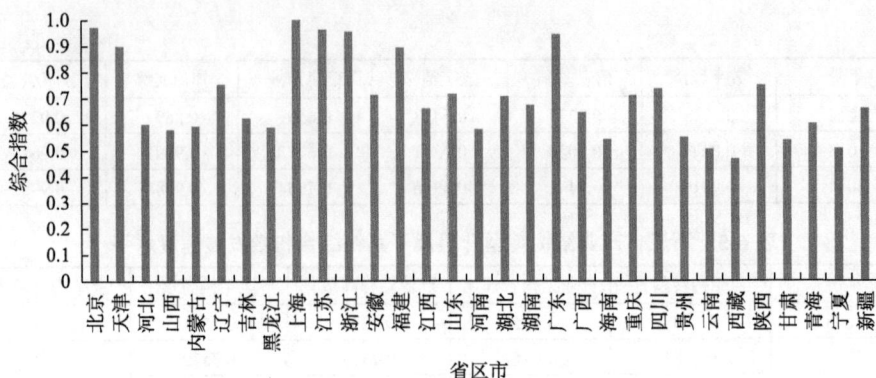

图 6-1　2014 年全国各省区市数字经济发展综合指数水平

表 6-7　2014 年全国各省区市产业结构转型升级综合指数水平

地区	指数	排序	地区	指数	排序	地区	指数	排序	地区	指数	排序
北京	0.9865	1	上海	0.9612	3	湖北	0.8019	13	云南	0.7344	25
天津	0.9781	2	江苏	0.9296	4	湖南	0.7617	18	西藏	0.7236	27
河北	0.7804	14	浙江	0.9034	5	广东	0.8905	7	陕西	0.7561	20
山西	0.8911	6	安徽	0.7678	16	广西	0.7469	23	甘肃	0.7032	30
内蒙古	0.8832	8	福建	0.8426	12	海南	0.7662	17	青海	0.7143	29
辽宁	0.8500	10	江西	0.7713	15	重庆	0.8435	11	宁夏	0.7310	26
吉林	0.7479	22	山东	0.8659	9	四川	0.7539	21	新疆	0.7419	24
黑龙江	0.7569	19	河南	0.7229	28	贵州	0.7027	31			

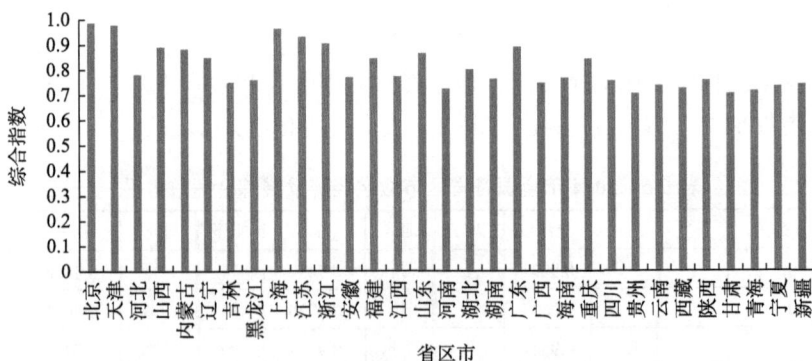

图 6-2　2014 年全国各省区市产业结构转型升级综合指数水平

　　由表6-6与图6-1可知：2014年，上海的数字经济发展综合指数水平为0.9981，在31个省区市中最高，浙江在31个省区市中数字经济发展综合指数水平排在第4位，指数水平为0.9534。排在浙江之前的分别为上海、北京、江苏，指数水平分别为0.9981、0.9727、0.9617。此外，数字经济发展综合指数水平最低的为西藏，为0.4651。就区域而言，西部地区数字经济发展综合指数水平相对较低，如西藏、甘肃、宁夏、青海最具代表性，而东部地区相对来说较高，包括长三角地区（上海、浙江、江苏等）、环渤海地区（北京、天津等）及珠江三角洲地区（广东），这也与经济水平发展实际情况相符合。

由表6-7和图6-2可知：2014年，产业结构转型升级综合指数水平在全国中排在第1位的是北京，为0.9865，浙江产业结构转型升级综合指数水平排在第5位，指数水平为0.9034。排在浙江之前的分别为北京、天津、上海、江苏，指数水平分别为0.9865、0.9781、0.9612、0.9296。此外，产业结构转型升级综合指数水平最低的为贵州，为0.7027。就区域而言，同样是西部地区产业结构转型升级综合指数水平相对较低，如贵州、甘肃、西藏、宁夏、青海最具代表性，而东部相对来说较高，包括长三角地区（上海、浙江、江苏等）、环渤海地区（北京、天津等）及珠江三角洲地区（广东），基本和数字经济发展综合指数水平情形相近。

如图6-3所示，对比2014年全国各省区市数字经济发展综合指数水平与产业结构转型升级综合指数水平可以发现：各省区市数字经济发展综合指数水平与产业结构转型升级综合指数水平大致保持一致，即数字经济发展水平越高的地区，产业结构转型升级水平也越高。

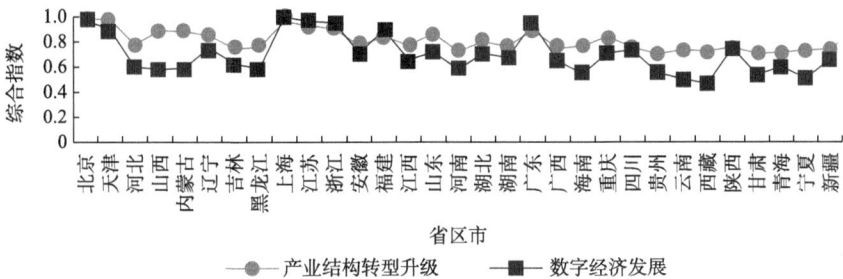

图 6-3 2014 年全国各省区市综合指数水平

（3）在2014年全国31个省区市数字经济发展综合指数水平与产业结构转型升级综合指数水平中，按照各省区市数字经济发展综合指数水平和产业结构转型升级综合指数水平增长速度同比例量纲化，得到全国各省区市数字经济发展综合指数实际水平与产业结构转型升级综合指数实际水平，如表6-8、表6-9所示。

表 6-8 全国各省区市数字经济发展综合指数实际水平

地区	2014年	2013年	2012年	2011年	2010年	2009年	2008年	2007年	2006年	2005年	2004年	2003年
北京	0.9727	0.9097	0.8082	0.7401	0.7121	0.6531	0.6159	0.5798	0.5191	0.4793	0.4378	0.4030
天津	0.8988	0.9038	0.7719	0.6805	0.6458	0.6070	0.5794	0.5254	0.4859	0.4403	0.1910	0.3779
河北	0.6004	0.5472	0.5024	0.4668	0.4532	0.4013	0.3689	0.3221	0.2884	0.2563	0.2086	0.1438
山西	0.5795	0.5226	0.4775	0.4264	0.3963	0.3661	0.3252	0.2708	0.2084	0.1863	0.1722	0.1497
内蒙古	0.5923	0.5387	0.4862	0.4228	0.3933	0.3309	0.2625	0.2190	0.1935	0.1613	0.1322	0.1162

续表

地区	2014 年	2013 年	2012 年	2011 年	2010 年	2009 年	2008 年	2007 年	2006 年	2005 年	2004 年	2003 年
辽宁	0.7526	0.7035	0.6374	0.5765	0.5016	0.4623	0.4008	0.3080	0.2583	0.2069	0.1764	0.1536
吉林	0.6249	0.5473	0.4881	0.4220	0.3668	0.3025	0.2478	0.2005	0.1718	0.1572	0.1376	0.1205
黑龙江	0.5865	0.5079	0.4186	0.3574	0.3033	0.2685	0.2316	0.2027	0.1799	0.1621	0.1484	0.1377
上海	0.9981	0.9384	0.8807	0.8186	0.8102	0.7696	0.7130	0.6631	0.5681	0.5266	0.4745	0.4296
江苏	0.9617	0.8783	0.8217	0.7043	0.6147	0.5094	0.4531	0.4112	0.3511	0.3084	0.2755	0.2480
浙江	0.9534	0.8491	0.8217	0.7241	0.7147	0.6622	0.6100	0.5681	0.5054	0.4711	0.4486	0.4270
安徽	0.7103	0.6461	0.5674	0.4660	0.4249	0.3529	0.2938	0.2460	0.2083	0.1867	0.1644	0.1463
福建	0.8918	0.8143	0.7658	0.6603	0.6256	0.5395	0.4838	0.4367	0.4419	0.3824	0.3582	0.3422
江西	0.6580	0.5622	0.4919	0.4286	0.3783	0.3878	0.2728	0.3105	0.2116	0.1943	0.1716	0.1473
山东	0.7153	0.6753	0.5826	0.5038	0.4592	0.4196	0.3764	0.3205	0.2989	0.2564	0.2013	0.1756
河南	0.5795	0.5163	0.4730	0.4225	0.3632	0.3096	0.2764	0.2388	0.1906	0.1762	0.1512	0.1156
湖北	0.7059	0.6532	0.6036	0.5237	0.4632	0.4080	0.3564	0.3042	0.2789	0.2363	0.1919	0.1702
湖南	0.6730	0.6029	0.5534	0.4886	0.4483	0.3961	0.3583	0.2998	0.2716	0.2284	0.1763	0.1425
广东	0.9437	0.8331	0.8003	0.7216	0.7037	0.6448	0.5953	0.5481	0.4954	0.4453	0.4026	0.3564
广西	0.6445	0.5981	0.5363	0.4654	0.4289	0.3792	0.3056	0.2664	0.2026	0.1868	0.1652	0.1329
海南	0.5429	0.5009	0.4668	0.3832	0.3483	0.3021	0.2635	0.2135	0.1763	0.1513	0.1310	0.1231
重庆	0.7105	0.6709	0.6054	0.5352	0.4793	0.4086	0.3542	0.2983	0.2465	0.2093	0.1863	0.1661
四川	0.7335	0.6440	0.5525	0.4347	0.4306	0.3822	0.3215	0.2788	0.2340	0.2080	0.1856	0.1574
贵州	0.5495	0.4888	0.4358	0.3994	0.3570	0.2993	0.2522	0.2077	0.1736	0.1562	0.1312	0.1073
云南	0.5036	0.4469	0.4158	0.3785	0.3678	0.3180	0.2625	0.2134	0.1863	0.1598	0.1407	0.1231
西藏	0.4651	0.4169	0.3917	0.3429	0.3367	0.2754	0.2164	0.1886	0.1408	0.1230	0.1023	0.0723
陕西	0.7470	0.6905	0.6264	0.5583	0.4867	0.4323	0.3708	0.3050	0.2785	0.2369	0.1923	0.1764
甘肃	0.5362	0.4785	0.4326	0.3926	0.3338	0.2964	0.2457	0.2038	0.1812	0.1572	0.1351	0.1125
青海	0.5984	0.5269	0.4662	0.4117	0.3652	0.3137	0.2625	0.2086	0.1859	0.1627	0.1368	0.1164
宁夏	0.5070	0.4605	0.4133	0.3763	0.3281	0.2910	0.2328	0.1998	0.1683	0.1322	0.1108	0.0902
新疆	0.6588	0.6068	0.5453	0.4734	0.4339	0.3682	0.3157	0.2763	0.2326	0.1984	0.1652	0.1419

表 6-9　全国各省区市产业结构转型升级综合指数实际水平

地区	2014 年	2013 年	2012 年	2011 年	2010 年	2009 年	2008 年	2007 年	2006 年	2005 年	2004 年	2003 年
北京	0.9865	0.9620	0.9497	0.9437	0.9278	0.9189	0.8803	0.8652	0.8382	0.8339	0.8138	0.7972
天津	0.9781	0.9438	0.9029	0.8703	0.8523	0.8264	0.8339	0.8131	0.7802	0.7554	0.7413	0.6936
河北	0.7804	0.7782	0.7472	0.7058	0.6941	0.6725	0.6210	0.6035	0.5884	0.5732	0.5476	0.5332
山西	0.8911	0.8895	0.8792	0.8464	0.8208	0.8133	0.8032	0.7521	0.7285	0.6968	0.6554	0.6248
内蒙古	0.8832	0.8616	0.8400	0.8181	0.8065	0.7853	0.7738	0.7325	0.7106	0.6907	0.6673	0.6460
辽宁	0.8500	0.8384	0.8268	0.7953	0.7737	0.7521	0.7306	0.6990	0.6775	0.6630	0.6346	0.6128

地区	2014 年	2013 年	2012 年	2011 年	2010 年	2009 年	2008 年	2007 年	2006 年	2005 年	2004 年	2003 年
吉林	0.7479	0.7463	0.7047	0.6783	0.6616	0.6320	0.6335	0.5960	0.5953	0.5838	0.5426	0.5107
黑龙江	0.7569	0.7453	0.7137	0.6922	0.6606	0.6390	0.6275	0.5954	0.5843	0.5828	0.5412	0.5197
上海	0.9612	0.9651	0.9360	0.9087	0.8671	0.8721	0.8660	0.8599	0.8566	0.8580	0.8331	0.8127
江苏	0.9296	0.9364	0.9099	0.8988	0.8708	0.8378	0.8189	0.7669	0.7292	0.7129	0.6449	0.6537
浙江	0.9034	0.9136	0.8534	0.8010	0.7734	0.8213	0.7336	0.6847	0.6917	0.6837	0.6342	0.6367
安徽	0.7678	0.7417	0.6879	0.6640	0.6238	0.6034	0.5718	0.5470	0.5367	0.5116	0.5390	0.5105
福建	0.8426	0.8561	0.8238	0.7744	0.7728	0.7400	0.6911	0.6949	0.6824	0.6509	0.6153	0.6042
江西	0.7713	0.7299	0.7118	0.6646	0.6115	0.6298	0.6050	0.5698	0.5445	0.5508	0.5572	0.5438
山东	0.8659	0.8743	0.8427	0.8012	0.7796	0.7380	0.7365	0.7049	0.6933	0.6718	0.6402	0.6287
河南	0.7229	0.7013	0.6897	0.6582	0.6566	0.6450	0.6135	0.5819	0.5503	0.5488	0.5072	0.4857
湖北	0.8019	0.7930	0.7587	0.7372	0.7156	0.6740	0.6831	0.6509	0.6293	0.6078	0.5862	0.5647
湖南	0.7617	0.7401	0.7185	0.6970	0.6754	0.6538	0.6523	0.6107	0.5991	0.5676	0.5360	0.5245
广东	0.8905	0.8889	0.8673	0.8358	0.8242	0.7826	0.7611	0.7695	0.7479	0.7364	0.7049	0.6533
广西	0.7469	0.7053	0.6937	0.6822	0.6536	0.6390	0.6175	0.6059	0.5743	0.5428	0.5312	0.5097
海南	0.7662	0.7646	0.7430	0.7015	0.6799	0.6683	0.6368	0.6352	0.6036	0.5721	0.5506	0.5290
重庆	0.8435	0.8319	0.8003	0.7788	0.7572	0.7456	0.7141	0.6925	0.6809	0.6494	0.6278	0.6063
四川	0.7539	0.7523	0.7107	0.6892	0.6576	0.6460	0.6445	0.6129	0.5813	0.5598	0.5582	0.5167
贵州	0.7027	0.6811	0.6595	0.6380	0.6264	0.5948	0.5833	0.5517	0.5301	0.5086	0.4770	0.4655
云南	0.7344	0.7128	0.6912	0.6697	0.6481	0.6265	0.6350	0.5834	0.5718	0.5403	0.5387	0.4972
西藏	0.7236	0.7020	0.6704	0.6689	0.6373	0.6057	0.5942	0.5526	0.5510	0.5295	0.5079	0.4864
陕西	0.7561	0.7445	0.7529	0.7114	0.6795	0.6482	0.6282	0.6315	0.6035	0.5723	0.5404	0.5189
甘肃	0.7032	0.6816	0.6600	0.6385	0.6169	0.5953	0.5738	0.5422	0.5306	0.5193	0.5075	0.4660
青海	0.7143	0.7027	0.6811	0.6596	0.6280	0.6064	0.5749	0.5633	0.5417	0.5202	0.4866	0.4771
宁夏	0.7310	0.7094	0.6878	0.6463	0.6447	0.6231	0.6116	0.5800	0.5484	0.5369	0.5036	0.4938
新疆	0.7419	0.7303	0.6987	0.6572	0.6556	0.6240	0.6125	0.5909	0.5693	0.5478	0.5262	0.5047

　　由表6-8可以看出：上海、北京、江苏、浙江、广东、天津等地区数字经济发展水平一直处于全国前列，甘肃、青海、西藏等西部地区数字经济发展水平大都处于全国末端，但增长速度与全国保持一致，由此可见，全国各省区市数字经济整体上保持着较快的发展。

　　由表6-9可以看出：同样，上海、北京、江苏、浙江、广东、天津等地区产业结构转型升级水平一直处于全国前列，而甘肃、青海、西藏等西部地区产业结构转型升级水平处于全国末端，但产业结构转型升级水平在各省区市之间的差距并没有数字经济发展水平的差距大，且增长趋势相对平缓。

第四节　研究结论与启示

一、研究结论

本章基于2003~2014年全国31个省区市面板数据，利用熵值法计算全国各省区市数字经济与产业结构转型升级的综合指数水平，并以此为参照物，将各省区市纵向发展速度指数水平按比例量纲化，从而达到各省区市数字经济与产业结构转型升级综合指数水平进行横向与纵向比较的要求，研究结果表明：全国各省区市数字经济与产业结构转型升级均保持快速发展，整体状况良好，但仍存在发展不平衡等问题。上海、北京、江苏、浙江、广东等省区市数字经济发展一直处于全国前列，而甘肃、青海、西藏等西部地区数字经济发展则相对落后，其中2014年数字经济发展综合指数水平最高的是上海，最低的为西藏。而2014年产业结构转型升级综合指数水平排在全国第一位的则是北京，最低的是贵州。从总体上看，各省区市数字经济发展综合指数水平与产业结构转型升级综合指数水平大致保持一致，即数字经济发展越好的地区，产业结构转型升级水平也越高。

二、启示

（一）以数字经济推动我国传统产业的转型升级，实现经济均衡发展

数字技术的普遍运用能紧密联系市场主体、实现社会资源共享、降低生产交易成本，有效地提升传统生产要素的使用效能，促使信息化与工业化进行深度的交融，加速传统产业的全面转型升级。经济发达地区要借鉴国际先进经验，建设具有中国特色的产业互联网体系，推动互联网和实体经济深度融合，通过推动产业互联网平台建设，整合设计、制造、运营、软件等资源，开展产业管理优化、协同设计制造、制造资源应用等创新服务。大力推广智能数控设备、传感识别技术、制造执行系统等先进装备与管控技术。加快大数据、人工智能等技术在生产设备和关键环节的应用，提高生产装备和生产过程智能化。推进制造业、服务业有机融合，推动工业企业向以制造为基础的产品、技术、服务等综合供应商转变。推动传统产业高端化发展，以大数据促进传统产业升级改造。鼓励支持西部地区企业自主创新研发，在提升企业市场竞争能力的基础上，培育一批有实力、有竞争力的新型企业，与此同时，拓展产业内部与产业之间的交流合作，推动新经济、新业态的发展，并不断推动中西部地区产业结构优化升级。

（二）扩大市场开放水平，营造良好的营商环境

优化营商环境是数字经济推动产业结构转型升级发展不可或缺的变革，其核

心是通过制度改革，遵循市场规律，释放企业主体的活力，进一步发挥好政府的服务职能，从而实现我国数字经济高效、可持续发展。一是要加强基础核心技术攻关的政策支持。加强对基础核心技术攻关的源头支持，加速基础核心技术和产品研发攻关与产业化。同时，应注意扶持政策、资金等资源的合理分配，避免重复建设。二是要优化鼓励新技术、新业态发展的法治环境。发展数字经济，既需要技术支撑，也需要法律保障，良好的法治环境是发展数字经济的必要条件。当前，我们已初步构建了互联网法律法规体系，但由于互联网领域新技术、新业态不断涌现，相关立法进程相对落后于产业发展，数字经济法治环境亟待改善。三是深化有利于数字经济发展的监管创新。构建数字经济监管领域的新型"亲""清"政商关系，探索设立"安全空间"，在互联网金融、平台经济、共享经济、区块链等发展较快且存在风险点的领域设立"安全空间"，为满足条件的企业颁发有限数量的市场准入执照或备案登记，允许企业在法律许可的范围内试错。西部欠发达地区，可以通过良好的营商环境大力引进数字经济头部企业和专业人才，从而为产业结构转型升级奠定良好的基础。

第三篇　数字经济对我国产业结构转型升级影响机理的实证研究

第七章 数字经济对我国产业结构升级影响的实证研究

随着物联网、大数据、云计算、人工智能等信息技术,以及网络强国战略与"互联网+"经济的发展,信息技术、信息产品与服务改变了经济社会的各个方面,数字经济形态应运而生。新一代信息技术对于传统产业效率的提升及新产业的拓展发挥着显著的作用,而"互联网+"经济与网络强国战略进一步丰富了产业发展内容及方式。数字经济发展与产业结构转型升级均是我国经济新常态下深化供给侧结构性改革、提高经济发展质量和效益的迫切任务。因此探索数字经济对我国产业结构升级的影响,对于促进经济社会发展具有重要的理论意义与实践价值。

第一节 文献回顾及问题的提出

关于数字经济与产业结构升级内涵的相关研究,韩先锋等(2014)认为数字经济是以信息技术为手段、数字产业为核心、信息需求为导向来促进经济形态、产业发展方式优化的过程。贺丹和田立新(2015)认为在经济新常态下,产业结构转型升级需要在综合经济和生态效益的基础上,提升产业的环境适应性,实现经济增长最优化。

关于两者之间关系的相关研究,段君玮(2014)运用人工神经网络模型研究技术进步与产业结构升级的作用理论。韩先锋等(2014)通过行业面板数据发现,随着行业信息化的提升,技术创新效率会随之增长,但到达某一节点之后,其会出现下降的情况。郑丽(2014)提出数字消费水平的提高有助于促进产业结构高效化。

综上所述,关于数字经济、产业结构升级的内涵及两者的关系,学者已经进行了较多探讨。但对数字经济是如何对产业结构转型升级发生作用的机理的研究还比较匮乏,需要深入探究。因此,本章基于全国31个省区市2003~2014年面板数据,首先建立了数字经济与产业结构转型升级的评价指标体系,然后采用面板单位根检验、面板协整分析、PVAR模型及脉冲响应模型方法,探索数字经济对产业结构转型升级的动态影响。

第二节　数字经济促进产业结构转型升级的机理分析

数字经济的重要意义不仅体现在对总量的贡献上，更重要的是其对产业结构优化升级所起到的推动作用，见图7-1。一方面，表现为数字技术不断催生新产业，新型商务模式和服务经济加速兴起，以电子商务、现代物流、软件和服务外包为代表的新型生产性服务业迅猛发展，网络出版、在线游戏、数字音乐、手机媒体等数字内容产业快速成长，新型显示器件、数字视听、半导体照明、汽车电子、电力电子等新兴产业群加速形成。另一方面，表现为数字技术赋能传统产业，互联网的价值发现、聚合资源、互动创新作用，推动产业链垂直整合、制造业服务化转型和企业跨界发展，生产设备智能化、生产方式柔性化、生产组织灵巧化重构产业价值链，使得产业附加值的知识和信息含量不断提升，推动了规模经济向知识经济的延伸发展，加速了传统产业向高端制造和现代服务业的转变。从制定产品策略角度看，数字技术可以帮助企业快速、准确地收集和处理来自消费端的数据，从而更好地洞察消费需求以指导生产，大大降低企业因产品策略失误而失败的可能性。而且，根据用户的需求进行定制化生产，既能更好地满足消费者需求，也能给企业带来新的机遇。

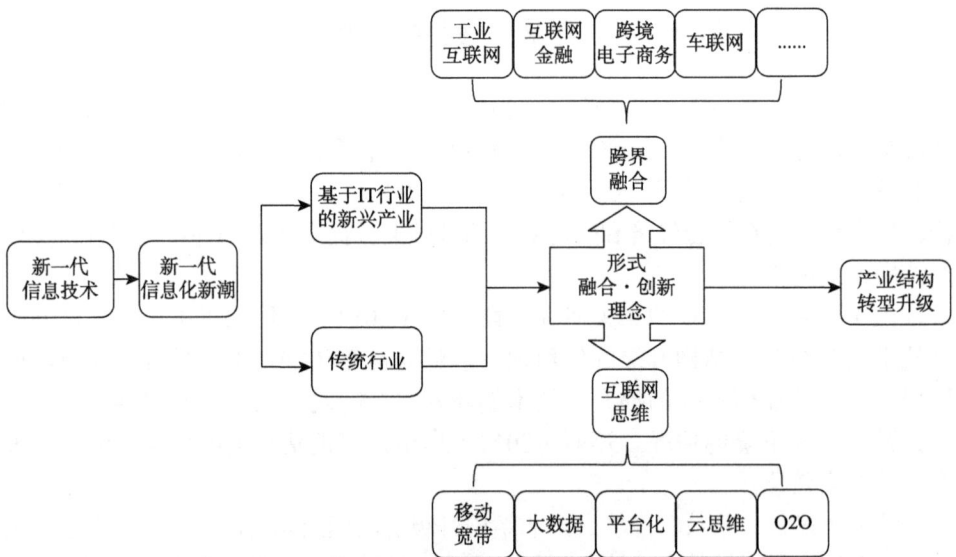

图 7-1　数字经济促进产业结构转型升级的框架图

第三节　指标选取及模型构建

一、数字经济对产业结构转型升级的评价指标体系筛选

本节围绕数字经济的内涵和特征，依据评价指标体系的科学性、层次性、整体性、可行性、对比性基本原则，综合考虑数据的可获取性，构建了包括信息基础、数字消费、信息产业、知识支撑及发展效益等5个维度的指标体系。信息基础维度：每百人城镇（农村）计算机拥有量，移动电话普及率，互联网普及率，固定互联网宽带接入用户占比。数字消费维度：人均邮电业务量，人均电信业务量，人均快递量（电子商务消费状况），通信类居民消费价格指数，通信工具类居民消费价格指数，通信服务类居民消费价格指数。信息产业维度：信息传输、计算机服务和软件业总产值GDP占比、单位数占比及其从业人数占比，电子信息制造业总产值GDP占比及其就业人数占比。知识支撑维度：科技活动人员占职工总数比例，每万人大学生人口数，R&D经费支出占GDP的比重，国内发明专利受理量，国内发明专利授权数，万元GDP技术市场成交额。发展效益维度：万元GDP的废气、废水和固体废物排放量，信息传输、计算机服务和软件业产值增长率，万元GDP电力消耗，电子信息制造业产值增加率，人均信息产业产值。

同上，本节主要从产业结构合理化、产业结构高级化、产业结构高效化、产业结构可持续化四个维度构建产业结构转型升级评价指标体系。产业结构合理化体现了产业经济整体的协调性和系统性，具体指标有：人均产值密度，资源合理配置系数，产业结构偏离度。产业结构高级化指提高产业技术化和集约化水平，增加产品附加价值，提升产业的规模发展效益，具体指标有：第三产业就业人数占比，第三产业增加值占比，第三产业产业成长程度。产业结构高效化体现了资源、要素、技术的高效配置，具体指标有：全社会劳动生产率，资金利税率，第三产业区位熵。产业结构可持续化体现了在产业结构升级过程中对资源、环境的重视，注重可持续发展，具体指标有：万元工业增加值"三废"排放量，万元生产总值能耗，第三产业就业弹性系数。

二、数字经济与产业结构转型升级互动关系模型构建

（一）面板数据协整检验

本节运用Pedroni（2004）基于协整方程的回归残差构造的7个统计量，来检验面板数据变量间的协整关系。检验过程中，允许长期协整系数存在不同，每个标准化统计量渐近满足标准正态分布：

$$\frac{x_{N,T} - \mu\sqrt{N}}{\sqrt{v}} \rightarrow N(0,1) \tag{7-1}$$

考虑以下面板协整关系：

$$y_{i,t} = \alpha_i + \delta_{i,t} + \beta_{1i}x_{1i,t} + \beta_{2i}x_{2i,t} + \cdots + \beta_{Mi}x_{Mi,t} + e_{i,t} \tag{7-2}$$

其中，$i = 1, 2, \cdots, N$ 表示面板单位数；$t = 1, 2, \cdots, T$ 表示时间跨度；$m = 1, 2, \cdots, M$ 表示回归变量个数；系数 α_i 与 $\delta_{i,t}$ 分别表示个体特定的常数项与时间趋势。

（二）数字经济与产业结构升级关系的 PVAR 模型

n 阶PVAR模型如下：

$$Z_{i,t} = \Gamma_0 + \sum_{j=1}^{n}\Gamma_j Z_{i,t-j} + \mu_i + d_{c,t} + \varepsilon_t \tag{7-3}$$

其中，$Z_{i,t}$ 表示内生变量列向量；μ_i 表示外生变量列向量；j 表示滞后阶数；i 表示面板单位个数；t 表示时间；Γ_0 表示常量向量；Γ_j 表示待估计矩阵；$d_{c,t}$ 表示时间效应；ε_t 表示随机扰动项。

第四节　实　证　分　析

一、面板协整检验结果分析

首先对变量作对数化处理，以排除异方差。考虑检验结果稳健性，本节采用LLC（Levin-Lin-Chu）单位根检验、Breitung检验、IPS检验、Fisher-ADF检验与Fisher-PP检验等5种方法进行面板单位根检验。结果显示各变量的一阶差分序列均为平稳序列。这表明产业结构升级lnIS和数字经济发展lnIE在5%的显著性水平上均为一阶平稳，因此两者均为单阶平稳序列，符合协整分析检验条件。然后进行协整检验，结果如表7-1所示。

表 7-1　面板数据协整分析

项目	V 面板统计量	rho 面板统计量	PP 面板统计量	ADF 面板统计量	rho 组统计量	PP 组统计量	ADF 组统计量
系数	3.9533	−3.6741	−7.2133	−7.4532	−1.2894	−7.0086	−6.7171
显著性	0.0000	0.0001	0.0000	0.0000	0.0980	0.0000	0.0000

由表7-1可知，除rho组统计量在10%显著性水平下说明数字经济与产业结构升级指数水平存在协整关系，其余检验结果均表明两者存在协整关系，即存在长期稳定的关系。

二、数字经济与产业结构升级的 PVAR 模型结果分析

利用Stata软件计算得到广义矩估计（generalized method of moments，GMM）系数，计算结果如表7-2所示。

表 7-2　PVAR 模型 GMM 结果

变量		产业结构升级（lnIS）	数字经济发展（lnIE）
lnIS$_{t-1}$	GMM 系数	0.9321	0.0939
	t 统计量	4.2310***	1.8765**
lnIE$_{t-1}$	GMM 系数	0.1036	0.9023
	t 统计量	3.6581***	1.9862**

代表 Sig.值小于 0.05，*代表 Sig.值小于 0.01

由表7-2可知，数字经济发展、产业结构升级均会对自身产生正向的激励，且均表现为显著的影响。

三、数字经济与产业结构升级的脉冲响应函数结果分析

为了比较全面地反映出数字经济与产业升级之间的动态影响关系，本部分通过建立数字经济与产业结构升级之间的脉冲响应函数模型，分析数字经济对产业结构转型升级的脉冲响应，一个标准差的冲击如图7-2所示。

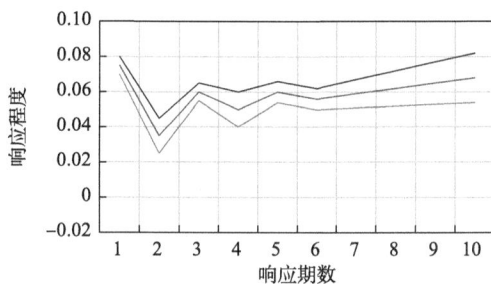

（a）数字经济发展对自身的响应

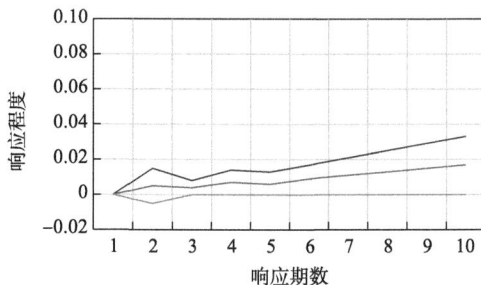

（b）数字经济发展对产业结构升级的响应

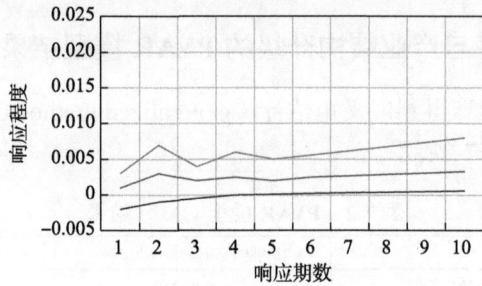

（c）产业结构升级对数字经济发展的响应

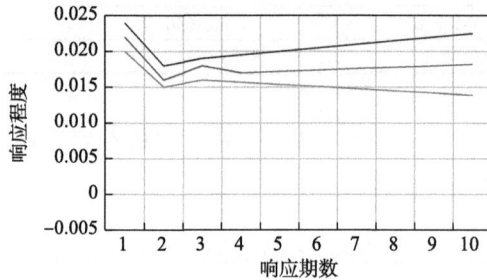

（d）产业结构升级对自身的响应

图 7-2　数字经济对产业结构升级脉冲响应分析

在图7-2中，纵坐标表示被解释变量对解释变量的响应程度。中间线为响应函数值，其他两条线为响应函数值正负两倍标准差的上下界。该模型的追踪期为10年，可以得出如下结论。

（1）数字经济的发展对自身会产生正向的影响，而且正向的影响程度几乎保持不变。数字经济在第1期对自身冲击有一个正响应，且响应比较大，为0.08，在第2期降为约0.04，之后随着时期数的更新，该单位冲击正向响应值几乎保持不变，一直保持在0.06左右。

（2）随着数字经济的发展，其对产业结构升级的影响越来越大，发挥的作用越来越明显。在第1期，数字经济单位冲击下产业结构升级响应值为0，但随着期数的不断增加，数字经济单位冲击下产业结构响应值一直为正值，且响应值一直随着期数不断增加，在第10期增长至将近0.02。

（3）随着产业结构升级的不断发展，其对数字经济的反作用越来越大，但还是相对较小。在第1期，产业结构升级单位冲击下数字经济响应值约为0，但随着期数的不断增加，该单位冲击下的响应值不断提高。在第10期增长至0.003左右。

（4）产业结构升级对自身有正向影响，而且正向的影响程度几乎保持不变。在第1期，产业结构升级对自身冲击有一个正响应，且响应比较大，为0.022左右，在第2期降为0.015左右，之后随着时期数的更新，该单位冲击正向响应值几乎保持不变，一直保持在0.017左右。

第五节　研究结论与启示

一、研究结论

（1）本章通过面板单位根检验和协整分析，得出在同阶平稳前提下数字经济与产业结构升级之间存在协整关系，两者间具有长期稳定的关系。

（2）本章通过PVAR模型和脉冲响应分析数字经济与产业结构升级之间的动态变化与相互作用，得出前者对后者的推动主要来源于自身的内部促进和两者的相互影响。通过单位冲击的响应值可以看出，数字经济对产业结构升级推动作用更为明显，而产业结构升级对数字经济的反作用相对较小，同时两者的相互影响随着时间推移不断加深。

二、研究启示

（一）充分发挥数字经济对产业结构调整的主导作用

首先，围绕发展人工智能、大数据、区块链等产业，打造特色数字经济体系，提升数字经济集约化水平和发展潜力。其次，以数字经济带动传统产业结构转型升级，通过数字技术推广、两化融合等手段提升传统产业的生产效率，提高产业结构的高级化水平。最后，通过数字经济推动技术手段、资源要素的不断革新，产业结构向技术密集型方向发展，增加产品和服务的附加值，从而提升产业结构的高级化水平。

（二）进一步发挥数字消费在产业结构转型升级中的传递作用

首先，降低信息产品、服务的成本，包括通信工具、通信服务、信息获取等，加快数字产业发展；其次，加快信息基础设施演进升级，促进未来数字消费需求增长，拉动市场对数字产品与服务的需求，促进相关产业发展；最后，普及数字消费观念，逐步提升数字消费的渗透性，发挥数字消费对产业结构转型升级的拉动作用。

（三）消除数字经济发展中的数字鸿沟，促进产业结构合理化

首先，推进新一轮光纤宽带建设，提高骨干网络信息传输能力，推进三网融合，完善网络布点；其次，加强无线网络建设，推广和普及第五代移动通信技术，提高核心城区Wi-Fi覆盖面积；最后，提高西部欠发达地区及农村地区光纤覆盖率，缩小区域及城乡差异，打破原有的地域和时空界限，使企业面向更大范围的消费者，产业迅速适应市场的变化，解决由信息不对称、信息超前或滞后导致的产业结构失衡问题，从而促进产业结构合理化。

（四）加快数字产业园区建设，推动产业结构的高效化

首先，加快数字产业园区建设，培育高新技术产业孵化平台，发挥规模经济的优势，推进相关资源的优化配置，从而推动产业结构的高效化。其次，通过政府协助、企业自主研发、产学研相结合等策略提升信息产业园区科技研发实力，使产品和服务朝着技术密集、高附加值方向发展。最后，通过园区培训和引进数字经济人才，如电子信息、软件工程专业技术人才，发挥人才在增强产业竞争力、推动产业升级方面的引领性作用。

第八章 数字经济对我国产业结构升级影响路径的实证研究

由第七章阐述的数字经济与产业结构转型升级的影响机理可知，数字经济与产业结构转型升级之间存在长期稳定的关系，数字经济对产业结构转型升级起到促进作用，而且数字经济与产业结构自身内部均会对自身产生促进作用。因此本章将从数字经济与产业结构转型升级自身内部影响路径与外部影响路径两部分深入探索数字经济对产业结构转型升级的影响。

第一节 数字经济促进产业结构转型升级的内部路径研究

一、模型选择——驱动力模型

本节运用GM(1,N)动态模型对数字经济发展促进产业结构转型升级内部影响路径进行分析，理论模型如下。

对于M行N列的原始数据，可以用数据矩阵进行描述：

$$X_N^{(0)} = \begin{bmatrix} x_1^{(0)}(1) & x_2^{(0)}(1) & \cdots & x_N^{(0)}(1) \\ x_1^{(0)}(2) & x_2^{(0)}(2) & \cdots & x_N^{(0)}(2) \\ \vdots & \vdots & & \vdots \\ x_1^{(0)}(M) & x_2^{(0)}(M) & \cdots & x_N^{(0)}(M) \end{bmatrix} \quad (8\text{-}1)$$

计算累加生成的数据矩阵：

$$X_N^{(1)} = \begin{bmatrix} \sum_{i=1}^{2} x_1^{(0)}(i) & \sum_{i=1}^{2} x_2^{(0)}(i) & \cdots & \sum_{i=1}^{2} x_N^{(0)}(i) \\ \sum_{i=1}^{3} x_1^{(0)}(i) & \sum_{i=1}^{3} x_2^{(0)}(i) & \cdots & \sum_{i=1}^{3} x_N^{(0)}(i) \\ \vdots & \vdots & & \vdots \\ \sum_{i=1}^{M} x_1^{(0)}(I) & \sum_{i=1}^{M} x_2^{(0)}(i) & \cdots & \sum_{i=1}^{M} x_N^{(0)}(i) \end{bmatrix} \quad (8\text{-}2)$$

再计算 $X_1^{(1)}$ 一次累差数据序列 $\left\{ \alpha^{(1)}\left(x_1^1, i\right) \right\}$，$i = 2, 3, \cdots, M$：

$$\alpha^{(1)}\left(x_z^{(1)},i\right)=x_1^{(1)}(i)-x_1^{(1)}(i-1)=\sum\nolimits^i x_1^{(0)}(k)-\sum\nolimits_i^{i-1} x_1^{(0)}(k)=x_1^{(0)} \quad (8\text{-}3)$$

构造矩阵 $X(A,B)=B$ ，即

$$\begin{bmatrix} -\dfrac{1}{2}\left(x_1^{(1)}(2)+x_1^{(1)}(1)\right) & x_2^{(1)}(2) & \cdots & x_N^{(1)}(2) \\[2mm] -\dfrac{1}{2}\left(x_1^{(1)}(3)+x_1^{(1)}(2)\right) & x_2^{(1)}(3) & \cdots & x_N^{(1)}(3) \\[2mm] \vdots & \vdots & & \vdots \\[2mm] -\dfrac{1}{2}\left(x_1^{(1)}(M)+x_1^{(1)}(M-1)\right) & x_2^{(1)}(M) & \cdots & x_N^{(1)}(M) \end{bmatrix}$$

$$Y_M=\left[x_1^{(0)}(2),x_1^{(0)}(3),x_1^{(0)}(4),\cdots,x_1^{(0)}(M)\right]^{\mathrm{T}} \quad (8\text{-}4)$$

解灰参数a：

$$a=[a,b_1,\cdots,b_n]^{\mathrm{T}}=(B^{\mathrm{T}}B)^{-1}B^{\mathrm{T}}Y_M \quad (8\text{-}5)$$

将灰参数代入时间函数：

$$\hat{x}^{(1)}(t+1)=\left(x^{(0)}(1)-\sum_{i=2}^N \frac{b_i-1}{a}(t+1)\right)e^{-\delta t}+\sum_{i=2}^N \frac{b_i-1}{a}X_i^{(1)}(t+1) \quad (8\text{-}6)$$

根据灰参数的数值，求得 $\hat{X}^{(1)}(t)$ ， $\hat{X}^{(1)}(t)$ 求导还原得 $\hat{X}^{(0)}(t)$ ，算出 $x^{(0)}(t)$ 与 $\hat{X}^{(0)}(t)$ 之差 $\varepsilon^{(0)}(t)$ ，以及相对误差 $e(t)$ ，得到模型方程为

$$x_1^{(0)}(k)aZ_1^{(1)}=\sum_{i=2}^N b_i x_i^{(1)}(k) \quad (8\text{-}7)$$

最后，GM(1,N)模型为

$$T_1^{(0)}(K)+aZ_1^{(1)}=\sum_{i=2}^N b_i x_i^{(1)}(k) \quad (8\text{-}8)$$

其中，a表示行为变量影响系数；b_i表示因子变量系数。通过b_i大小可以判断因子变量对行为变量的影响程度。根据模型中因子变量权系数的大小与符号，来判别因子对行为变量a影响的大小与极性（"+"为促进，"−"为抑制）。

二、驱动力结果分析

本节使用的数据主要是第六章计算求得的数字经济及子系统综合指数水平和产业结构转型升级指数及其子系统综合指数水平。运用数据处理系统（data processing system，DPS）进行影响因素分析，分别得到数字经济与产业结构转型升级GM(1,N)动态模型的系数向量（表8-1），确立数字经济GM(1,N,5)与产业结构转型升级GM(1,N,4)影响因素动态模型：

$$D_1^{(0)}(k)+aZ_1^{(1)}=b_1 A_1^{(1)}(k)+b_2 C_1^{(1)}(k)+b_3 I_1^{(1)}(k)+b_4 K_1^{(1)}(k)+b_5 E_1^{(1)}(k) \quad (8\text{-}9)$$

$$D_1^{(0)}(k)+aZ_1^{(1)}=b_1 \mathrm{RL}_1^{(1)}(k)+b_2 \mathrm{HL}_1^{(1)}(k)+b_3 \mathrm{HE}_1^{(1)}(k)+b_4 \mathrm{SS}_1^{(1)}(k) \quad (8\text{-}10)$$

表 8-1　数字经济与产业结构转型升级 GM(1,*N*)动态模型的系数向量值

系数	指标	
	数字经济	产业结构转型升级
a	1.7560	2.2775
b_1	0.3407	0.6849
b_2	0.3533	0.6143
b_3	0.3856	0.4328
b_4	0.4931	0.5443
b_5	0.1940	

注：如表 6-2、表 6-3 所示，若 a 对应数字经济，则 b_1、b_2、b_3、b_4、b_5 分别对应信息基础、数字消费、信息产业、知识支撑、发展效益；若 a 对应产业结构转型升级，则 b_1、b_2、b_3、b_4 分别对应产业结构合理化、产业结构高级化、产业结构高效化、产业结构可持续化

由表 8-1 和式（8-1）、式（8-2）可以得到数字经济发展影响因素 GM(1,*N*)模型和产业结构转型升级发展影响因素 GM(1,*N*)模型，具体如下所示。

（1）数字经济发展影响因素 GM(1,*N*,5)动态模型：

$$T_1^{(0)}(k) + 1.756\,00Z_1^{(1)} = 0.340\,67x_1^{(1)}(k) + 0.353\,34x_2^{(1)}(k) + 0.385\,59x_3^{(1)}(k)$$
$$+ 0.493\,13x_4^{(1)}(k) + 0.193\,98x_5^{(1)}(k)$$

（8-11）

（2）产业结构转型升级发展影响因素 GM(1,*N*,6)动态模型：

$$T_1^{(0)}(K) + 2.277\,49Z_1^{(1)} = 0.684\,94x_1^{(1)}(K) + 0.614\,29x_2^{(1)}(K)$$
$$+ 0.432\,80x_3^{(1)}(K) + 0.544\,27x_4^{(1)}(K)$$

（8-12）

为了深入研究数字经济与产业结构转型升级自身内部影响因素，本节进一步将影响数字经济子系统（信息基础、数字消费、信息产业、知识支撑和发展效益）发展的因素作为因子变量，分析其对数字经济发展影响力大小。对于产业结构转型升级而言，同样以产业结构转型升级子系统（产业结构合理化、产业结构高级化、产业结构高效化、产业结构可持续化）发展的因素作为因子变量，分析其对产业结构转型升级发展影响力大小。

首先，利用式（8-1），以数字经济子系统发展指数水平为行为变量，计算各子系统中的影响因素系数向量值，结果如表 8-2 所示。

表 8-2　数字经济子系统 GM(1,*N*)动态模型的系数向量值

指标系数	信息基础	数字消费	信息产业	知识支撑	发展效益
a	0.7570	0.3486	0.7452	0.5694	1.3404
b_1	0.3698	0.0253	0.1733	0.1040	0.2770
b_2	0.2949	0.0114	0.2270	0.0924	0.2395
b_3	0.1502	0.0383	0.0331	0.0658	−0.0613
b_4	0.2546	0.4303	0.1565	0.3143	0.6214

续表

指标系数	信息基础	数字消费	信息产业	知识支撑	发展效益
b_5	0.0808	0.2447	0.1173	−0.0473	0.2663
b_6		0.3882		0.0057	

注：如表 6-2 所示，若 a 对应信息基础，则 b_1、b_2、b_3、b_4、b_5 分别对应每百人城镇计算机拥有量、每百人农村计算机拥有量、互联网普及率、移动电话普及率、固定互联网宽带接入用户占比；若 a 对应数字消费，则 b_1、b_2、b_3、b_4、b_5、b_6 分别对应人均电信业务量、人均邮电业务量、人均快递量、通信类居民消费价格指数、通信工具类居民消费价格指数、通信服务类居民消费价格指数；若 a 对应信息产业，则 b_1，b_2，b_3，b_4，b_5 分别对应信息传输、计算机服务和软件业单位从业人员占比，信息传输、计算机服务和软件业总产值地区生产总值占比，信息传输、计算机服务和软件业企业单位数占比，电子信息制造业总产值 GDP 占比，电子信息制造业就业人数占比；若 a 对应知识支撑，则 b_1、b_2、b_3、b_4、b_5、b_6 分别对应科技活动人员占比、每万人大学生人口数、万元地区生产总值技术市场成交额、R&D 经费支出占地区生产总值的比重、万元地区生产总值国内发明专利受理量、万元地区生产总值国内发明专利授权数；若 a 对应发展效益，则 b_1，b_2，b_3，b_4，b_5 分别对应万元地区生产总值的废气、废水和固体废物排放量，电子信息制造业产值增长率，信息传输、计算机服务和软件业产值增长率，万元地区生产总值电力消耗，人均信息产业产值

由表8-2可得到以下分析结果。

信息基础发展因素中，所有因素均对信息基础水平起到促进作用，且影响大小为：每百人城镇计算机拥有量>每百人农村计算机拥有量>移动电话普及率>互联网普及率>固定互联网宽带接入用户占比。

数字消费发展因素中，所有因素均对数字消费水平起到促进作用，且影响大小为：通信类居民消费价格指数>通信服务类居民消费价格指数>通信工具类居民消费价格指数>人均快递量>人均电信业务量>人均邮电业务量。可以看出，价格因素对数字消费水平促进作用最为显著。

信息产业发展因素中，所有因素均对信息产业发展起到促进作用，且影响大小为：信息传输、计算机服务和软件业总产值地区生产总值占比>信息传输、计算机服务和软件业单位从业人员占比>电子信息制造业总产值地区生产总值占比>电子信息制造业就业人数占比>信息传输、计算机服务和软件业企业单位数占比。可以看出，提高信息产业的产值对信息产业水平促进作用最为显著。

知识支撑发展因素中，仅万元地区生产总值国内发明专利受理量对知识支撑水平起到略微的抑制作用，其余所有因素均对支撑发展起到促进作用，且影响大小为：R&D经费支出占地区生产总值的比重>科技活动人员占比>每万人大学生人口数>万元地区生产总值技术市场成交额>万元地区生产总值国内发明专利授权数。可以看出，科研教育对知识支撑水平促进作用最为显著。

发展效益发展因素中，仅信息传输、计算机服务和软件业产值增长率对发展效益起到略微抑制作用，其余所有因素均对发展效益起到促进作用，且影响大小为：万元地区生产总值电力消耗>万元地区生产总值的废气、废水和固体废物排放量>人均信息产业产值>电子信息制造业产值增长率。可以看出，降低能耗、提高生产效率对发展效益水平促进作用最为显著。

紧接着，利用式（8-2），以产业结构转型升级子系统发展指数水平为行为变量，计算各子系统中的影响因素系数向量值，结果如表8-3所示。

表 8-3　产业结构转型升级子系统 GM(1,N)动态模型的系数向量值

系数	指标			
	产业结构合理化	产业结构高级化	产业结构高效化	产业结构可持续化
a	1.6461	0.4817	0.7377	1.1037
b_1	0.5862	0.1989	0.2460	0.5271
b_2	0.2385	0.1347	0.3765	0.2553
b_3	0.8684	0.1408	0.1168	0.3266

注：如表6-3所示，若 a 对应产业结构合理化，则 b_1、b_2、b_3 分别对应人均产值密度、资源合理配置系数、产业结构偏离度；若 a 对应产业结构高级化，则 b_1、b_2、b_3 分别对应第三产业就业人数占比、第三产业增加值占比、第三产业产业成长程度；若 a 对应产业结构高效化，则 b_1、b_2、b_3 分别对应全社会劳动生产率、资金利税率、第三产业区位熵；若 a 对应产业结构可持续化，则 b_1、b_2、b_3 分别对应万元工业增加值"三废"排放量、万元地区生产总值能耗、第三产业就业弹性系数

通过表8-3可以得出以下结论。

产业结构合理化影响因素中，各影响因素对产业结构合理化均起到促进作用，影响大小为：产业结构偏离度>人均产值密度>资源合理配置系数。可以看出产业结构转型升级对于结构偏离度比较依赖。

产业结构高级化影响因素中，各影响因素对产业结构高级化均起到促进作用，影响大小为：第三产业就业人数占比>第三产业产业成长程度>第三产业增加值占比。可以看出三者影响大抵相同。

产业结构高效化影响因素中，各影响因素对产业结构高效化均起到促进作用，影响大小为：资金利税率>全社会劳动生产率>第三产业区位熵。可以看出产业结构转型升级对于资源、资金等利用效率的要求比较依赖。

产业结构可持续化影响因素中，各影响因素对产业结构合理化均起到促进作用，影响大小为：万元工业增加值"三废"排放量>第三产业就业弹性系数>万元地区生产总值能耗。可以看出产业结构转型可持续化对降低能耗、提高就业水平需求比较依赖。

第二节　数字经济促进产业结构转型升级的外部路径分析

一、模型选择——路径分析模型

为了深入研究数字经济促进产业结构转型升级的影响路径，本章将通过路径分析模型深入分析数字经济对产业结构转型升级的影响机理。路径分析模型属于

结构方程的一部分，不管是显变量路径分析还是潜变量路径分析都是结构方程模型的一部分内容。对于指标与潜变量间的关系，即测量模型部分，可以写成如下的测量方程：

$$X = \Lambda_X \xi + \delta \qquad (8-13)$$

$$Y = \Lambda_Y \eta + \varepsilon \qquad (8-14)$$

其中，X、Y表示外源及内生指标；δ、ε表示X、Y测量上的误差；Λ_X表示X指标与ξ潜变量的关系；Λ_Y表示Y指标与η潜变量的关系。

二、路径模型实证分析

（1）实证分析步骤。本章基于全国31个省区市2003～2014年数字经济与产业结构转型升级指标数据，首先做出数字经济发展维度因素与产业结构转型升级维度影响路径关系图，其次利用结构方程模型对影响路径图加以分析处理，最后根据理论模型做出路径分析图并分析结果，如图8-1所示。

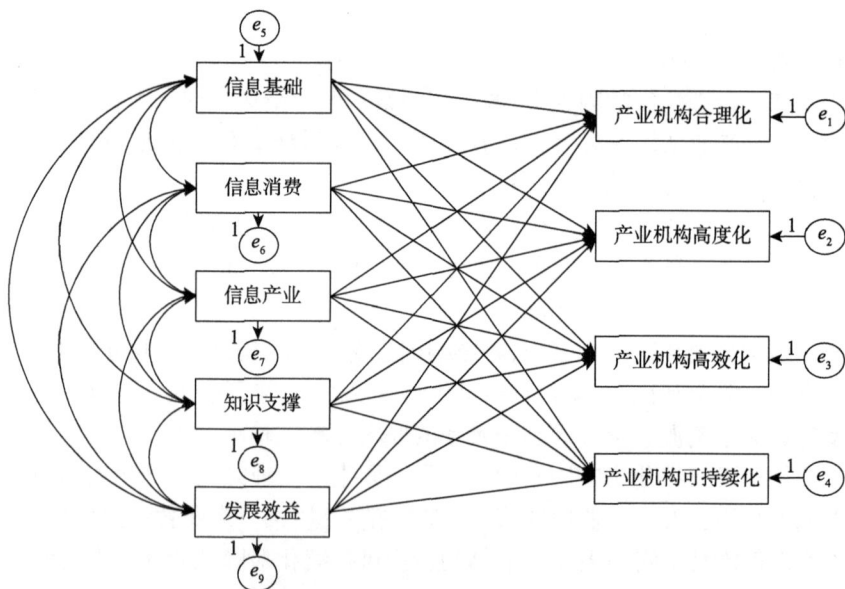

图 8-1　数字经济对产业结构转型升级影响外部路径模型图

（2）利用Amos软件得出以下结果。首先，需要考量模型整体拟合效果，主要包括路径分析模型图与数据的匹配状况和相互适配的情况，模型拟合度指标如表8-4所示。

表8-4 模型拟合度指标

模型	卡方自由度比	p值	适配度指数	比较适配指数	增值适配指数	规准适配指数	赤池信息量准则
默认模型	2.795	0.010	0.966	0.988	0.989	0.982	94.773
饱和模型			1.000	1.000	1.000	1.000	90.000
独立模型	26.609	0.000	0.214	0.000	0.000	0.000	975.935

由表8-4可知：就模型与数据的匹配状况而言，p值为0.010，小于0.05，表明该模型拟合效果较好，并呈现出显著性水平；就适配度指标而言，适配度指数为0.966，规准适配指数为0.982，增值适配指数为0.989，比较适配指数为0.988，均大于0.9，说明路径分析模型图与数据相互适配效果较好。

其次，路径分析模型估计结果见表8-5。

表8-5 路径分析模型估计结果

模型	实际估计值	近似标准误差	临界比率	p值
$b_1 \leftarrow a_1$	0.352	0.192	2.833	0.007
$b_1 \leftarrow a_2$	−0.172	0.157	−1.095	0.274
$b_1 \leftarrow a_3$	−0.047	0.126	−0.376	0.707
$b_1 \leftarrow a_4$	−0.053	0.139	−0.383	0.701
$b_1 \leftarrow a_5$	0.028	0.209	0.135	0.893
$b_2 \leftarrow a_1$	0.404	0.155	−2.616	0.009
$b_2 \leftarrow a_2$	0.079	0.127	−0.627	0.531
$b_2 \leftarrow a_3$	0.202	0.101	−2.000	0.046
$b_2 \leftarrow a_4$	0.207	0.112	1.946	0.049
$b_2 \leftarrow a_5$	0.684	0.168	4.069	***
$b_3 \leftarrow a_1$	−0.148	0.101	−1.457	0.145
$b_3 \leftarrow a_2$	−0.027	0.083	−0.323	0.747
$b_3 \leftarrow a_3$	0.223	0.066	−3.357	***
$b_3 \leftarrow a_4$	0.296	0.073	4.032	***
$b_3 \leftarrow a_5$	0.441	0.110	3.998	***
$b_4 \leftarrow a_1$	−0.048	0.115	−0.310	0.756
$b_4 \leftarrow a_2$	0.069	0.127	0.543	0.587
$b_4 \leftarrow a_3$	−0.028	0.101	−0.273	0.785
$b_4 \leftarrow a_4$	−0.173	0.112	−1.536	0.105
$b_4 \leftarrow a_5$	1.007	0.169	5.960	***
$a_2 \leftrightarrow a_1$	0.037	0.006	6.207	***
$a_3 \leftrightarrow a_1$	0.039	0.007	5.810	***

续表

模型	实际估计值	近似标准误差	临界比率	p 值
$a_4 \longleftrightarrow a_1$	0.065	0.010	6.258	***
$a_5 \longleftrightarrow a_1$	0.050	0.008	6.299	***
$a_3 \longleftrightarrow a_2$	0.025	0.004	5.714	***
$a_4 \longleftrightarrow a_2$	0.039	0.006	5.916	***
$a_5 \longleftrightarrow a_2$	0.030	0.005	6.001	***
$a_4 \longleftrightarrow a_3$	0.043	0.007	5.877	***
$a_5 \longleftrightarrow a_3$	0.033	0.006	5.918	***
$a_5 \longleftrightarrow a_4$	0.052	0.008	6.188	***

注：a_1、a_2、a_3、a_4、a_5 分别表示信息经济子系统中的信息基础、数字消费、信息产业、知识支撑、发展效益；b_1、b_2、b_3、b_4 分别表示产业结构转型升级子系统中的产业结构合理化、产业结构高级化、产业结构高效化、产业结构可持续化

***表示 p 值小于 0.001

由表8-5可得数字经济子系统对产业结构子系统产生的直接影响可分析如下。

（1）产业结构合理化：信息基础、数字消费、信息产业、知识支撑、发展效益对产业结构合理化并没有高度显著的影响。但信息基础对产业结构合理化的影响p值为0.007，实际估计值为0.352，呈现出显著正相关关系。

（2）产业结构高级化：信息基础、数字消费、信息产业、知识支撑、发展效益中除数字消费对产业结构高级化没有明显影响外，其他四者对产业结构高级化均有不同程度的影响。其中，发展效益对产业结构高级化的影响系数为0.684，呈现出高度的正相关关系，信息基础、信息产业、知识支撑对产业结构高级化的实际估计值为0.404、0.202、0.207，p值分别为0.009、0.046、0.049，信息基础、信息产业、知识支撑近些年的发展对产业结构高级化产生显著的正向影响，这也与现实发展状况相吻合。

（3）产业结构高效化：信息基础、数字消费、信息产业、知识支撑、发展效益中信息基础、数字消费对产业结构高效化并没有显著的影响，其p值分别为0.145、0.747。而信息产业、知识支撑、发展效益均对产业结构高效化产生高度显著的影响，三者路径实际估计值分别为0.223、0.296、0.441，表明信息产业、知识支撑与发展效益均对产业结构高效化产生显著的正向影响。

（4）产业结构可持续化：信息基础、数字消费、信息产业、知识支撑、发展效益中信息基础、数字消费、信息产业、知识支撑四者发展对产业结构可持续化并没有显著的影响，p值分别为0.756、0.587、0.785、0.105。而发展效益对产业结构可持续化产生高度显著的影响，其路径实际估计值为1.007，表明发展效益近些年对产业结构可持续化产生了显著的正向影响。

就间接影响而言，去除不显著的变量之后，重新梳理如表8-6所示。

表8-6　数字经济对产业结构转型升级间接影响

影响因素	a_1	a_2	a_3	a_4	a_5
a_1	—	0.037	0.039	0.065	0.050
a_2	0.037	—	0.025	0.039	0.030
a_3	0.039	0.025	—	0.043	0.033
a_4	0.065	0.039	0.043	—	0.052
a_5	0.050	0.030	0.033	0.052	—
b_1	0.352				
b_2	0.404		0.202	0.207	0.684
b_3	—	—	0.223	0.296	0.441
b_4	—	—	—	—	1.007

由表8-6可知：a_2、a_3、a_4、a_5均可通过a_1对b_1、b_2产生间接影响，a_1、a_2、a_4、a_5均可通过a_3对b_2、b_3产生间接影响，a_1、a_2、a_3、a_5均可通过a_4对b_2、b_3产生间接影响，a_1、a_2、a_3、a_4均可通过a_5对b_2、b_3、b_4产生间接影响。

具体而言，信息基础（a_1）对产业结构合理化（b_1）的间接影响系数为0，对产业结构高级化（b_2）的影响系数为0.039×0.202+0.065×0.207+0.05×0.684=0.056，对产业结构高效化（b_3）的间接影响系数为0.039×0.223+0.065×0.296+0.05×0.441=0.05，对产业结构可持续化（b_4）的间接影响系数为0.05×1.007=0.05。

数字消费（a_2）对产业结构合理化（b_1）的间接影响系数为0.037×0.352=0.013，对产业结构高级化（b_2）的影响系数为0.037×0.404+0.025×0.202+0.039×0.207+0.03×0.684=0.049，对产业结构高效化（b_3）的间接影响系数为0.025×0.223+0.039×0.296+0.03×0.441=0.03，对产业结构可持续化（b_4）的间接影响系数为0.03×1.007=0.03。

信息产业（a_3）对产业结构合理化（b_1）的间接影响系数为0.039×0.352=0.014，对产业结构高级化（b_2）的影响系数为0.039×0.404+0.043×0.207+0.033×0.684=0.047，对产业结构高效化（b_3）的间接影响系数为0.043×0.296+0.033×0.441=0.027，对产业结构可持续化（b_4）的间接影响系数为0.033×1.007=0.033。

知识支撑（a_4）对产业结构合理化（b_1）的间接影响系数为0.065×0.352=0.023，对产业结构高级化（b_2）的影响系数为0.065×0.404+0.043×0.202+0.052×0.684=0.071，对产业结构高效化（b_3）的间接影响系数为0.043×0.223+0.052×0.441=0.033，对产业结构可持续化（b_4）的间接影响系数为0.052×1.007=0.052。

发展效益（a_5）对产业结构合理化（b_1）的间接影响系数为0.05×0.352=0.018，对产业结构高级化（b_2）的影响系数为0.05×0.404+0.033×0.202+0.052×0.207=0.038，对产业结构高效化（b_3）的间接影响系数为0.033×0.223+0.052×0.296=0.023，对产业结构可持续化（b_4）的间接影响系数为0。

综上所述，就产业结构合理化而言，信息基础的直接影响系数为0.352，间接影响系数为0；数字消费的直接影响系数为0，间接影响系数为0.013；信息产业的直接影响系数为0，间接影响系数为0.014；知识支撑的直接影响系数为0，间接影响系数为0.023；发展效益的直接影响系数为0，间接影响系数为0.018。

因此，可以看出，对产业结构合理化影响最直接的为信息基础，数字消费、信息产业、知识支撑、发展效益均是通过信息基础来发挥间接效应，且信息基础影响系数为正值，远大于间接影响系数，结合产业结构合理化的指标体系可以发现，产业结构合理化由人均产值密度，产业结构偏离度及资源合理配置系数构成，反映到要素层面，主要由资本、资源、劳动力等要素构成，因此，数字经济子系统中信息基础将会更直接地影响到相关要素的配置，而数字消费、信息产业、知识支撑、发展效益更多地反映出要素配置的结果，因此更多表现为间接效应。

就产业结构高级化而言，信息基础的直接影响系数为0.404，间接影响系数为0.056；数字消费的直接影响系数为0，间接影响系数为0.049；信息产业的直接影响系数为0.202，间接影响系数为0.047；知识支撑的直接影响系数为0.207，间接影响系数为0.071；发展效益的直接影响系数为0.684，间接影响系数为0.038。可以看出，对产业结构高级化有直接影响的为信息基础、信息产业、知识支撑、发展效益，而信息基础、数字消费、信息产业、知识支撑、发展效益均存在间接效应，但间接影响相对较小。观察影响系数可以发现，信息基础、信息产业、知识支撑、发展效益的直接影响系数均为正值。促进产业结构高级化仍需要发展信息产业，另外需要发挥知识支撑和发展效益的促进作用，发展基础教育，提升科研创新水平，使产业结构趋向高级化。

就产业结构高效化而言，信息基础的直接影响系数为0，间接影响系数为0.05；数字消费的直接影响系数为0，间接影响系数为0.03；信息产业的直接影响系数为0.223，间接影响系数为0.027；知识支撑的直接影响系数为0.296，间接影响系数为0.033；发展效益的直接影响系数为0.441，间接影响系数为0.023。可以看出，对产业结构高效化影响最直接的为信息产业、知识支撑、发展效益，信息基础、数字消费、信息产业、知识支撑、发展效益均存在间接效应，但间接影响相对较小。结合产业结构高效化的指标体系可以发现，产业结构高效化由全社会劳动生产率、资金利税率及第三产业区位熵构成，因此主要是通过单位生产要素发挥的作用来衡量产业结构高效化的发展情况，通过提升知识支撑作用和发展效益，提高生产效率，发挥边际效益最大化和产业生态化。

就产业结构可持续化而言，信息基础发展的直接影响系数为0，间接影响系数为0.05；数字消费的直接影响系数为0，间接影响系数为0.03；信息产业的直接影响系数为0，间接影响系数为0.033；知识支撑的直接影响系数为0，间接影响系数为0.052；发展效益的直接影响系数为1.007，间接影响系数为0。可以看出，对产业结构可持续化影响最直接的为发展效益，其影响系数为正，而信息基础、数字消费、信息产业、知识支撑均通过发展效益发挥间接效应，但间接影响相对较小。

结合产业结构可持续化的指标体系可以发现，产业结构可持续化由万元工业增加值"三废"排放量、万元生产总值能耗及第三产业就业弹性系数构成，因此主要是通过环境、能源与就业变动来衡量产业结构可持续化的发展情况，具体地，应通过提升发展效益来提升产业结构可持续化，使数字经济生态化逐渐转变为常态，促进产业结构转型升级可持续发展。

第三节　研究结论与启示

本章通过研究数字经济与产业结构转型升级自身的影响因素，以及数字经济对产业结构转型升级的影响来深入分析数字经济对产业结构转型升级的路径，从而明晰数字经济对产业结构转型升级的影响路径，进而找到发展方向。

对数字经济与产业结构转型升级自身内部影响路径研究发现：就数字经济而言，信息基础、数字消费、信息产业、知识支撑及发展效益对于数字经济均起到促进作用，其中知识支撑的发展影响程度相对较大一些。

对于数字经济对产业结构转型升级影响路径研究发现：首先，数字消费类似于催化剂，始终在影响路径中发挥间接影响和作用，数字消费的发展促进了信息基础的不断改进，推动了信息产业的发展，同时对知识支撑、发展效益起到理念转变的作用。其次，信息基础对于产业结构合理化和产业结构高级化产生了直接影响，信息基础的发展可以有效地促进产业结构合理化、高级化的发展，信息产业、知识支撑对产业结构高级化和产业结构高效化发挥了直接的促进作用，由此可见科研教育对于产业结构转型升级的重要性。最后，发展效益对产业结构高级化、产业结构高效化与产业结构可持续化均产生了直接的促进作用，且影响系数相对较高，因此，提升发展效益对于产业结构转型升级的作用更加明显。

第九章　数字消费驱动我国产业结构转型升级实证研究

随着数字革命在全球范围内深入发展，互联网与产业经济深度融合，经济领域涌现出大量的新产品、新业态、新商业模式，数字消费已是当下最时尚且活跃的消费形式。数字消费也是近些年我国经济增长的一个重要支柱，对提高内需、缓解就业压力、促进产业结构转型、提升创新竞争力都有着很大的推动作用。将数字消费扩大内需提升到国家战略层面，用以促进以数字技术为支撑的新兴产业的发展，对传统产业的信息化、智能化改造、实现传统产业结构转型升级都具有重大意义。故本章基于数字消费和产业结构转型升级的关系，探索数字消费驱动我国产业结构转型升级的影响机制。

第一节　文献回顾及问题提出

近年来，国内有越来越多的学者开展了有关数字消费方面的研究，初步构建了有关数字消费的理论分析框架。根据现有的学术研究来看，数字消费主要应该包括这样几个方面的内容：IT终端产品消费，信息基础设施建设，行业信息化（包括电子政务、电子商务、公共服务领域信息化等），狭义的信息服务（包括短信、社交媒体等），以及信息资源开发利用等。对于数字消费与产业结构转型升级内涵研究，Shirk（1998）研究发现年龄、受教育程度及社会地位都会对消费者消费行为造成影响。赵付春（2014）从经济学角度出发，认为数字消费强调最终数字消费品和服务，包括消费者为满足自身信息需求而直接付费的交易和消费者未直接付费而通过企业或政府机构构建的信息平台来满足自身信息需求的活动。杨安（2013）指出产业结构转型升级是一个动态演化过程，在不同历史阶段具备不同阶段特色，其基本演变方向是产业结构更合理，资源配置更优化，供求结构更协调。

对于数字消费与产业结构转型升级关系研究，西斯蒙第在《政治经济学新原理》中指出，经济社会中所有消费者的总需求决定了社会的生产结构，只有合乎消费的生产才有意义。胡美娣（2014）通过建立VAR模型，得出消费结构单向促进产业结构改变，经济增长单向改变产业结构，消费结构与经济增长不存在格兰杰因果关系的结论。徐春华等（2014）认为，实现需求结构优化升级是推动产业结构转型的重要力量。郑英隆和袁健（2016）运用系统论的方法，得出数字消费增长通过改进人力资本素质促进经济增长和产业结构升级。

文献回顾发现，关于数字消费内涵的研究大多基于数字消费过程与数字消费行为视角，有关产业结构升级内涵的研究较多，但是关于数字消费与产业结构关系的研究相对较少，对两者影响机制的研究更为匮乏。故本章基于我国2003～2015年31个省区市的面板数据，构建数字消费指标体系、产业结构指标体系，利用面板单位根检验、面板协整分析、PVAR模型等，分析数字消费驱动我国产业结构转型升级影响机制。

第二节　数字消费驱动产业结构转型升级影响机制分析

一、数字消费为产业结构升级提供创新驱动支持

任何一项伟大的创新都需要大量的信息支持，国家创新体系的运转需要各种类型的信息；高校、科研机构的创新需要先进的技术信息和市场信息；企业的技术创新与管理创新需要基础性知识支持和相应的技术、市场信息。例如，企业在研发、生产、销售及内部管理等方面引进电子化的机制进行数字消费，用计算机和网络把所有的生产和供应链系统的所有要素连接起来，包括行业技术研究、需求的预测、生产计划的制订、库存水平的管理、供应商及客户关系管理，在一系列高效、科学的数字消费中，增强了企业及行业的技术创新与管理创新能力，提升了整个社会的生产效率，从而提高了产业结构的合理化水平。

创新扩散对推动区域产业结构转型调整具有重要影响（钟章奇和王铮，2017）。整个社会创新水平的增强，必定带来生产效率的提升，将生产要素吸引到技术密集型行业，并逐渐收缩那些资源、劳动密集型行业；企业创新能力的提高，有利于为社会提供高附加值的商品和服务；国家、企业、行业的协同创新能够保证产业结构走上一条良性发展的道路，实现区域经济由要素、投资驱动向创新驱动的转变，推进传统产业向战略性新兴产业转型；特别是产业中出现一些数字消费能力突出、创新能力强的领军企业，能带动创新产品研发和创新商业模式，在产业中形成较强的示范效应，对整个区域的产业结构高级化起到促进作用。

二、数字消费为产业结构升级提供人力资本支持

数字消费可以提升人的综合素质与创造能力，从而为产业结构转型升级提供人力资本支持。丰富多彩的文化娱乐消费和审美追求可以调节生活方式、开阔视

野，有利于激发人的思想、意志，发挥人力资本的创造能力，进而促进高层次产业的发展；传统教学、丰富的网络学习资源等各种形式的教育，可以直接提升人的知识技术水平；并且，数字消费作为智力投资所形成的人力资本存量的增加会带来其他生产要素的聚集，提升要素在不同产业及产业内部的配置效率，提高产业转换速度，提升产业结构的高级化水平（郭晓庆，2015）。

人力资本是产业竞争力的关键，劳动者工作能力的提高有赖于人力资本素质的改善，尤其是劳动者通过一系列数字消费而获取的更强的信息处理能力和信息技术运用能力，人力资本素质的提高必然增强劳动者的工作技能，在减少结构性失业的同时，也使得就业结构与产业结构趋于一致（张若雪，2010），降低产业结构偏离度，促进产业结构的合理化。此外，数字消费作为对人的智力方面的投资具有边际效用递增的规律，它带来的收益明显比同一数量人力资本投入能得到的收益要大。智力投资形式的数字消费形成的人力资本具备持久性，不仅不会消失或减弱，反而在数字消费过程中不断累积、持续增长，成为推动产业结构升级的重要因素。

三、数字消费为产业结构高级化提供信息技术支持

区域数字消费包括各行业的数字消费，就是将信息技术渗透到行业发展中。首先，农业中数字消费应用由来已久，如生物技术、信息技术和现代管理等知识型技术，农民根据信息咨询服务解决病虫害问题、拓宽销售渠道，乃至分析国内外农产品价格和供求状况；各种生物技术与信息技术满足了农民的农业知识需求，改变了耕作方式，降低成本，提高农业的知识化、高科技化程度，提高了产业结构的合理化程度。其次，数字消费在汽车、机械、电子等工业领域的广泛运用，优化了制造工艺和流程，并促使这些行业的产品向信息化、智能化、数字化转变，进而实现产品内含价值的提高，推动了产业结构高级化进程。最后，数字消费在服务业普遍应用，物流行业的运输能力和运输效益的改善受益于自动化信息技术的广泛应用；金融业中，数字消费发展使各种新型衍生金融工具不断推陈出新，经营模式日益多元化；传统商业模式更因为数字消费程度的提高而深刻变革，电子商务这一更贴合消费者购物习惯的模式因此蓬勃发展。

四、数字消费促进产业结构升级的可持续化

数字消费作为一种绿色环保的消费模式，能够使产业结构实现持续稳定的增长，降低资源消耗和环境污染（张亦学，2002）。传统物质消费的客体主要从自然资源转化而来，快速的工业化进程中已经产生了大规模的能源消耗与环境污染，数字消费则能大大改善此局面。一方面，知识作为信息服务的主体，可以在反复

消费的过程中实现增值。与传统消费不同，数字消费消耗的资源少，对环境的污染也小。例如，居民和企业可以通过互联网了解各种信息，从而节省亲自前往获取信息的途中的差旅费用及能源消耗。另一方面，传统信息产品介质被现代信息产品介质取代也有利于资源的节约和环境的保护。数字媒体业、电子出版业、云存储等行业的兴起，能够提供较大的储存量服务，节约大量的木材资源，对环境无污染。

关于数字消费驱动产业结构升级作用机理，数字消费是产业结构升级的先导和原动力，引导产业结构调整方向，具体来说，数字消费为产业结构升级提供创新驱动、人力资本、信息技术支撑，促进产业结构的高级化、合理化、可持续化。数字消费作为典型的绿色消费模式，有利于减轻资源消耗和环境污染，促进产业结构可持续发展，其作用机理详见图9-1。

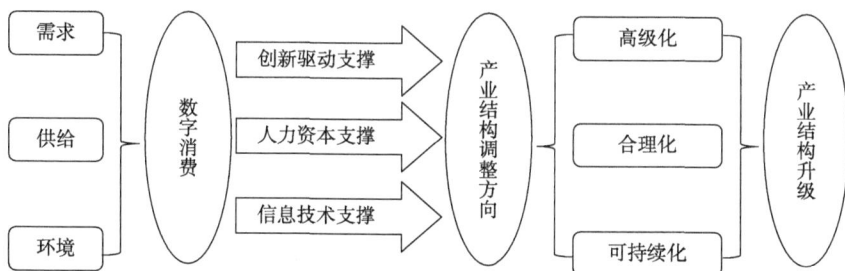

图 9-1　数字消费驱动产业结构升级机理图

第三节　区域数字消费与产业结构升级水平的测算

一、区域数字消费与产业结构升级指标体系筛选

本节通过查阅大量文献及专家指标，以及对数字消费概念内涵和产业结构升级概念内涵的分析，根据指标体系科学性、动态性、综合性、层次性、典型性、可比性等评价原则，选取了体现数字消费与产业结构升级特征的指标，分别构建数字消费与产业结构升级的评价指标体系。

本节数字消费的内涵与外延包括数字消费需求、数字消费供给和数字消费环境三个方面。数字消费需求反映的是区域数字消费的需求水平，具体衡量指标有：互联网用户占比、人均通信业务量、每万人移动电话用户数、人均数字消费系数、平均受教育年限。数字消费供给反映的是区域数字消费品（及服务）的供给水平及其质量、成长性，是区域数字消费的基础和前提，直接决定区域数字消费水平的层次和等级，具体衡量指标有：每万元地区生产总值软件业务收入、每万元地区生产总值电子信息产业增加值、万元地区生产总值专利申请授权量、R&D支出占地区生产总值比重、万元地区生产总值技术市场成交额。数字消费环境是数字消费水平持续提高的有力保障，有利于拓宽消费者的数字消费空间，构建可持续消费方式，成为改变区域数字消费的重要外部条件，具体衡量指标有：每万人域名数、每万人IP地址数、每万人长途光缆总长度、每万人网站数、每百万人网页数。

本节的产业结构升级指标体系从产业结构合理化、产业结构高级化、产业结构可持续化三个角度进行分析。产业结构合理化体现了产业结构体系的平衡性与协调性，具体衡量指标有：人均产值密度、产业结构偏离度。产业结构高级化通常指第二产业或第三产业逐渐成为产业结构的重心，高附加值、高技术化和高集约成为产业经济主要特征的过程，具体衡量指标有：第三产业增加值占比、第三产业就业人数占比。产业结构可持续化是指产业结构升级过程要与生态环境容量、资源承载力相协调，具体衡量指标有：每万元工业增加值"三废"排放量、每万元地区生产总值能耗。

二、区域数字消费与产业结构升级水平的综合发展水平评价

（一）数据来源

本章基于我国2003～2015年31个省区市面板数据，数据主要来源为《中国统计年鉴》《中国信息年鉴》《中国电子信息产业统计年鉴》《中国能源统计年鉴》等年鉴，由于相关指标数据在各省区市统计网站有所披露，因此参考了相关省区市统计网站及统计年鉴并对其进行了梳理，部分指标从《中国互联网络发展状况统计报告》中手工读取。对于西藏、宁夏、甘肃等地区相关年份缺失数据进行了科学合理的填补。

（二）数字消费与产业结构升级水平的综合发展指数测算

（1）利用2015年全国31个省区市区域截面数据，运用熵值法计算出2015年全国31个省区市数字消费与产业结构升级综合发展指数，如表9-1、表9-2所示。

表 9-1   2015 年全国 31 个省区市数字消费水平综合发展指数

地区	指数	排序	地区	指数	排序	地区	指数	排序	地区	指数	排序
北京	0.7940	2	上海	0.8315	1	湖北	0.4378	15	云南	0.4099	23
天津	0.4920	7	江苏	0.5720	5	湖南	0.4256	19	西藏	0.3706	30
河北	0.4771	9	浙江	0.6140	4	广东	0.6181	3	陕西	0.4564	12
山西	0.4234	20	安徽	0.4457	14	广西	0.4078	24	甘肃	0.4065	25
内蒙古	0.3913	28	福建	0.5137	6	海南	0.4306	18	青海	0.3984	27

续表

地区	指数	排序	地区	指数	排序	地区	指数	排序	地区	指数	排序
辽宁	0.4607	11	江西	0.3893	29	重庆	0.4754	10	宁夏	0.4331	16
吉林	0.4107	22	山东	0.4834	8	四川	0.4479	13	新疆	0.4129	21
黑龙江	0.4319	17	河南	0.4053	26	贵州	0.3706	30			

表 9-2 2015 年全国 31 个省区市产业结构升级综合发展指数

地区	指数	排序	地区	指数	排序	地区	指数	排序	地区	指数	排序
北京	0.9115	1	上海	0.8689	2	湖北	0.7241	12	云南	0.6268	29
天津	0.7527	7	江苏	0.7585	5	湖南	0.7344	9	西藏	0.6085	30
河北	0.7184	14	浙江	0.7831	3	广东	0.7619	4	陕西	0.7289	10
山西	0.7398	8	安徽	0.6836	18	广西	0.6085	30	甘肃	0.6539	28
内蒙古	0.6613	26	福建	0.7558	6	海南	0.7038	16	青海	0.6809	20
辽宁	0.6760	21	江西	0.6729	23	重庆	0.6622	25	宁夏	0.6749	22
吉林	0.7282	11	山东	0.6998	17	四川	0.7187	13	新疆	0.6716	24
黑龙江	0.7176	15	河南	0.6590	27	贵州	0.6832	19			

（2）在2015年全国31个省区市数字消费与产业结构升级综合发展指数水平上，按照各省区市数字消费和产业结构转型升级综合发展指数进行同比例量纲化，得到全国各省区市数字消费与产业结构升级综合发展指数实际水平。

第四节 区域数字消费与产业结构升级的动态关系分析

一、面板数据协整检验模型

本章拟采用Pedroni检验、Kao检验共8个统计量对面板协整方程回归残差进行协整检验，面板协整回归方程如下：

$$y_{i,t} = \alpha_i + \delta_{i,t} + \beta_{1i}x_{1i,t} + \beta_{2i}x_{2i,t} + \cdots + \beta_{Mi}x_{Mi,t} + e_{i,t} \qquad (9\text{-}1)$$

其中，$i = 1,2,\cdots,N$ 表示面板单位数；$t = 1,2,\cdots,T$ 表示时间跨度；$M = 1,2,\cdots,m$ 表示回归变量个数；系数 $\beta_{1i},\beta_{2i},\cdots,\beta_{Mi}$ 可以在不同面板单位中随意变化；系数 α_i 与 $\delta_{i,t}$ 分别表示常数项与时间趋势项。

二、数字消费与产业结构升级 PVAR 模型

数字消费需求（information consumer demand，ICD）、数字消费供给（information consumer supply，ICS）、数字消费环境（information consumption environment，ICE）与产业结构（industrial structure，IS）升级的三组PVAR模型如下：

$$Z_{i,t} = \Gamma_0 + \sum_{j=1}^{n} \Gamma_j Z_{i,t-j} + \mu_i + d_{c,t} + \varepsilon_t \tag{9-2}$$

其中，$Z_{i,t}$ 表示包含（$IC_{i,t}$，$IS_{i,t}$）内生变量（IC即information consume，数字消费）；μ_i 表示外生变量的向量；j 表示滞后阶数；i 表示面板单位个数；t 表示时间；Γ_0 表示常量向量；Γ_j 表示待估计的系数矩阵；$d_{c,t}$ 表示时间效应；ε_t 表示随机扰动项。

三、区域数字消费促进产业结构升级的实证分析

（一）协整检验分析

本章在对指标数据进行熵值法处理时已对数据进行过预处理（缺失数据填补、数据对数化），故在实证分析中无须再对数据进行清洗。通过LLC、IPS、ADF、Fisher-PP四种检验方法首先对面板数据进行单位根检验，确定数字消费需求、数字消费供给、数字消费环境、产业结构升级水平均为$I(1)$过程。通过面板单位根检验，本节再利用面板协整检验，检验各个一阶单整时间序列是否存在长期均衡关系。为提高检验的稳健性，同时本节采用Pedroni检验、Kao检验共8个统计量进行验证，分别对数字消费需求、数字消费供给、数字消费环境与产业结构升级水平进行面板协整检验，探求变量之间的长期均衡关系，如表9-3所示。

表9-3　面板数据协整分析结果

检验方法	统计量名	数字消费需求，产业结构升级	数字消费供给，产业结构升级	数字消费环境，产业结构升级
Pedroni 检验	V 面板统计量	2.848（0.0022）***	1.693（0.0451）**	2.358（0.0092）***
	rho 面板统计量	−4.400（0.0000）***	−2.108（0.0175）**	−2.298（0.0108）**
	PP 面板统计量	−6.836（0.000）***	−5.798（0.000）***	−5.551（0.000）***
	ADF 面板统计量	−2.98（0.001）***	−4.861（0.000）***	−4.963（0.000）***
	rho 组统计量	1.6392（0.9490）	0.158（0.5628）	0.382（0.6489）
	PP 组统计量	−11.53（0.000）***	−8.550（0.000）***	−6.621（0.000）***
	ADF 组统计量	−2.863（0.000）***	−6.467（0.000）***	−4.884（0.000）***
Kao 检验	ADF t 检验	1.3481（0.088）*	1.4512（0.073）*	−7.254（0.000）***

*代表 Sig.值小于 0.1，**代表 Sig.值小于 0.05，***代表 Sig.值小于 0.01

由表9-3可知，对于上述8种检验，有7种拒绝原假设，故我们可以得出数字消费需求、数字消费供给、数字消费环境分别与产业结构升级存在面板协整关系，即存在长期均衡关系。

（二）PVAR 模型分析

本节采用赤池信息量准则和施瓦兹准则确定的最优滞后阶数依次为3阶、2阶、2阶。利用Stata软件算得PVAR模型GMM结果，如表9-4所示。

表 9-4　面板 PVAR 模型 GMM 结果

数字消费需求，产业结构升级

解释变量	数字消费需求		产业结构升级	
	系数值	t 检验统计量	系数值	t 检验统计量
L.ICD	0.5221	9.0780	0.0046	1.4608
L.IS	0.0575	0.0979	0.5651	10.8974
L2.ICD	0.2938	4.6232	0.0042	0.4856
L2.IS	0.0361	0.1245	0.2054	3.3613
L3.ICD	−0.1272	−2.1900	0.0014	0.1847
L3.IS	−0.1021	−0.2778	0.1587	3.1934

数字消费供给，产业结构升级

解释变量	数字消费供给		产业结构升级	
	系数值	t 检验统计量	系数值	t 检验统计量
L.ICS	0.9170	16.2373	0.0703	3.4431
L.IS	−0.0553	−0.3694	0.6601	12.2004
L2.ICS	0.0528	0.9254	−0.0603	−2.9293
L2.IS	0.6163	0.4252	0.4252	5.3783

数字消费环境，产业结构升级

解释变量	数字消费环境		产业结构升级	
	系数值	t 检验统计量	系数值	t 检验统计量
L.ICE	0.6491	11.8533	−0.4834	−1.5685
L.IS	−2.0354	−1.9749	0.6682	11.5184
L2.ICE	0.3546	6.2565	0.0611	1.9159
L2.IS	0.2161	2.3085	0.2174	3.8600

由表9-4可知，产业结构升级对数字消费需求、数字消费供给、数字消费环境有较为显著的正向影响。

（三）脉冲响应分析

本节通过分别构建数字消费三个子系统与产业结构升级的脉冲响应函数，探究其动态影响机制。结果如图9-2、图9-3和图9-4所示。

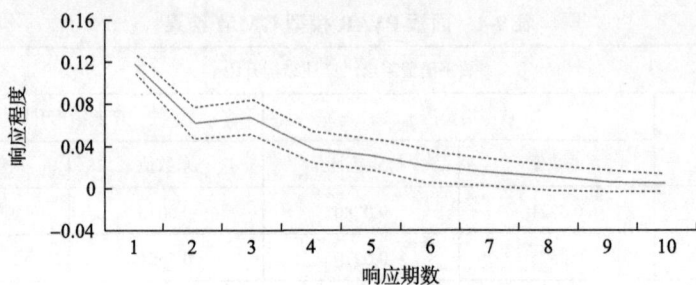

（a）数字消费需求对自身的响应

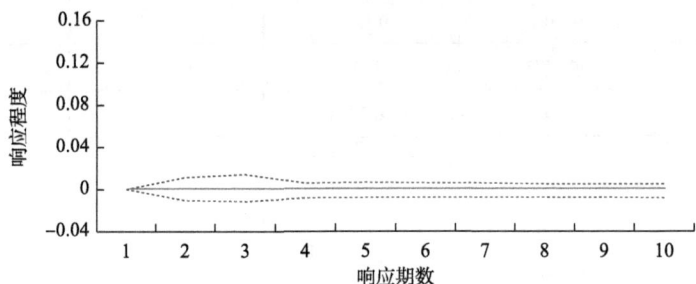

（b）数字消费需求对产业结构升级的响应

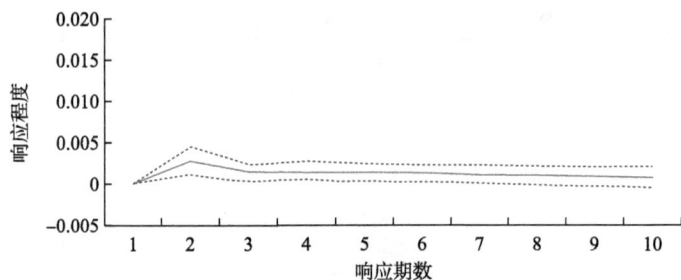

（c）产业结构升级对数字消费需求的响应

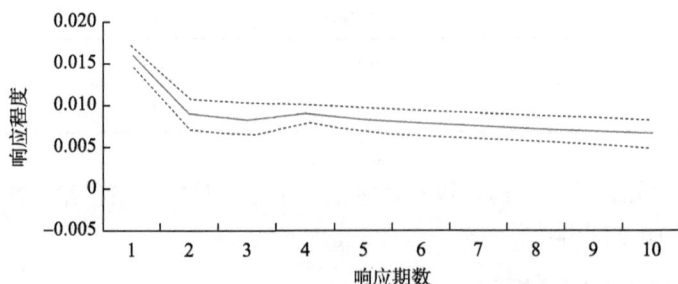

（d）产业结构升级对自身的响应

图 9-2　数字消费需求与产业结构升级的脉冲响应图

中间线为响应函数值，其他两条线为响应函数值正负两倍标准差的上下界

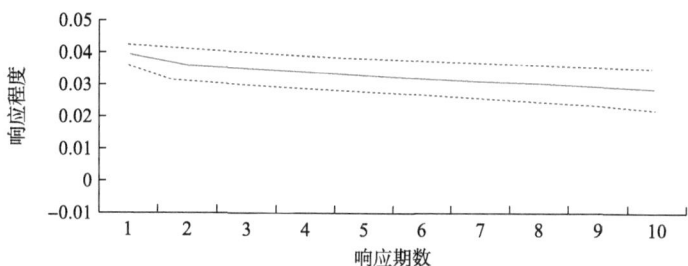

（a）数字消费供给对自身的响应

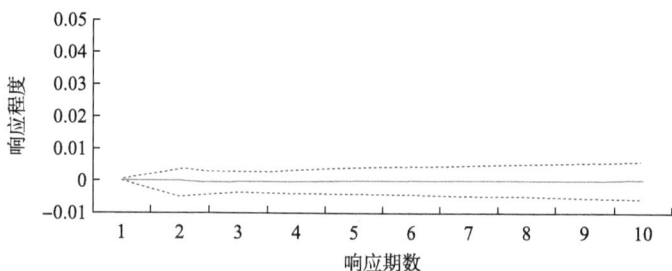

（b）数字消费供给对产业结构升级的响应

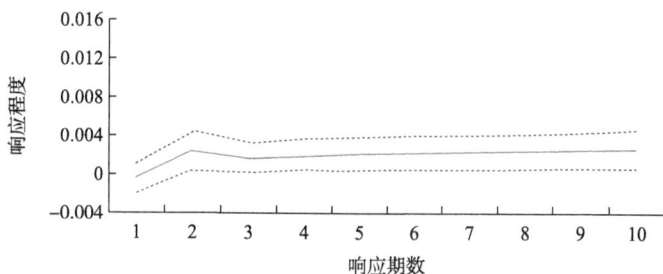

（c）产业结构升级对数字消费供给的响应

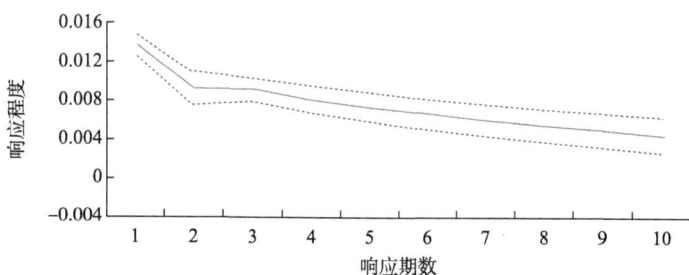

（d）产业结构升级对自身的响应

图 9-3　数字消费供给与产业结构升级的脉冲响应图

中间线为响应函数值，其他两条线为响应函数值正负两倍标准差的上下界

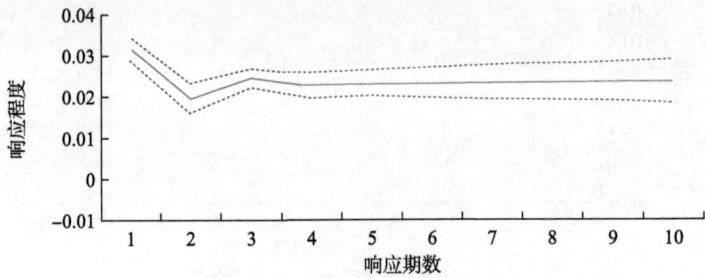

（a）数字消费环境对自身的响应

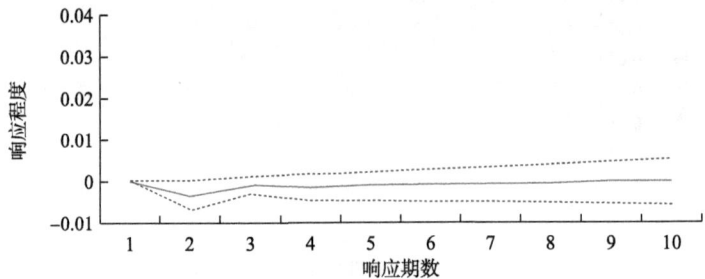

（b）数字消费环境对产业结构升级的响应

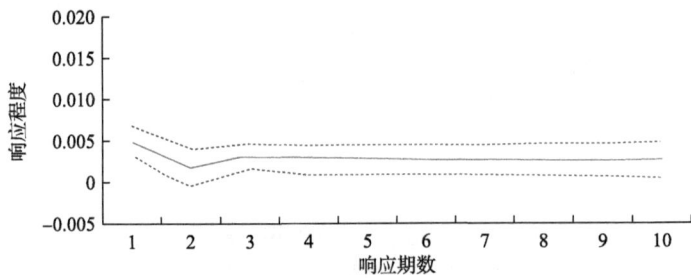

（c）产业结构升级对数字消费环境的响应

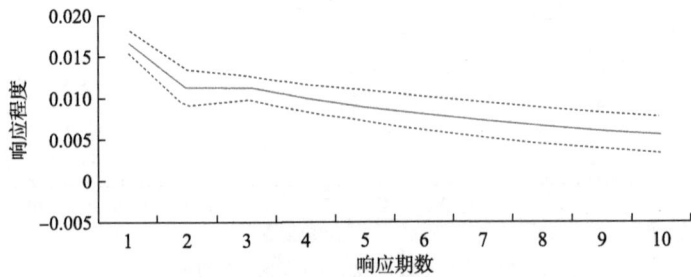

（d）产业结构升级对自身的响应

图 9-4　数字消费环境与产业结构升级的脉冲响应图

中间线为响应函数值，其他两条线为响应函数值正负两倍标准差的上下界

从图9-2可以发现产业结构升级对自身的脉冲响应程度在第1期较大，响应值约为0.018，第2期时响应值降到0.008左右，第6~10期响应值趋低速下降状态；数字消费需求对自身的响应程度在短期内波动较大，第1期达到约0.12，第2期降为0.06左右，随后响应值不断减小并趋于0；在追踪期内，数字消费需求对产业结构升级的冲击作用一直为正，但力度较为微弱。

从图9-3可以发现产业结构升级对自身的脉冲响应程度短期内较大，随着期数增加逐渐减小；数字消费供给对自身的响应程度在第1期较大，响应值约为0.04，随后逐渐降低。在追踪期内，数字消费供给对产业结构升级的冲击作用一直为正，在第2期，产业结构升级对数字消费供给冲击的响应最大，响应值达到约0.003。

从图9-4可以发现产业结构升级对自身的脉冲响应程度短期内较大，且随着期数增加总体上呈减小趋势；数字消费环境对自身的响应程度在第1期较大，响应值为0.03左右，在第2期最低，响应值为0.02左右，随后趋于稳定。在追踪期内，数字消费环境对产业结构升级水平的冲击作用一直为正，在第1期，产业结构升级对一单位数字消费环境冲击的响应最大，响应值达到0.017左右，5期之后趋于稳定。

第五节　区域数字消费影响产业结构升级的空间特征研究

基于前文对我国区域数字消费与产业结构升级综合发展指数的测算，可以看到我国数字消费与产业结构升级实际水平的空间分布差异很大，这是由我国疆域分布广、资源禀赋差异显著的国情决定的。因此，从空间的角度研究数字消费影响产业结构升级的空间特征显得很有必要，本节运用莫兰指数及LISA[①]集群图进行探索性空间数据分析，随后运用空间面板回归模型分析区域数字消费对产业结构升级的空间溢出效应及其区域差异。

一、空间关联性检验结果分析

本节对中国31个省区市2015年数字消费实际水平指数和产业结构升级实际水平指数进行了空间相关性检验，使用GeoDa软件得出检验结果，如表9-5所示，同时绘制莫兰散点图（图9-5、图9-6）。

表 9-5　2015 年我国数字消费与产业结构升级水平莫兰指数检验

指标	数字消费	产业结构升级
莫兰指数	0.3190	0.2850
z 值	2.7049	2.4250
p 值	0.0030	0.0050

---

① LISA 即 local indicators of spatial association，空间联系局域指标。

莫兰指数：0.318 544

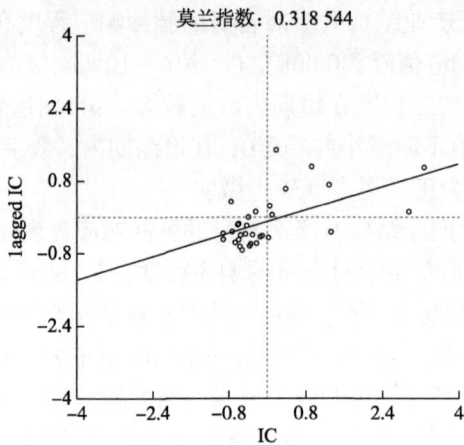

图 9-5　2015 年我国数字消费莫兰散点图

部分点有重叠

莫兰指数：0.284 974

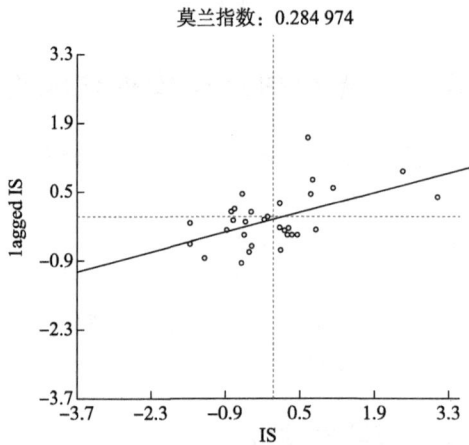

图 9-6　2015 年我国产业结构升级莫兰散点图

部分点有重叠

　　从莫兰系数值和 p 值可以看出系数值大于零且在1%水平上高度显著，因此数字消费、产业结构升级水平皆存在显著的全局自相关性，表明数字消费和产业结构升级在分布上并非随机，而是具有空间上的依赖性。散点图将各省区市的数字消费和产业结构升级分为四个象限的空间相关模式，第一象限表明高水平地区被同是高水平地区包围，第二象限表明低水平地区被高水平地区包围，第三象限表明低水平地区被同是低水平地区包围，第四象限表明高水平地区被低水平地区包围。第一、第三象限体现了正的空间相关性，第二、第四象限体现了负的空间相关性。图9-5显示大多数省区市位于第一、第三象限，第一象限内省区市占样本总数的26%，第三象限内省区市占样本总数的61%，反映出数字消费水平具有高水平区域聚集，低水平区域聚集的特点。图9-6显示分布在第一和第三象限的省份占样本数的23%和35%，表明产业结构升级高的地区在空间上相互集聚，产业结构升级水平落后的地区也形成了低水平的聚集圈。

表9-6给出了中国2003～2015年数字消费与产业结构升级水平的全局莫兰指数及其标准化z值的p值，可以看出，2003～2015年这13年中有12年的数字消费莫兰指数统计量在小于1%的显著性水平上通过检验，其中2003年、2004年、2011年、2014年、2015年这5年的数字消费莫兰指数统计量在不大于0.5%的显著性水平上，表明中国31个省区市2003～2015年的数字消费水平指数空间随机分布假设被拒绝，数字消费水平的空间分布在2003～2015年呈现一种集聚的趋向。同样对于产业结构升级情况而言，13年中有10个年份的产业结构升级水平指数的莫兰指数统计量在小于1%的显著性水平上通过检验，其中有7个年份的产业结构升级水平指数的莫兰指数统计量在不大于0.5%的显著性水平上通过检验，表明中国31个省区市2003～2015年的产业结构升级水平指数空间随机分布假设被拒绝，产业结构升级水平指数的空间分布在2003～2015年呈现一种集聚的趋向。在研究区间内，全国数字消费、产业结构升级莫兰指数系数虽然略有波动，但整体可以反映2003～2015年全国数字消费、产业结构升级实际水平指数在空间分布上并非独立，空间依赖性明显。

表 9-6　中国 2003～2015 年数字消费与产业结构升级莫兰指数表

年份	数字消费莫兰指数	数字消费 p 值	产业结构升级莫兰指数	产业结构升级 p 值
2015	0.319	0.003	0.285	0.005
2014	0.309	0.003	0.299	0.004
2013	0.286	0.006	0.300	0.004
2012	0.287	0.006	0.293	0.005
2011	0.281	0.005	0.309	0.003
2010	0.285	0.009	0.262	0.009
2009	0.251	0.003	0.301	0.003
2008	0.269	0.007	0.296	0.005
2007	0.252	0.009	0.281	0.006
2006	0.261	0.009	0.244	0.012
2005	0.247	0.011	0.287	0.007
2004	0.301	0.003	0.204	0.018
2003	0.290	0.004	0.236	0.015
平均值	0.2797	0.0062	0.2767	0.0074

二、空间面板 SLM、SEM 的回归结果分析

（一）全样本回归结果

本章借助Matlab软件，基于固定效应的普通面板模型[即面板数据模型（panel data model，PDM）、空间滞后模型（spatial lag model，SLM）、空间误差模型（spatial error model，SEM）]对上述模型进行估计，并对实证结果表9-7进行对比分析。同时考虑到还有其他因素也会对产业结构升级状况产生影响，本节纳入了以下控制变量。

（1）金融化程度（Fina），用各省份金融业生产总值表示。产业结构升级有赖于金融业的健康发展，积极健康的金融环境可以为新型服务业及高科技行业提供资金保障和信贷支持。

（2）城镇化程度（Urba），用各省份城镇人口占总人口比重表示。城镇化指农业社会向以工业为主的现代社会过渡的过程，其最直观的表现就是农业人口向非农业人口转变，人口与产业的集中所带来的规模效应，为产业结构升级提供了强大动力。

（3）市场化程度（Mar），通过非国有企业职工人数占国有企业职工人数的比例衡量。市场化是指通过一套系统性的调整过程，经济社会实现资源最优配置、个人经济权利最大满足的过程。市场经济的健康发展为各类符合经济发展要求的企业提供了良性竞争的市场环境，同时市场经济的优胜劣汰机制也自发地推动了产业结构调整和升级。

表 9-7　数字消费与产业结构关系的普通面板与空间面板实证结果

指标	固定效应的普通面板模型	SLM				SEM			
		nonF	sF	tF	stF	nonF	sF	tF	stF
常数项	0.2853 （1.1019）	0.2048** （2.0803）				0.1365** （2.3152）			
IC	0.1975* （1.7672）	0.1476 （0.5341）	0.0864*** （2.7882）	0.0352** （2.0276）	0.0434** （2.4522）	0.1207* （1.7972）	0.1082** （2.3615）	0.0926*** （2.9677）	0.0841* （1.7257）
lnMar	0.0458** （2.1903）	0.0660* （1.9033）	0.0282* （1.9523）	0.0423** （2.2058）	−0.0377 （−0.7788）	−0.0277* （−1.7218）	0.0278* （1.9954）	0.0531 （0.5817）	0.0214* （1.6711）
lnUrba	0.0486 （0.8021）	0.0682 （0.9522）	0.0747** （2.2115）	0.0613** （2.0684）	0.0744 （0.4930）	0.0786* （1.8100）	0.0713** （2.0891）	0.0052** （1.9836）	0.0732 （0.6335）
lnFina	0.0043*** （3.0233）	−0.0071* （−1.7335）	0.0062** （2.0969）	−0.0070 （−0.9002）	0.0174** （2.2203）	−0.0076 （−0.3778）	0.0614* （1.9292）	0.0654*** （4.3760）	0.0275*** （3.8906）
ρ		0.0385**	0.0491	0.2593**	0.0920***				
λ						0.1396**	0.0923*	0.1574***	0.0605***
adjusted R^2	0.3638	0.4185	0.3611	0.4362	0.3758	0.4602	0.5163	0.4537	0.3758

注：系数下括号内为 t 值。nonF 指空间和时间都不固定效应模型，sF 指空间固定效应模型，tF 指时间固定效应模型，stF 指空间和时间都固定效应模型

***、**、*分别代表各个统计数值在 0.01、0.05、0.1 的水平下是显著的

由三种模型的检验结果对比可得：空间面板模型的估计结果优于普通面板模型。表9-7的结果显示，采用普通面板模型的拟合优度（adjusted R^2）要比SLM和SEM低，并且常数项和lnUrba均未通过显著性检验，可见，空间面板模型具有更好的估计结果，因此考虑空间效应的数字消费对产业结构升级的影响更符合客观事实。

由SLM与SEM检验结果对比可得：SEM的估计结果优于SLM。在模型选择上，首先进行空间面板的拉格朗日乘子（Lagrange multiplier，LM）检验（Anselin，1998）。从检验结果（表9-8）可知，LM-error比LM-lag更加显著，同时robust LM-error也比robust LM-lag更加显著，因此可以判断SEM更为适合。

表 9-8　拉格朗日乘式及 robust LM 检验结果

检验	LM-lag	LM-error	robust LM-lag	robust LM-error
统计量值	7.3586	10.9375	8.7368	11.7252
p 值	0.007	0.000	0.005	0.000

从adjusted R^2来看，SEM空间固定效应模型的拟合效果要优于其他两个模型，同时数字消费系数在5%水平上显著且为正值，可见选择SEM中的空间固定效应模型是最优的。因此，接下来以此模型来进行具体的分析，并结合模型间的结果进行对比。

数字消费水平的系数为0.1082，且通过了显著性检验，即数字消费水平提高1%，产业结构升级水平提高0.1082%，即数字消费水平对产业结构升级有积极的促进作用。

λ的系数为0.0923，在0.1的显著水平下通过了检验，说明产业结构除了受到纳入自变量的因素影响外，也会受到邻接地区关于因变量的误差冲击的影响，这些误差也是排除在自变量的影响之外的。另外SLM的空间滞后系数也显著为正，说明一个地区产业结构升级水平会受到邻接地区产业结构的显著影响。

（二）分地区样本回归结果分析

基于中国省区市间经济综合水平的差异，为在研究中比较和分析不同地区的不同特点，本节将中国31个省区市划分为东部、中部、西部三个区域进行分区研究。表9-9、表9-10对中国东部、中部、西部三大区域分别进行了SLM、SEM估计。

表 9-9　分地区数字消费对产业结构升级作用的 SLM 实证结果

指标	SLM								
	东部			中部			西部		
	sF	tF	stF	sF	tF	stF	sF	tF	stF
IC	0.4088*** (3.2057)	0.3623** (2.2262)	0.3419* (1.8087)	0.2813* (1.7252)	0.2420 (0.4363)	0.3099** (2.0150)	0.4279** (2.2292)	0.3274*** (4.7730)	0.3974** (2.2072)
lnMar	0.0624** (2.2383)	0.0530* (0.7375)	0.1188 (1.7109)	0.0539* (1.7972)	0.0733* (1.8627)	−0.0237 (−0.9667)	−0.0356 (−0.6932)	0.0497** (2.1959)	0.0632 (1.3799)
lnUrba	0.0867 (1.2706)	0.0524 (0.8105)	0.0542*** (5.4706)	0.0643 (1.0672)	0.0550** (1.9926)	−0.0527 (0.8553)	0.0665** (2.3627)	0.0705** (2.1260)	0.0738* (1.8432)
lnFina	0.0407** (2.1154)	0.0348 (0.9334)	0.0284** (2.0466)	−0.0209** (−2.3650)	−0.0137 (−1.0211)	0.0244 (0.8571)	0.0016* (1.7823)	0.0113 (1.2087)	0.0037*** (5.4808)
ρ	0.4676	0.4522	0.3903	0.2271	0.3821	0.2484	0.3778	0.4525	0.4075
adjusted R^2	0.4087	0.4653	0.3668	0.4371	0.3973	0.4820	0.4307	0.4205	0.3866

注：系数下括号内为 t 值，本表中变量及检验同表 9-7

***、**、*分别表示各个统计数值在 0.01、0.05、0.1 的水平下是显著的

表 9-10　分地区数字消费对产业结构升级作用的 SEM 实证结果

指标	SEM								
	东部			中部			西部		
	sF	tF	stF	sF	tF	stF	sF	tF	stF
IC	0.4683* (1.8197)	0.4219** (2.0936)	0.5093 (0.5862)	0.3912** (2.4372)	0.4618*** (5.6307)	0.4486** (2.0981)	0.4215*** (3.4808)	0.3155* (1.7315)	0.5540*** (7.5366)
lnMar	0.0571** (2.1236)	0.0554 (0.9346)	0.0688* (1.9173)	0.0493*** (3.6968)	−0.0451* (−1.9357)	0.0627 (0.7138)	0.0470*** (5.7026)	0.0445** (1.9667)	−0.0357 (−0.7502)
lnUrba	0.0533*** (3.7822)	0.0464** (2.0684)	0.0507** (2.2008)	0.0766* (1.7202)	0.0640 (0.5563)	0.0608*** (4.7113)	0.0448* (1.8350)	0.0642*** (3.0485)	0.0753* (1.7768)
lnFina	0.0632** (1.8498)	0.0705 (1.4429)	0.0516 (0.0178)	−0.0377 (−1.3800)	−0.0397* (−1.7784)	0.0560 (0.4632)	0.0244*** (3.4530)	0.0478 (0.7086)	0.0308*** (5.7433)
λ	0.5103	0.5467	0.4479	0.4385	0.4643	0.4518	0.4863	0.5106	0.4905
adjusted R^2	0.4518	0.5023	0.4978	0.4691	0.4865	0.5229	0.4703	0.3728	0.4360

注：系数下括号内为 t 值，本表中变量及检验同表 9-7

***、**、*分别表示各个统计数值在 0.01、0.05、0.1 的水平下是显著的

　　从模型拟合结果（adjusted R^2）来看，SEM效果依然优于SLM，与全样本模拟结果一致。整体上看，东部、中部、西部三个区域数字消费系数绝大多数显著为正，但三个区域数字消费对产业结构升级空间效应的强度是不同的。从实证结果来看，数字消费水平对产业结构升级空间效应最强的是东部地区，其次是西部地区，最后

是中部地区。

东部地区的空间参数ρ、λ比中部、西部略大，说明东部地区的产业结构受到区域数字消费的冲击而具有一定的空间依赖性，区域数字消费对产业结构的空间效应更多地体现为一种趋同效应。同时关注SEM的空间固定效应模型，东部的数字消费系数为0.4683，高于中部、西部，也明显高于全样本下的数字消费系数。这是由于东部地区是我国较早进行改革开放的地区，形成了以长三角地区、环渤海地区及以珠三角地区为代表的经济高集聚中心，人才、技术、资金高度集中于此，区域数字消费集聚态势良好，数字消费主体支付能力强，消费观念与时俱进，信息硬件产品和软性服务丰富多样，数字消费环境有保障，这些都为产业结构升级奠定了坚实的基础。

西部地区的产业结构受到数字消费的影响也表现出积极的发展趋势。我国西部地区由于历史地理条件等综合因素，长期以来产业结构升级比较缓慢，现在由于西部大开发政策的刺激，数字消费推动产业结构升级有了较为显著的成效。

相较而言，中部地区产业结构升级受数字消费的作用力度最小，这可能是因为中部大多省区市以工业为主导的产业结构长期存在，经济发展长期依靠资源投入，改革攻坚的难度比较大。中部9个省区市如何通过更为有效的数字消费促进产业结构升级，是值得我们深入思考的问题。

第六节　研究结论及对策建议

一、研究结论

本章通过构建区域数字消费水平、产业结构升级综合评价指标体系，并利用熵值法计算了全国31个省区市数字消费与产业结构升级综合发展指数水平，进行了描述性统计分析；在综合发展指数水平的基础上，采用面板单位根检验、面板协整分析、PVAR模型及脉冲响应模型探讨了区域数字消费各构成要素与产业结构升级的长期均衡关系；紧接着用空间计量方法研究了区域数字消费水平与产业结构升级的空间相关性，通过构建空间面板模型分析了区域数字消费水平对产业结构升级的空间效应及其区域差异。本章主要得出以下结论。

（1）全国31个省区市数字消费与产业结构升级水平保持快速发展，整体良好，但仍存在区域发展不平衡等问题。2015年，数字消费水平综合发展指数最高的是上海，为0.8315，高于最低值124个百分点，产业结构升级综合发展指数在全国中排在第一位为北京，为0.9115，高于最低值50个百分点。就地区而言，我国数字消费与产业结构升级水平区域差异很大，综合发展指数较低的区域成片集中于中部、西部地区。尤其以西部贵州、甘肃、西藏、宁夏、青海最具代表性，而东部经济开发区相对来说都比较高，区域不平衡状态仍旧存在。并且领先的东部数字消费水平远高于中部、西部，中间形成断层。

（2）动态关系分析结果表明，数字消费各构成要素发展速度与产业结构升级速度均存在稳定的均衡关系，数字消费与产业结构升级的不断发展主要来源于自身的内部促进和数字消费对产业结构升级的促进作用。我国数字消费供给与数字消费环境短期内对产业结构升级均有着正向冲击作用，长期内冲击趋弱；数字消费需求对产业结构升级为正向冲击作用但力度较弱，说明数字消费需求带动产业结构升级的潜力并未充分释放，在这一方面还有较大的提升空间。

（3）空间相关性检验表明，数字消费和产业结构升级的空间依赖性均显著，二者在地理空间上均呈现出集聚特征。这说明数字消费与产业结构升级水平都具有明显的空间外溢效应，即某一地区的数字消费与产业结构升级水平较高，与其邻接的地区水平也比较高，同样某一地区数字消费与产业结构升级水平较低，与其邻接的地区相应水平也比较低。空间效应的系数 ρ 和 λ 的显著正向性也验证了此观点。东部地区并没有出现想象中的大片高高集聚的省区市，中部、西部则出现了大片低低集聚的省区市，"影子效应"在西部省区市表现得很强，极化效应明显。

（4）实证结果表明，空间面板模型的估计结果优于普通面板模型，SEM的结果优于SLM。我国区域数字消费对产业结构升级具有显著的空间促进作用，空间依赖性主要体现在随机误差项中，这表明中国省区市间一个地区对其他地区的影响更多地体现在对一个地区整体的结构性误差的冲击中。我国数字消费的辐射能力还比较有限，不同地区的数字消费水平与层次不一，存在较大差异。区域数字消费水平对产业结构升级空间效应最强的是东部地区，然后是西部地区，最后是中部地区。

二、对策与建议

针对上述实证结果的分析总结，本章提出以下建议。

（一）充分认识到数字消费对促进产业结构升级的重要作用

一要充分释放数字消费需求对产业结构升级的带动作用。首先，普及数字消费观念，拓展新兴数字服务业态，使得更多的群体参与、信任并享受数字消费，共享信息经济时代的福利。出台各类优惠政策，引导互联网产业健康发展，促进信息技术与服务模式创新升级；加大数字消费的宣传力度，促进科学合理的数字消费，逐步提升数字消费的渗透性。其次，提高居民可支配收入，降低数字消费价格水平，使数字消费融入普通民众生活，增强居民的信息支付能力。提高偏远落后地区电子商务普及应用程度，提高就业水平和质量，促进居民创收增收。推动降低数字消费价格水平，包括通信工具、通信服务、信息获取等，将数字消费价格水平决定权放归市场。最后，提高数字消费主体的信息使用能力。推动物联网、工业互联网等建设进程，扩大光纤宽带普及，提升信息传输能力，加强地区无线网络覆盖，加快新一代移动技术的开发与应用，优化数字消费环境。区域数字消费的效用随消费主体的受教育程度的高低而呈现出很大的差异。对于教育水平长期比较落后的西部农村地区，应给予教育政策上的优惠，如减免经济落后山区的孩子的学杂费，提高校舍硬件水平的同时大力引进数字媒体产品；建设一批优质的教育信息基础设施和教育资源公共服务平台，实现信息教育资源共享，实施教育信息化"三通工程"。

二要提升数字消费供给能力。一方面，增强电子信息硬件产业创新、研发能力，提升智能硬件的供给水平。借助一批国家级重点项目、重点工程提高电子信息产业设计和制造工艺技术水平；利用现有财政资金渠道，引导社会资金投资集成电路产业、平板显示、智能传感器及系统核心技术的研发和产业化。推动智能家居、智能安防、消费级无人机、智能服务机器人等智能硬件创新和产业化升级。另一方面，提升软件支撑服务水平。大力拓展智能终端、智能安防系统等软件的开发与应用；利用物联网、人工智能、大数据、云计算等技术，推动各类应用软件智能化升级，在交通、市政等领域进行应用示范，夯实数字消费的产业基础。

三要加强数字消费环境建设。推进新一轮光纤宽带建设，提高骨干网络信息传输能力，完善网络布点；加强无线网络建设，扩大5G网络覆盖，加快5G网络标准研究、技术试验和产业推进，扩大核心城区Wi-Fi覆盖面；统筹发展工业互联网产业，推进试点示范。

（二）构建多层次数字消费示范中心布局

一方面，东部地区尤其是区域数字消费高集聚的核心区域如环渤海、长三角地区应总结数字消费促进产业结构升级的成功经验，充分发挥示范和扩散效应，与邻接地区共享数字消费建设成效；建立数字消费和产业发展的传导机制，推动产业结构继续向高度化、合理化方向发展。

另一方面，推进中西部数字消费示范中心建设，通过多点辐射，以点带面，联动引领中部、西部产业结构层次的提高，实行差异化的区域政策，缩小数字"鸿沟"，充分发挥区域数字消费对产业结构升级的空间促进作用。中部、西部省区市应利用自身资源优势，合理完善现有生产力布局，努力走出低水平集聚的困境；确定重点发展产业和战略产业，加强与东部沿海省区市的合作，通过产业转移对接，引进与自身资源禀赋关联度大的投资项目，借鉴和吸收优质的改革成果。依托自由贸易区建设，加强与东部沿海地区产业分工和合作，建立高新技术产业集聚区。例如，湖北省积极承担产业转移及相关新兴产业与高技术产业承接的重担；四川省打造内陆开放型经济高地，加强与东部强省的产业分工和合作；陕西省发挥好"一带一路"重点城市建设对西部大开发的带动作用。

（三）注意其他结构性因素对产业结构升级的影响

首先，以城镇化促进产业结构升级。对于中部、西部城镇化水平落后的地区，以城镇化提升非农产业聚集密度，发挥规模效应，提升产业分工与合作程度，促进产业结构升级。

其次，提高金融市场效率，完善金融支撑体系。开拓中部、西部信息技术产业资金来源的渠道，注意防范资本杠杆的潜在风险，使金融市场更好地服务于产业结构调整升级。

最后，继续完善市场化改革。以市场化机制促进生产要素在产业间的合理配置，也为各类企业的良性竞争创造公平有序的条件，逐步淘汰落后产能，推动产品附加值高、消费者满意度高、经济效益好的新型产业快速发展，以市场机制自发地推动产业结构升级。

（四）重视与周边地区的经济互动

区域产业结构升级存在一定的空间依赖性，邻接省区市的产业结构层次会对数字消费与产业结构的关系产生显著的影响。因此，地方政府在制定促进当地产业结构升级的政策时，也需要注意周边地区的产业结构状况，通常周边地区产业结构层次高会对当地产生正面效应，周边地区产业结构层次低也会对当地产业结构产生制约作用。相关政府职能部门要不断加强政策监管，并根据最新情况出台相应鼓励竞争的政策措施，在关注数字消费对产业结构的作用时，也应当依据周边地区的社会经济特征及政策做适当的调整，加强与周边省区市的产业战略合作，同时避免恶性竞争，尽可能地发挥与周边省区市的正向互动效应。

第十章 数字经济对经济社会发展带动影响效应的实证分析

第一节 引　言

现有文献更多的是侧重于互联网及数字基础设施对经济发展的作用，关于数字经济对经济发展的影响的研究还较少。数字经济对经济发展带动作用过程十分复杂，从数字经济与相关产业部门之间的关系上来讲，可分为"替代效应"、"渗透效应"和"协同效应"。其中，由数字经济产品价格持续下降带来的对其他产业产品的替代效应可称为"替代效应"；由数字经济产品应用于其他部门、增加了其他要素间协调性带来的全要素生产率提升，可称为"渗透效应"；协同效应是新经济技术与其他要素相结合，能够增强要素间的协同性，进而提高生产效率，带来更多增加值。一些亚欧国家也存在信息技术对经济增长的促进作用。此外，世界经济论坛的网络就绪指数（networked readiness index，NRI）、欧盟委员会的数字经济与社会指数（digital economy and society index，DESI）都是从更宽的维度测算新经济的经济社会影响（Baller et al.，2016）。我国学者韩宝国和李世奇（2018）研究发现，软件和信息技术服务明显促进了中国经济增长，并且存在区间效应。夏炎等（2018）构建了非竞争型就业投入产出模型，采用支出法GDP核算了我国数字经济的经济规模，并研究了数字经济对中国经济增长和就业的影响。黄文金等（2018）认为数字经济发展的特点是有中心、无边界，然后根据这个特点构建了评价模型，并对数字经济发展水平做了初步研究。彭刚和赵乐新（2020）基于数字经济包括基础层和融合应用层这一范围界定，借助增长核算框架，按照"先贡献度、后增量、再总量"的思路，对2003～2018年我国数字经济总量进行了测算。刘军等（2020）基于统计年鉴数据，测度了2015～2018年中国30个省份的数字经济发展水平，最后，基于空间滞后模型，分析了数字经济的驱动因素。周勤等（2012）利用空间计量的方法，在内生经济增长模型基础之上，分析了我国各省份数字经济与经济增长之间的关系，结果发现信息技术越发达的地区，其贡献的经济增长就越大，相对落后的地区信息技术对经济的带动作用较小。赵洪江和陈林（2015）认为互联网必将改变现行的经济运行模式,向数字化经济模式转变。王自锋等（2014）用建立模型的方法,验证了基础设施的完善对技术进步有着深远的影响。高红等（2020）利用固定效应模型,研究了数字经济的发展对我国农村电商的带动作用。邬小霞（2020）研究了数字经济对中小型企业的发展的转型驱动策略。兰建平等（2020）以浙江省数字经济发展为背景,分析了数字经济发展的机遇和挑战,并提出要加快发展地区数字经济。彭洲红等（2020）以南京市为例,在南京市数字经济发展的基础之上,分析了数字经济发展中遇到的问题,并且针对这些问题从多个角度全方位地提出了相应的对策建议,认为南京市应在现有数字经济基础之上增强顶层设计、找准产业方向,取长补短,全方位推动南京市数字经济产业建设的步伐。

本章拟以2017年浙江省42部门投入产出表为数据基础,首先将数字经济产业从42部门中分离出来,然后合并2017年浙江省投入产出表中的二级部门,得到第一产业、第二产业（不含数字经济）和第三产业（不含数字经济）与数字经济产业的投入产出简表,在此简表的基础之上进行有关分析。在Excel和Matlab软件中进行相关的数据处理和计算。

第二节 数字经济投入产出表的编制

为分析数字经济对浙江省经济发展的带动作用,需要对2017年浙江省投入产出表进行预处理。

一、数字经济三个维度的量化

结合数字经济定义,本章对数字经济进行三个维度的量化,即数字创新、数字设备与数字产品,分别对应数字经济的知识基础和技术手段,制造、管理和流通领域,以及数字经济形态。其中,数字创新是指以数字知识、数字技术为主体的理论创新,主要表现在教育活动、科学研究与技术创新方面。对应部门主要有教育、研究和实验发展、科技推广和应用服务。数字设备是指以数字信息技术为基础,引入数字软件,信息元器件等数字化生产基础,融合机械技术与电子信息产品的相关产业和部门。对应部门主要有计算机、电子元器件、通信设备、视听设备、广播电视设备和雷达及配套设施、其他电子设备。数字产品是指基于数字技术的电子产品或将其转化为数字形式通过网络来传播和收发的相关产业及衍生产品。对应部门主要包括电信广播、电视和卫星传输服务,互联网和相关服务,软件和信息技术服务,广播电视、电影和影视录音制作,娱乐。

二、浙江省数字经济投入产出表编制

首先，基于《国民经济行业分类》（GB/T 4754—2017），以第一产业、第二产业、第三产业为分类标准，将2017年浙江省投入产出表142个部门进行分类汇总。其中，第一产业是指广义的农业、林业、渔业、畜牧业，以各类水生、土生等原始产品为生产对象，生产出人类所需的不必经过深度加工就可以直接消费的产品或工业用料的一类行业。在2017年浙江省投入产出表中包括农产品、林产品等总计5个部门。第二产业包括各类专业工人和各类工业或产品。在2017年浙江省投入产出表中包括煤炭开采和洗选产品、石油和天然气开采产品等107个部门。第三产业是指广义的各类服务产品和服务行业。在2017年浙江省投入产出表中主要包括邮政、住宿、餐饮等30个部门。

其次，基于以上分析，分类汇总后的三个产业部门投入产出表如表10-1和表10-2所示。

表 10-1　2017 年浙江省产业门类投入产出表（中间使用部分）　单位：亿元

指标		中间使用			中间使用合计
		第一产业	第二产业	第三产业	
中间使用	第一产业	211.907 7	1 998.902 8	863.838 5	3 074.649 0
	第二产业	909.213 5	73 149.878 4	8 229.843 2	82 288.935 1
	第三产业	194.446 4	6 603.607 1	7 826.682 9	14 624.736 4
	中间投入合计	1 315.567 6	81 752.388 3	16 920.364 6	99 988.320 5
增加值	劳动者报酬	2 000.290 3	13 469.572 8	9 474.959 6	24 944.822 7
	生产税净额	−77.549 3	6 205.866 7	1 289.765 4	7 418.082 8
	固定资产折旧	200.034 1	3 945.475 0	1 895.346 3	6 040.855 4
	营业盈余	0	9 662.918 5	4 373.594 0	14 036.512 5
	增加值合计	2 122.775 1	33 283.833 0	17 033.665 3	52 440.273 4
总投入		3 438.342 7	115 036.221 3	33 954.029 9	152 428.593 9

表 10-2　2017 年浙江省产业门类投入产出表（最终使用部分）　单位：亿元

指标		最终使用			流入	总产出
		最终消费	资本形成总额	流出		
中间使用	第一产业	1 044.588 6	41.413 0	1 013.437 5	1 735.745 4	3 438.342 7
	第二产业	9 121.127 8	28 220.092 4	51 371.280 1	55 965.214 1	115 036.221 3
	第三产业	14 770.658 9	3 938.102 4	10 959.726 3	10 339.194 1	33 954.029 9
	中间投入合计	24 936.375 3	32 199.607 8	63 344.443 9	68 040.153 6	152 428.593 9

最后，编制完2017年浙江省产业门类投入产出表后，还需要将数字经济相关部门从三大产业中剥离出来，以便分析数字经济对浙江经济发展的拉动作用和推动作用。2017年浙江省投入产出表中142个部门涉及数字经济三个门类的部门计算结果罗列在表10-3里。

表10-3　数字经济相关部门表

部门	数字创新	数字设备	数字产品
计算机		全部	
电子元器件		全部	
其他电子设备		全部	
通信设备		全部	
广播电视设备和雷达及配套设施		全部	
视听设备		全部	
电信广播、电视和卫星传输服务			全部
互联网和相关服务			全部
软件和信息技术服务			全部
研究和实验发展	部分		
科技推广和应用服务	部分		
教育	部分		
广播电视、电影和影视录音制作			全部
娱乐			部分

三、浙江省数字经济投入产出表中间使用部分与最终产品计算

如表10-3所示，研究和实验发展、科技推广和应用服务、教育这3个部门由于涉及面较广，与数字创新维度虽有一定关系，但又不是完全属于数字创新这一定义范围。为此，需要利用一定的方法确定相应的比例系数从而来估算其投入产出值。用于估算比例系数的方法有很多，本章利用地区生产总值比例系数法进行核算。

根据《2018年浙江省国民经济和社会发展统计公报》，数字经济核心相关产业增加值占地区生产总值总体增加值的比例为9.4%。因数字经济核心产业所代表的投入产出与数字创新维度相关部门对应于数字创新的投入产出具有等价意义，故用系数0.094来描述上述三个部门相应于数字创新维度的投入产出值的部门比例值是可以理解的。在表10-3数字经济相关部门表中用于估算娱乐部门在数字产品中的投入产出值使用的也是此方法。

最终编制的浙江省数字经济投入产出表如表10-4、表10-5所示。

表 10-4　浙江省数字经济投入产出表（中间使用部分）　　　单位：亿元

指标		中间使用						中间使用合计
		第一产业	第二产业	第三产业	数字创新	数字设备	数字产品	
中间使用	第一产业	197.578 9	1 998.902 8	863.838 5	6.539 1	1.505 0	0.815 7	3 069.180 0
	第二产业	909.213 5	67 708.135 9	8 229.843 2	54.237 9	2 409.126 1	846.362 7	80 156.919 3
	第三产业	194.446 4	6 603.607 1	5 072.000 5	39.242 9	218.142 4	1 028.181 5	13 155.620 8
	数字创新	1.209 8	194.396 7	93.229 9	63.646 1	4.974 0	3.920 0	361.376 5
	数字设备	0.480 6	676.211 2	108.145 3	11.981 6	1 114.179 5	355.270 6	2 266.268 8
	数字产品	3.778 6	120.492 3	236.342 7	15.945 5	9.780 5	592.615 5	978.955 1
	中间投入合计	1 306.707 8	77 301.746 0	14 603.400 1	191.593 1	3 757.707 5	2 827.166 0	99 988.320 5
增加值	劳动者报酬	2 000.290 3	13 143.611 4	7 935.009 7	754.631 0	325.961 4	785.318 9	24 944.822 7
	生产税净额	−77.549 3	6 107.483 1	1 074.699 9	49.078 4	98.383 6	165.987 1	7 418.082 8
	固定资产折旧	200.034 1	3 845.200 1	1 512.620 6	81.789 6	100.274 9	300.936 1	6 040.855 4
	营业盈余	0	9 395.316 6	3 508.151 0	86.408 8	267.601 9	779.034 2	14 036.512 5
	增加值合计	2 122.775 1	32 491.611 2	14 030.481 2	971.907 8	792.221 8	2 031.276 3	52 440.273 4
总投入		3 429.482 9	109 793.357 2	28 633.881 3	1 163.500 9	4 549.929 3	4 858.442 3	152 428.593 9

表 10-5　浙江省数字经济投入产出表（最终使用部分）　　　单位：亿元

指标	最终使用			流入	总产出
	最终消费	资本形成总额	流出		
第一产业	1 044.588 6	41.413 0	1 013.437 5	1 735.745 4	3 432.873 7
第二产业	8 870.560 0	26 240.260 2	48 849.806 7	52 368.067 2	111 749.479 0
第三产业	11 433.722 2	2 496.653 8	6 606.353 1	5 930.986 6	27 761.363 3
数字创新	2 658.287 6	225.118 5	383.639 1	1 604.131 8	2 024.289 9
数字设备	250.567 8	1 979.832 2	2 521.473 4	3 597.146 9	3 420.995 3
数字产品	678.649 1	1 216.330 1	3 969.734 1	2 804.075 7	4 039.592 7
中间投入合计	24 936.375 3	32 199.607 8	63 344.443 9	68 040.153 6	152 428.593 9

第三节　浙江省数字经济的投入产出经济效应分析

一、浙江省数字经济的前向关联效应

浙江省数字经济产业的前向关联从产品分配的角度分析了浙江省数字经济对其他经济部门的直接和间接影响。用直接分配系数来衡量前向直接关联，用完全分配系数来衡量前向完全关联。

首先，计算数字经济产业对国民各经济部门的直接分配系数，直接分配系数计算结果如表10-6所示。

表10-6 浙江省数字经济产业直接分配系数表

产业类型	第一产业	第二产业	第三产业	数字创新	数字设备	数字产品
第一产业	0.0576	0.5823	0.2516	0.0019	0.0004	0.0002
第二产业	0.0081	0.6059	0.0736	0.0005	0.0216	0.0076
第三产业	0.0070	0.2379	0.1827	0.0014	0.0079	0.0370
数字创新	0.0006	0.0960	0.0461	0.0314	0.0025	0.0019
数字设备	0.0001	0.1977	0.0316	0.0035	0.3257	0.1039
数字产品	0.0009	0.0298	0.0585	0.0039	0.0024	0.1467

从表10-6可以得到浙江省数字经济产业对各经济部门的直接分配系数均大于0，也就是说浙江省数字经济产业的产品直接作用于浙江省其他产业部门的生产中，其中和数字创新前向直接关联最大的是第二产业，直接分配系数达到了0.0960，也就是说数字创新每增加10 000元初始投入，作为中间使用部分直接分配给第二产业的数量为960元；和数字设备前向直接关联最大的是数字设备，直接分配系数为0.3257，数字设备每增加10 000元初始投入，作为中间使用部分直接分配给自身的数量为3257元，和数字产品前向直接关联最大的是数字产品，直接分配系数为0.1467，数字产品每增加10 000元初始投入，作为中间使用部分直接分配给自身的数量为1467元。

其次，计算浙江省数字经济产业对各经济部门的完全分配系数如表10-7所示。

表10-7 浙江省数字经济完全分配系数表

产业类型	第一产业	第二产业	第三产业	数字创新	数字设备	数字产品
第一产业	0.0818	1.9486	0.5150	0.0043	0.0692	0.0484
第二产业	0.0261	1.7872	0.2663	0.0024	0.0924	0.0476
第三产业	0.0171	0.8443	0.3117	0.0028	0.0425	0.0696
数字创新	0.0041	0.3203	0.0897	0.0329	0.0151	0.0109
数字设备	0.0092	0.8835	0.1556	0.0070	0.5138	0.1989
数字产品	0.0033	0.1614	0.1007	0.0051	0.0106	0.1790

从表10-7我们可以看出，浙江省数字经济产业对所有经济部门的完全分配系数均大于直接分配系数。与直接分配系数相同的是，与浙江省数字创新前向完全关联最大的是第二产业，说明浙江省数字创新的产品分配到第二产业中的比重是最大的，即数字创新对第二产业有较强的完全供给推动作用，完全分配系数为0.3203，即数字创新每增加10 000元初始投入，向第二产业提供的完全供给量为3203元；与浙江省数字设备前向完全关联最大的是第二产业，说明浙江省数字设备的产品被分配到第二产业的比重是最大的，即数字设备对第二产业有较强的完

全供给推动作用；与浙江省数字产品前向完全关联最大的是数字产品，说明浙江省数字产品的产出分配到自身生产的比重是最大的，即数字产品对自身发展有较强的完全供给推动作用，完全分配系数为0.1790，数字产品每增加10 000元初始投入，向自身提供的完全供给量为1790元。

二、浙江省数字经济的后向关联分析

浙江省数字经济产业的后向关联是利用直接消耗系数和完全消耗系数来分析浙江省数字经济产业直接和间接对各个经济部门的影响。

首先，计算浙江省数字经济产业对各国民经济部门的直接消耗系数，计算结果如表10-8所示。

表 10-8　浙江省数字经济直接消耗系数表

产业类型	第一产业	第二产业	第三产业	数字创新	数字设备	数字产品
第一产业	0.0576	0.0182	0.0302	0.0056	0.0003	0.0002
第二产业	0.2651	0.6167	0.2874	0.0466	0.5295	0.1742
第三产业	0.0567	0.0601	0.1771	0.0337	0.0479	0.2116
数字创新	0.0004	0.0018	0.0033	0.0547	0.0011	0.0008
数字设备	0.0001	0.0062	0.0038	0.0103	0.2449	0.0731
数字产品	0.0011	0.0011	0.0083	0.0137	0.0021	0.1220

从表10-8可以看出，浙江省数字经济产业对各经济部门的直接消耗系数均大于0，说明浙江省数字经济产业对各经济部门生产的产品都有直接消耗。其中和数字创新直接后向关联最大的是它本身，说明浙江省数字创新产业在生产过程中直接消耗本部门的产品较多，直接消耗系数达到了0.0547，也就是说数字创新产业每产出10 000元最终产品，对自身的直接消耗值为547元；浙江省数字设备产业直接向后关联最大的也是它本身，说明浙江省数字设备产业消耗本部门的产品较多，直接消耗系数达到了0.2449，数字设备产业每产出10 000元最终产品，对自身的直接消耗值为2449元；浙江省数字产品产业也是对本部门的直接后向关联最大，说明浙江省数字产品产业同样是对本部门产品的直接消耗最多，直接消耗系数为0.1220，数字产品产业每产出10 000元最终产品，对自身的直接消耗值为1220元。

其次，计算浙江省数字经济产业对各经济部门的完全消耗系数如表10-9所示。

表 10-9　浙江省数字经济完全消耗系数表

产业类型	第一产业	第二产业	第三产业	数字创新	数字设备	数字产品
第一产业	0.0824	0.0620	0.0619	0.0127	0.0480	0.0315
第二产业	0.8668	1.8516	1.0481	0.2201	2.0696	0.9911
第三产业	0.1395	0.2159	0.3009	0.0659	0.2352	0.3761
数字创新	0.0025	0.0061	0.0065	0.0585	0.0063	0.0043
数字设备	0.0084	0.0250	0.0165	0.0183	0.3432	0.1208
数字产品	0.0038	0.0058	0.0138	0.0175	0.0082	0.1441

从表10-9我们可以看出，浙江省数字经济产业对所有产业部门的完全消耗系数均大于直接消耗系数。与直接消耗系数相同的是，与数字创新、数字设备、数字产品完全后向关联最大的仍是它们自身，说明浙江省数字经济消耗的大多是自身的产出，即浙江省数字经济产业对自身的发展有较强的完全需求拉动作用。其中，数字创新产业对自身的完全消耗系数为0.0585，数字创新每产出10 000元最终产品，对自身的完全消耗量为585元；数字设备对自身的完全消耗系数为0.3432，数字设备每产出10 000元最终产品，对自身的完全消耗量为3432元；数字产品产业对自身的完全消耗系数为0.1441，数字产品每产出10 000元最终产品，对自身的完全消耗量为1441元。

三、浙江省数字经济的波及效应分析

浙江省数字经济的波及效应分析展现的是数字经济产业在浙江省经济发展中的地位和作用，用影响力系数和推动力系数来衡量。影响力系数体现了某一部门对经济发展的需求拉动作用，用完全需求系数矩阵进行计算。推动力系数体现了某一部门对经济发展的供给推动作用，用完全供给系数矩阵进行计算，综合体现了前向关联的大小。浙江省数字经济产业中的数字创新、数字设备和数字产品对浙江省经济发展的影响力系数和推动力系数如表10-10、表10-11所示。

表 10-10　浙江省数字经济产业影响力系数

数字经济产业分类	影响力系数
数字创新	0.4663
数字设备	1.2422
数字产品	0.8931

表 10-11　浙江省数字经济产业推动力系数

数字经济产业分类	推动力系数
数字创新	0.4954
数字设备	0.9309
数字产品	0.4910

由表10-10可以看出2017年浙江省数字创新、数字设备、数字产品对浙江省经济发展的影响力系数分别为0.4663、1.2422、0.8931，只有数字设备的加权影响力系数大于1，说明数字设备对浙江省经济发展的影响力大于综合平均影响力，作为数字经济产业的一个重要组成部分，数字设备对浙江省经济发展有较强的需求拉动作用；而数字创新和数字产品的影响力系数均小于1，说明浙江省数字创新、数字产品的影响力均低于综合平均水平。其中，数字产品的加权影响力系数为0.8931，和综合平均水平比较接近；数字创新对浙江省经济发展的加权影响力仅为0.4663，对浙江省经济发展的需求拉动较弱，说明浙江省在数字创新方面能力较弱。

由表10-11可以看出2017年浙江省数字创新、数字设备、数字产品对浙江省经济发展的推动力系数分别为0.4954、0.9309、0.4910。其中数字设备对浙江省经济的加权推动力系数最大，达到了0.9309，但是仍然小于1，即推动力水平低于综合平均水平。数字创新和数字产品的加权推动力系数仅为0.4954和0.4910，说明浙江省数字创新和数字产品对整体经济发展的推动力较弱。

综合来看，无论是影响力系数还是推动力系数，浙江省数字经济产业中数字设备都是最大的，即其对浙江省经济发展的推动力和拉动力都是三者中最大的。简单来说，浙江省数字设备已经比较成熟，对浙江省经济的发展有较强的推动和拉动作用；数字创新无论是影响力系数还是拉动力系数均较小，说明浙江省数字经济产业创新能力还存在不足，对浙江省经济增长的推动和拉动作用均有限。数字产品的影响力系数和综合平均水平接近，推动力系数和数字创新推动力系数相近，说明浙江省数字产品发展不够成熟，其对浙江省经济法推动和拉动作用仍有上升空间。

第四节　研究结论和启示

一、研究结论

本章基于2017年浙江省投入产出表，编制了2017年浙江省数字经济投入产出表，定量分析了浙江省数字经济的关联效应（前向关联与后向关联）及波及效应，进一步展现了数字经济对浙江省经济发展的带动作用。本章的重要结论如下。

第一，从产业之间关联性的角度分析，不难发现浙江省数字经济产业的产品直接或间接地被分配到浙江省各经济部门的生产中作为生产要素，其中第三产业和第二产业成为数字经济产业产品被投入的主要流通去向，从而使浙江省第二产业和第三产业数字经济水平高于第一产业；流向第一产业的产品相对较少；同时，浙江省数字经济发展过程中所消耗的生产要素主要来自第二产业和第三产业，对第二产业和第三产业的依赖程度较大，对第一产业的依赖程度相对较低。数字经济与第二产业的经济联系中，间接联系占有较高的比重，从而使得浙江省数字经济产业和第二产业之间完全关联程度与直接关联程度相比有显著提高，另外、浙江省数字经济对整体经济的前向供给推动作用高于后向需求拉动作用。

第二，浙江省数字经济产业中，仅有数字设备的加权影响力系数大于1，说明浙江省数字设备对浙江省经济发展有较强的拉动作用。数字创新和数字产品的影响力系数均小于1，说明浙江省数字创新、数字产品对于浙江省经济的拉动作用较弱，其中数字创新影响力系数最小，说明浙江省数字创新能力有待加强。

第三，浙江省数字经济产业中，数字设备、数字产品、数字创新推动力系数均小于1，其中数字设备推动力系数接近于1，说明数字设备产业对浙江省经济的推动作用接近综合平均水平，而数字创新和数字产品推动力系数均明显小于1，说明浙江省数字创新和数字产品对浙江省经济的推动作用相对较弱。

二、研究启示

第一，加强数字经济产业和其他传统行业在深度和广度上的全面融合，提高数字经济对浙江经济发展供给推动能力和需求拉动能力，充分发挥数字经济产业在经济发展中的优势。在第一产业领域，应促进农村互联网的普及，推动农村电子商务的发展，提高互联网在农村农业中的应用；在第二产业领域，应加速推广工业互联网平台，推动数字经济产业在制造、管理等环节的渗透；在第三产业领域，应提高营销、服务的智能化水平，实现数字化、智能化发展，从而促进经济长期稳定增长。

第二，加大数字经济创新的投入，提高持续发展能力。根据分析结果可以看出，浙江省数字经济创新能力存在明显不足，持续发展能力是浙江省数字经济协调发展的重中之重，因此提高数字经济创新能力，实现可持续高质量发展尤为重要。首先，政府应出台相关政策吸引更多高端人才投入数字创新的建设，并设立奖励机制，提高高端技术人才的福利；其次，高校应加大高端人才的培养力度，提高学生的实际动手能力；最后，企业应定期组织高端技能人才培训，提高数字化水平。

　　第三，在浙江省数字经济产业的优化转型升级中，提高对数字经济服务业的重视和扶持力度，优化浙江省数字经济供给结构。目前浙江省数字经济产业主要针对消费型服务，面向第一产业的数字产品相对较少，政府应出台相应政策进行协调和转型，引领一部分企业研发应用于农业、农村的相关技术，并给这部分企业一定的税收优惠，降低数字企业向农村转移的成本，深化浙江省数字经济在农业、农村中的应用，深入推进数字化转型，以此加强浙江省数字经济的全面协调发展。

　　第四，加强政策引导，推动数字经济健康良性发展。数字经济是知识密集型、技术密集型经济，对公共基础配套设施和政府政策引导依赖程度高。密集型产业空间聚集度能够为知识与技术的流通创造便利，进一步吸引更多资源涌入，形成正反馈效应。通过企业之间的相互竞争能够创造更加有利于知识创新的平台。为此，政府应当扮演好掌舵人角色，以产业关联度为依据，科学合理地划分产业集群区，明确相关产业园区规划布局和功能定位，鼓励、支持和引导建立各类电子信息产业园区，不断加大政策对数字经济的倾斜，优化产业集群发展环境，促进数字经济科学发展。

第四篇　数字经济促进产业结构转型升级的对策研究

第十一章 国家信息领域核心技术设备发展战略对策研究

近年来，我国信息化发展迅速，网民数量一直居于世界首位，2013年我国电子交易额占全社会零售总额比例达到8.2%，超过美国跃居世界首位，我国成为名副其实的网络大国。然而，我国却远非网络强国，时刻面临着来自网络强国特别是美国的网络安全威胁。确保网络安全的最有效手段是发展自主可控的信息技术和产品，当务之急是优先发展信息领域核心技术设备，并通过这些核心技术设备保障国家的核心信息安全。核心技术设备是指为摆脱受制于人的局面，从国家安全和长远发展考虑，确保国家基础网络设施、党政军核心系统及关系国计民生的重要应用系统的可持续安全所需的核心技术、产品和装备，以及一些立足于积极防御的关键技术。具体包括基于自主知识产权指令系统的高端通用芯片、传感器芯片、核心芯片的硬件制造工艺和能力、大型网络交换机和高端路由器、基础软件系统类、基于IPv6的网络服务等。

第一节 发展条件分析

SWOT分析法[①]特别适用于激烈竞争环境下的战略选择分析，可以结合我国信息领域核心技术设备发展的内部因素和外部因素，从多方面综合分析各种潜在的政策组合（表11-1），其基本出发点是充分发挥自身优势，抓住机会，克服不足以有效应对威胁，不断提高自身能力和竞争力。

---

① 即据企业自身的内在条件探寻企业的优势、劣势、机会和威胁，以及潜在的核心竞争力的分析方法。S代表 strength（优势），W 代表 weakness（劣势），O 代表 opportunity（机会），T 代表 threat（威胁），其中，前两者是内部因素，后两者是外部因素。

表 11-1　SWOT 的综合分析

外部因素	内部因素	
	优势（S）	劣势（W）
	市场优势； 良好的产业基础； 丰富的人力资源； 政府强烈的发展愿望和强大的投资能力	核心技术设备仍然存在差距； 尚未形成有效协调的产业生态系统； 尚未建立完善的创新体系
机会（O）	SO	WO
新技术和新产品拓展市场潜力； 产业变革创造发展新机遇； "斯诺登事件"带来发展空间	集中国内优势科研力量，增加专项投入，设立发展基金，实现某些核心技术设备产品的突破，加快新一代信息技术的研发； 明确做大政府采购市场，为国内核心技术设备与产品提供可靠的有保障的市场； 建立完善信息产业的科技创新体系，发展更多类似华为技术有限公司（以下简称华为）、中兴通讯股份有限公司（以下简称中兴）等具备国际竞争力的大型 IT 企业	鼓励部分企业在部分核心技术设备领域取得突破； 根据新一代信息技术发展迅速的特点，选准合适领域，实现弯道超车； 选择已经具备相当技术实力的企业如浪潮集团有限公司等，加大行业整合力度，提高综合竞争力； 加强高校在新一代信息技术领域的基础研究，增加技术储备和发展潜力
威胁（T）	ST	WT
美国跨国公司已取得垄断优势； 国外政府加大扶持力度； 安全壁垒阻碍我国企业全球布局	在国内建立一个公平竞争的市场，壮大国内企业实力； 鼓励民族企业加大在美国、欧洲的研发投入，加强技术储备； 鼓励我国 IT 企业开拓非洲、亚洲等地区的市场	与美国跨国公司加强技术合作，跟踪国际最新的技术发展趋势； 可在国内成立合资公司，提升培育人才和管理能力； 加强安全制度建设，将潜在威胁降到最低

　　表 11-1 所列潜在政策，是对当前我国信息领域核心技术设备发展条件进行分析的结果，应该成为我们当前制定信息领域核心技术设备发展战略的方向。

　　从国际比较来看（表 11-2），韩国为我们制定当前核心技术设备发展目标提供了参照对象（表 11-3）。20 世纪 60 年代以来，韩国主要经历了"技术引进—研发能力形成与产业化—自主研发与产业升级—技术赶超—技术产业应用"的历程。而从我国战略目标发展脉络来看，目前我国正处于从研发能力形成到自主研发阶段，下一阶段发展目标要将重点放在技术赶超和形成产业优势方面。

表 11-2　主要国家信息技术和数字产业发展战略目标比较

国家	战略目标
美国	着眼信息技术研究，保持世界领先地位，占领技术研发应用制高点
日本	赶超欧美，建成世界最先进的信息化国家
韩国	通过信息技术发展政策，争取进入"智能型社会"，在此基础上追求社会革新和国家经济发展
芬兰、瑞典、德国	强调信息的社会化建设，注重信息技术的社会化应用

国家	战略目标
印度	世界信息技术的超级大国，全球最大的软件开发生产基地
新加坡	通过信息通信技术，提高国家竞争力
菲律宾	建成亚太地区知识中心，成为信息和知识应用领域的领导者

表 11-3　韩国信息技术和信息产业战略目标演变

时期	战略目标
20 世纪 60 年代	促进企业引进外国技术，形成韩国经济发展的技术基础结构
20 世纪 70 年代	促进研发能力的形成，以推动韩国重工业化发展
20 世纪 80 年代	强化产业技术的自主研发，促进技术密集型 IT 产业发展，推动产业结构升级
20 世纪 90 年代	在 IT 等关键领域赶超发达国家，全面促进韩国国际竞争力提高
2000 年以来	力圆"世界信息产业强国梦"，构建"无处不在"的信息社会

第二节　信息领域核心技术设备发展对策

信息领域核心技术设备的发展具有特别的规律，我们不能再沿用传统的计划思维和发展大型基础设施的做法去规划IT产业发展道路，而是要基于开放竞争的态度，克服我国在集成电路产业长期走"计划经济+国有企业+封闭发展"的老路带来的弊端。为此，一方面，要清除各类阻碍IT产业发展的体制机制障碍，充分发挥市场机制的作用，大力调动民营IT企业参与国防建设的积极性；另一方面，互联网和IT本身是一个无法回避的开放的国际竞争环境，我国信息领域核心技术设备产业必须基于这个环境才能得到真正的发展并切实保障国家信息安全。"开放、竞争、市场驱动"才是发展我国信息领域核心技术设备的必然选择和必由之路。

一、加强部门协调，打破行业壁垒

建立部委联席会议制度，定期研究和协调相关重要事项。组建信息领域核心技术设备发展战略专家委员会，增强发展的科学性、预见性。应该明确要求将信息领域核心技术设备作为国家优先发展的战略领域和保障国家安全的重要内容，为此应该打破行业壁垒，加强顶层设计，制订出台"信息领域核心技术设备研究开发计划"。

二、加强需求侧管理，改善发展环境

（一）明确重点应用领域及应用次序

通过政府采购等手段，率先在党政军部门推广应用国产化的信息领域核心技

术设备。待技术水平和应用推广模式逐步成熟后，再向战略行业和部分敏感领域推开，这些行业和领域包括金融、电信、交通、能源等行业，以及涉及公众安全的城市公共基础设施领域等。

（二）完善政府采购政策，为国产信息安全产品提供有保障的发展空间

一是完善信息安全产品政府采购政策。建立健全政府部门和财政出资的重大工程信息安全产品招标采购办法，鼓励采购自主信息安全产品。二是建立健全信息安全产品首台套重大技术装备政策。对首台套和示范项目给予减免税等支持。三是充分发挥国防领域的信息安全技术与产品的准入、采购政策对支撑我国信息领域核心技术设备行业发展的促进作用。

（三）加强国防和民用科研机构的横向协作，清除民营企业进入国防 IT 市场的障碍

在国防IT研发与产品采购市场、国防信息化建设领域，一定要更新观念、创新思维，不能再沿用已有的计划思维和封闭观念，要大胆地采用市场手段，积极引入民营高科技企业。

在科研项目立项、研究开发和成果转化各个环节实现军民企业和科研机构公平竞争、积极合作、共同参与，形成公平竞争的技术转移激励机制，促进先进、适用技术在国防和民用市场的应用与产业化。鼓励国防科研院所与非国防科研院所开展合作研发、技术转让等多种形式的合作。清理相关法律法规，消除民营企业参与国防科研生产的法律障碍，合理降低国防IT市场准入门槛。

三、完善自主创新体系，有序推进国产替代

（一）改革创新体制，强化政企联合创新，构筑多层次的核心技术设备国家创新体系

扶持大学及研究机构对核心技术和设备的研发，重点加强对信息领域共性技术的支持。鼓励企业建立研发中心，调动中小企业积极性，建立协同创新体系。鼓励产学研合作，促进科研成果转化。改革创新体制，破除制约创新的体制性障碍，创造利于创新的生态环境。充分发挥企业创新主体的作用，重点加强政府和企业的创新合作，强化联合创新。

（二）加大信息安全领域基础研究、前沿技术和关键共性技术研究投入

着眼于当前和未来信息领域科学技术发展的需求、国家科技计划和重大专项等，加大对基础研究、前沿技术研究以及关键共性技术研究与开发的投入，为高端技术突破和产业升级提供有力支撑。

　　信息领域基础研究是实现加强技术储备、增加发展潜力、实现弯道超车的动力源泉，为此必须加大基础研究方面的投入，充分发挥高等院校在信息领域基础理论研究方面的基础性作用，不断开拓对新兴、未知领域的研究。

　　科研机构应作为科学研究的集成平台，重点从事以项目为导向的基础研究和应用研究及其技术集成工作。前沿技术研究要从市场需求出发，技术路线和发展方向由市场选择。关键共性技术研究要以企业为主体，发挥龙头企业的引领和带动作用，组织高校和科研机构等相关单位参与合作研究。

（三）稳步推进产品有序替代，积极推动核心技术设备的国产化

　　对于自主可控的信息设备，稳步推进其对国外产品的替代。建立核心技术设备的检测评估体系，重点开展功能、性能检测，评估国产化替代能力，在重点领域有序开展国产技术设备替代工作。

四、不断改善人力资源，充分利用全球高端人才

（一）加强信息领域核心技术设备相关的人才培养

　　扩大高校相关专业本科生、硕士研究生、博士研究生招生规模，增加教育经费。加强对高层次学历人才的培养，在高校、科研院所与大型企业增加相应的博士后流动站数量。加大IT专业技能培训与信息化人才教育培训投入，鼓励和支持企业的相关培训活动。选派高校、科研院所与大型企业专业技术人员赴发达国家交流、学习信息领域核心技术设备相关专业知识和技能。

（二）大量引进高素质、复合型、高学历人才

　　加强高素质、复合型、高学历人才的引进和利用，为人才发展创造良好条件，建立有效的激励机制，大力吸引海外高层次人才回国（来华）创新创业。加快实施信息领域核心技术设备高端人才的引进计划。从财政、税收等方面给予信息领域核心技术设备相关的高端人才更多优惠政策。

（三）加大海外高端人才利用力度

　　鼓励和支持高校、科研院所等与国外相关机构加强合作，设立联合研发机构；鼓励和支持大型IT企业设立海外研发机构。

五、构建产业协同体系，加快发展龙头企业

（一）构建协同发展的产业生态系统

　　促进全产业链协同发展。以资本为纽带推动资源整合和产业融合，加快形成一批掌握核心技术、创新能力突出、国际竞争力强的跨国企业，促进中小企业向

"专精特新"方向发展，与大企业分工协作，建立合理有序的产业体系。发挥行业协会、产业联盟和政府机构的作用，将业界的创新能力整合成合力，形成共享"专利池"。

（二）利用产业集群优势

充分发挥产业集群作用，实现集约化、集聚化发展，选择中关村等优势园区，推动信息领域核心技术设备行业的集群式发展，形成规模优势，提升国际竞争力。中央统一规划，集中优势资源，形成相互支援、相互依存的专业化分工网络，培育信息领域核心技术设备产业集群。

（三）加快发展龙头企业

围绕核心技术设备的创新发展战略，引导和推动企业联合或重组，优化资源配置，增强企业竞争力，培养和壮大掌握核心技术的龙头企业。支持龙头企业塑造核心产品品牌，提升其产品的国际竞争力。

（四）设立产业发展基金，大力培育科技创新型中小企业

发挥各类科技园区和工业园区的孵化作用，大力培育信息领域核心技术创新型的中小企业。设立核心信息技术设备产业发展基金，充分发挥风险投资和资本市场的作用，积极培育创新型中小企业。

六、实施开放竞争战略，实现多元合作共赢

（一）引进与创新并重

加强国际合作，强化核心技术和设备的引进、消化、吸收和再创新，在引进的基础上自主开发并掌握核心技术，逐渐向自主创新过渡，形成具有特色和品牌的技术及产品。

（二）加快信息通信产业"走出去"

利用中国出口信用保险公司、国家开发银行和中国进出口银行的政策性贷款，金砖国家新开发银行和亚洲基础设施投资银行等的政策性资金鼓励中国企业、中国技术在亚非拉新兴市场形成规模、形成优势，为国内核心技术设备研发提供良好的应用基地，创造国际市场需求。

（三）广泛开展国际对话与交流合作

大力支持国内IT企业和行业协会参加国际IT交流与合作，强化我国在国际技术标准建设中的地位和作用，使更多我国研发的技术成为国际行业标准。

七、建立严格管理体系，健全监管审查制度

（一）构建面向应用的核心信息技术设备评价体系

在考虑设备基本性能指标的基础上，从兼容性、高可用性、耐用性、可维护性等指标来评估设备的应用前景，构建完整的、面向应用的核心信息技术设备评价体系。核心信息技术设备要与存储设备、大型数据库、基础操作系统具有兼容性，同时适应重点行业的高可用性要求，并通过延长核心技术设备的设计使用寿命来提高耐用性，通过完善配套管理软件满足在线远程维护、动态维护等要求。

（二）建立针对国外产品的安全审查与检测制度

建立信息领域核心技术和设备的安全检测与审查制度。借鉴发达国家经验，加强对国外产品的检测，建立适合我国发展需求的审查与检测体系。建立严格的检测审查标准，尤其是加强对国外进口技术和产品，以及新技术、新产品的漏洞分析和风险评估工作。

（三）发挥第三方安全评测机构的作用

大力发展第三方安全检测机构，以政府购买服务的方式，向第三方机构购买网络产品技术的信息安全服务。鼓励引导第三方机构加强核心技术设备的安全检测、漏洞分析、穿透测试、隐形逃避检测，提升对重要信息系统的安全测试、评估和管控能力；研发终端物理防护、主动防御、系统清洗和反逃逸等关键技术，提升信息系统的基础防护能力。

（四）健全信息安全监督管理制度

进一步加强等级保护工作，推进信息安全风险评估工作，建立有效的审查制度，对能源、电力、金融、航空航天、国防等重要领域应用的核心技术和设备进行有效的审查和风险评估。在关键芯片、操作系统、数据库、网络产品等关键技术和产品领域实施对信息安全所涉环节和整个链条的全程管理，确保全程可控。

八、深化体制机制改革，改善产业发展环境

（一）深化体制机制改革，释放市场活力

继续深化经济体制改革，放宽市场准入限制，释放市场活力，充分发挥市场主体的自主性。灵活运用产业政策，引导国内企业积极参与全球竞争，参与全球产业链分工合作，在激烈的市场竞争中提升竞争力。完善法律与市场规则，严格规范不正当竞争行为。建立反垄断法律体系。维护创新环境，确保公平竞争，尽量减少政府对企业的直接干预。减轻企业的税费负担。

（二）建立健全风险投资体系，优化信息领域核心技术设备发展的资金环境

发挥政府的引导作用，拓宽融资渠道，完善多层次资本市场建设，引导社会资本重点流向核心技术设备领域。积极发展创业风险投资基金，在提供启动基金、营造良好金融环境、健全退出机制等方面提供积极政策。政府资金和社会资金联合设立产业发展和创新基金，采取市场化运作。

（三）以行业普适性政策为主培育和扶持龙头企业，营造有利于创新的制度和政策环境

一个宽松的、有利于企业成长和创新的环境是产业健康发展的关键。根据调研，通信设备制造业的领先企业普遍认为，公平竞争的市场环境比资金扶持和优惠政策更加重要。应充分发挥市场作用，使有能力利用我国技术和人才资源的企业在竞争过程中快速成长。企业需求较大的重点政策包括：建立符合国际规则的产业政策和科技政策、加大知识产权保护力度、降低中小企业创新成本、降低企业"走出去"的政策门槛、打破国有企业垄断、推进检测认证市场化改革等。

第十二章　以信息化促进产业结构转型升级对策研究

第一节　新一轮信息化发展的重要特征

近年来，以物联网、云计算、大数据和移动互联网等为代表的新一代信息技术正在对信息化建设的各个方面产生重大影响，并突出地表现出以下几个方面的特征。

一、围绕信息生命周期，新一代信息技术出现密集的链式创新

2008年之后，物联网、云计算、大数据、移动互联网等新一代信息技术几乎同时密集地涌现出来，出现了历史上从未有过的集群式的科技创新发展局面。这些新兴技术及其产品的大量出现一时让人眼花缭乱，但仔细分析可以发现，这些新技术之间其实存在着内在的逻辑和规律，围绕信息生命周期而有序出现：物联网不仅产生各类结构化数据，更产生各类非结构化和半结构化数据；这些日益多样的海量数据通过移动宽带传输到云计算中心平台，并通过大数据分析技术得以及时发掘、展示其结果；对数据资源的挖掘与处理成为新一代信息技术发展的内在推动力。

二、新一代信息技术降低了信息化发展门槛

传统技术条件下，一个机构要开展信息化建设通常需要建设自己的局域网、机房和数据中心，开发相应的业务系统并设立专门机构对其进行维护，这些都需要花费大量人力、物力、财力。所以，一般的中小企业是难以开展信息化建设的，个人更是无从谈起。

但是，在新一代信息技术的作用下，信息化建设的上述困难在很大程度上都得到了化解甚至是消除，信息化建设和应用的门槛大大降低了：物联网实现了人与人、人与物、物与物之间的信息交流，极大地扩展了信息化应用的广度和深度；云计算技术实现了信息化建设技术、产品、装备与数据资源的全社会共享与高效

利用；大数据技术实现了海量的各类数据资源的实时处理，并将其处理结果简单明了地呈现给用户；移动宽带技术不仅提高了数据传输速度，也突破了传统信息化建设的空间限制。这些技术进步使得信息化建设的各环节都出现了专业分工，从而改变了传统的信息化建设与应用一体化的局面，特别是云计算技术使得企业在开展信息化建设时不用再投入巨资去建设独立的信息基础设施，而是可以租用一些专业技术企业建设和运营的相关基础设施和服务。其综合结果就是，信息化建设的前期投入、技术门槛及日常运维费用都大大降低，这使得中小企业甚至个人都可以轻松地开展信息化业务应用。为此，我们将新一代信息技术条件下的信息化称为"轻装信息化"，这其实就是"互联网+"的本质属性。"轻装信息化"使得"互联网+"成为一种全民参与的信息化。

三、信息化从三个方面更新产业发展面貌

由新一代信息技术武装起来的新一轮信息化，正在对产业结构产生重大而深远的影响，从而颠覆现有的产业发展面貌。这种影响具体表现为以下三个方面。

一是形成新的产业发展领域。物联网、云计算、大数据和移动互联网等新兴技术各自创新发展，形成新的产业发展领域。

二是改造传统产业。传统行业企业应用信息技术进行改造、提升，使得传统产业实现创新发展。这种情况在传统的制造业中表现得尤其明显，制造业信息化的地位变得越来越重要。

三是催生融合性新兴产业。互联网企业应用已经发展起来的互联网平台，从某个关键环节切入传统服务行业，如医疗、物流、餐饮等传统服务业领域，跨界融合成为这些传统服务业实现创新发展的重要途径。

第二节　信息化为促进我国产业结构转型升级
提供新动能

2008年以来，我国紧紧抓住了新一代信息技术创新发展的历史机遇，加强新兴技术在各行各业信息化建设中的应用，为促进中国产业结构转型升级提供了新动能。

一、信息化建设领域发生重大变化，电子商务经济成为信息化发展的主要推动力量

我国信息化建设最早是由电子政务推动的，但是2008年以来我国电子商务一直在加速发展，并向其他行业快速渗透、延伸。我国已成为世界上最大的电子商

务发展大国。当前，我国电子商务经济已经从模仿走上了自主创新发展之路。

电子商务经济改变了传统商贸流通业的发展面貌，此外，由电子商务发展出来的快递物流和第三方电子支付成了促进其他行业创新发展的新型工具和手段，使得我国信息经济开始由消费互联网向产业互联网转变。当前，电商平台、快递物流和第三方电子支付赋予中国经济创新发展以新动力。

二、"互联网+"成为构筑支撑中国产业结构转型升级的信息化基础架构

在推进信息化与产业发展相互融合的过程中，我们不断探索并积累了适合中国经济发展的有效经验，并创新发展了具有中国特色的信息经济发展道路。这体现在企业经营的微观战术层面和国家发展的宏观战略层面上。

就企业经营的微观战术层面而言，"互联网思维"和"线上到线下"（online to offline，O2O）集中代表了我国互联网企业应用信息化改造、革新传统产业的思维方式与实现路径。这些思维和方法使信息化获得了全社会的认同并成为各行各业实现转型升级的思想基础。就国家发展的宏观战略层面而言，"互联网+"成为动员全民力量、调动全社会资源、将整个中国经济快速融入新一轮信息化发展浪潮的重大战略。

"互联网+"应该是基于物联网、云计算、大数据、移动互联网条件下的新一轮信息化。与传统信息化不同，"互联网+"在基础设施、业务架构设计、信息资源产生与处理、应用方式、参与主体等诸多方面都发生了根本性的改变，极大地降低了信息化建设与应用的技术门槛、建设成本与运维支撑条件，使得中小企业甚至个人都可以轻而易举地参与其中。对于应用信息化的企业和个人来说，"互联网+"其实就是一种"轻装信息化"。因此，"互联网+"不仅是我国为应对第三次工业革命而提出的一个宏伟战略规划，也是经济新常态下实现中国产业结构转型升级的一项具体行动计划；不仅是工业信息化，更是三大产业的全面信息化。

无论是"互联网思维"和"O2O"，还是"互联网+"，都集中体现了我们探索信息化与中国经济融合发展的创新成果，表明我们已经找到了推进中国经济转型升级的成熟的信息化发展模式。

三、信息化与中国制造业的融合发展，催生了一批具有国际竞争力的 IT 创新企业

2008～2018年，我国涌现了以腾讯、百度、华为、中兴等企业为代表的、具有国际竞争力的一批IT创新企业。这些企业的最大特点就是充分发挥自身的信息

技术优势，从不同角度融入中国经济，推进中国制造业创新发展，并在这种发展中不断壮大。这些企业群体将继续为落实"互联网+"和"中国制造2025"战略做出重大贡献。

当然，在应用信息化促进中国产业结构转型升级的过程中，我们也相应地面临不少问题。例如，在新一代信息技术的核心技术领域，我们仍然处于跟随地位，面临受制于人的风险；互联网行业的"泛娱乐化"趋势明显，"泛娱乐化"吸引并挤占了国内主要的IT和信息化建设人才、资源，不利于实体经济特别是工业制造业的信息化建设；在一些重点行业，垄断局面日益明显，阻碍了一些行业和领域的创新发展；电子商务市场秩序有待规范，一些问题如假冒伪劣、信用缺失等长期得不到有效解决。这些问题不仅影响了信息化的深入发展，也给国民经济和社会发展带来了潜在威胁，只有有效地解决了这些问题，信息化对于中国经济转型升级的促进作用才能得到充分发挥。

第三节　信息化促进中国产业结构转型升级的重点任务

进入新发展阶段以来，国内外经济形势仍然严峻，中国产业结构转型升级的压力进一步加大，为此国家将从需求管理和供给侧结构性改革两个层面协同推进各项改革。当前，信息化已经完全融入国民经济和社会发展的各个层面，无论是需求管理还是供给侧结构性改革，都离不开信息化的支撑。我们必须在当前信息化发展的基础上，整合各类资源，加强政策引导作用，不断优化发展环境，使信息化的基础性作用转化成为促进中国产业结构转型升级的推动力量。

一、丰富完善"互联网+"的系统架构，整合国家信息化建设资源

当前国家已经有了诸多的信息化发展计划和方案，像电子政务、电子商务、智慧城市、信息惠民、数字消费、宽带中国等，以及2015年与"互联网+"几乎同时推出的"中国制造2025"。但是，这些计划存在着规划重叠、分工不清、缺乏统筹等问题。为此，需要加强顶层设计，其基本思路是，进一步丰富完善"互联网+"的系统架构，明确"互联网+"在实施新时期国家信息化发展战略中的中心地位，将这些独立分散的信息化单项计划统一构建在"互联网+"的系统架构中，以便统筹国家信息基础设施和大数据建设，协同推进各行各业的"互联网+"行动计划。

二、创新发展模式，走出一条具有中国特色的新型工业化发展道路

"中国制造2025"要在与德国"工业4.0"和美国"国家制造业创新网络"的战略竞争中取得成功，关键在于创新发展模式，找到一条切实可行且行之有效的、

具有中国特色的新型工业化发展道路。"中国制造2025"的成功，不仅在于智能制造本身，更在于工业制造业之外。一方面，"中国制造2025"需要突破传统制造业藩篱，应用互联网思维实现跨企业、跨行业的融合；另一方面，需要克服"泛娱乐化"对IT和信息化人才与资源的"虹吸"困境，使得"中国制造2025"能够获得更多的技术、人才与市场的支持。

当前，以化解过剩产能为重要内容的供给侧结构性改革，为"中国制造2025"提供了有利时机。为此，一方面，要鼓励和支持上下游企业加强协作，基于产品的设计、生产、物流、销售、服务的全生命周期构建完整的产业价值链，为传统企业开展智能制造提供基础条件；另一方面，更要鼓励和支持互联网企业积极参与传统制造业的兼并重组，加强IT与信息化技术、电子商务平台与传统产业的深度融合。

三、构建新型市场治理体系，促进电子商务经济持续健康发展

当前，我国电子商务已经进入了一个新的发展阶段，一方面我国的电子商务规模已经达到全球最大，另一方面我国的电子商务遇到了诸多发展瓶颈。今后一段时期，需要从加强需求管理、提高全社会产品消费品质、加强治理体系建设等方面进行规范、升级，实现电子商务经济的持续健康发展。

加强平台治理，赋予电商平台更多管理职责。电商平台已经成为政府、市场、第三方（非政府机构）之外的第四方，正在承担部分公共管理功能，因而有必要构建政府、市场、第三方与作为第四方的电商平台之间的电子商务新型治理体系。电商平台在进行市场开发时，必须同步建立和完善相应的监督管理机构，逐步承担部分公共管理和服务职责；而政府则要从对入驻电商的日常监管转移到对电商平台企业的监管上来。

（一）加强标准规范建设，完善市场交易秩序与环境

第一，加强标准规范建设。重点是建立和完善有关商品编码、信用管理、资质认证管理、质量标准、交易规范、售后服务、纠纷处理等方面的标准、规范。

第二，加强对电子商务市场秩序的管理。一是进一步加强对电子商务市场秩序的监管，规范平台企业之间的市场竞争行为；二是通过立法，建立电商平台之间的互联互通与资源共享机制，扩大平台的社会开放性。

（二）加强对平台企业大数据的宏观统计功能的利用与管理

大数据分析技术使得企业、个人的商业秘密和隐私日益暴露在各类平台中，给整个社会带来问题甚至是潜在威胁。这些数据已经充分地显示出某种公共属性，能够反映全社会政治、经济与社会运行的各个层面的信息。在大数据分析技术的

作用下，这些平台上的信息蕴含的公共价值可能远远超过了原来统计部门的宏观统计功能。为此，今后要通过加强立法，对互联网企业采集、加工与应用这些宏观、微观数据加以规范，逐步将其纳入国家统计服务范畴并服务于国家宏观与行业经济分析、预测、管理。

（三）促进跨境电子商务发展

今后，要围绕服务国家"一带一路"倡议、加强国际产能合作等方面，制订跨境电子商务发展规划，重点克服通关、跨境物流与支付国际化等方面的障碍，使中国电商平台成为集聚国际各类产品与服务的全球交易平台。

四、坚持宽容理念，平衡各方利益，促进融合性新兴产业有序发展

"互联网+"将在各行各业催生一批类似于"网络约车"、互联网电视的融合性新兴产业，这些产业的最大特点就是完全以新一代信息技术为基础构建发展平台，突破地域甚至是国界限制，并深刻地融入一个甚至是多个传统产业。融合性新兴产业具有成本低、扩展快、生命力强等诸多特点，能够提供个性化定制服务，因而具有极强的市场竞争力，但是这也给传统行业带来了直接的利益冲突和挑战。

为此，需要充分认识融合性新兴产业发展的客观趋势，并以发展的眼光宽容对待利益冲突，不应该在发展初期就因为一些问题而将其一棍子打死，要采取"边发展、边治理"的原则，在发展中逐步解决问题。与此同时，改革那些与新技术发展不相适应的制度规定，让更多的人享受到融合性新兴产业发展带来的技术红利，从而尽可能地化解矛盾、减少冲突。

五、夯实发展基础，为信息化促进中国产业结构转型升级提供综合保障

这里的综合保障应该包括3个方面。

首先是技术保障。关键是要通过加强新一代信息技术领域的研发与创新，实现国家在信息领域核心技术设备上的自主可控。这包括4个方面的内容：一是要克服长期以来我们在核心芯片、高端服务器、高端存储设备、数据库和中间件等领域的技术瓶颈，实现自主保障；二是在云操作系统、工业控制实时操作系统、智能终端操作系统领域加强研发和应用；三是要加快在人工智能核心技术领域的突破；四是建设促进新一代信息技术和信息化发展的自主创新体系。

其次是设施保障。一方面，要全面深入地实施"宽带中国"战略，加快完善无线传感网、行业云及大数据平台等新型应用基础设施，打造国际领先的信息基础设施；另一方面，要建立智能制造、智能电网、智慧城市等领域的基础性共性标准和部分关键技术标准的研制与推广应用。

最后是制度保障。关键是要为信息化促进中国产业结构转型升级营造有利的支撑发展环境。这包括以下4个方面的内容：一是加快政府数据的开放共享，建立统一的社会信用支撑体系，强化知识产权战略，加强智力资源体系建设；二是强化财税支持，提供便捷高效的金融服务；三是加强法律法规建设，要在一些融合性新兴产业的立法方面取得突破；四是加强关键领域重要信息系统的安全保障。

第十三章　电子商务经济促进中国产业结构转型升级对策与建议

第一节　电子商务与电子商务经济：概念与框架

一、电子商务的概念与类型

目前的电子商务概念来自IBM公司。1996年，IBM公司提出了电子商业（electronic commerce，e-commerce）的概念，认为e-commerce是企业与其业务对象在贸易过程的各个阶段都应用信息化手段。1997年，IBM公司又提出了电子商务（electronic business，e-business）的概念，认为e-business是企业通过互联网等电子工具，与供应商、客户和合作伙伴之间共享信息，实现企业间业务流程的电子化，并通过企业内部的电子化生产管理系统，提高企业的生产、库存、流通和资金等各个环节的效率。前者强调企业与其他企业之间的贸易过程电子化，与企业内部业务流程并不强求协同；而后者则不仅要求企业与其他企业之间的贸易过程实现电子化，还要求其与企业内部的业务信息系统实现某种程度的协同甚至是一体化。可见，e-business的内涵要比e-commerce来得更加广泛，因此，人们将e-commerce看作狭义的电子商务，而e-business则被看作广义的电子商务。目前，狭义的电子商务受到人们的普遍认可，如联合国国际贸易程序简化工作组对电子商务的定义就是采用狭义电子商务的基本内涵。

电子商务可以基于不同的分类标准划分为不同的类型。例如，按照商业活动的运行方式，我们可以将电子商务分为完全电子商务和非完全电子商务；按照商务活动的内容，电子商务主要包括间接电子商务（有形货物的电子订货和付款，仍然需要利用传统渠道如邮政服务和商业快递车送货）和直接电子商务（无形货物和服务，如某些计算机软件、娱乐产品的联机订购、付款和交付，或者是全球规模的信息服务）；按照使用网络的类型，电子商务可以分为基于专门增值网络（value added network，VAD）的电子商务、基于互联网的电子商务、基于内联网（Intranet）的电子商务；按照交易对象，电子商务可以分为B2B，B2C，企业对政府电子商务（business to government，B2G），消费者对政府电子商务（consumer to government，C2G），消费者对消费者电子商务（consumer to consumer，C2C），代理商、企业、消费者三者相互转化的电子商务（agent、business、consumer，ABC）等。

二、多维度认识电子商务经济属性

上述有关电子商务的定义形成于1996年，当时的电子商务发展尚处于雏形，不仅相对简单，而且很多的属性、特征和业态都远未得到明显的显露，甚至还不具备产业属性。其中竟然没有电商平台的角色，而就目前的情况来看，电商平台在电子商务发展中正发挥着核心的作用。因此，我们实际上难以从这些定义中去探寻当前我国电子商务经济的复杂内涵及其庞杂的相互关系。要深入认识当前我国电子商务经济的具体属性，必须结合以下几个方面的具体情况。

（一）信息化

作为信息化重要组成部分的电子商务，在不同国家，其发展路径存在些许差异。在美国，互联网首先应用于电子商务，并通过电子商务的发展，促进政府信息化建设和电子政务的发展。而在我国，由于企业在开展信息化建设方面存在认识方面的差异，电子商务的发展在初期一直比较缓慢，反倒是政府信息化对包括电子商务在内的国民经济和社会发展信息化起到了龙头作用。在电子政务的拉动下，在整个社会的信息化应用水平得到大幅度提升之后，近年来尽管仍然受到国际金融危机和世界经济低迷的影响，我国的电子商务依然保持快速发展势头，增长速度达到30%以上，电子商务反过来又成为拉动整个社会信息化发展的重要动力。从这里可以看出，电子商务既是信息化发展的一部分，需要得到其他相关支撑，同时也是整个信息化发展的重要基础，电子商务的发展能够有力地促进整个社会信息化水平的提高。

（二）参与主体

上述电子商务定义主要是从产品和服务提供者与需求者的角度去界定电子商务的类型，其中并没有考虑作为电子商务第三方的电商网站的价值和地位。从这些年我国电子商务发展情况来看，电商网站引导着整个电子商务的发展方向，并对实体经济产生相应的竞争与替代作用。电商网站应该被看作电子商务发展的核心。

在电子商务发展初期，其参与主体只有三类——产品服务供给方、需求方及第三方的电商网站，电商网站在其中只是起着信息中介的作用。然而，近年来随着电子商务的深入发展及信息化建设的发展，参与电子交易的对象领域越来越多：先是网页、物流和广告，接着是金融支付，然后就是征信、网络搜索，网络社区在兴起之后也很快投入到电子商务之中，派生出电子商务的"团购模式"。当前，电子商务与传统的物流，以及信息化建设的各个层面融合在一起，其传统的贸易属性正变得日益模糊（图13-1）。

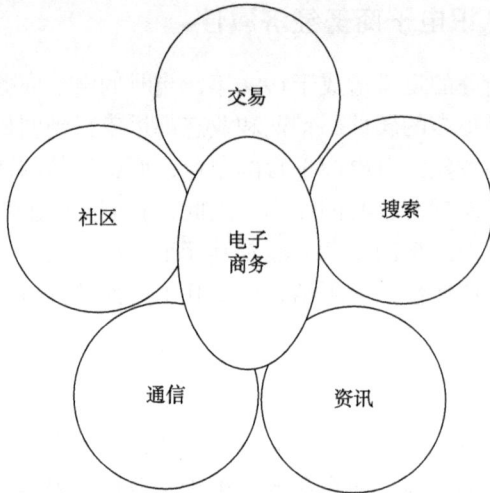

图 13-1　电子商务发展的相关载体

资料来源：上海艾瑞市场咨询股份有限公司 2009 年 6 月的研究报告《艾瑞咨询：中国电子商务发展趋势》

（三）供给、需求

从产品、服务市场来看，我们可以区分其供给与需求关系，然而从电子商务建设角度来看，实际上还存在另一种供给和需求关系：一方面，无论是产品和服务的供给者还是其需求者（B2B、B2C、C2C），都希望通过互联网以电子商务形式实现贸易过程；另一方面，要实现这个贸易过程，不仅需要IT企业提供相应的信息技术支持以建立电商网站，同时需要物流、电子支付、信用管理、电子认证、网络安全等技术和行业的支撑。为此，我们可以将产品、服务的供需双方看作电子商务建设的需求方，而将提供电子商务建设服务的IT企业，以及上述物流、电子支付、信用管理、电子认证、网络安全等企业看作电子商务建设服务的供给方。而就电子商务建设服务的供给情况来看，物流、电子支付、信用管理、电子认证、网络安全、软件服务等每个领域都在呈现日益多样化的服务业态，这成为促进各行业发展特别是传统行业信息化发展的重要基础和支撑手段。我们可以以图13-2表示电子商务建设服务的供给与需求关系。

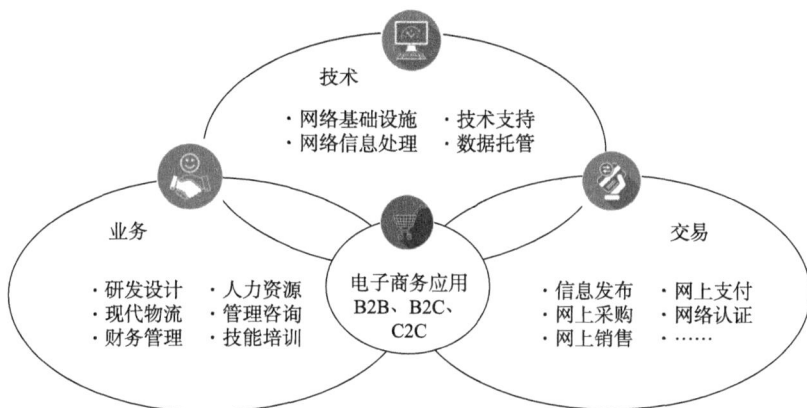

图 13-2　电子商务的供给、需求与业态

资料来源：IDC 2011 年 1 月的电子商务白皮书《为信息经济筑基——电子商务服务业及阿里巴巴商业生态的社会经济影响》

一方面，上述从需求层面去认识电子商务应用有利于加强我们对"两化融合"问题的认识。产品或服务提供者主要是企业特别是中小企业，电子商务的发展将几乎所有的中小企业都迁移到互联网上来，从而直接加速了企业信息化进程。这不仅会促使企业加快建立自己的信息管理系统，而且对于制造企业来说，企业还会将其与生产流程联系起来，从而进一步加速信息化与工业化的融合。

另一方面，上述电子商务建设服务的供给层面有利于加深我们对电子商务的专业化分工及其复杂业态的认识。在电子商务发展初期，很多支撑电子商务的服务项目都规模较小，其独立特性难以体现出来，但是在电子商务规模做大之后，各相关项目也都随之做大并日益专业化，成为一个独立发展、壮大的行业。例如，现代物流业中异军突起的快递业务、电子支付及网络平面广告业务。这些业务既有传统业务如快递，也有新生业务如网络平面广告。这些业务的专业化将进一步带来本行业的规范化发展，并将进一步推进电子商务的整体进步，是未来电子商务深入发展、做大做强并形成其成熟商业模式的基础。

（四）产业属性

我们难以从电子商务的最初定义中发现其产业属性，但是经过上述的供给与需求的分解，特别是在需求层面进一步展开的专业化分工演化及其出现的复杂业态之后，电子商务的产业属性才清晰地显现出来。

在这种情况下，近年来我国学者开始将电子商务建设服务的供给层面的各类专业化分工业态称为电子商务服务业，而将其需求层面看作电子商务应用业。这种认识也在《商务部"十二五"电子商务发展指导意见》（商电发〔2011〕第375

号）中得到应用，该文件将电子商务服务平台、信用保障、电子支付、物流配送和电子认证等作为电子商务服务业发展的主要内容。

从产业分类来看，电子商务本身属于服务业的范畴，是服务业的电子商务部分，是现代服务业的一个重要组成部分。但是，电子商务服务业与服务业的电子商务却有着根本的区别。服务业的电子商务是传统服务业的电子化，是传统服务业利用信息技术的升级形态。电子商务服务业是指伴随电子商务的发展、基于信息技术而衍生出的为电子商务活动提供服务的各行业的集合，是构成电子商务系统的一个重要组成部分和一种新兴服务行业体系，是促进电子商务应用的基础及促进电子商务创新和发展的重要力量。可见，电子商务服务业面向企业和个人，以硬件、软件和网络为基础，提供全面而有针对性的电子商务支持服务，主要包括基于互联网的交易服务、业务支持服务及信息技术系统服务三个部分。电子商务服务业是以电子商务平台为核心、以支撑服务为基础，整合多种衍生服务的生态体系。电子商务服务业的类型及相互关系如图13-2所示。

三、新一代信息技术正在丰富电子商务的内涵

以物联网、云计算、大数据及移动智能终端为主要代表的新一代信息技术不仅将改变IT产业及整个信息化建设的格局，也将给电子商务经济带来重大影响。从发展趋势来看，这些重大影响主要体现在以下几个方面。

（一）物联网与现代物流业

作为电子商务服务业重要一环的传统物流业将因新一代信息技术而得到现代化的改造，即通过网络通信技术改造信息流、物流、资金流，使信息能够实时地向上下游传递，提升供应链的效率，减少库存，提高资金周转率。与此同时，随着网络渗透率的稳步提高，新兴的B2C、C2C商业模式与传统服务业将进一步融合，使得某些传统服务业得以逐渐打破时间、空间区域限制而向更广泛的区域转移。例如，传统服务业中，交通运输、仓储和邮政业属于生产性服务业，但是通过利用新一代信息技术来实现交通一体化，可将其逐渐转化为现代物流业。通过现代化改造的物流业将对批发零售市场产生重大影响，区域性物流中心将得以向广大的中西部地区迁移，促进产品、服务向中西部市场的扩展。因此，借助现代物流业，电子商务将能够有力地改善当前区域经济发展的不平衡局面。

（二）云计算

电子商务的社会化应用给电子商务服务企业带来了极大的压力。首先，近年来电子商务用户数量以百万甚至是千万级规模在海量增长，而且每天的交易订单数量也同样海量增长，这些信息资源既有结构化数据，也有半结构化、非结构化

数据，不能以单一简单的日志形式存储处理，同时，所有这些数据都需要经过清洗、分析、建模、加密、搜索、制作等一系列环节。处理和存储这些海量数据的工作就变得非常重要。其次，在一年当中，全社会的电子商务交易量存在着季节性差异，电商平台为处理高峰时期的交易需要建设庞大的数据中心，但在低谷时期这些资源却被闲置或被低效率地使用。

云计算的出现则为电商平台企业提供了缓解这种资金、资源压力的技术手段。云计算之所以能在极短的时间内就在全球范围内引起普遍的关注，是因为它本身并不仅仅是一项新技术，更是因此而引发的对于所有产业（无论是工业还是服务业）的、全行业的一种革命性经营方式和服务模式的变革。通过云计算技术，电商平台企业不仅可以规模化地提升资源利用效率、减少运营投资从而大幅度降低运营成本，同时还可以吸纳更多电子商务应用企业加入云计算平台，实现电商务平台与商家、消费者合作共赢的产业生态系统。

对于电商平台而言，云计算不仅能够帮助其快速处理海量资源，而且可以将其"匀"给其他企业使用并以此收取合适的费用，以弥补其初期的大量投资及其日常运维成本。

对于众多中小企业来说，这个云计算平台不仅可以为其提供量身定制的业务信息管理系统，而且可以将自身内部的制造业务与电商平台结合，实现企业内部与外部合作伙伴的无缝连接。在这种新的模式下，电子商务平台实际上承担着领头羊的作用，带领、推动后面无数的制造业企业和行业实现创新发展和转型升级。这为真正实现信息化与工业化的融合提供了一条切实可行的技术路径。

（三）大数据

对于电商平台来说，云计算与大数据密切相关。电商平台在长期的经营过程中，积累了大量关于用户的、蕴藏潜在经济价值的数据，这些数据来自电商平台的营销体系、广告推送、捕获系统、销量预测系统、物流配送调用乃至其移动终端。要发现、利用这些海量数据的经济价值，就必须对其进行全面系统的挖掘。然而，从技术上讲，要对存储在云计算中心的这些海量数据进行处理，需要经过清洗、分析、建模、加密、搜索、制作等一系列环节，而所有这些环节都属于整个"大数据"处理的一个流程。

对电子商务而言，大数据处理的应用主要体现在两个方面。首先，是电商平台的综合应用。例如，把握平台自身的宏观数据，即供应商规模、能够供应的产品服务种类、每天的交易规模、供应商与需求者的细分领域及其特征等，从而为自身的综合决策奠定基础；这些数据结果一方面服务于电子商务应用企业，帮其分析市场需求，另一方面也服务于其他电子商务服务业伙伴，如广告、市场调查与分析公司等。其次，大数据将通过广告实现电商平台的产品服务供给者与潜在需求者之间的直接关联，通过这种精准营销减少市场的信息不对称及其社会交易成本。

从长期趋势来看，近年来受到广泛关注的3D打印技术也将对未来电子商务的发展产生深刻的影响，甚至会改变人类社会的产品生产流程、生产者与需求者之间的关系。如果电商平台能够有效地糅合其云计算、大数据与3D打印技术的技术应用，那么就能超越所谓的"量身定制"产品，使消费者提前介入产品的设计、制造阶段，生产者与消费者成为全社会产品价值的共同创造者和利益相关方。

（四）智能移动终端

从近年来的智能移动终端的应用情况来看，电子商务已经越来越成为其撒手锏式的应用，电子商务与智能移动终端相互促进，正在推动整个数字消费市场的快速发展。智能移动终端将对电子商务服务业产生重要的影响，加速其业态的进一步演化。其中，电子支付的变化最值得关注。第三方电子支付将日益从电子商务平台独立出来，成为一项服务于整个互联网与智能移动终端市场发展的基本工具。而电子支付的这种独立性还将进一步向金融领域拓展，从而对金融信息化产生又一轮的深刻影响。

第二节 电子商务经济的基本架构

基于前文所述，要分析当前我国电子商务发展特点，可以从电子商务应用需求、电子商务服务业及相关制度建设层面入手，这些内容共同构成了电子商务经济。同时，作为信息化发展的重要组成部分，电子商务经济正日益成为推进国民经济和社会发展信息化进程、促进数字消费的重要引擎（图13-3）。

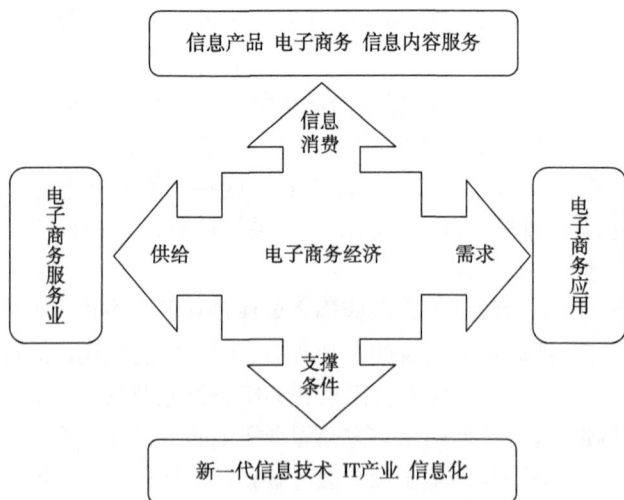

图 13-3 电子商务经济的基本架构

　　图13-3中的电子商务经济的供给和需求，都包含着非常丰富的内容，而这些内容都与当前我国信息化建设特别是电子商务发展现状密切相关，从其需求即电子商务应用来看，更多地与国家对于经济信息化发展的促进政策密切相关，如早期的"企业上网工程"、2007年以来的"两化融合"及当前的企业电子商务化等。从其供给即电子商务服务业来看，已经初步形成了以电子商务平台交易为中心，以物流配送、电子支付、资格认证、IT服务、数据挖掘及其他为支撑，以网络营销、客服外包、运营服务及其他为辅助的电子商务服务业生态体系（图13-4）。

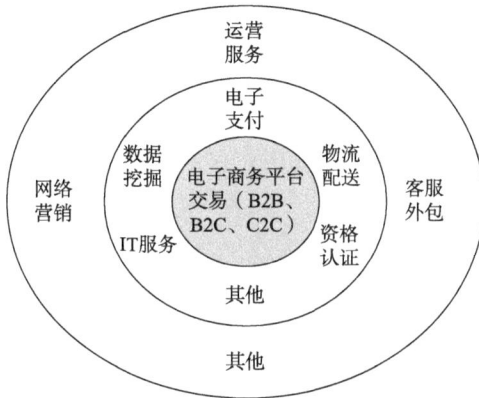

图 13-4　电子商务服务业生态体系

　　为此，将上述相关内容融为一体，就会发现电子商务经济本身构成一个复杂的经济系统，如图13-5所示。

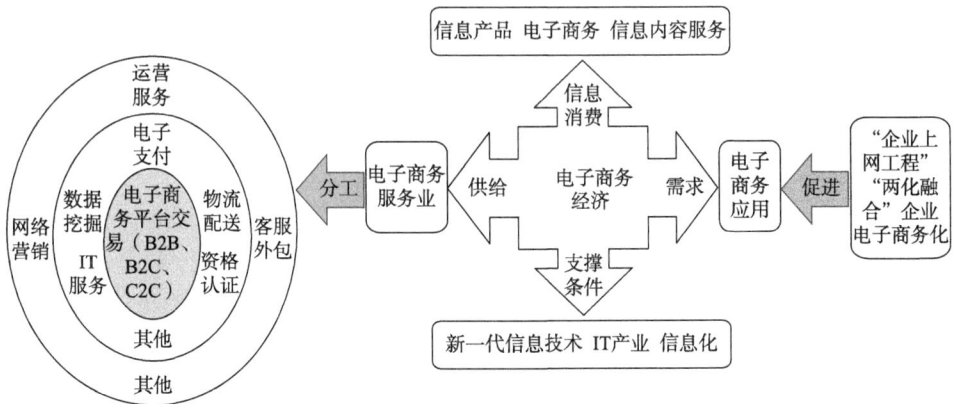

图 13-5　电子商务经济的复杂系统

第三节　电子商务经济促进中国产业结构转型升级

电子商务经济对我国产业结构调整的影响，主要体现在以下几个方面。

一、电子商务服务业直接促进我国现代服务业发展

从电子商务服务业来看，物流配送、电子支付、资格认证、IT服务、数据挖掘、网络营销、客服外包、运营服务及其他几乎都属于现代服务业的内容。即使是最为传统原始的物流配送，无论是从电商平台企业自身搭建的物流系统还是第三方物流来看，也都建立在信息技术业务系统之上，不仅商品本身已经基于二维码、条形码进行了物品编码，而且可以在电商平台实时查询、跟踪商品流通过程，并通过POS机或是事先通过网络银行或第三方电子支付平台进行在线支付。毫无疑问，这些现代服务业将随着电子商务经济的发展而不断壮大，在整个服务业中的比重也将不断提高。

二、电子商务应用加速传统产业创新发展

电子商务经济正在促进传统制造业的各个阶段发生变革。首先，电子商务经济使得制造业的研发呈现出全球化的发展趋势。电商平台让全国甚至是全球同类产品同台亮相，性价比成为网上购物者做出购买决策的重要影响因素。制造业企业必须根据电子商务行情跟踪国内、国际市场产业发展趋势，并进行内部产品研发、设计、制造，从而促使企业能够根据国际市场变化不断调整产品生产方向与行业选择。其次，电子商务促进企业内部信息化转型，升级"两化融合"。多年以来，企业投入大量资金建设内部管理信息系统、生产制造业务流程管理系统等，这些虽然能够提升企业生产制造的整体技术水平，但是同信息化之前相比，企业与市场的供求关系并没有发生显著的变化，企业与市场的联系仍然不够紧密，甚至存在着"企业虽然投入大量IT投资却难以获得更好的经济效益"的情况，这也就是所谓的"索洛悖论"。企业内部信息系统接入电子商务平台之后，企业的生产制造与产品产量进一步与市场联系在了一起，此时市场才算真正地在引导企业的发展方向。特别是基于电商平台提供的大数据分析工具，企业能够及时地根据市场行情变化去生产为消费者量身定做的产品，从而拉动企业的柔性制造进程。电子商务化是企业信息化的"最后一公里"，电子商务化将进一步深化企业信息化发展进程，推动"两化融合"纵深发展，并从根本上扭转当前产能过剩的困境。最后，电子商务促进产业链的优化组合。电子商务（尤其是B2B）将进一步促进上下游企业之间的供求关系，围绕最终产品的生产制造，在整个产业链上优化重组，从而促进产业分工，加速产业集聚，优化资源配置效率。这也

是当前我国电子商务园区发展的方向。

三、电子商务优化产业组织结构，改善产业发展环境

当前，我国的B2B正在向B2C模式转变，同时大型企业的综合自营类网站逐渐向第三方平台发展。在一个大规模的网络平台中，各类规模体量不同的企业都被置于同一市场竞争环境之下，中小型公司能够与集团化、规模化的大公司在同等市场竞争条件下进行比量，因此，一些传统行业如金融、保险行业等所固有的垄断局面就将因为电子商务的进一步发展而被打破。近来有关支付平台的理财产品挑战银行业的现象即是这种趋势的具体体现。总之，虽然近年来我国电子商务经济快速发展，但是主要是体现在电子商务服务业态的快速演进与成型上，而电子商务应用才是未来促进电子商务经济整体优化升级的基础。

第四节　研究结论与启示

一、完善电子商务行业管理体制

基于"简化市场准入，强化业务监管"的思路，建立电子商务监管的部级协调机制，将各项监管职能有机衔接、深度整合，培育统一的电子交易管理体系。处理好政府市场监管职能与电商平台基于自身平台化优势而具备的公共管理功能之间的关系，充分发挥电商平台在规范电子交易市场方面的作用。监管部门与电商平台一起加强交易信用管理，全时监测并有效打击网上违法违规交易行为，及时处理网络交易纠纷，构建可信、安全、便利的网络购物环境。

二、加强电子商务标准规范体系建设

建立与完善电子商务标准化工作组织与机制，开展电子商务标准化的系统研究，制定出台各细分领域的电子商务标准规范，同时，加强电子商务标准规范的试点验证工作。积极参与国际标准化组织或其他机构制定电子商务标准规范相关工作，大力推进电子商务领域的国际交流与合作。

三、加大电子商务基础设施建设力度

积极实施"宽带中国"战略，尽早实现三网融合，为电子商务发展提供便利条件。增强网络覆盖能力，提升宽带接入水平，尤其要提高无线网络、无线通信等基础设施建设水平，在提高网络使用性价比的同时降低资费。逐步整合目前国内基于不同技术标准建立的安全认证体系，建立全国范围内的电子商务安全认证体系。加强农村地区信息基础设施建设，改善上网条件，促进农村电子商务发展。

综合采取财政、金融、税收等方面的支持政策，推进电商平台配套服务体系建设，增强电商交易企业的可持续发展能力和创新能力，充分发挥其对相关企业、产业创新发展的龙头牵引作用。

优化电子商务物流配送体系，鼓励和支持地方在城市规划、仓储设施建设等方面，为电子商务企业提供配套服务，保障开展电子商务所需的仓储配送用地，完善跨区域分拨中心、公共配送中心、末端配送点三级网络体系建设，推动解决物流配送"最后一公里"问题，提高物流配送效率，逐步形成满足电子商务发展需求的物流配送体系。启动农村流通设施和农产品批发市场信息化提升工程，鼓励和支持电商参与农产品流通和农村物流体系建设。引导社会资金投资建设智能物流信息网络，实现制造企业、电商、电子商务服务企业、物流企业的信息共享。

第十四章　数字经济平台治理政策研究：以电子商务平台治理为例

第一节　平台生态化日益成为我国数字经济发展的主要特征

一、我国数字经济进入一个新的发展阶段

经过20年的发展，我国数字经济经历了从简单模仿、重点突破到创新发展的历史进程，当前正进入一个新的发展阶段。从市场规模来看，2016年全国电子商务交易额达到26.1万亿元，网上零售交易总额达到5.16万亿元；实物商品网上零售额4.19万亿元，占社会消费品零售总额的比重为12.6%，美国这一比例只有7.3%；实际上，从2013年开始，我国就开始成为世界第一大网络零售市场。从产业创新发展来看，电子商务带动了诸多相关服务行业的发展并催生了很多新兴业态。围绕电子商务交易，出现了相关的代运营服务、信息技术服务、营销服务、咨询服务、交易培训服务、金融服务、安全服务等衍生服务，以及电子支付服务、物流服务、认证服务等支撑服务。2016年，这些衍生服务和支撑服务都获得了快速发展，支撑服务市场营收规模达到9500亿元，而衍生服务市场规模达到11 000亿元。因此，电子商务成为我国服务业产业结构转型升级的重要推动力量。尤其重要的是，由电子商务发展派生出来的快递和电子支付（第三方支付）成为整个数字经济的基础性工具，也成为中国经济转型升级的革命性手段。当前我国快递业务量已连续3年稳居世界第一，对全球快递业增长的贡献率达到40%；到2016年底，我国第三方移动支付金额达到58.8万亿元，远超美国。从企业发展来看，这些年来电子商务造就了一批大型互联网企业，如阿里巴巴、腾讯、百度、京东等，其中2017年阿里巴巴、腾讯、京东等进入世界500强。这些企业一方面继续引领着我国电子商务的健康发展，另一方面也成为"双创"活动的重要主导型企业，带动众多中小企业创新发展。

因此，当前我国的电子商务产业发展已经远远超越了狭义的网络交易范畴，

而成为一种电子商务经济。这种电子商务经济是以电子商务平台为核心，以电子商务应用需求、电子商务服务业为两翼，以新一代信息技术应用为支撑，包含众多数字消费内容的新型经济生态系统。数字经济是我国电子商务发展到一个相对成熟阶段的表现，也是新一代信息技术在我国经济信息化建设中得到深入应用的结果。数字经济正日益成为促进国民经济和社会发展信息化建设的主要力量。

二、平台生态化是未来数字经济发展的核心

对于我国数字经济的下一步发展趋势，人们有着各种不同的认识和看法。我们可以将这些认识和看法简单地归纳为两个方面：首先是产业互联网。大概从2014年开始，一些人认为，以BAT为代表的电子商务经济是消费互联网，经过10余年的发展，消费互联网已经成熟并顶到天花板了，下一步是往产业互联网发展。他们认为，产业互联网区别于消费互联网，泛指以生产者为用户，以生产活动为应用场景的互联网应用，体现为互联网对各个产业的生产、交易、融资、流通等各个环节的改造。其次是新零售。2016年10月，一些电子商务企业如小米科技有限责任公司（以下简称小米）、阿里巴巴、京东等几乎同时提出了各自的新零售发展战略，并将其看作企业的转型发展方向。尽管大家对新零售尚未形成统一的认识，但综合起来看，所谓新零售是指综合运用云计算、大数据等新一代信息技术，实现线上与线下零售的一体化。产业互联网论者，虽然不希望BAT等继续做大，但其本质上仍然不支持非BAT的电子商务；而新零售论者则着眼于BAT的深化发展，属于"BAT2.0"。所以，产业互联网和新零售的实质仍然是数字经济。

无论是产业互联网还是新零售，都还存在着诸多的问题。除了认识上不够合理和完善之外，两者都还缺乏有效的商业发展模式，仍然处于探索之中。然而，随着互联网经济的深入发展，无论是所谓的产业互联网还是新零售，未来数字经济都将日益呈现一个显著的特点，即平台生态化。

平台生态化包含两个方面的内容：平台化和平台的生态化。在电子商务发展的前半场，企业为获得市场垄断或寡头垄断地位而进行激烈竞争。在这个竞争过程中，企业会根据需要在不同阶段采取不同的竞争策略并最终确立市场垄断或寡头垄断地位（陶涛和李广乾，2015），如图14-1所示。但是，在已经确立市场地位之后，平台企业的市场战略就将相应地发生改变：充分发挥平台自身的市场垄断或寡头垄断地位，鼓励、培育其他市场主体应用其物流、第三方支付等平台工具去构建新的平台，并基于这个新平台去整合各方资源、创新发展新兴业态。由于依托大的平台提供的海量市场规模，这些新平台构建的新兴业态将很快又发展出一个更加专业的产业生态系统。而随着新平台的不断增多，围绕大平台将出现众

多的小平台生态体系，这些大、小平台相互交织在一起，形成一个日益庞大复杂的生态系统。因此，根据上述分析可以发现，所谓产业互联网或新零售的本质驱动力，其实都来自平台的生态化作用。

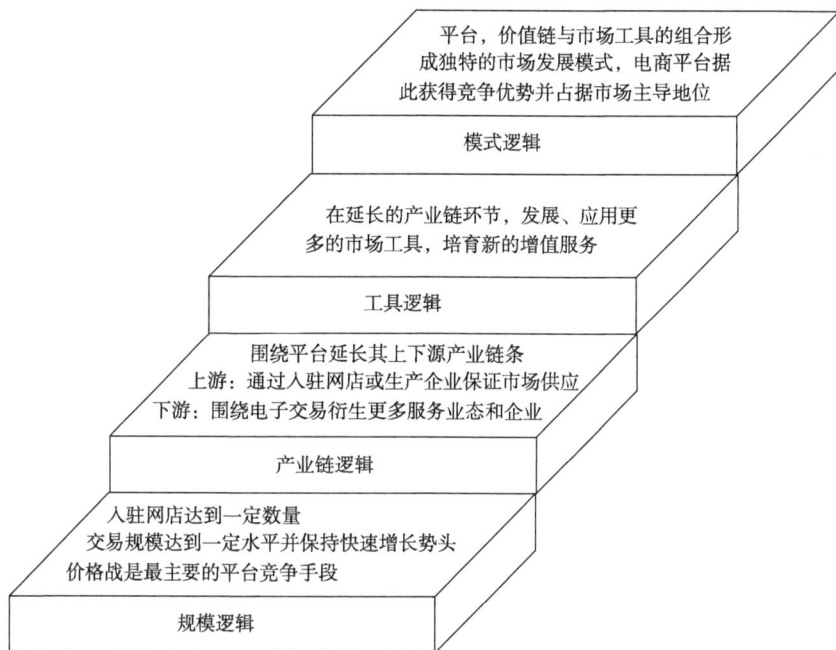

图 14-1　电子商务发展的平台演进模式

　　近年来平台生态化已经对一些行业产生了重大的影响。例如，网约车对传统出租车行业的影响，共享单车对自行车行业的影响等。由于依托BAT平台，无论是滴滴出行科技有限公司（以下简称滴滴）还是北京摩拜科技有限公司（以下简称摩拜），都能够在极短的时间内开拓、覆盖全国市场，并将其他市场竞争对手远远地甩在后面。然而，不同行业的平台生态化对于传统行业的作用和影响差别很大，其政策内涵也各不相同。这点我们通过比较近年来网约车和共享单车行业的政策演变就能一窥究竟。下面我们再通过考拉先生的案例，进一步认识和理解平台生态化给传统的便利店行业带来的颠覆性影响。

第二节　考拉先生与便利店革命

一、考拉先生简介

　　考拉先生创办于2013年。考拉先生充分利用微信平台的引流作用，在综合应用移动支付、大数据分析和精准营销等技术和手段的基础上，构建"智慧店商平台"，为全国类似夫妻店、社区便利店、小卖铺等的无数实体店商提供智能客户关系管理服务。2013～2016年，经过3年的努力，考拉先生已经服务200余个城市的35万实体商家和3000万的消费者，平台日流水3000万～4000万元人民币，在全国同类企业中名列前茅。

二、考拉先生的业务模式

考拉先生的核心技术产品是考拉商圈App或其微信公众号。小型店铺注册登录考拉商圈后，经过验证成为其会员，并利用考拉商圈管理其日常零售业务；顾客到店铺消费时，通过微信进行扫码支付；考拉商圈采集每次交易数据，包括店铺信息、顾客数据、交易商品及其数量等。在沉淀这些交易数据后，考拉先生对这些数据进行分析并提供深度服务，见图14-2。因此，考拉商圈的价值包括3个方面：帮助店铺管理客户，留住老客户、吸引新客户；帮助店铺进行经营分析，为商家改善经营提供决策参考；帮助商家打造自己的互联网营销平台。

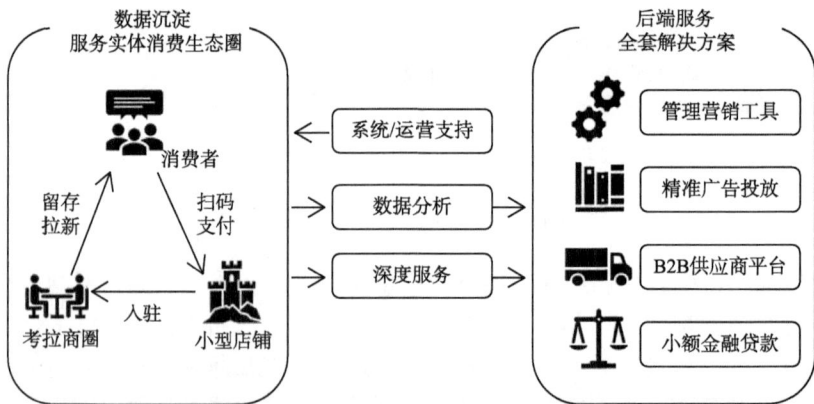

图 14-2　考拉先生业务架构示意图

为了充分挖掘考拉商圈的价值，考拉先生重点从以下两个方面打造自己的产业生态系统：首先是构建考拉先生智慧店商平台。该平台是一种整合了人流、商流、信息流、资金流和物流的一体化垂直移动电子商务服务平台，能够为店铺及其顾客提供全国范围内安全、便捷、实时的商品配送、支付结算、账务管理、资金清算和供应链协同、广告营销服务等。其次是开发"店商经营指数"，为店铺提供一套客观、合理并可实时呈现的市场价值评估体系。"店商经营指数"是依托以店铺交易数据为基础、综合消费者行为和区域经济社会发展数据而构建的算法模型，运用大数据分析手段运行的价值评估体系。此外，为推广考拉商圈及其智慧店商平台，考拉先生还组建了包括城市运营商、店铺业主、各类合作伙伴、创业者等相关各方的考拉大联盟（Koalac Big Association，KBA），如图14-3所示。

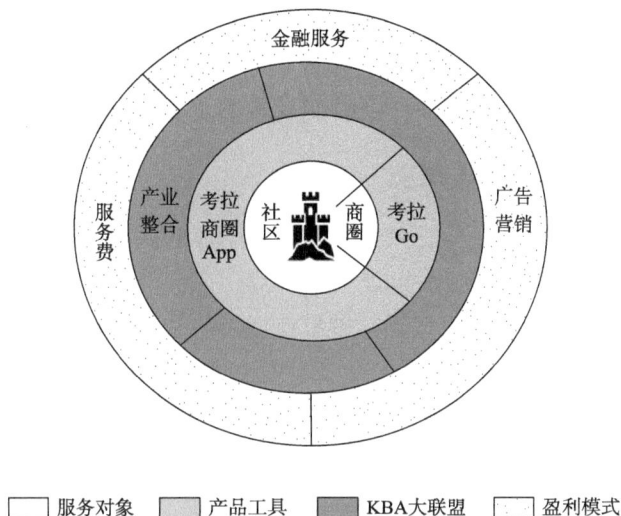

图 14-3　考拉先生以实体店铺为中心的生态圈

考拉先生的平台作用与价值：考拉先生的最大创新就是颠覆了人们对于小型店铺的认识。小型店铺由于势单力薄，一直不被人们所重视，千百年来一直被当作独狼式的存在。然而，依托移动互联网，考拉先生创新了考拉商圈、KBA等商业模式，将这些独立的小型店铺接入一个全国性的大型商业生态系统，从而使其价值陡然提升。

考拉先生的商业模式创新进一步丰富了新零售的内涵。当前，阿里巴巴和京东等企业的新零售主要强调两点内容，即从线上走向线下、重构大型商业机构的体验价值，其中并没有小型店铺的位置。而考拉先生基于"再小的店铺也有市场价值"的思想，将小型店铺置于其业务核心，并运用移动互联网技术为之发展出一套服务支撑体系。因此，考拉先生的商业模式将小型店铺的商业价值发挥到极致，将给"互联网+"时代的便利店带来革命性的影响。

在这种便利店革命中，平台的作用至关重要。但这里的平台其实包含大小两类：首先是大平台，即微信平台；其次是小平台，是由考拉商圈、KBA、"店商经营指数"等构成的小型店铺服务生态体系。其中，微信平台发挥着基础性公共服务平台的作用，为考拉先生提供用户（包括店铺及其顾客）来源和微信支付工具等；而小平台则是行业性的业务发展生态系统，是考拉先生自身构建的专有平台。

第三节　平台生态化条件下的平台治理问题

考拉先生的发展模式让我们深入认识了新零售领域平台生态化的具体场景及其发展趋势,也深刻理解了平台对于数字经济发展的极端重要性。毫无疑问,平台治理也就顺理成章地构成数字经济管制政策的核心。

一、平台治理的认识困境

近年来,平台责任与平台治理成为国内外学界的研究热点。从经济学的研究来看,双边市场是人们分析平台问题的出发点:人们从网络外部性和价格结构特征界定双边市场,以此定义平台并分析平台治理的基本内容(郑称德等,2016;陈玲,2010;刘启和李明志,2008)。此外,有人将BAT类平台称为超级网络平台,认为对这些平台的治理非常复杂,需要政府、平台企业和社会各界的综合努力(方兴东和严峰,2017)。

法律层面的研究为我们认识平台责任与平台治理问题提供了很有价值的成果。高秦伟(2014)基于现实生活中与实定法上存在的大量设定第三方义务的情况,提出了"行政法上的第三方义务"的概念,并将其与平台责任、平台治理统一起来。2016年5月29日,中国政法大学举办了"平台治理与平台责任"论坛。在论坛上,有学者认为,平台企业的作为越来越超出了私法的权利界限、日益具备了公法的权利特性;也有学者认为,当前平台经济的发展需要我们为信息社会创造新的法律部门,就像工业化时代企业的发展带来工厂法、劳动法、企业法等复杂的法律体系;还有学者认为,加重平台的治理责任与当前国际立法趋势并不一致,因此平台需要政府、企业、社会各界的合作治理。

上述诸多认识和观点拓宽了我们对于平台责任与平台治理问题的认识。然而,上述看法都还面临一个共性问题,即如何看待平台的法人资格。上述看法都将平台作为一个纯粹的企业对待,这显然会带来严重的认识问题。

国内以BAT为代表的数字经济发展实践,让我们无法再将大型平台当作普通企业对待。毫无疑问,这些大型平台都是企业,一些平台还是在境外上市的大型企业;作为上市企业,给股东带来最大利润是其首要任务。然而,这些平台企业却越来越具备传统意义上的企业无法具备的"能量"。

被动的"准行政权力",即前述的"行政法上的第三方义务",是行政机关因为平台企业拥有技术或者经营、管理上的优势,可以更好地发现与阻止违法行为而暂时或有条件地让渡给平台的。在传统技术条件下,这种情况就已大量存在;然而,在"互联网+"时代,电子商务大型平台具备的这种优势更加显著,政府机关对平台形成了日益严重的依赖性,而大型平台则主动适应这种义务并"坐实"

这种"准行政权力"。

平台企业还拥有主动的市场权力。为了加强自身内部管理或应对竞争对手的挑战，大型平台会采取各种措施约束平台相对人，即平台用户。这些措施包括：改变平台相对人的准入条件；制定产品质量标准或服务规范；制定交易流程或指定交易对象、物流企业、支付工具等。在传统技术条件下，这些做法影响范围有限；然而，在大型平台获得垄断的情况下，借助对市场的全覆盖，这些做法实际上就具有某种对于全社会的约束力，即某种公共权力。

海量数据的资源化正日益形成虚拟空间的新公共领地。当前大型平台企业正日益集聚全社会的各类信息，不仅包括各类经济活动信息，也包括个人隐私信息，大数据分析技术使得平台企业可以全面系统、及时准确地掌握几乎所有其他企业、个人的商业秘密和隐私及国民经济运行状况。因此，这些数据已经充分地显示出某种公共属性，能够反映全社会政治、经济与社会运行的各个层面的信息，在大数据分析技术的作用下，这些信息蕴含的公共价值已经远远超过了政府统计部门的宏观统计功能。

如果仍然将大型平台作为企业对待，我们就无法突破当前互联网经济创新发展的制度障碍。实际上，无论是上述的"行政法上的第三方义务"的概念还是从公法的权力层面去认识平台，我们都无法为其找到一个合理的立足点。因此，对平台的法人属性的认识是深刻认识平台责任与平台治理问题的关键。

二、平台的第四方治理

《民法典》规定法人分类是营利法人、非营利法人和特别法人。营利法人以取得利润并分配给股东等出资人为目的而成立，包括有限责任公司、股份有限公司和其他企业法人等；非营利法人为公益目的或者其他非营利目的而成立，不向出资人、设立人或者会员分配其取得的利润，包括事业单位、社会团体、基金会、社会服务机构等；特别法人包括机关法人、农村集体经济组织法人、城镇农村的合作经济组织法人、基层群众性自治组织法人。然而，根据上述分析，我们实际上无法将大型平台归入《民法典》界定的这三类法人中的某一类：大型平台多数是上市公司，具备普通企业的所有特性，但还具备普通企业没有的特性——生成或被赋予越来越多的公权力，提供日益广泛的公共管理与公共服务。有鉴于此，我们将大型平台称为第四方法人，并将其所具备的而传统企业没有的各项（准）公权力统称为第四方治理。

联合国贸易和发展会议在2017年10月发布的《2017年信息经济报告》中指出，当前数字经济的发展非常迅速，但其前景也非常不确定，没有人能够确切地知道结果会怎样。实际上，这种不确定性来自两个方面，即信息技术发展的不确定性，以及大型平台作为一种巨无霸型经济体的出现。因此，第四方法人与第四方治理的概念为我们认识和理解这种不确定性提供了新的观察视角，也有助于深化我们对于"互联网+"时代的国家治理体系现代化的认识。

第四节　研究结论与启示

平台的第四方法人和第四方治理为我们认识平台生态化条件下的平台治理问题提供了一个思维工具。为此，针对平台生态化条件下的平台治理问题，应该采取以下措施。

一、加强对大型平台的第四方法人特性的认识

必须充分地认识和预见到未来大型平台给国民经济和社会发展带来的重大影响，加强宣传，提高全社会对于平台的独特性的认识。在具体的治理工作中，不应该将其当作普通的企业对待，应该基于第四方法人和第四方治理的要求，更新对大型平台的认识和管理。大型平台企业应该增强社会责任意识，基于自身的技术、信息等平台优势，积极主动地为各级政府的经济社会发展提供支撑保障。

二、科学合理地构建新型平台治理体系

平台的第四方法人和第四方治理要求我们对传统的市场管理方式进行相应改革，政府机关要由对单个市场主体的日常监管转移到对平台的监管上来，如图14-4所示。为此，第一，要求创新机制，要求大型平台承担更多的市场管理职责与权限；第二，加强对大型平台的日常监管，确保平台能够公平公正地对待各类市场主体；第三，要求各商业平台之间互联互通；第四，对一些不合适的法律法规进行相应修改，并将第四方治理相关的做法制度化。

为保障第四方治理的规范实施，政府机构有必要建立网络监管平台，要求各大型平台向该平台开放，并根据要求实时共享其大数据系统。为此，可以考虑优先建立行业性的大数据网络监管平台，具体建设模式可以比照当前正在建设的网联平台。未来在各行业大数据监管平台基础之上，逐步建设综合性政府大数据监管平台。

三、区别对待大平台、小平台的第四方治理政策

由于交易规模和交易范围的巨大差异，大平台和小平台在第四方法人属性的显著性方面存在较大的差别，因而其第四方治理的要求和内容也有所不同。从当前的发展情况来看，小平台跟融合性新兴产业密切相关，也是各地"双创"的主

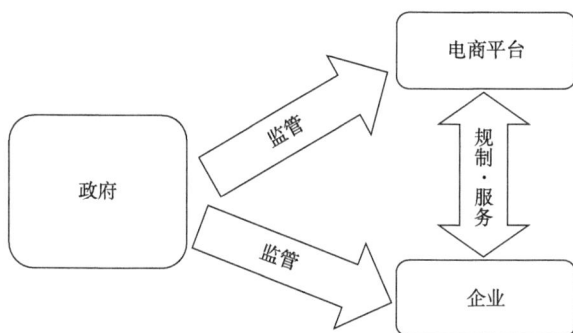

图 14-4　第四方治理与平台治理的转变

要发展模式，如网约车、共享单车及前述的考拉先生的便利店革命。因此，从促进"互联网+"和"双创"的顺利发展出发，大平台应该为各行业的创新发展平台（小平台）制定统一规范的管理制度，平等开放，不应该设置不合理的门槛和障碍，不应歧视性对待不同的小平台。

四、完善"互联网+"时代的法人分类制度

我们无论是从哪一类分类标准出发，都无法妥善处理大型平台的法人分类问题。不过，从制度的传承和延续性出发，未来可以考虑通过这样两种途径进行处理：①在现有的"营利法人、非营利法人、特别法人"基础上，增加"平台法人"；②在现有的"特别法人"中，增加"平台法人"，同时特别指出其相关属性和要求，并制定专门的规定。

然而，考虑到《民法总则》已废止，因而无法在近期对法人分类制度进行重大的修改。为此，可以考虑在后续的法律法规的制定和修改中，充分体现和反映平台的第四方法人属性和规范，以及第四方治理的内容和要求。

第十五章 平台演进、模式甄别与跨境电子商务拓展取向

第一节 电子商务的平台演进模式

近年来，我国电子商务发展迅速，竞争激烈，包罗万象。尽管如此，电子商务市场仍然遵循着一个统一的发展逻辑，即"平台演进模式"：电子商务企业首先通过开放平台、增规模、扩品类实现平台化，然后在延长产业链和扩展业态的过程中寻找价值增长点，由此形成独具特色的经营模式并获得稳定的市场地位。

平台演进模式包括四个不断演进的发展阶段：平台逻辑、产业链逻辑、工具逻辑和特色模式逻辑。

（1）平台逻辑。以自营为主的垂直电商因为品类单一、规模小，难以形成规模和信息优势。与之相对，综合性第三方平台形成巨大的向心力，将制造商、批发零售商、消费者、单品类垂直电商等裹挟其中。多品类综合性经营有利于发现商品和比较价格，形成信息优势；开放平台吸引更多的入驻商家，有利于形成规模优势，压低商品和服务价格。规模优势还为产业链融合和工具扩展提供了市场基础。对于以标准品为主的电子商务交易而言，规模或基于规模的流量成为电商企业生存的基本条件。所以，构建第三方平台或垂直电商平台化，吸引入驻网店达到一定规模，通过价格战促进交易规模达到一定水平并保持快速增长势头，是电商发展的基本逻辑，即平台逻辑。

（2）产业链逻辑。平台价格战的结果是，谁都无法通过网络交易本身赢利，电商平台必须围绕占据优势地位的平台，延长其上下游产业链条。从上游来看，电商平台与入驻电商甚至生产企业建立更紧密的合作关系，以保证市场供应。从下游来看，电商平台衍生出越来越多的围绕电子交易出现的服务业态，包括电子支付服务业、物流服务业、认证服务业、云计算等信息技术服务业等。这些服务业态为入驻电商和客户的交易提供了更多便利，也为电商寻找价值增长点提供了机会。

（3）工具逻辑。一方面，电商平台必须能够控制其拉长的产业链条，并在其

中培育新的价值增长环节；另一方面，电商平台必须能够发展、应用更多的市场工具，以便在这些新的产业链环节上发展新的增值服务。这些工具包括便捷快速的快递物流、电子支付工具和云计算等。从现在的发展情况来看，电子支付工具如支付宝在发展到一定程度之后，已成为一项独立的业务，并被其他行业用作新型的电子支付手段。在这方面，互联网金融是工具逻辑的典型。

（4）特色模式逻辑。电商平台之间的竞争，由最初的围绕平台规模的价格战，逐步向经营模式的竞争转变。电商平台需要在其拉长的产业链条上发现并培育出新的价值增长环节，并在这些环节上发展、应用高效的市场工具，从而创造出更大的效益。平台、价值链与市场工具的结合，衍生出独特的市场发展模式。只有这样，电商平台才能不断地打败竞争对手，并日益占据市场的主导地位。

实际上，平台演进模式不仅是电商平台企业基于电子商务产业链的价值分布而采取的一种非常理性的战略选择，也是其应对市场竞争的客观需要；与此同时，物联网、云计算和大数据等新一代信息技术也为构建这种动态业务架构提供了现实的可行性。平台演进模式的日趋成熟表明，我国电子商务平台企业开始从简单、残酷的价格竞争向更高端的架构、模式和体系的综合竞争转变。

毫无疑问，平台演进模式也应该是我们分析未来电子商务发展趋势的合理框架。

一、平台化趋势将继续演进，但演进方向和发展重点将有所不同

经过长期的发展，我国电子商务市场已经初步稳定成熟。但是，电商平台化趋势仍然将继续发展，仍然会是电子商务市场竞争发展的基本方向，只是与以前相比，竞争内容和方式有所变化。价格战已经不再是竞争的主要方式，特色模式逻辑成为其竞争的主要内容，发展独特的电子商务经营模式、拓展完善盈利业务链条成为大型电商平台之间竞争的重点。

近年来，移动电子商务发展迅速，各电商平台企业纷纷发力移动电子商务。但是，从发展现状与趋势来看，移动化并不能改变目前已经形成的电子商务市场格局，只是对互联网电子商务的改进，以及促进效益的提升。例如，电子支付工具、物流平台等由互联网向移动终端的转移，提高了电子交易的便利性与效益。关于这一点，从微信电子商务迟迟不能做大即可略见一斑。

二、第三方电商平台成为新一代信息技术创新主体

商业发展模式成为电商平台企业竞争的重要内容，而要构建并不断发展具有独特市场价值的电子商务发展模式，就必须大量使用新一代信息技术，如物联网、云计算、大数据等。通过物联网技术实现快递物流体系现代化，通过云计算技术

实现海量交易数据的存储与信息处理，通过大数据技术发现、挖掘产品市场的发展趋势与客户价值，等等。实际上，只有通过这些技术应用才能充实、丰富企业的商业模式并实现更大的市场价值。

短期来看，国内电子商务市场将维持相对稳定的寡头竞争局面。经过长期的市场竞争及平台逻辑的演进历程，当前保留下来的几家大型电子商务平台企业已经在市场上站稳脚跟，并具备相对强大的经济实力，发展出了复杂的电子商务生态体系。毫无疑问，第三方电子商务平台已经构筑起一个让外围企业难以跨越的门槛，特别是在2014年京东等企业在美国纳斯达克市场上市并融得巨额资金之后。因此，我国电子商务市场进入了一个相对稳定、成熟的发展阶段。

在这个阶段，我国电子商务市场存在两类竞争。一类竞争主要是在寡头之间展开，这也是电子商务市场竞争的主体。电商平台企业之间的寡头竞合关系日趋激烈。在B2C和C2C市场中，阿里巴巴、腾讯和京东三家企业是电子商务领域的第一梯队，将其他电子商务企业远远抛在后面，因而三者之间形成一种寡头竞争关系。在这三家企业中，阿里巴巴占据绝对领先地位，对其他两家企业构成致命威胁，而腾讯则借助微信占据移动互联网的高地。于是，腾讯和京东之间开始加强合作。2014年3月10日，腾讯支付2.14亿美元现金，将QQ网购、拍拍的电商和物流部门并入京东，易迅继续以独立品牌运营，京东会持易迅少数股权，此轮交易结束后，腾讯持股京东15%。其结果就是，腾讯手机QQ、微信电商均向京东商城开放，京东获得了移动、社交两大领域最重要的流量支持。京东可以据此利用手机QQ、微信在移动实时通信方面的巨大优势，布局未来的移动电子商务。对于另一电子商务企业拼多多（上海）网络科技有限公司（以下简称拼多多），腾讯持股比例也高达16.5%。因此，在电子商务领域，实际上形成了阿里巴巴、腾讯与京东之间的三强对决。

另一类竞争是少数具有鲜明专业特色的垂直电子商务企业的竞争。但是，这类企业本身并不是纯粹的电子商务企业，电子商务只是其销售平台，同时肩负着企业内部的研发与生产制造业务的统筹功能，如小米。不过，这类企业虽然会给第三方电商平台的市场销售带来冲击，但并不会对现有的阿里巴巴、腾讯、京东这三家第三方电商平台的寡头竞争企业形成威胁。

三、第三方电商平台的公共管理职能日益突出，出现第四方治理机构

为了维护电子交易秩序，第三方电商平台需要对进入其平台进行交易的产品质量、店商资质及售后服务等进行相应的规范与管理。这实际上是在发挥着市场的公共管理功能。因此，电商平台将日益成为政府、市场、第三方（非政府机构）

之外的第四方。

为深入发展电子商务和跨境电子商务，今后势必将构建政府、市场、第三方与电商平台之间的电子商务高效治理体系，合理、有效地处理相互之间的关系。

四、产业链逻辑继续深化，向产业上下游纵深发展

在获取市场寡头垄断地位之后，电商平台企业将继续依托已经建立起来的市场地位和经营优势，特别是物流快递与电子支付工具，向其他相关产业扩展。在选取目标产业环节时,电商平台企业仍然会主要基于电子商务业务主线进行延伸。

从产业上下游来看，产业链逻辑主要沿着两个方向展开：继续向上游制造业迁移，实现互联网企业与实体经济（如制造业企业）的融合；向下游领域拓展，重点是内容提供行业（如游戏、动漫、广告、新闻、影视传媒等）。从最近的发展情况来看，最受关注的发展方向是泛娱乐化，几大电商平台企业及其他互联网大型企业都在往内容提供行业转移，抢占流量入口。

第二节　跨境电子商务的基本业务流程

国内电子商务经济的发展通常只涉及一国自身的信息化发展条件及其相关政策环境，然而由于网上交易涉及对外贸易，因而跨境电子商务要远比国内电子商务复杂得多。这种复杂性就在于，每个环节都多出了相应的"内、外"环节。从促进我国"走出去"战略出发，这里主要讨论基于我国的跨境电子商务平台、向国外消费者出售国产商品这种当前最典型的情况，有时也会涉及跨境电子商务进口，如"海淘"等。

其业务流程如下：经过注册的店商（产品制造商、批发商或零售商）将欲售卖商品发送到电子商务网站，并提供与商品购买相关的各类相关信息；境外购物者在浏览、比较商品信息后，做出购买决策，然后通过电子支付方式付款并将本币兑换为人民币，从而完成网上购买过程；店商在收到购买者的相关交易信息后，从仓库提货并委托物流企业承运；在出境时，接受出入境检验检疫和海关部门的出关管理；进入购买者国境时，同样需要接受出入境检验检疫和海关部门的查验；最后，承运企业将商品交付给购买者。

可从以下几方面来分解上述跨境电子商务的基本业务流程。

第一，物流。就类似于京东这样的自营电商来说，在电商平台发布商品信息时，这些商品已经在物流集散中心或物流基地；购物者在做出购买决策后，商品即从其存放地交由物流企业（承运人），承运人接受委托后负责将商品由国内运往国外购物者手中。

第二，资金流。为减少交易成本，跨境电子交易最好要通过电子支付方式进

行结算。与国内电子商务不同，国外购物者只能支付其本国货币，而售卖者只能接收人民币，中间多出了一个汇兑环节。

第三,管理流。跨境电子交易的整个流程都面临着相应的公共管理的要求，这些公共管理业务主要包括如下方面：一是产品质量检查。商品上市时，需要满足相关管理部门的产品质量要求，售卖方须向其提交质量报告并接受其检查。二是外汇管理。货款在由国外购买者向国内售卖者支付的过程中，需要满足国家关于外汇管制的要求。三是出入境检验检疫和海关管理。产品在出关时，一方面需要接受有关部门的产品出入境检验检疫，另一方面需要接受海关部门的通关管理，扣缴关税。四是税收征缴与退税。企业通过电子交易的产品会根据国家的有关法律法规缴纳各方面的税收，出口时还能根据国家相关产业促进政策而获得退税补贴。五是信用管理。在交易的全流程中，都存在着信用管理问题。无论是产品公开的信息，还是购物者购买的产品的质量、售后服务等，都可能产生信用问题。这就需要来自政府部门、银行、电商平台，以及社会其他各方面的监督和管理。六是跨境交易纠纷处理。在电子交易的全过程中，都可能由于产品与服务质量、品牌真实性、价格等因素，产品购买者对售卖者产生不信任，进而出现纠纷甚至提起诉讼。此时，需要来自工商、银行、司法及其他相关方面的介入，通过调解、仲裁甚至是法律判决途径去解决双方之间的纠纷。

第四，信息流。物流、资金流、管理流的所有必要过程都必须能够转化为统一保存、传输、加工和应用的信息，经过一定的逻辑处理，所有这些信息整合起来即构成完整的电子交易信息流。

虽然上述的物流、资金流、管理流、信息流等四个层面是基于国内网店通过国内电商平台向国外消费者销售产品的情况而展开的，但是对于跨境电子商务的其他各种类型、情况来说，也都是同样存在的。跨境电子商务的各种形式都应该包含着这四个要素的流动。毫无疑问，这四个方面的技术应用状况决定了跨境电子商务的发展水平。

第三节　我国跨境电子商务发展态势及其特点

作为一种新型的国际贸易业态，我国跨境电子商务发展迅速。近年来，跨境电子商务交易额增速要远远高于外贸整体增速。在外贸持续低迷的情况下，逆势上行的跨境电子商务让人们看见了希望，人们普遍将跨境电子商务看作扩大出口、增加进口、提高对外贸易水平的新型途径。这些利好前景，不仅使电子商务企业不断创新电子贸易发展模式，促使跨境电子商务保持快速发展态势，也使相关职能部门不断优化政策，改善跨境电子商务发展环境。

一、跨境电子商务业务形态大量涌现

近年来，跨境电子商务的利好形势吸引众多企业加入其中。根据商务部的统计，2013年我国跨境电子商务平台企业已超过5000家，境内通过这些平台开展跨境交易的企业已超过20万家。从独立平台来看，这些跨境电子商务企业可以分为如下形态：一是将业务延伸到国际市场的国内大型电商平台企业，如京东等。二是专业的跨境电子商务平台企业。近年来，我国出现了一些以跨境电子商务为主业的企业，如敦煌网、兰亭集势等。三是一些原来从事对外贸易的公司转变业务发展方向，在传统贸易方式日益萎缩的前提下，开始有意识地向跨境电子商务转型。四是少数外资电子商务企业基于自身优势开展的跨境业务，如亚马逊、eBay等。五是一些地方跨境电子商务工业园区建立的国际贸易网站，如上海、重庆、杭州、宁波、郑州等跨境电子商务试点城市各自建立的国际贸易网站，以及义乌小商品市场建立的"义乌购"跨境电子商务平台等。六是传统企业基于自身业务优势建立的跨境电子商务平台。例如，中国外运股份有限公司于2013年7月30日推出的国内首个跨境物流电子商务平台。

另外，为克服"海淘""海代"出现的各种不足、弊端，如到货时间长、语言困难、手续繁杂、出现纠纷时用户难以保障自身权益等，一些地方政府创新跨境电子商务发展模式，在各类开发区建立保税区或仓储基地，通过电子商务网站向国内用户销售来自国外的正品行货。

二、跨境电子商务尚未形成有效的发展模式

与国内电子商务发展格局初步形成并不断规范发展不同，我国跨境电子商务行业尚未出现一种非常有效并占据行业主导地位的发展模式。其依据如下。一是与国内B2C领域的一两家平台企业占据整个行业绝大多数份额不同，跨境电子商务仍然面临着一个非常分散的格局，没有一家企业在其中占据重要地位。二是跨境物流成为阻碍跨境电子商务发展的最大障碍。我国跨境物流主要被几家外资物流公司垄断，联邦快递（FedEx）、联合包裹（United Parcel Service，UPS）、敦豪速递（DHL Express，DHL）、天地速递（TNT Company，TNT）等国际物流快递公司是现阶段我国跨境包裹的主要承运商。尽管国内企业都有跨境物流快递的服务项目，但在国际覆盖范围、物流配送效率、物流信息采集等方面与国际物流快递公司相比还存在较大差距，难以有效满足电商企业的需求。特别是跨境电商平台尚未能如在国内那样建立起有效的物流快递链条，导致其交货时间远远多于国内电子商务。三是未能产生多样化的跨境电子商务服务业生态体系。由于缺乏占据主导地位的跨境电商平台，没有企业能够吸引和引导足够多的服务业企业进入

跨境电子商务服务业，其生态体系尚未形成。

三、政策管理环境日益改善

为大力促进跨境电子商务的发展，针对阻碍跨境电子商务发展的各种不利因素，近年来国家相关职能部门相继出台一系列政策文件，围绕通关、出入境检验检疫、电子支付与汇兑、信用管理、退税等环节完善跨境电子商务发展的整体环境，并在上海、重庆、杭州、宁波、郑州等五个试点城市基础上进一步扩大跨境电子商务试点范围，积极探索促进跨境电子商务发展的管理模式，为跨境电子商务发展提供良好的经济社会环境。

但是，现阶段的政策主要支持的是B2C的发展，对于B2B及C2C尚缺乏有效的支持。今后B2B应该是跨境电子商务发展政策的着力方向。

第四节 我国跨境电子商务发展趋势与模式

国内外产品的种类、价格、品质等差异是促使当前国内跨境电子商务（特别是"海淘""海代"等进口业务）快速发展的重要因素。在这种情况下，各类电商企业将进一步加大投入、加快布局，跨境电子商务将成为电子商务行业新的竞争领域。

国内电子商务发展已经具备较好的基础，这为发展跨境电子商务提供了有利的环境。因此，如何充分发挥国内电子商务发展的有利条件，对接跨境电子商务发展的各相关环节并克服其阻碍因素，在此基础上形成高效的跨境电子商务发展模式，是未来的政策重点。为此，必须根据电子商务发展的规律，结合国外电子商务发展环境和特点，分析和预测未来跨境电子商务发展趋势。

一、我国跨境电子商务发展趋势

结合21世纪初国内电子商务的发展经验及现阶段跨境电子商务的具体情况，今后我国跨境电子商务将在以下方面加快发展步伐。

（1）跨境物流将成为各大跨境电子商务企业的投资重点。物流不仅是国内电商巨头竞争的重要领域，也是促进跨境电子商务发展的基础条件。在发展跨境电子商务物流方面，六类跨境电子商务企业将根据不同优势而有所侧重。就物流专业公司（如中国外运股份有限公司、外资的联邦快递等）而言，应进一步加大其在跨境物流方面的投资建设。对于国内电商平台企业来说，物流领域的投资将会在两个方面展开：一是继续完善国内物流快递的网络体系，不断扩大覆盖面，提高物流运输效率，稳固其既有的市场地位。二是着手挑选跨境电子商务潜力较大的国家和地区，并在这些国家和地区进行相应的投资建设。但是，在国外投资物流会面临较多的法律、文化等问题，故物流投资应分步进行，先投资建设区域性的物流基地并与当地快递企业合作，待自身业务在当地取得一定成绩后，通过收购兼并方式获得当地的终端物流渠道。但是，要做到这点，仍然与区域性自由贸易制度如跨太平洋伙伴关系协定等相关。

（2）政府行业促进政策将发挥引领作用。近年来，各级政府为促进跨境电子商务发展出台了较多的优惠政策，如启动跨境电子商务城市试点、建设跨境电子商务产业园等，以及为加快口岸通关、便利电子支付、外汇汇兑、出口退税等出台相关政策措施。在所有这些政策中，跨境电子商务产业园将具有特别重要的作用：一方面，产业园是集成通关、电子支付、外汇汇兑、出口退税、出入境检验检疫等政策的场所，将便利跨境电子商务出口企业并节省大量成本；另一方面，对国内购买者来说，不仅将减少对商品质量、商户信用的信息不对称，还将大大缩短国外商品的送达时间。这些作用比较容易产生集聚效应，吸引更多的跨境电子商务企业及其服务机构、设施集中起来，从而形成一种加快跨境电子商务发展的有利局面。

（3）政策重点将由国内向国际协调转化。从跨境电子商务发展流程和环节来看，经过这几年的努力，国内的相关促进政策已经基本齐备，阻碍因素大大减少。在这种情况下，政府部门促进跨境电子商务发展的工作重点将由国内转向国外。

政策重点由国内向国际协调转化是为了满足企业的跨境电子商务发展需要。其具体内容主要包括两个方面：一是为企业扩张跨境电子商务业务提供相应的帮助，如金融支持、行业补贴政策、出口退税等；二是通过双边或多边的贸易安排，为跨境电子商务发展提供有利条件。第二种情况相对比较复杂。当前国际经济领域出现的区域性经济贸易自由化安排趋势，如跨太平洋伙伴关系协定、跨大西洋贸易与投资伙伴协议等，给我国电子商务平台企业开展跨境电子商务带来严峻挑战。我国政府在开展国际谈判时，应将促进跨境电子商务发展作为谈判重点。

（4）不容易出现类似国内电子商务一两个电商平台占据绝对垄断地位的情况。在市场分割或市场阻力较大的情况下，绝对垄断甚至是寡头垄断局面不容易形成。在跨境电子商务情况下，电商平台企业面临着远比国内市场更加复杂的环境，如无法控制跨境物流企业，外贸需要具有专业知识的人才，无法准确地预测市场需求及其多样性，语言多样性等。这使得市场碎片化现象相对比较严重，也为新兴跨境电子商务企业的发展提供了有利条件。因此，在我国的跨境电子商务企业中，除国内电商平台企业外，还包括一些专门从事对外贸易的企业，如敦煌网等。今后，像敦煌网这样的专业跨境电子商务企业有望进一步发展壮大。

（5）跨境电子商务进口贸易将获得更快发展。现阶段，我国跨境电子商务进口贸易主要分布于奢侈品及部分特殊产品，如牛奶等农畜产品等。对于奢侈品来说，国家产业政策的限制导致国内产品价格比国外同类产品价格高出许多，使得国内民众对国外产品产生大量需求。但是，由于跨境电子商务的生态环境尚未健全，特别是快递运输、信用与质量保证等因素，难以确保客户权益，因而跨境电子商务进口业务的总体规模仍然不高。然而，一方面，受跨太平洋伙伴关系协定、跨大西洋贸易与投资伙伴协议的影响，今后我国将加快与其他国家和地区签订自由贸易协定（free trade agreement，FTA）的步伐，在这种情况下，跨境电子商务进口将变得越来越便利和快捷，国内民众通过网购购买的国外产品的类型将越来越多、金额将越来越大。另一方面，一些地区开展的促进跨境电子商务进口的措施也将日益发挥作用，跨境网购将日益规范和可靠，这些也将直接促进跨境电子商务进口。

二、我国跨境电子商务发展模式

跨境电子商务发展模式是指电商平台、物流快递、支付、海关通关等要素在跨境电子商务发展中的作用及其相互关系，其中最为重要的是电商平台在实现整个电子交易与贸易过程中的地位和作用。

分析我国跨境电子商务发展模式，一方面要结合国内电子商务发展模式的成功经验，另一方面要充分考虑到跨境电子商务发展面临的具体情况。就国内电子商务发展模式来看，平台逻辑是其重要内容，具体包括规模逻辑、产业链逻辑、工具逻辑、特色模式逻辑。但是，就跨境电子商务而言，平台逻辑发生了很大的变化，跨境电子商务发展的平台逻辑表现形式与国内电子商务明显不同。

（一）规模逻辑

由于跨境电子商务市场的高度分散性及其语言的限制，尽管国内电子商务市场已经被少数几个大型电商平台占据，但是在跨境电子商务市场仍然没有出现垄断竞争的局面，新的跨境电子商务平台还在大量出现。当然，这也与跨境电子商务发展阶段有关。

（二）产业链逻辑

由于尚处于发展初级阶段，与国内电子商务发展相比，跨境电子商务在产业链延伸方面还未充分展开，主要是在两个方面进行。从产业上游来看，体现为跨境电商平台对产业实体进行整合。跨境电子商务为跨境电商平台整合国内中小企业和国外企业之间的生产要素及最终产品的供给与需求提供了比传统环境下更加有吸引力的渠道，这是部分跨境电子商务企业得以快速发展的一个重要原因。例如，2010年，我国某互联网公司巨头尝试性地推出"轻骑兵"服务，由该公司整合中国各产业集群地的优质供应商，然后根据海外买家的个性采购需求快速匹配。这项服务可以缩短寻找供应商的周期，在满足海外买家个性需求的同时，将买家端的需求同步提供给国内供应商，让供应商根据市场需求主动调整自己的生产计划和产品，甚至让多家企业联合起来实现共同供给。从产业下游来看，跨境电子商务产生了对语言翻译类岗位人才的大量需求，如对俄语、韩语翻译人才的需求。

（三）工具逻辑

就我国的跨境电子商务发展来看，跨境物流和电子支付工具的使用与国内电子商务发展的情况都具有较大的不同。

1. 跨境物流

在跨境电子商务发展过程中，跨境物流仍然是最为重要的影响因素，同时也是影响平台逻辑能否成型并发挥作用的基础条件。但是，与国内快递物流体系建设相比，跨境物流体系的建设不仅成本高昂，而且风险更大，会受到较多非市场因素的影响。进一步来讲，就竞争环境来看，国内跨境电子商务平台企业将在面临国内同行竞争的同时，还要面临国际同行的竞争。从这个意义上讲，国内跨境电子商务平台企业将在较长的一段时期内，不会像在国内那样去建立一体化的跨境物流体系。

具体来说，电商平台企业决定在哪个国家或地区建设自己的跨境电商物流体系，主要由其预期收益与预期成本之间的比较决定。假定预期收益为R，预期成本为C，那么只有当$R>C$时，企业才会投资建设；否则，只能借用其他专业的跨境物流体系。其中，预期收益的影响因素包括所在国家或地区的人口规模、经济发展水平及信息化发展指数等，预期成本的影响因素则包括人口密度、空间距离、劳动力成本及管理成本等。根据这种判断，近期电商平台企业在俄罗斯或印度都还难以建立自身的物流体系：俄罗斯的幅员过于辽阔，印度的信息化水平较低……但是，对于欧洲、美国等部分国家和地区，跨境电商平台企业可以考虑着手建立自己的物流公司并以此发展出专业化的跨境电商物流企业。

在这种情况下，无论是国内B2C还是B2B的电商平台企业，都难以投入巨额资金去发展短期内难获利的领域。因此，对于以国际小包裹为主的B2C与B2B的小额批发业务，物流的选择有三种途径。

一是利用邮政物流体系。中国邮政集团有限公司（以下简称中国邮政）早已发展出一套非常完备的、标准化的小件物品邮递网络，近年来也在积极应用信息技术手段进行现代化改造。更为重要的是，中国邮政网络已经遍布世界各个角落。因此，对于国际小包裹来说，中国邮政物流是最合适的。实际上，根据笔者在绥芬河调研跨境电子商务发展情况时所获得的材料，目前中国邮政已经在绥芬河口岸建立了一个专门处理跨境电子商务国际小包裹业务的公司，据该公司介绍，近年来，通过绥芬河口岸发往俄罗斯的跨境电子商务国际小包裹数量在成倍增长，而传统的邮政包裹业务量连跨境电子商务国际小包裹日处理量的零头都不到。因此，从当前发展情况来看，由中国邮政建立专门针对跨境电子商务的快递物流体系，对跨境电子商务发展是合理高效的。

二是国内电商平台企业的物流体系对接国外物流企业。由于国境和海关限制，要在一国或区域内建立快递物流体系，成本非常高昂，而且风险也较大。因此，国内跨境电商企业可以考虑与电子交易对象国的主流物流企业建立业务合作关系，利用其已经相对完善的物流系统。

三是利用现有的跨国物流企业。目前已经有一些开展跨国运营的快递企业，如联邦快递、宅急送等。当然，其成本会比较高。

2. 电子支付工具

跨境电子商务的电子支付涉及本外币的兑换，以及国外用户的电子支付应用条件，因而要比国内电子商务的电子支付问题复杂。从行业发展来看，主要有两种形式，即虚拟银行（含银行卡、信用卡）的网络支付及第三方电子支付。但是，从发展趋势来看，第三方电子支付正在日益占据电子商务及跨境电子商务的主要地位。就我国情况来看，截至2013年底，支付宝46.4%的在线支付市场份额远超银联的13.1%。这种发展趋势使得各大跨境电子商务企业及大型IT企业都在发展自己的第三方电子支付工具。就国内来看，经过几轮的第三方支付牌照的发放，几乎所有的大型电子商务企业都已有自己的第三方电子支付工具。国外的情况也是如此。例如，除了eBay的PayPal外，亚马逊也在2014年8月推出自主移动支付服务工具。

从整个国际跨境电子商务行业发展来看，我国第三方电子支付企业将面临远比国内更加激烈的市场竞争。多年前，我国第三方电子支付企业就开展了跨境电子支付相关业务。2007年，支付宝与中国银行等银行合作，推出跨境支付业务，自2009年开始，支付宝提供国际银行卡在线支付服务，支持在淘宝网及其他商户使用维萨（VISA）卡、万事达卡（MasterCard）、JCB（Japan Credit Bureau，日本信用卡株式会社）卡进行网上支付，目前已经覆盖全球大部分国家和地区。2011年，财付通与日本恒生软件株式会社、境外电子支付提供商Cybersource、AsiaPay、美国运通公司（以下简称美国运通）等机构展开合作，实现了网购跨境支付。2013年9月25日，支付宝、财付通等17家第三方支付企业获得跨境电子商务外汇支付业务试点资格。但是，从市场来看，我国电子支付企业的地位仍然较低，而美国eBay旗下的PayPal则因为在国际跨境电子商务市场的广泛市场联系，在跨境电子支付方面仍然处于绝对领先地位。而且，为保护自身的垄断地位，PayPal于2011年8月3日起终止和阿里巴巴在全球速卖通业务上的支付合作，PayPal将不再作为阿里巴巴全球速卖通平台的支付方式。因此，今后我国电子支付工具要在全球跨境电子商务市场得到大发展，还将面临不小的困难。

我国电子支付工具要在国际跨境电子商务市场得到大发展，需要克服不少困难。为此，可从以下方面努力。

一是大力发展移动支付。我国企业在跨境电子商务的银行账户、信用卡支付、互联网支付等领域起步较晚，着力不多，但是在发展移动支付方面，我国与国外大型第三方支付工具几乎处于同步，PayPal、谷歌（Google）公司等也都是在最近几年才开始发展移动支付手段。现阶段，我国移动支付市场发展非常迅速，基础较好，移动支付企业应该着力开拓跨境电子商务市场，在这个快速发展的领域占据有利位置。

二是支付宝、财付通等第三方支付企业可以充分利用于2013年9月25日获得的首批跨境电子商务外汇支付业务试点资格企业的有利条件，强化与尚未获得该资格的PayPal等国外电子支付工具在我国跨境电子商务进出口市场竞争的有利地位。

三是大力开发新兴市场和细分垂直市场。欧美市场已经被PayPal占据，我国第三方支付工具要进入会面临不利的形势，但是近年来"金砖国家"及东南亚国家等的跨境电子商务市场发展迅速，对我国产的服装鞋帽、电子电器、汽车配件等产品产生较大需求，国内主要的第三方电子支付企业应该借综合门户类及专业类的B2B、B2C跨境电商平台拓展新兴市场和各类细分垂直市场，并在此基础上不断拓展其他区域市场。

四是结合于2014年8月1日开始实施的《海关总署关于跨境贸易电子商务进出境货物、物品有关监管事宜的公告》，加强对"海代""海淘"市场的规范化管理，并以此促进国内综合门户类及专业类的B2B、B2C跨境电商平台应用我国第三方电子支付工具的积极性。

（四）特色模式逻辑

特色模式逻辑是指电子商务平台企业综合运用规模逻辑、产业链逻辑与工具逻辑而形成的独特的电子商务发展方式。由于跨境电子商务的复杂性，跨境电商平台企业比较难以综合运用规模逻辑、产业链逻辑和工具逻辑形成一个能够有效地控制各价值环节的跨境电商发展平台。这与现阶段跨境电子商务仍然处于特殊的初级发展阶段密切相关。

之所以说是初级阶段，是因为跨境电子商务的总体规模仍然比较小，还有很大的发展空间。之所以说"特殊"，是因为存在着这样两种情况，一是构成模式的各相关要素并不是要从零开始去培育发展，而是都已经在国内电子商务市场发展得相当成熟，只是尚未围绕跨境电子商务发展的需要形成比较独特的、完整的价值实现体系；二是跨境电商平台企业不仅面临国内同行的竞争，而且面临国际同行的竞争，跨境电商平台将成为真正的全球贸易平台。

在这个特殊的初级发展阶段，电商平台企业之间会在各个领域展开全方位的竞争，不仅会加快拓展更多的区域市场、丰富交易品类，而且会不断发掘新的产业价值环节和链条，并通过提升快递和电子支付这两个基本工具在跨境电子商务的市场地位去提高自身的竞争力。

第五节　促进我国跨境电子商务发展的措施

从发展趋势来看，跨境电子商务将日益"国内市场化"，这包括两个层面，即国外市场国内化、国内市场国际化。未来，应积极利用我国在电子商务市场方面的巨大优势克服我国跨境电子商务发展的瓶颈和短板。从基本思路来看，应围绕平台演进模式，从物流、资金流、管理流和信息流等四个方面展开，重点克服跨境物流与第三方电子支付国际化方面的障碍。

一、制定跨境电子商务发展战略和规划

经过这些年的发展，跨境电子商务规模快速扩大，对国际贸易和国内经济产生日益重要的影响。但是，现阶段我国对未来跨境电子商务的发展仍然缺乏总体部署和清晰的发展定位，虽然已经出台不少政策文件和促进措施，但是都还只是立足工作层面，着眼于解决具体的单项政策的实施问题，没有从战略上全面系统地认识跨境电子商务对对外贸易、国内产业结构与区域经济一体化的影响。为此需要开展以下工作：一是加强对跨境电子商务问题的理论研究；二是明确跨境电子商务在对外贸易发展中的地位及作用，特别是在克服区域贸易壁垒方面的积极作用；三是加强跨境电子商务的顶层设计，从信息技术、标准规范、电子交易流程，以及信用保障、售后服务等诸多方面进行统筹规划。

电子商务和跨境电子商务已经成为我国的重要领域，无论是从体量还是从信息化应用水平来看，都已经走在世界前列。为此，应该在电子商务这个"21世纪新议题"上，在世界贸易组织（World Trade Organization，WTO）及国际区域经贸规则谈判中，抢先占据主动，基于国家跨境电子商务发展战略，率先提出促进电子商务国际化发展的新议题、新构想、新规则。

二、促进跨境电商快递物流体系建设

跨境电商快递物流体系建设包括两个方面：一是国内电商快递物流体系建设，

二是国外电商快递物流体系建设。就国内电商快递物流体系建设而言，国家与区域性的物流体系建设规划，要充分考虑跨境电子商务发展的需要，从空运、地面运输及海运等各个方面加强规划，为跨境电子商务的快速发展提供国内基础设施保障。就国外电商快递物流体系建设而言，国家有关部门应该加强协调，共同支持、促进电商企业在国外建立快递物流体系。为此，可以考虑设立跨境电子商务发展基金，专门为跨境物流体系建设提供支持，并鼓励国内电商、物流企业在跨境物流体系建设方面加强合作，共同建设海外电商物流体系。在各类区域经济发展战略中，充分考虑跨境电商物流体系建设的需要。

加快中国邮政的体制机制建设，促进其跨境电商快递物流体系建设。中国邮政要将电子商务跨境物流体系建设作为新的业务发展重点，充分利用国际电信联盟国际邮件网络完善的优点，加强电子商务快递物流体系业务发展，通过不断应用信息技术和标准化管理制度，加快国际小包送达速度。

加强国际合作，促进全球跨境电商物流体系建设。为充分应用中国邮政的全球网络优势，应在国际电信联盟层面加强合作，率先提出促进全球跨境电子商务发展的总体架构、技术框架、标准规范等，并基于国际电信联盟，推动各国建立全球统一的国际邮包公共信息平台。

三、促进我国第三方电子支付工具的国际化进程

在美国第三方电子支付工具占据国际跨境电子商务市场主要份额的前提下，我国第三方电子支付工具要获得更大发展空间，必须得到国家的大力支持。在竞争白热化的情况下，我国必须抢占移动支付市场的有利地位。

（一）积极扩大我国第三方电子支付工具在国际跨境电子商务市场的份额

从跨境电子商务外汇支付业务试点资格企业入手，积极扩大我国第三方电子支付工具在国际跨境电子商务市场的份额。为此，可以考虑在跨境电子商务进口与出口中，对于选择采用这些获得试点资格企业的电子支付工具进行支付的交易（无论是B2B还是B2C、C2C），给予一定的鼓励和支持（如根据交易笔数或交易金额，给予一定的优惠，也可对经销商给予更高的出口退税率）。

在此政策实施过程中，涉及几个主体：跨境电商平台、产品售卖方、产品购买方、电子支付机构、商业银行等。其中，产品售卖方、产品购买方都应该是获得该政策优惠的对象。为实施该优惠政策，可以成立中国第三方电子支付发展基金，由电商平台、第三方电子支付机构及金融外汇管理部门等共同发起成立，并通过合理方式运营。

（二）采取针对性的鼓励措施

例如，根据各国消费者的支付意愿与习惯（如因为信息化条件不足，仍然过于依赖本地特定的银行卡与信用卡），支持我国第三方电子支付工具作为第四方支付工具，整合这些国家或地区的第三方支付方式，为这些国家的消费者在跨境支付与跨境电子商务中提供支付服务，实现"企业一点接入，全球客户本土支付"的效果。

（三）鼓励和支持国内已经获得支付牌照企业积极应用第三方电子支付工具拓展移动跨境电子商务市场

一是加强我国电子商务企业在国内移动支付市场的领先地位，继续大力发展各类移动支付工具，如二维码支付、近场通信（near field communication，NFC）、指纹支付等。二是在国家层面加强与韩国、日本，以及部分欧洲国家的支付机构合作，推动二维码支付的标准制定与业务合作。三是加强各相关支付部门合作，尽快制定移动支付发展战略与规划，推动移动支付在国内、国际跨境电子商务市场的发展。四是加强移动支付机构之间的合作，建立移动支付联盟并与国际移动支付的相关国家、地区和机构合作，抢先在国际跨境电子商务市场发起移动支付，占据有利地位。五是将我国第三方电子支付工具逐步纳入人民币国际化战略，在跨境支付、结算方面充分考虑我国第三方电子支付工具的应用。

四、充分应用国内市场对国外产品的巨大需求，克服我国跨境电子商务发展瓶颈

（一）充分认识跨境电子商务进口与跨境电子商务出口的性质

我国不仅应利用跨境电子商务进口与跨境电子商务出口的差异管理、调节未来的宏观经济，还应利用其克服我国跨境电子商务发展面临的短板，如电子支付等，加强我国第三方电子支付工具在这些国家和地区的应用。更为重要的是，我国有关政府部门可以同我国跨境电子商务进口数量较大的国家和地区加强合作，就跨境电子商务进出口问题达成一系列的制度安排，如第三方电子支付、跨境电商物流、产品纠纷处理、知识产权保护等，以促进我国跨境电子商务的发展。

（二）促进我国跨境电商平台的国际化推广

鼓励和支持跨境电子商务进口商通过我国跨境电商平台（不仅包括阿里系、京东系的综合电商平台，也包括敦煌网等专业跨境电商平台）促销、进口，并且

在国内物流体系、通关、支付、信用管理、纠纷处理等方面出台相应政策并提供具体的支持。

五、加强跨境电商平台与国内制造业的深度融合

鼓励跨境电商平台组织国内各行业企业（特别是中小企业）开展行业性的对外电子商务，加强跨境电商平台与国内制造业企业的紧密联系。鼓励和支持跨境电商平台企业综合运用广告营销、大数据分析技术、行业性和专业性的产品推介、国际展销会、仓储物流，以及其他各类工具和手段，促进国内行业性产品的跨境电子商务，加强国内行业与国外市场的紧密联系。

六、加强跨境电子商务试点工作，不断完善相关政策

加快总结跨境电子商务试点城市的发展经验，评估各项相关政策措施的有效性，并及时对一些政策进行适当调整。建立跨境电子商务区域发展评估体系，并在此基础上尽快放大跨境电子商务试点范围。

跨境电子商务工业园区将是我国跨境电子商务发展的一种重要形式，为此需要建立和完善跨境电子商务工业园区建设规范，明确相关发展指标和标准，并以此加强对跨境电子商务工业园区的规范管理。

基于跨境电子商务发展的顶层设计，梳理近年来各部门出台的有关跨境电子商务发展的政策措施，加强各措施之间的衔接与协调，根据新一代信息化发展趋势与跨境电子商务发展规律及其国际竞争状况，制定综合、系统的跨境电子商务促进政策体系。

七、进一步改善国内电子商务环境，促进跨境电商出口

国内电子商务环境会直接或间接地影响我国跨境电子商务的发展，为此，需要从优化国内电子商务发展环境出发，为促进跨境电子商务发展提供坚实的基础。

第一，加强电子商务征信系统建设。加强工商、质检、海关、商务等部门协作，建立国内电子商务与跨境电子商务一体的电子商务征信系统，并将其作为国家社会信用体系建设的重要内容。

第二，严格知识产权执法。加强各地知识产权保护执法力度，严厉打击电子商务和跨境电子商务中的假冒伪劣和侵犯知识产权的行为。

第三，发挥跨境电商平台的综合功能，构建新型的电子商务治理体系。电商平台已经成为政府、市场、第三方（非政府机构）之外的第四方，正在承担部分公共管理功能。为深入发展电子商务和跨境电子商务，有必要构建

政府、市场、第三方与电商平台之间的电子商务高效治理体系，合理、有效地处理相互之间的关系。为此，在不断减少政府行政审批事项、发挥市场决定性作用的同时，有必要赋予跨境电商平台更多的公共服务功能，发挥其在征信系统与信用体系建设、产品质量标准与规范管理、知识产权保护及其他方面的积极作用。

第十六章　加强支撑环境建设，促进"互联网+"健康发展

　　习近平总书记在网络安全和信息化工作座谈会上的讲话中提出，我国经济发展进入新常态，新常态要有新动力，互联网在这方面可以大有作为。我们实施"互联网+"行动计划，带动全社会兴起了创新创业热潮，信息经济在我国国内生产总值中的占比不断攀升①。"互联网+"便在全社会各个方面传播开来，成为街谈巷议的热门话题。随着2015年7月4日《国务院关于积极推进"互联网+"行动的指导意见》（国发〔2015〕40号）发布，各行各业都根据该文件精神发布了各自的"互联网+"行动计划。从2013～2015年的发展实践来看，"互联网+"仍然是当前社会各界信息化建设和产业创新发展的业务核心。因此，"互联网+"提高了全民的信息化意识和信息产品的应用能力及水平，丰富了国家经济转型发展战略工具和手段。

　　但是，从认识和理论层面来看，全社会对于"互联网+"的认识仍然不够统一，一些具体政策与"互联网+"战略存在出入。这些都给未来"互联网+"战略的深入实施和发展埋下隐患。因此，深刻认识"互联网+"的科学内涵及其战略地位和作用，对于当前及今后都具有重大的理论和现实意义。

第一节　"互联网+"的科学内涵及其战略地位和作用

一、"互联网+"标志着我国互联网经济实现了由模仿向自主创新的转变

　　长期以来，各国的数字经济不是被美国跨国企业垄断，就是照抄美国的概念、模仿美国企业的商业模式。就我国来看，信息高速公路、门户网站、数字城市、智慧城市、微博等概念都来自美国，一些电子商务企业在发展初期几乎照搬美国

---

　　①　《习近平总书记在网络安全和信息化工作座谈会上的讲话》，http://www.cac.gov.cn/2016-04/25/c_1118731366.htm[2022-04-11]。

亚马逊等企业的相应模式。但是从2008年开始，我国企业信息化业务应用模式在与本土经济相结合的过程中逐渐形成了具有中国特色的商业理念、商业模式，如互联网思维、O2O等，而2011年出现的微信则是完全基于中国的社交经济发展的集大成者。因此，2015年的"互联网+"可以看作对之前我国社会各界自主探索数字经济发展的经验、模式和规律的概括、总结与提炼。

二、轻装信息化是"互联网+"的本质属性

尽管不同行业的人对"互联网+"有自己的理解和认识，但信息化是其本质属性。与传统的信息化建设不同，"互联网+"是在以物联网、云计算、大数据和移动互联网等为代表的新一代信息技术的作用和重构下的新一轮信息化，即轻装信息化。"互联网+"创新了信息化发展模式，此时，信息化建设的各个部分出现越来越显著的分工，信息基础设施建设内容和应用方式发生重大变化，尤其重要的是，信息化应用主体几乎可以零成本地开展信息化业务应用，信息化就像自来水和电力一样成为各行各业甚至每个人触手可及的应用工具和手段，是服务人们改进业务、提高效益、创新创业的基础条件；产业边界因此变得模糊，产业重组、跨界融合成为一种普遍现象。

三、平台经济是"互联网+"的突出特征

尽管平台价值早就为人们所熟知，但"互联网+"则将平台价值发挥到极致。"互联网+"的基础设施建设与信息化业务应用日益分离的趋势，使得人们不断寻找应用价值和市场价值最大的工具和手段，在网络外部性的作用下，人们的经济社会活动日益趋同于少数几个平台。

随着信息化应用难易程度的不断降低，人类经济社会活动的诸多层面都在逐步实现平台化。就我国的发展过程来看，互联网媒体类平台、社交平台（如QQ等）、电子商务平台等先行成熟并主导各自领域的经济社会活动；随着新一代信息技术的不断成熟，工业信息化不断深入发展，工业生产的各个层面得以实现信息化和智能化，工业互联网平台应运而生。至此，平台经济开始覆盖人类经济活动的最后一个领域。平台经济是我们理解和认识"互联网+"的主要工具。

随着"互联网+"行动计划的深入实施，平台的地位和作用日益凸显。如何处理平台与政府、平台上的企业和消费者、社会服务机构（如行业性组织）之间的相互关系，成为保障"互联网+"顺利稳定发展的重要内容。

四、"互联网+"构成经济新常态的产业技术基础

从2014年开始，新常态就成为我们理解和认识当前中国经济发展状况的基本

出发点。从各种权威论述和分析来看，我们主要是从宏观经济指标和经济结构调整角度去界定新常态。但是，新常态实际上还应该包括我国经济架构的历史性建构及其深远影响。

在轻装信息化之前，经济社会运行的信息化成本相对较高，各行各业只能运行在各自的传统领域；从架构来看，经济是支离破碎的。然而，随着轻装信息化的日渐深化，支离破碎的行业经济像铁屑受到磁铁吸附一样，开始往一个统一的中心汇聚。各行各业尽管仍旧保持各自内在的产业技术特征，但却日益被构建在一个趋同的"互联网+"架构之上。从内容来看，"互联网+"已经为中国经济构建了三大新兴基础设施，即电子商务平台、电子（移动）支付和由电商快递发展起来的现代物流体系（最近人们也在以一个新的说法概括，即"新四大发明"，具体包括移动支付、高铁、电商、共享单车）。当前，"互联网+"正在向工业制造业领域深化应用并引发更为深远的变革和影响，工业互联网平台开始成为未来物质生产领域的新兴基础设施。这些新兴基础设施是当前促进国家创新创业的基础条件。从经济发展史来看，"互联网+"的这种属性类似于电力发明和应用对人类工业化的作用和地位（腾讯公司创始人马化腾就认为，"互联网+"就是要连接一切，要像电力和自来水一样进入千家万户）。

同时，"互联网+"也给新常态带来诸多新兴业态，正在对产业结构产生革命性影响。"互联网+"对产业结构的影响主要包括三个方面：新一代信息技术的各个领域形成新兴产业领域，如云计算等；"互联网+"从内部对传统产业的作用使得其面貌发生重大变化；互联网企业或新兴企业依托平台从外围对传统产业进行颠覆性革新（即国发〔2015〕40号文件提到的融合性新兴产业）。上述每个方面都在对当前的经济社会产生重大影响，理应构成当前经济新常态的重要组成部分。

因此，"互联网+"应该成为我们全面认识和深刻理解经济新常态的技术经济基础。"互联网+"不仅有助于我们分析当前产业发展的生产要素配置方向和特征，也有助于我们把握改革发展的方向。

第二节　"互联网+"的顺利发展迫切需要完善的支撑环境

作为新常态的重要经济技术基础，"互联网+"的发展需要具备良好的环境条件。然而，从近年来的发展情况看，很多行业的"互联网+"面临越来越严峻的形势，来自各方面的阻力也日益增加。为促进"互联网+"的顺利发展，当前有必要从顶层设计角度系统规划保障"互联网+"发展的支撑环境，为新常态、新经济发展提供稳定可靠的技术经济条件和制度保障。

一、"互联网+"的支撑环境建设日益迫切

(一)"互联网+"的快速发展伴生诸多问题

近年来,我国"互联网+"发展迅速。当前,"互联网+"正由最初的商业零售、其他服务行业向工业制造业加速扩展、深化,由行业的某个关键环节应用向全行业应用转变,由部分经济发达地区向中部、西部地区全面推进。"互联网+"的快速发展既给很多行业带来了颠覆性影响,也带来不少问题。某些行业的野蛮生长伴生诸多无序发展问题,对整个"互联网+"行动计划将产生不利影响。这都迫切需要我们认真分析、评估和把握"互联网+"发展的基本趋势及其潜在影响,加强顶层设计,为"互联网+"的顺利发展构建科学合理的制度环境。

(二)制度建设落后于"互联网+"行业的发展

随着传统产业日趋成熟和融合性新兴产业成长壮大,两类产业既相互依赖、相互促进又相互排斥。传统产业的改造提升加快了融合性新兴产业的技术、产品和人才向传统产业扩散的速度;融合性新兴产业的快速增长需要传统产业生产要素的支撑,其中包括制度、文化、技术、体制、环境、资本、人才等各方面的支撑。融合性新兴产业最容易给传统行业带来革命性的变革,但也容易受到传统利益群体的制约和限制。如果处理不好,这些融合性新兴产业就可能因此而被压制,甚至是窒息,"互联网+"对于经济发展的创新价值就将大打折扣。

让人担忧的是,我国的一些制度建设落后于"互联网+"行业的发展,一些新兴业态发展因此而停滞不前。就网约车来看,在交通运输部等七部门于2016年7月联合发布《网络预约出租汽车经营服务管理暂行办法》之后,很多地方从人(要求网约车司机为本地人)、车(规定网约车车距和报废年限等)、业务范围(在本城市区域内)等方面对网约车设置了诸多限制性规定。受这些规定的影响,网约车行业的发展也由之前的欣欣向荣转变为如今的停滞不前。由于行业发展阻力巨大,业内人士普遍对其抱持悲观态度,不少人甚至认为这个行业即将萎缩、消失。而就近年兴起的共享单车来看,交通运输部等十部门于2017年8月初出台的《关于鼓励和规范互联网租赁自行车发展的指导意见》也从标准化建设、企业运营服务、停放管理、用户资金安全监管、网络和信息安全保护、社会公众治理等诸多方面对其进行规范。在这些政策的规制下,其发展前景同样堪忧。

因此,如何把握鼓励支持和管制规范的度,以便为促进"互联网+"的新兴业态发展提供有利的发展环境,是当前和今后一段时期我国"互联网+"行动计划需要重点关注的问题。

（三）平台及平台治理方面出现了影响"互联网+"创新发展的不利因素

平台既能促进"互联网+"的发展，也能阻碍其创新发展。随着平台在经济活动中的作用和地位日渐加强，这种阻碍作用也在不断增强。具体表现为以下方面：不同平台之间相互隔绝甚至是相互拆台，不正当竞争行为普遍，给市场环境带来不利影响；一些平台企业依仗市场垄断地位，对中小创新企业的发展形成潜在威胁，不利于各地"双创"活动的开展；平台对于市场管理的重要性开始影响到政府对经济管理的手段、效力，如何处理政府、平台、平台入驻企业和消费者等之间的关系，如何构建新型平台治理框架，成为"互联网+"时代亟待明确和解决的问题；等等。

（四）基础设施建设成为制约"互联网+"快速发展的瓶颈

"互联网+"的轻装信息化不仅大大扩展了信息化建设流程、增加了建设环节，而且不同流程和环节的建设、应用主体出现了高度的分工分化，从而加大了协调发展的难度。特别是随着近年来"互联网+"在各行各业的快速推进，轻装信息化的基础设施建设与行业应用之间的矛盾日益突出，特别是云计算中心、宽带传输网络建设成为制约"互联网+"快速发展的瓶颈。

二、从顶层设计角度构建"互联网+"支撑环境

以上从几个方面分析了影响"互联网+"发展的一些重要因素，但实际上构成"互联网+"发展的支撑环境包含的内容要更多、更复杂。为此，我们必须从顶层设计角度，对影响"互联网+"发展的支撑环境进行深入分析，为推进"互联网+"行动计划提供有效的政策分析框架。为此，可以将"互联网+"的支撑环境划分为四个方面的内容：一是与"互联网+"发展相关的社会舆论环境；二是决定轻装信息化发展的核心技术和产业的创新发展；三是"互联网+"的基础设施保障；四是服务包括融合性新兴产业创新发展在内的"互联网+"的"双创"活动的软环境及其制度建设。这四个方面应该作为整个"互联网+"行动计划的有机组成部分，统一进行规划和实施。

三、"互联网+"支撑环境建设的原则

从上述四个方面的内容来看，"互联网+"的支撑环境建设不仅涉及面广，而且与现有的法律法规存在诸多矛盾和冲突，建设难度很大，绝非一朝一夕就可以完成的，为此需要遵循必要的原则。

（1）前瞻性。"互联网+"是电力得到普及应用之后出现的最为广泛的诸多技术的综合应用系统，是更新传统经济社会发展面貌的一个新型技术经济基础，

影响深远。因此，在出台相关政策时，必须充分地预见到这种战略影响。政策不仅要解决眼前的问题，更要兼顾到政策的可持续性，增加政策应对不断变化的产业环境和形势的适应性。

（2）包容性。"互联网+"包含诸多产业链条且分工分化严重，其跨界融合的特性涉及诸多行业领域和利益群体，而且往往与现有的行业利益不一致甚至相冲突。因此，"互联网+"的支撑环境政策必须能够充分反映、兼顾各相关利益主体的诉求，让更多的人加入到促进"互联网+"发展的洪流中来，并通过"互联网+"获得更多福利和发展空间。

（3）系统性。"互联网+"不仅是一项综合性的新兴技术应用，更是一项全局性的经济社会变革，往往牵一发而动全身，因此，在政策制定过程中，必须充分考虑到各个方面的有机关系，注重整合、加强协同。

（4）渐进性。"互联网+"支撑环境建设是一个长期复杂的渐进过程。它蕴含的技术经济的复杂性，要求我们在面对各类新兴问题，特别是融合性新兴产业带来的利益冲突问题时，务必采取谨慎态度，区分问题性质和难易程度，从关键问题入手，重点突破，分步实施，有序推进。

第三节　研究结论与启示

当前必须就一些重要领域和问题加快制度建设的步伐，以便为"互联网+"行动计划提供良好的支撑环境。

一、加强宣传，为"互联网+"营造有利的社会发展环境

重点包括两个方面：一是针对当前任意解读甚至是曲解"互联网+"的现象，加强对"互联网+"的信息化属性的宣传，引导全社会对"互联网+"树立科学、正确的认识，不仅要让人们认识到"互联网+"对于经济社会发展的积极作用，也要让人们认识到"互联网+"可能带来的诸如隐私泄露、网络安全等潜在威胁；二是加强整合，将当前名目繁多的行业信息化工程统一到"互联网+"的战略框架之下。

二、构建自主创新生态体系，夯实"互联网+"的核心技术保障基础

中国经济新常态虽然以"互联网+"为产业技术基础，但这个基础很不牢固。长期以来，构成信息化建设基础之基础的高端芯片、基础软件平台一直依赖国外跨国企业。因此，由"互联网+"构成产业技术基础的中国经济新常态，犹如构筑于沙漠之上的大厦，根基不稳，一有风吹草动便会地动山摇。为此，必须未雨

绸缪，加大投入，从战略上、从国家安全高度，夯实中国经济新常态的产业技术根基。

首先，要持续加大对高端芯片行业的投入。虽然从2015年起国家开始成规模地加大对高端芯片行业的投入，但我国企业与英特尔等大型跨国芯片制造企业相比仍然相差较大。今后有必要在对当前高端芯片产业进行评估的基础上，以实现自主创新为目标，继续加大投入力度，优化产业结构，提高芯片制造能力和水平。

其次，高度重视一些重要的软件操作系统及其他基础软件平台建设。长期以来，我国在这些方面基本上完全依赖微软等国外企业，但是这并不意味着我们之前担忧的问题就不再存在了。实际上，随着大数据、移动互联网、云计算等的日益普及，我国的"互联网+"在这些新技术领域的操作系统、软件平台仍然被国外控制，让我们担忧的问题其实变得更多了。因此，下一步应该参照高端芯片行业，在"核心电子器件、高端通用芯片及基础软件产品"（以下简称"核高基"）基础之上，结合《中华人民共和国网络安全法》有关国家关键信息基础设施的要求，设立专项发展基金，综合运用政府采购方式，统筹发展一批重大的基础软件产品。

最后，根据"互联网+"轻装信息化建设的内在需求，构建自主创新的生态体系。当前，"互联网+"的应用企业与上述核心技术系统的研发行业之间没有有机联系，使得我国信息化出现了一种奇怪的现象：一方面，我国信息化业务应用跃居世界前列；另一方面，我国在核心技术保障方面却一直无法取得进展，无法满足我国"互联网+"发展的要求。为此，今后在"核高基"、国家集成电路产业投资基金及其他相关产业发展项目方面，要吸引我国各大互联网企业积极参与，努力形成国家信息领域核心技术设备研发与应用之间的良性的创新发展生态系统。

三、合理认识其基础设施条件，综合推进"互联网+"的创新发展

"互联网+"的基础设施包含多方面的内容。有人将"互联网+"的基础设施概括为"云、网、端"三个方面，但其实还应该包括"台"，即平台。所以，我们应该将"互联网+"的基础设施概括为"云、网、台、端"四个方面。为保障和促进"互联网+"创新发展，必须综合推进这四个方面的协同发展。

但是，就当前情况来看，四个方面的发展重点各有不同。由于近年来的不断推广，我国云计算行业正在迎来快速发展期。当前尤其需要解决三个方面的问题：首先，规范云计算行业的市场竞争行为和秩序，结合国家关键信息基础设施建设要求，建立完善的行业良性发展机制；其次，根据中央关于"建设全国一体化的国家大数据中心"的要求，统筹规划、合理布局、高效建设各地大数据中心；最

后,高度重视并处理政务云中心发展与现有的国家电子政务建设相关政策的协调。

就网络建设来看,当前必须解决如下几个问题。通信行业要紧紧围绕国家"互联网+"战略,加快技术革新和网络改造,不断降低资费水平,不仅要为各行各业的"互联网+"提供网络保障,还应该向产业链前移,加快云技术、大数据项目建设,更深地切入工业互联网等新兴"互联网+"领域,实现自身的转型升级;加快行业体制创新,引入更多战略投资者参与信息基础设施建设。

就平台来看,当前必须解决如下几个问题。首先,应该对不同类型平台采取不同的发展政策,区别对待。对于发展相对成熟的平台(如BAT类平台),应该着眼于规范秩序、加强管理;对于工业互联网领域,应该采取鼓励支持政策,加快发展。其次,必须充分认识到平台经济在"互联网+"战略中日益重要的作用。从当前我国"互联网+"发展的实践来看,平台同时具备营利性与公共性双重属性,目前人们对如何认识平台的这种属性仍然没有形成统一的认识。平台同时具备营利性与公共性双重属性的这种特性给国家治理体系带来了重大的机遇和挑战,一方面要充分发挥平台对于经济社会发展的积极作用,另一方面也要注意将平台对于经济社会发展的不利影响控制在合适的范围内。

就智能终端(智能手机)发展来看,我国企业取得了历史性突破,为"轻装信息化"提供了重要的支撑作用,特别是涌现出华为、小米、OPPO等一批知名智能手机品牌,出现了像微信这样的世界级的互联网App。我国智能手机产业的快速发展有力地促进了电子商务、个人社交媒体由桌面向移动互联网的转变,并直接带动了移动支付及其他各类传统服务行业的移动互联网化。目前的短板仍然来自核心技术(高端芯片、操作系统)的缺失。

就支撑国家"互联网+"的战略来看,今后智能手机行业的发展方向包括两个方面。首先,各大智能手机企业要加强合作,强化行业联盟建设,重点解决行业共性技术短板,大力推进产业链前移和产业结构高端化。其次,加强与电子商务等"互联网+"的信息化业务应用行业合作,协同推进"走出去"战略。当前尤其需要加强智能手机行业与信息化业务创新应用型企业(如BAT类企业)协作,协同推进智能手机、电子商务、移动支付的国际化,特别是加快向"一带一路"沿线国家的布局步伐。

四、重点加强共性问题的制度建设,为"互联网+"构造有利的软环境

"互联网+"不仅强化了传统信息化条件下的各种问题,也带来了一些新的问题。随着"互联网+"的深入发展,所有这些问题越来越成为"互联网+"持续发展的障碍。从当前的实施情况来看,有一些问题是影响"互联网+"各个新业

态创新发展的共性因素，如网络安全、知识产权保护、个人信息和隐私保护、社会信用体系建设、政府数据开放与大数据开发等。这些共性因素共同构成支撑"互联网+"创新发展的软环境。

为改善"互联网+"发展的软环境，必须加大解决上述共性问题的力度，为此应该遵循以下基本原则。

第一，具体问题具体解决。对"互联网+"来说，上述共性问题都很重要，都必须严肃对待；但就其具体性质而言，每个问题都有其自身特点，对"互联网+"的作用和影响方式各不相同，因此需要具体问题具体解决。特别是"互联网+"改变了很多传统的观念和认识，给现有的法律法规带来了挑战，为此需要根据推进"互联网+"行动计划的要求，对一些不合时宜的制度进行改革。例如，现有的专利制度是工业社会的产物，与"互联网+"开放创新的特点并不完全一致，特别是面对当前海外非生产专利实体（non-practicing entities，NPEs，又称专利经营公司）对快速发展的中国市场的企图，有必要理性地评估、修改和完善《中华人民共和国专利法》的相关内容；再比如，为促进跨境电子商务的发展，有必要承认商标平行进口的合法性。

第二，综合运用技术、法律、管理手段改善共性问题。在上述这些共性因素中，除了制定新的法律法规外，新技术的运用也能够极大地促进其发展。例如，支付宝创新交易的支付环节，有效地克服了非接触交易的商业困境，很好地解决了交易双方的信任、信用问题；新一代信息技术有助于解决身份认证和产品统一标识管理，可以保障个人身份信息和产品质量标准，从而带来诸多商业模式的变革，如无人值守超市等。

第三，基于科学的评估体系。为此，可以考虑基于上述共性问题，科学合理地构建"互联网+"软环境评估框架和指标体系，为综合评估、实时监测、及时改善"互联网+"发展环境、修改完善单个共性问题提供科学工具和手段。

第十七章 以工业互联网平台促进制造业转型升级对策

随着GE和德国西门子公司相继推出自己的工业互联网（或工业4.0）平台，全球工业制造业由此迎来平台竞争时代。这个转变将具有划时代的意义，不仅将从根本上颠覆人类工业制造业发展模式，也将深刻地改变未来国际产业分工与国际贸易竞争格局。

工业互联网平台为我国工业制造业实现弯道超车提供了难得的历史机遇。然而，由于美国、德国的先发优势，我国发展自主工业互联网平台的前景相当严峻。当前要奋起直追，将其置于我国"制造强国"战略的核心地位，在国际工业互联网平台竞争中尽快占据有利地位。

第一节 工业互联网的深远影响

一、新一代信息技术为工业互联网平台建设奠定现实基础

以物联网、云计算、大数据和移动互联网等为代表的新一代信息技术有效地克服了传统信息技术的局限性：一方面，物联网极大地拓展了信息化的应用管理范畴，将机械设备、仪器仪表及产品生产制造流程的各个过程，都接入信息管理系统并实现远程智能控制；另一方面，云计算、大数据和移动互联网技术等，使得企业信息系统建设成本更低、效益更高、运行速度更快、覆盖面更广。这些技术进步为工业制造业全面系统的数字化、信息化、智能化建设提供了基础条件，工业互联网平台建设也就水到渠成。

近年来，一些国家加紧开展工业互联网平台建设相关的理论研究、工程实验甚至是项目建设。这些工作包括三个方面：以信息物理系统为主要内容的理论研究，以"智慧工厂""未来工厂"为代表的关键技术环节的试点实验，以参考架构模型为主要内容的工业互联网平台的体系化构建。这些研究、实验与项目建设，为全面推广工业互联网平台奠定了基础。

二、工业互联网平台的基本内涵

当前人们对于"工业互联网平台"尚缺乏一个清晰完整的定义。人们通常从某个方面的属性去界定"工业互联网平台",如GE将其工业互联网平台Predix称为"制造业云操作系统"。实际上,所谓工业互联网平台,是一种新兴制造业生态系统,在这种生态系统中,众多行业及众多企业的研发设计、生产制造、产品流通与售后服务等产品生产过程,在实现数字化、信息化和智能化的基础上,都被迁移到云数据中心,并通过一个统一的云操作平台实现远程智能制造。

与电子商务平台、社交媒体平台不同,工业制造业实现平台化所需技术更加复杂,门槛更高,竞争也更加激烈,因此,直到以物联网、云计算、大数据、移动互联网等为代表的新一代信息技术日益成熟并大量应用到工业生产过程之后,工业互联网平台才开始出现。

三、工业互联网平台将成为第三次工业革命的核心

与现在的工业制造业相比,工业互联网平台具有以下三个重要特点。一是统一标准。知识产权和技术标准仍然是当前工业竞争的核心,工业互联网平台在此基础上构建更加宏大的制造业生态系统,试图将各行各业的技术和标准裹挟到一个统一的平台之上。二是改变分工格局。平台化使得传统的产业价值链发生重大变化。通过数字化、信息化、智能化,工业互联网平台得以整合所有工业企业的各个制造环节,并通过大数据技术监控平台上各企业的产品生产及其生产要素与市场动态。因此,平台不仅是产品生产企业进行技术交流与实现远程智能制造的操作界面,而且是上下游企业之间、企业与用户之间进行分工协作、产品交易、服务保障的虚拟市场。三是平台生态化。工业互联网平台不仅包括不同产业的众多企业,也包括生产同一产品的众多企业;不仅包括生产制造企业,也包括产业链的其他相关企业;不仅包括企业,也包括产品和服务的最终需求者及各类服务型机构。网络效应将使得工业互联网平台成为组织全社会甚至是全球各类生产要素资源配置的复杂网络。

与当前的各类电子商务平台相比,工业互联网平台也有着本质的差别。电子商务平台主要服务于产品的交易和流通环节;而工业互联网平台在此基础上还包括产品的研发、设计与制造等环节,电子商务充其量只是未来的工业互联网平台的一部分。因此,工业互联网平台要远比目前已经出现的电子商务平台(如阿里巴巴、亚马逊等)重要得多,未来将跨越国界、跨越行业界限,成为超级平台,从而全面配置全球的生产要素和社会资源。毫无疑问,工业互联网平台将对国际产业分工、国际贸易格局与全球化产生重大影响。

第二节　工业互联网平台正在成为国际战略竞争的制高点

为争夺工业互联网平台的领导地位，美国和德国正在从两个方面展开竞争。一是国家层面。为推进"工业4.0"战略，2013年4月，德国机械设备制造业联合会（Verband Deutscher Maschinen-und Anlagenbau，VDMA），德国电气和电子工业联合会（Zentralverband der Electechnischen Industrie，ZVEI）和德国信息技术、电信和新媒体协会（Bundesverband Informationswirtschaft，neue Telekommunikation und neue Medien，BITKOM）联合设立"工业4.0平台"；2015年3月，德国联邦经济事务和能源部、德国联邦教育及研究部共同接管并启动升级版"工业4.0平台"建设。美国政府层面虽然没有设立专门的"工业互联网平台"推进机构，但是，根据"国家制造创新网络"计划建立的各大制造业创新机构IP多媒体子系统（IP multimedia subsystem，IMS）都包含了相应平台建设的任务。其中，尤其重要的是美国联邦政府于2014年7月资助建立的"数字化制造和设计创新研究院"（Digital Manufacturing and Design Innovation Institute，DMDII）。DMDII启动了"数字制造公共平台"，其功能定位是数字化制造的开源软件平台，旨在鼓励全社会的中小创新机构、创业家和技术狂人等开发面向不同制造业领域的软件解决方案。

二是企业层面。其中尤以GE和西门子公司最为典型。GE在提出工业互联网战略之后，推出了包括24种工业互联网产品的九大平台，2013年推出更为宏大的工业互联网大数据分析平台——Predix。2015年，GE向全球制造业企业开放Predix。西门子公司建立的跨业务软件平台为Sinalytics，该平台不仅整合了远程维护、数据分析及网络安全等一系列现有技术和新技术，还能够对机器感应器产生的大量数据进行整合、保密传输和分析。此外，IBM公司和德国思爱普公司也在开发自己的工业互联网平台。

第三节　加快我国工业互联网平台建设的若干建议

一、充分认识工业互联网平台的深远影响

这些影响突出地表现为这样两个方面：第一，工业互联网平台将日益成为全球工业制造业的首要基础设施，成为集聚全球工厂、工业产品、市场用户的第一入口；第二，工业互联网平台将借助网络效应（或网络外部性），加速全球制造业的"两化融合"进程，无论是处于工业1.0、工业2.0还是工业3.0的企业，都将被无奈、无情地"裹挟"到代表工业4.0的工业互联网平台之上。因此，谁

控制了工业互联网平台，谁就具备了实时跟踪、优化配置，甚至是全面掌控全球工业制造业发展命脉的实力。毫无疑问，工业互联网平台将成为全球领导权竞争的核心内容。

当前我们尤其需要认识到平台化带来的网络效应对于全球制造业的"两化融合"进程可能带来的影响。平台化一旦促使其双边市场达到一定的规模（阈值），该平台的价值便会在很短的时间内得到爆发式的增长。此时，竞争对手将很快面临经营困境，直至死亡或退出市场，该平台也将迅速获得市场垄断地位。最近20年来，我国的传统互联网平台、电商平台和社交媒体平台的发展，无不验证了这个相同的过程和结局。

考虑到我国工业信息化总体水平落后，多数企业、行业处于工业1.0、工业2.0的水平，能够达到工业3.0的企业很少，因此人们也就很自然地产生了一种"补课"的意识和思维。实际上，这也是当前我国"两化深度融合"政策的出发点。但是，面对美国和德国在工业4.0平台方面的竞争，上述网络效应给平台竞争带来的"裹挟"作用将不会留给我们"补课"的时间和机会。这就要求我们在"补课"的同时，从现在就开始着手进行工业4.0平台的研究、规划和建设，迎头赶上，直面美国和德国的竞争。

二、明确地要求将工业互联网平台建设作为深化制造业与互联网融合发展的主攻方向

为克服我国制造业信息化的总体落后局面，要充分发挥我国举国体制的优势，将工业互联网平台建设作为深化制造业与互联网融合发展的主打方向，分层次地推进我国工业互联网平台建设。

首先，构建针对整个工业制造业的国家工业互联网平台。要将国家工业互联网平台建设作为近期成立的"工业互联网产业联盟"的核心发展目标，着力研发平台总体技术架构及相关机制，并尽快启动国家工业互联网平台。其次，选择具备国际竞争力的优势行业（服装、家电及部分先进制造业等），并基于产业价值链和平台生态化特征整合这些行业的相关企业，组建行业的工业互联网联盟，创新机制，激发各方动力，以发展该行业的工业互联网平台。鼓励和支持部分有较强技术与市场实力的龙头企业，启动建设本行业的工业互联网平台。

为此，要建立政府推动、企业主导、多方协同参与的工业互联网平台发展机制。尤其重要的是，一方面，要根据工业互联网平台建设要求，引导、优化各地正在开展的"双创平台"建设；另一方面，要采取切实措施，克服"泛娱乐化"趋势，引导企业真正地参与到工业互联网平台建设中来。

三、加强工业互联网平台建设的领导与政策支持

将工业互联网平台建设纳入中央网络安全与信息化领导小组和国家制造强国建设领导小组的重要关注问题；建立和完善工业互联网联盟运营机制，协调国家工业互联网平台与行业平台、龙头企业平台之间的业务分工与协作；设立工业互联网平台发展基金，加强平台核心技术与关键共性技术的研究与开发，努力构建自主可控的工业互联网平台架构与技术标准体系；采取积极有效措施，鼓励和支持更多企业加入并做大、做强工业互联网平台。

四、加强国际交流与合作

需要强调的是，国际交流与合作的主要目的应该着眼于提高我国建设自主可控的工业互联网平台的技术能力和水平；依托"中国制造"的现有优势，采取平台对平台方式，鼓励上述三类工业互联网平台与国外平台展开交流与合作；采取多种方式，鼓励全球制造业企业加入我国的工业互联网平台，尽快做大其国际规模，巩固我国工业互联网平台的国际领先地位。

第十八章 融合：掌控"第四次工业革命"的核心

第一节 "两化融合"破解中国制造难题

制造业是国民经济的主体，为了帮助制造业更健康、稳健发展，国家指出了一条"融合之路"——"中国制造2025"与"互联网+"融合发展。乘借"互联网+"的东风，迈向专业化、信息化、网络化的新生，成为传统制造业的必然抉择。

李克强总理强调，推进"中国制造2025"与"互联网+"融合发展，催生颠覆性新技术，加快新产业、新业态等"破土萌发"，改造提升传统动能，有序化解过剩产能，促进先进制造业和现代服务业成为我国经济结构中的重要支柱，实现新旧动能平稳接续，用"双引擎"助推中国经济驶入基础更牢、平台更高、运行更稳的轨道[①]。

事实上，中国制造要变身"中国智造"首先要破解的是两化融合问题，其中，IT系统角色异常重要。多年来，相对于ICT产业的高速发展，制造业发展缓慢，信息化水平参差不齐，有的企业还处于接受初级信息化改造的水平，有的企业已经一跃冲上了智能制造的车道。由此可见，实现"中国制造2025"，提高中国制造业的两化融合水平是关键所在。

第二节 "互联网+"吹响新一轮信息化集结号

近年来，物联网、云计算、移动宽带及大数据等新一代信息技术先后快速闯入人们的视野。这些新技术极大地拓展了信息化的作用范围与形式，让信息化建设架构、业务系统建设方式、基础设施建设等都发生了重大变化。

---

① 《李克强：卯足干劲 就没有无法战胜的困难》，http://www.81.cn/gnxw/2016-03/07/content_6945812.htm [2022-04-11]。

　　同时，中国经济已经进入中高速增长时期，发达国家再工业化及第三次科技革命对产业发展与出口又构成了严峻挑战，中国的产业结构转型升级到了紧要关头，需要新型产业的发展支撑。作为应对战略，政府出台了"中国制造2025"国家行动纲领，突出先进制造和高端装备，部署十大领域，以图加快制造强国建设。

　　正是在上述背景之下，"互联网+"概念登上历史舞台。它意在吹响新的信息化集结号，加速中国工业化与信息化的深度融合，集聚全社会资源，助力"中国制造"向"中国智造"转变。

　　"互联网+"的本质属性，应该是基于物联网、云计算、大数据、移动互联网条件下的新一轮信息化，如图18-1、图18-2所示。它与传统信息化路径相比，发生了诸多根本性变革，可以将其定义为"轻装信息化"。

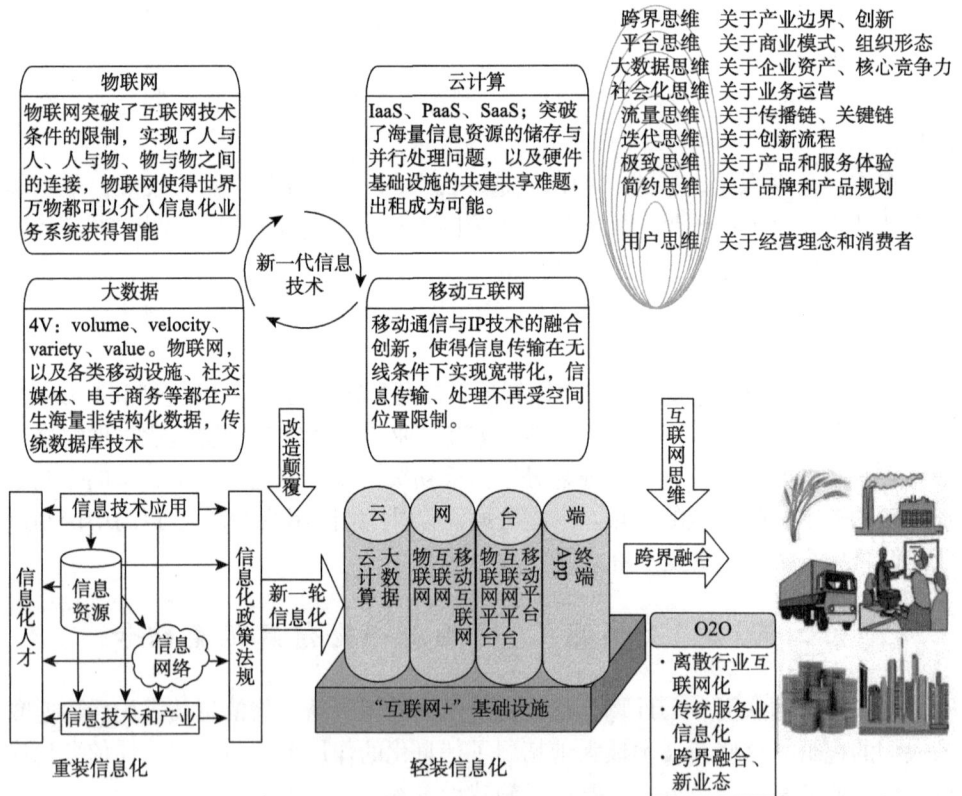

图 18-1　"轻装信息化"与"互联网+"

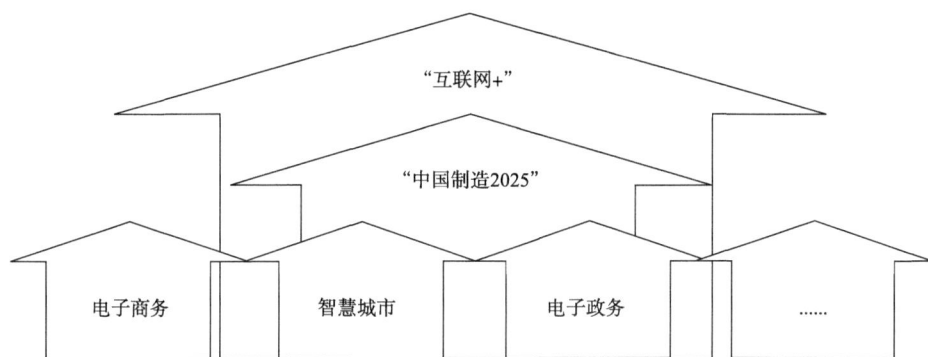

图 18-2 国家信息化与"互联网+"总体架构图

在传统的信息化路径当中，信息化业务大都集中于政府部门、大型国有企业及跨国公司，中小企业或者个人几乎不可能参与其中。这是因为它需要投入大量资金购买服务器、建设大型数据中心，还要有专门的设施与管理团队保障它们的正常运行。这让大多数小机构根本没有办法承受，因此也就没有办法享受信息化应用的便利。

其实，可以把信息化建设分为两大部分，重的部分和轻的部分。重的部分是数据中心建设、业务系统建设，轻的部分主要是指业务应用和数据处理。在传统的信息化条件下，这两部分很难分离，必须由单一部门承担。但是在"互联网+"领衔的新一轮信息化条件下，重、轻两部分相互分离成为趋势。重的部分集中在BAT三巨头、IBM公司、思科之类的大型科技企业当中，它们投入巨资建设数据中心、开发专用系统、存储大量数据，同时开发大数据系统分析具体的数据应用；而轻的部分则下沉到中小企业甚至是个人，它们可以通过租用形式非常便利地参与到信息化当中，将信息技术与自身业务结合，从而大幅度地改变业务发展效能。

相对来说，"互联网+"有效地克服了传统信息化条件下的"数字鸿沟"问题，让全体公民都可以低门槛地参与其中。它不仅涉及工业信息化，更是三大产业的全面信息化。这种"互联网+"与各行各业的无缝连接，让它成为改造传统行业的核心工具。与传统信息化的纯技术工具属性不同，"互联网+"将技术与商业模式紧密地联系在了一起，因此诞生了大家耳熟能详的"互联网思维"。它让信息化成为企业和个人、草根与精英创业、创新、发展的工具、平台及思维方式。

这种轻装信息化变革的力量是如此之强大，以至于社会资源开发利用方式在重构，产业链在延伸，新业态在拓展，平台经济模式日益成熟。而充分利用信息技术、开发利用信息资源、促进信息交流和知识共享、提高经济增长质量、推动经济社会发展转型的历史进程，是信息化的要义。在互联网"占领"全球的浪潮下，将互联网发展中"大数据""云计算"等新概念融合到国家工业建设当中，才能更好地推动国家制造能力的提升。

第三节　创新发展模式，走新型工业化发展道路

"中国制造2025"如何在与德国"工业4.0"和美国"国家制造业创新网络"的战略竞争中取得成功，关键在于创新发展模式，找到一条切实可行且行之有效的、具有中国特色的新型工业化发展道路。

当前，以化解过剩产能为重要内容的供给侧结构性改革，为"中国制造2025"提供了有利时机。为此，一方面，要鼓励和支持上下游企业加强协作，基于产品的设计、生产、物流、销售、服务的全生命周期构建完整的产业价值链，为传统企业开展智能制造提供基础条件；另一方面，更要鼓励和支持互联网企业积极参与传统制造业的兼并重组，加强IT与信息化技术、电子商务平台与传统产业的深度融合。

新一轮科技革命和产业变革的核心是新一代信息技术，尤其是互联网与生产生活各个领域的深度融合。互联网革命已经在各个领域从外围走向核心，制造业概莫能外。中国制造业要抓住以物理信息融合为特征的"第四次工业革命"的契机，将"中国制造2025"突破的重点主要放在与"互联网+"的融合发展上，加快推动由"中国制造"向"中国智造"的转型升级，最终实现中国工业的"浴火重生"。

第十九章 以电子政务促进产业结构升级对策与建议

与政治职能不受重视及管理混乱相比，电子政务的经济职能却最为"兴盛"，电子政务首先被用于政府的经济管理与服务领域，以信息网络技术替代手工来完成内容复杂、手续烦琐、管理专业的各项经济管理业务，电子政务对经济活动的调节主要体现在以下四个方面：一是宏观经济调节。电子政务服务于传统的调节资源流向、提高资源配置效率的目的。二是产业结构调整。电子政务建设在创造对IT产业巨大需求的同时，也在促使整个经济产业结构向信息化转移，"以电子政务带动信息化"战略直接带动了软件产业及现代服务业的发展。三是促进微观经济管理；信息网络手段被用于政府对经济行为主体的精细化管理，通过创新管理方式实现政府的企业化管理。四是优化经济发展环境。电子政务直接促进了政府信息公开与寓管理于服务之中的政府管理理念的转变，为产业结构升级提供了公开、透明、诚信、高效的有利环境。

第一节　电子政务对宏观经济的调节作用与对策

在物理环境下，政府一般通过法律与经济政策，运用利率、汇率、税率、物价及其他的宏观经济杠杆工具来调节整体经济走向，实现经济稳定发展。这些宏观经济杠杆能够有效地引导社会经济资源流向具有较高经济效益的行业，以提高全社会的资源配置效率。就电子政务的宏观经济调节功能而言，主要表现在以下两个方面。

首先是需求调节作用。政府信息化与电子政务建设为国民经济增加了巨大的有效需求，直接拉动了国内IT产业的发展。当然，从长远来看，政府信息化与电子政务的这种需求拉动作用毕竟是有限的，与当前国民经济和社会信息化发展的落后状况密切相关。实际上，当前的信息化主要是硬件设备和网络基础设施建设，这些是信息化建设投资的骨干部分，待这一轮热潮过去之后，政府信息化的投资将归于平缓。因此，电子政务的这方面经济职能不应过分强调。

其次是决策辅助作用。正确的经济决策有赖于全面准确地把握经济形势与发展趋势，而这就要求建立综合性的、复杂的宏观经济数据库，及时掌握行业发展动态及物价、资金流动、需求变化等主要宏观经济指标的变化情况。这在以往的情况下是难以做到的，因为宏观经济信息的不完全、不充分导致的"政策失灵"现象经常出现。而在信息网络时代，凭借电子政务系统，中央或省级政府通过整合各政府部门在开展对企业和公众的管理与服务的过程中以及在进行市场监管过程中收集到的经济信息，能够很快地应对市场信号的变化，随时对影响市场经济发展的主要力量实施引导和组织。

在这里，有两点非常必要。一是宏观经济决策有赖于对微观经济活动的精细化管理（如通过应用客户关系管理技术对重点经济活动主体进行管理与服务），并对来自不同经济领域的微观经济数据进行整理与系统分析，从而得出有价值的政策信息；二是对反映市场形势变化的经济指标进行跟踪，及时了解影响其变化的主要因素。而要获得这两方面的信息，必须确保以下两点：第一，对中央各职能部门的业务管理信息进行整合，并能够及时汇总各级地方政府的信息；第二，全国统一市场的形成及管理体制的协调。这就要求克服部门信息孤岛、条块分割的弊端，从政府信息化和电子政务的表现形式来看，这就相当于要求以"金字工程"为代表的垂直业务系统和各级地方政府门户网站在业务协作与管理流程的一体化方面能够逐步"融合"。

中国早在1986年即开始建立国家经济信息系统（national economic information system，NEIS），开设了七个业务应用系统：宏观经济预测系统、企业和产品信息系统、价格和市场信息系统、世界经济信息系统、经济法规系统、国外贷款项目管理信息系统、政府投资项目管理信息系统。而从实际效果来看，NEIS发挥的作用其实很有限，除了因为原先的服务计划经济的目的外，其还存在着与信息化的要求结合不够紧密、内部运作机制不畅等诸多问题。因此，有必要按照上述要求对NEIS进行调整与改革，通过体制改革、业务整合以使国家的宏观经济能够适应信息化时代的挑战，为国家宏观经济管理与决策发挥更大的作用。

第二节　电子政务对产业结构的调整作用与对策

电子政务对整个产业结构的调整作用体现在以下几个方面。

一是电子政务硬件基础设施建设具有的投资效应。这一点已在本章第一节中谈及，这里要强调的是，硬件基础设施建设在发挥需求调节作用的同时，也在促进IT产业的发展，直接促进整个产业结构向信息化转型。与此同时，除了电子政务的硬件基础设施能够为产业结构调整提供动力外，电子政务的日常运营、管理与维护等也为IT产业发展提供了重要的市场机遇。实际上，硬件建设只在电子政务发展的初期具有重要的投资拉动作用，随着电子政务的日益成熟，以外包为业务形式的电子政务IT服务将为IT产业提供源源不断的市场动力。

　　二是电子政务的业务拉动作用。也就是说，企业和公民为享受到政府通过信息网络提供的管理与服务，必须首先具备能够连接到互联网的终端设备。虽然就某个企业来说，这种要求不会对产业结构产生多大的影响，但是一旦企业应用规模达到一定水平，这种购买力将成为一个规模庞大的市场。与此同时，一些企业会由此对信息化的应用效果产生巨大的认同，对企业自身管理的信息化也会相应产生需求，如CAD、管理信息系统（management information system，MIS）、ERP等系统的应用。当然，这种影响是比较缓慢的，只有在整个社会的信息化应用水平达到一定程度、相应的配套条件都已具备的情况下，企业信息化的应用效果才能显现出来。同样，一般公民也可能受电子政务的影响而搭上信息化的快车。可以认为，政府部门的信息化本身会对整个社会的信息化产生重要的拉动作用。因此，2002年提出的"以电子政务带动信息化"的主张有着合理的依据，多年来的发展事实也证明其效果是明显的。

　　三是政府信息资源对现代服务业的促进作用。根据有关学者的看法，人类社会的发展经历了农业社会、工业社会，现在正在进入信息社会。在农业社会，土地是最丰富的资源，也是最重要的资源；在工业社会，资本是最丰富也最重要的资源；而在信息时代，信息则是最重要、最有价值的资源。从产业结构的分类来看，信息资源服务成为现代服务业的重要组成部分，并在整个服务业中起着越来越重要的作用。而从整个社会的信息资源分布来看，政府信息资源占其中的70%以上，对整个信息资源服务业的发展有着举足轻重的作用。从信息资源服务市场来看，政府信息资源起着基础性的作用，是信息咨询、市场调查等信息资源增值服务行业的基础，因此政府信息资源政策将能够有力地促进信息资源服务业的发展。

　　国家对信息资源服务业的发展非常重视，2004年底《中共中央办公厅、国务院办公厅关于加强信息资源开发利用工作的若干意见》（中办发〔2004〕34号）（以下简称34号文）发布，34号文将信息资源划分为政务信息资源、公益性信息资源及商业性信息资源三类，并对每类信息资源的开发利用提出了专门的政策意见。不过，就实施来说，34号文仍然显得过于原则性，对一些具体问题并未提出明确的实施政策。比如，对《中共中央办公厅、国务院办公厅关于转发〈国家信息化领导小组关于我国电子政务建设指导意见〉的通知》（中办发〔2002〕17号）（以下简称17号文件）中的启动人口基础信息库、法人单位信息库、自然资源和空间地理基础信息库、宏观经济数据库等四个基础信息资源库的性质问题未做界定，也未对其建设、运营、应用与管理问题做具体的安排，这不能不说是34号文的一大缺陷。此外，34号文在讨论信息资源类型的划分时，用的是"政务信息资源"而非"政府信息资源"，从外延上讲，前者是后者的子集，因此这实际上也限制了政府在促进信息资源服务业发展、实现产业结构调整方面的职能作用。

为促进政府信息资源对现代服务业的促进作用，应该考虑以下途径。

一是强化《中华人民共和国政府信息公开条例》的实施工作。明确政府信息的具体内容、公开与保密的界限，明确信息公开的方式、方法、职责及收费原则。

二是实现政府信息资源的数字化与网络化。长期以来，我们一直习惯于政府信息的物理保有方式，对数字化保存不太热心，这种心理作用严重阻碍了政府信息资源的价值实现进程。为此，必须从组织、资金和人才保障方面促进政府信息资源的数字化、网络化工作，并将其看作促进电子政务发展的基础性工程。

三是通过上述四大基础信息资源库的共建共享，实现政府信息资源在各级政府机构之间的资源共享进程。这也是提高政府信息资源市场价值的重要途径。分散割裂的政府信息不仅不利于电子政务的开展，也降低了政府信息的市场价值，因此，必须从产业发展的角度规划政府信息资源的整合与利用。

四是增加政府对市场信息资源的需求。政府不仅充当信息资源的供给者，也是信息资源的需求者。以往政府在做相关决策的时候，通常凭借过去的经验或是有关的文件，而对本地经济发展来说，政策的效果并不一定好。为此，中央政府一直强调各级地方政府要注意政策决策的科学性和民主性，加强对现实经济的研究。因此，各级政府部门应该转变观念，充分发挥信息咨询与市场调研公司的作用，培育信息资源服务业中介市场，以促进整个信息资源服务业的发展。

第三节　电子政务对微观经济管理的促进作用与对策

从管理体制上讲，在物理环境下中国对微观经济的管理事实上存在着"条"与"块"分别管理的现象。从业务来看，"条"的管理主要包括税收（国税）、工商管理、出入境检验检疫、海关等。从发展趋势来看，中国的职能管理有日益收缩与集中的趋势。例如，从2004年开始，有关土地管理的权限又上交一级，实行省级直管。在"条"的管理中，又分"全垂直"与"半垂直"两种，"全垂直"是指有关的业务、人事与预算完全由中央政府直接管理，最典型的如海关、国税等；"半垂直"管理是指有关的业务、人事与预算等由地方和中央共同管理，像土地管理、工商管理等。"块"的管理主要包括对外贸易、统计、人事、劳动保障等，在这些职能中，对经济主体及其经济事务的管理职能相对较少，而为地方经济、社会发展提供服务的职能却比较多，如文化、教育、卫生、交通、水利等职能。

从实施情况来看，上述物理环境下的经济管理格局基本上被搬到了网络环境下的电子政务领域。实际上，政府对微观经济的管理事务繁杂琐碎、费时费力，因此借助信息网络技术代替人力从事相关的事务性管理，在电子政务发展初期，确实能发挥提高基层管理机构的工作效率、增加行政透明度、防止腐败的作用。

在这方面，工商行政管理领域的电子政务最能体现这种作用，其业务类型包括有关的表格下载、网上企业申请登记、网上年检、资质鉴定、业务申请登记、商标管理及各类行政许可事项等。其中每一类业务又包含了不少工作，如"企业及个体工商户名称登记管理"就包括"申请人申请办理企业名称预先核准的""申请人申请办理企业名称变更预先核准的""申请人申请办理个体工商户（坐商）及申请名称的个体（摊商）申请名称预先核准的"这样三类工作，每类工作都必须提交不同的手续材料。

由于"条"的政府部门其工作职能相对比较专业，业务内容比较单纯，对其他业务整合的要求不是很高，因此，这些部门在电子政务实施过程中面临的阻力相对较少，也容易取得成效。同时，根据17号文件的规定，"条"的政府部门的信息化（以"金字工程"为代表的垂直业务系统）的建设经费由中央财政承担，建设资金能够得到充分的保障，因而这些职能部门的微观经济监管事务的信息化能够快速建成并取得实效。

然而，对于各级地方政府信息化建设，特别是政府门户网站及其相应的电子政务互动业务来说，就没那么好办了。除了因为网络建设资金外，更多的是因为难以真正地开展网络互动业务。其实，就"条"与"块"在为企业提供方便的积极性方面，作为"块"的地方政府比"条"的职能部门更甚，因为企业对地方政府的利益影响更大，而对"条"的职能部门来说，并没有多大的利害关系。因此，地方政府在通过门户网站为企业提供互动的"一条龙"服务方面有着很强烈的愿望。现实中也是如此，那些希望实现信息共享的通常总是作为"块"的各级地方政府。然而，对微观经济进行管理与服务的要害环节都已被各"条"的职能部门分割了，如工商注册登记、税收、海关等，地方政府要真正开展"一站式"服务，就得跟每个"条"的职能部门协商，而其效果却总是难以让人满意。因此，传统的物理环境下的一些制度安排开始与电子政务应用产生冲突，而且原来存在的一些问题到网络环境下变得更为严重了，如由职能或业务的明细分工导致的"信息孤岛"现象。所以，随着信息化的深入展开，政府的微观经济管理职能有必要进行迁移。

除了传统的微观经济管理之外，电子商务对政府的经济管理职能提出了又一项严峻的挑战。电子商务的交易方式、交易过程都发生了很大的变化，传统的微观经济管理手段难以应付。电子商务的最大特点是对其他交易环节的配套条件要求更高，如必须具备征信管理体系、网上支付、物流配送体系等做支撑。这就要求对原来的"条""块"分离体制进行调整，从政府管理职能上理顺各方面的关系。

从政策上讲，政府职能要从物理环境向网络环境转换，其关键是要处理好"条""块"之间对微观经济管理事务的日常管理关系。这可以有两条路径，一是"条""块"之间共享业务信息，二是"条"的业务权限向"块"转移。从中央与地方之间的权力关系来看，第二条路径是不容易走通的，因为这会影响中央对地方经济的控制权，从而进一步影响中央政府对宏观经济的调节能力。中央政府与地方政府之间在利益关系方面可能存在冲突，如果地方管理权限过大，国家的宏观调控政策就往往得不到地方的配合，政策效果也就会大打折扣。虽然也可将部分职能由"全垂直"向"半垂直"转换，但是就中国经济发展的总趋势来看，只会有更多的经济管理职能由地方政府向上级甚至是中央转移，而不会发生相反的变化。

从职能转变的可操作性来看，第一条路径倒是比较可行的，因为这并没有涉及业务处理过程及其实际管理权限的转移，实施起来阻力会相对较小。

其实施过程可以采取如下形式：在一级政府建立信息资源管理中心（但最好是在地市级，对直辖市而言，只建立市信息资源管理中心即可），将本地区的相关政府信息集中存放；同时，与本辖区内的各相关的"条"的职能业务部门的信息资源库建立逻辑联系，本级政府机关通过政府门户网站获取各类业务所需的数据。这样，该级政府即可自如地根据互动业务的需要建立网上业务流程。实际上，就电子政务的业务流程重组来讲，"条"的各职能部门仅仅是为企业服务的业务流程上的一"段"，通过政府门户网站将这些"段"经过排列组合而连接成系统完整的业务流程。从技术和理论上讲，如果能够建立完善的政府信息资源目录与信息交换体系，并据此实现信息的完全共享，那么，即使是按照第一条途径也可建立跨行政级别的业务流程，下级政府门户网站也可以依据上级"条"的职能部门建立的数据库整合完整的电子政务业务流程。

而从实际情况来看，真正要做到这一点还很难。这里有个误区，也就是这些"条"的职能部门为保障自己所握有的数据信息的安全，不愿意让其他部门共享自己的数据信息。在这种情况下，有必要从国务院的角度颁布与实施有关政府信息共享的行政法规，对有关资源共享问题做出明确的规定，以促进地方电子政务的发展，从而提高地方政府管理与服务微观经济的能力。

第四节 电子政务优化经济发展环境与对策

就电子政务优化经济发展环境而言，可以从经济发展的一般状况和电子商务两个层面来分析。

就经济发展的一般状况层面而言，电子政务的职能体现在两个方面。

一是通过政府信息公开透明及政府行政管理效率的提高，电子政务既为本地企业提供了一个公平竞争的外部发展环境，也提高了企业的经营管理效率。

二是电子政务为构建诚实守信的市场环境提供了新的、更为有效的运行环境。

在传统的技术条件下，社会诚信除了有赖于历史人文因素外，也需要政府或行业的强制手段或措施，而这样做的成本会相对较高，时间也相对较长，因而社会与市场诚信一直难以建立起来。如果政府应用信息网络技术建立企业或个人的诚信记录，那么只需较少的社会成本就能很快地在全国范围内建立起有效规范各类经济行为的诚信网络，为合同执行与其他各类经济交易提供安全保障。这样做的前提条件是金融、财税、工商、质监等诸多政府部门通力合作、共享有关市场交易信息，为全社会共同构筑严实的诚信安全网络空间。例如，就个人征信信息系统而言，除了包括个人身份识别信息外，还包括商业银行的贷款信息、信用卡信息、非银行信用信息、法院民事判决、完税情况等信息，这就要求共享各公安机关、司法机关、税务机关、商业银行等诸多部门的有关业务信息。

实际上，如果这样的征信系统能够建立起来并在全国范围内联网应用，那么就能够轻易地控制当前房地产市场的各类"炒房"行为，为落实国家宏观经济政策提供有力的政策手段。

就电子商务而言，它需要的发展条件相对较多，总的来看，这些条件主要包括以下几个方面。

一是要有良好的法律法规环境。电子商务与传统的交易过程、交易形式等有着很大的不同，因此必须就此制定相应的法律法规来加以规范，而这属于电子政务的法治职能。

二是必须具备良好的网络信用环境。根据国际发展经验，这个问题的解决之道是电子签名技术。虽然我国的《中华人民共和国电子签名法》及《电子认证服务管理办法》为电子签名提供了法律保障，但是该法律真正要实施起来还有一定的困难，因为它尚不能完全应用于电子政务领域。为此，今后政府的职责就是要尽快完善电子政务领域电子签名的有关规定，通过电子签名在电子政务领域的应用来带动其在电子商务领域的应用。

三是网络支付体系的完善，即网上银行的普及。

四是网络安全。软、硬件及其系统中的数据受到保护，网络服务不中断。

五是现代物流体系的建立与完善，它是电子商务走向成熟的标志。

第二十章 数字经济促进医疗产业转型升级案例研究

——以电子病历产业发展为例

当前电子病历面临快速发展时期，我们必须对实施电子病历相关的问题进行深入研究，从顶层设计角度对涉及电子病历的各类技术、业务与政策进行统筹安排，从我国经济社会信息化发展的实际情况出发，采取切实可行、行之有效的办法，让电子病历成为造福于广大人民群众生命健康、提高医院管理效率、加强公共卫生管理的重要手段。

第一节 电子病历及其国内外发展现状

一、认识电子病历

由于电子病历的复杂性，目前人们只是从其中的某一个方面去认识电子病历的属性，因而尚未形成对电子病历的权威定义。为此，我们可以从狭义和广义两个层次来界定电子病历的属性。所谓狭义电子病历，是由医疗机构以电子化方式创建、保存和使用，有关居民个人在历次就诊过程中产生和被记录的完整、详细的临床信息资源，具有医疗知识管理功能，优化医生工作流程的信息管理系统。因此，狭义的电子病历局限于医院内部，服务于医生的诊疗过程和医院管理。广义的电子病历则要比狭义的复杂得多，因为它必须满足和实现医院与医院之间，医院与各公共管理机构、商业保险等机构之间的业务协同和共享。因此，广义的电子病历应该是：基于统一标准建立的、服务于医生诊疗和公共卫生保健过程、完整记录和管理居民个人医疗健康信息的信息管理系统。由于是基于统一标准建立的，电子病历既可以局限于医院内部，也可以由一个统一的公共管理部门进行管理；不仅服务于医院信息系统，而且为卫生防疫等其他卫生机构提供信息管理服务；不仅可以实现医院与医院之间的信息共享，而且可以应用于非医疗的业务管理，如社会保险、公共卫生、疾病监控和报告等。

结合狭义和广义电子病历定义，我们可以将电子病历的基本作用概括为以下四个方面：对居民个人医疗卫生信息的记录、存储、访问与共享；利用医学知识库辅助医生进行临床决策；优化医院管理流程；服务于公共卫生、疾控防治和科研服务的信息再利用。另外，从狭义和广义定义来看，电子病历本身是一个非常复杂的系统工程，包含很多技术性较强的业务过程。因此，发展电子病历必须经历一个不断成熟的发展阶段。

二、国外电子病历发展特点

2009年，美国奥巴马政府在其7870亿美元的一揽子刺激资金中，安排500亿美元用于刺激医院按照以电子病历为主要内容的医院信息化促进计划，建立医院信息系统。2005年，英国卫生部成立推进电子病历的专门机构，建立连接各个医院、诊所的全国电子病历系统，以在全国实现电子医疗记录、网上选择医疗机构和预约服务、电子处方、卫生网络基础设施、影像存储与传输系统(picture archiving and communication system，PACS) 等项目的发展目标。

（1）电子病历受到很多发达国家的高度重视。从美国和英国等国家的情况来看，电子病历都被看作医疗卫生信息化建设的重要内容，各国都从国家层面出发对其加以推进，设立了高层的推进机构，并采取积极的鼓励措施(如财政补贴等)。

（2）电子病历的发展模式各有不同。由于实行高福利政策，英国的电子病历推进政策主要由政府主导，统一推动和建设。而美国则采取市场化的推进政策，政府主要通过制定标准和政策，并通过相应的财政、金融和社会保障等方面的鼓励政策对其加以推动。因此，电子病历的推动政策、方式与各自的社会保障体制密切相关。

（3）电子病历被赋予诸多功能。最初，医院在建设电子病历系统时，往往只考虑自身的管理效率，注重具体的业务应用，因而"信息孤岛"现象比较严重；而从政府层面去推进时，则必须首先从加强医疗信息共享的角度统一部署，电子病历不仅要有助于提高医疗管理效率、减少医疗事故，而且要有助于病人在各个医院之间的自由转诊、病人信息的有效流转，特别是要有助于政府和公共管理部门协同和整合全社会医疗卫生信息，为医疗改革、疾控防治等提供科学有效的管理工具。

（4）电子病历的标准得到统一。各国在开展电子病历的建设过程中，都很重视标准制定工作，不仅在本国层面积极推进，而且积极参与国际电子病历标准的制定工作。在这方面，致力于卫生信息标准开发的国际组织HL7[①]发挥了重要作用，

---

① HL7，Health Level 7，作为一个机构，成立于1987年，从1994年起是美国国家标准局授权的标准开发组织之一，是从事医疗服务信息传输协议及标准研究和开发的非营利组织。

该组织制定的相应标准对各国电子病历标准化建设起到了有力的促进作用，其制定的标准成为各国电子病历标准的重要参考依据。

第二节　我国电子病历的发展

我国的电子病历发展起步较晚，水平也较低。根据中国医院协会信息管理专业委员会于2009年发布的《2008—2009中国医院信息化状况调查报告》，2008年我国实施电子病历的医院占医院总数的比例只有0.99%，与美国2007年32%医疗机构实施电子病历相比，存在很大差距。而且，从电子病历的具体实施情况来看，主要还是病历的电子化，即医生在手工录入医嘱的同时，又在一个定制的文本编辑器中录入病历的相同内容。2009年以来，我国加快了电子病历的发展步伐，具体表现为三个方面：其一，《中共中央 国务院关于深化医药卫生体制改革的意见》提出，要"以医院管理和电子病历为重点，推进医院信息化建设"；其二，2009年12月以来，中华人民共和国卫生部（以下简称卫生部）[1]和国家中医药管理局发布了《电子病历基本架构与数据标准（试行）》等一系列有关电子病历方面的标准和规范，所以今后的电子病历应用推广工作将在统一的标准规范之下得到科学有序发展；其三，2010年10月，卫生部发布了《电子病历试点工作方案》，要求在全国范围内至少遴选50家试点医院和3个试点区域，在2010年10月至2011年10月开展电子病历试点工作。

但是，我国在推进电子病历方面还存在不少问题，这些问题对未来电子病历及整个卫生信息化的发展都将产生不利影响。简要来说，这些问题主要包括以下几个方面。

（1）我国还没有找到合适的电子病历推进模式。当前我国尚未建立推进电子病历的顶层设计，没有解决其中的一些关键问题，特别是没有从国家电子政务建设的整体角度去整合利用相关信息资源，如人口基础信息库、法人单位基础信息库等。

（2）没有理顺电子病历和居民健康档案之间的关系。目前，有关部门对电子病历和居民健康档案都有明确的表述，但是在执行层面却将其当作两个独立的工作，相互之间难以建立紧密的关系。

（3）对电子病历的实施没有采取有效的促进政策。一是没有建立相应的推进机制。例如，没有建立电子病历促进资金，也没有设定相应的发展进程及其评估方法。二是没有像前述的美国那样，对应用电子病历的医院和医生采取恰当的鼓

---

① 2013年3月，根据第十二届全国人民代表大会第一次会议审议的《国务院关于提请审议国务院机构改革和职能转变方案》的议案，将卫生部的职责、中华人民共和国国家人口和计划生育委员会的计划生育管理和服务职责整合，组建中华人民共和国国家卫生和计划生育委员会；不再保留卫生部。

励措施。

（4）相关的制度建设仍然任重道远。例如，对于就电子病历如何应用电子签名制定相应的实施细则，没有建立电子病历相关的隐私保护政策，没有明确电子病历在不同机构之间的共享过程中面临的权利认定与事故责任分担问题等。

第三节　电子病历推进模式与原则

电子病历推进模式的选择非常重要，必须与一个国家和地区的医疗信息化发展战略与整体安排相一致。欧洲国家一直实行高福利政策，在公民医疗保障方面采取国家大包大揽政策，所以在开展电子病历建设时也采取政府主导方式。美国的医疗保障则更多的是充分发挥市场力量，在开展电子病历建设时也就相应地采取政府引导方式。例如，根据测算，美国国家健康信息网络（National Health Information Network，NHIN）建设需要投入2760亿美元，显然联邦政府不可能兜底这么多资金去建设，于是采取了自下而上的市场化方法。先由四个不同的承包商各自建立自己的示范项目，选择某个区域建立自己的信息共享网络，并探索NHIN系统的技术架构及运营管理方法。经过一段时间的试点之后，再由其他地区基于这些试点项目的各自优点进行选择，最终通过互联互通构建全国范围的NHIN。而美国国家卫生信息技术协调办公室则把工作重点放在实现医疗机构信息系统之间互相操作的标准制定和协调上，并对采用NHIN的医院和医生进行补贴。

由于发展水平的限制，我国的医疗保障制度尚处于发展演变之中。根据《中共中央　国务院关于深化医药卫生体制改革的意见》，国家医药卫生体制改革的总体框架的核心目标就是要"建立覆盖城乡居民的基本医疗卫生制度"，我国电子病历的发展模式除了要与经济社会信息化发展条件相适应外，还必须与这个发展目标相适应。因此，在推进电子病历发展时，应该坚持这样一些原则。

（一）以"建立覆盖城乡居民的基本医疗卫生制度"为核心价值

从发展过程来看，电子病历也可以说是一个舶来品，无论是其技术本身还是业务内容，都带有很多与我国不相适应的地方，所以电子病历的发展必须与我国当前快速发展的医疗卫生体制改革相适应，必须服从、服务于"建立覆盖城乡居民的基本医疗卫生制度"的发展目标。

（二）充分应用我国业已建立的信息基础设施

这些信息基础设施包括这样几个方面。一是信息网络基础设施。美国等发达国家为推进电子病历的发展，建立了相应的信息网络，如美国建立了NHIN。我国从2003年开始大力建设政务专网，为各业务部门开展电子政务和信息资源共享提供了统一的网络设施，我国的电子病历和区域卫生信息平台完全可以基于政务专网而建立统一的网络基础设施并以此为基础向社会基层扩展。二是无形信息基础设施。主要是指相应的法律法规、标准规范等，如《中华人民共和国电子签名法》《电子认证服务管理办法》等。三是我国基层政府在应用信息化手段提高行政管理效率时建立的各类相应的设施条件，如行政服务中心、便民服务中心、社区服务中心等。

（三）充分发挥中央政府、各级地方政府、医院、企业及其他社会主体的作用

前面将国外电子病历的推进模式分为政府主导和政府引导两种方式，但是就我国来说，我们难以将其简单地划分为这样两种单一的方式。一是因为我国的行政管理体制与国外差别很大，我国的管理层级较多，同时上下级政府之间的权限关系也是错综复杂的，上级政府和下级政府之间往往存在很大不同，因此我们在提到发挥政府主导或引导的作用时，必须分清是中央政府主导还是地方政府主导，是中央政府引导还是地方政府引导。二是因为我国的医院管理体制与国外差别也很大。当前，我国的医院更多的还是事业单位管理体制，在很大程度上受到中央政府、地方政府的管理，并不是一个完全独立的医疗机构，重要管理者、业务经费、公共卫生、疾病防治等都在很大程度上与各级政府密切相关。所以，我们不能将我国将来电子病历的推进模式简单地划分为两种模式，而应该根据各自特点，发挥各主体的积极性，从实际需求出发，有效地推进我国电子病历的发展。对于财力比较雄厚、经济社会信息化发展水平高的地区，重点由地方政府，特别是省级政府主导；对于欠发达地区，中央政府应该从实现"基本公共服务均等化"的原则出发，从技术、人才、资金等方面加大对这些地区的电子病历发展的扶持力度。

第四节　我国电子病历的推进策略

在从宏观层面认识和把握电子病历推进模式的基础上，在推进电子病历的具体过程中，我们仍然必须讲究策略，采取合理有效措施并妥善处理各种复杂关系。

一、明确电子病历的属性和定位，正确处理电子病历与相关工作的关系

从我国当前医疗卫生信息化建设来看，与电子病历相关的还有两个概念，一个是电子健康档案，一个是区域卫生信息平台。根据卫生部于2009年12月发布的《电子病历基本架构与数据标准（试行）》，健康档案是对居民健康管理（疾病防治、健康保护、健康促进等）过程的规范、科学的记录，是以居民个人健康为核心、贯穿整个生命过程、涵盖各种健康相关因素、实现信息多渠道动态收集、满

足居民自身需要和健康管理的信息资源（文件记录）；电子健康档案，也称为电子健康记录，即电子化的健康档案，是关于医疗保健对象健康状况的信息资源库，该信息资源库以计算机可处理的形式存在，并且能够安全地存储和传输，各级授权用户均可访问。而根据《基于健康档案的区域卫生信息平台建设指南（试行）》，区域卫生信息平台，是连接区域内的医疗卫生机构基本业务信息系统的数据交换和共享平台，是不同系统间进行信息整合的基础和载体。

根据这两个文件的要求，电子病历、电子健康档案、区域卫生信息平台三者之间的关系是：①电子病历是居民电子健康档案的主要信息来源和重要组成部分，而电子健康档案则是对电子病历信息的综合和抽象，是电子病历在概念上的延伸和扩展；②电子病历和电子健康档案遵循相同的系统架构，而且电子病历系统架构应该是电子健康档案系统架构在医疗服务领域的具体体现；③区域卫生信息平台及其业务应用都要以电子健康档案为基础。

总之，电子健康档案是联系电子病历和区域卫生信息平台及其业务应用的桥梁，因此电子病历构成国家整个医疗卫生信息化建设的基础内容。

不过，从具体操作来看，上述关系是难以协调的，因而也就难以实现《中共中央　国务院关于深化医药卫生体制改革的意见》要求的发展目标。首先，根据上述观点，在建立电子健康档案和区域卫生信息平台时，应该事先建立电子病历，但是实际上，居民健康档案建立在先，而电子病历和区域卫生信息平台则还处于开始建设当中。因而要实现上述关系，在近期是比较难以做到的。从这个意义上讲，当前更多的是在单独地开展电子病历、电子健康档案及区域卫生信息平台的建设，相互之间无法通过构建一个合乎科学、合理的逻辑的架构来进行。其次，电子病历、健康档案、区域卫生信息平台分别是由不同的主体建设的，相互之间缺乏有效的衔接和协同。电子病历主要由医疗服务机构去实施；而根据《国家基本公共卫生服务规范（2009年版）》，当时居民健康档案主要由乡镇卫生院、村卫生室和社区卫生服务中心等基层单位实施，而且主要是采取纸质方式，电子化应用比较缺乏；区域卫生信息平台则分别由不同等级（指区、县以上）的政府部门实施。最后，三者的实施规范尚未得到科学有效的协同，也就是说三者并不是在一个顶层设计下统一规划出来的，而是基于各自的现实业务需要单独设计出来的，因而也就缺乏协调与可操作性。

因此，为了科学有效地实现《中共中央　国务院关于深化医药卫生体制改革的意见》规划的发展目标，发挥电子病历在医疗卫生信息化建设中的基础性作用，应该采取以下若干措施。

（1）建立将医疗卫生机构、公共卫生监督管理及其相关机构、社区卫生服务中心（站）等连接起来的国家医疗卫生信息网络，就像美国政府建立的NHIN。当然，这个网络的实现方式有很多，但是必须能够连接到基层。

（2）对电子病历、电子健康档案、区域卫生信息平台进行顶层设计。充分整合当前各自的技术要点和标准规范，并在一个统一的企业架构（enterprise architecture，EA）下进行整合，确保其可操作性。

（3）对电子病历、电子健康档案、区域卫生信息平台三者的实施主体进行重新考虑。电子健康档案和区域卫生信息平台建设应该统一由省级统筹，而对电子病历数据也应明确省级政府对医院医疗服务信息的整合权利。实际上，由社区去建立和管理居民电子健康档案，不仅浪费巨大的人力、物力和财力，也不会产生多大的预期效果，因为其档案数据有限，难以反映一个整体趋势，不能体现其在公共卫生和疾病防控领域的价值。另外，在当前信息化应用如此广泛的前提下，仍然使用手工方式采集、管理居民健康档案，同样是不太合适的，应该充分应用信息技术手段解决这个问题。

（4）省级卫生信息平台应该建立强有力的医疗卫生信息资源开发利用能力。电子病历和电子健康档案包含着海量的信息，只有对其进行深度分析才能挖掘其深刻的价值。

二、分阶段推进电子病历

电子病历的推进工作要比一般的工作更加艰难，因为它必须具备很多其他方面的条件支撑，特别是经济社会信息化的总体应用水平。可以说，电子病历是一个国家和地区经济社会信息化发展水平的综合体现。所以，电子病历的发展就不是一件单纯的医疗机构的医疗服务工作，而是一个综合性非常强的社会系统工程，必须分阶段、有步骤地渐次推进。

第一，将近期发布的电子病历数据标准与电子健康档案、区域卫生信息平台建设计划进行整合，为今后的信息共享与业务协同提供统一规范。

第二，鼓励医疗服务机构根据统一的标准规范建设电子病历业务系统，各级政府应该对那些据此修改临床业务信息系统的医院进行支持和补贴，使得医院等机构能够尽快地将其医院信息系统转移到一个统一的标准系统上来。

第三，鼓励医院与社区卫生服务中心通过电子病历、电子健康档案进行业务协同。为发挥政府的引导作用，应该对双方给予财政补贴。

第四，建立统一的区域医疗服务数据中心，统一为医疗服务机构提供综合数据中心设施及其运行维护服务。在合适的时候，应用云计算技术实现所有医疗机构的信息基础设施与业务数据的共享。

第五，明确电子病历推进进度和各阶段发展目标，建立电子病历发展成熟度评估机制。对于经济相对比较发达、居民的信息化应用水平比较成熟的地区，鼓励优先探索、采用电子病历。为此，可以考虑由中央政府出面建立相应的电子病历促进资金，对应用电子病历的地方医院、社区及相关机构进行鼓励。

三、加强新一代信息技术的应用

电子病历建设最适应以物联网为代表的新一代信息技术的应用。由于物联网包括感应层、传输层和业务处理层等三个层次，因而我们就从感应技术、移动宽带技术及云计算技术等三个方面来分析新一代信息技术在电子病历建设中的应用。

（1）感应技术。基于前述的统一的电子病历患者身份标识系统，通过应用射频识别（radio frequency identification，RFID）等非触摸感应技术，我们可以建立和使用能够储存较多患者相关信息、具备更多功能的"医疗一卡通"系统。基于这个系统并结合其他信息化手段，就可以实现在不同医疗机构间的双向转诊、社区首诊、检查结果互认、远程会诊、诊疗预约等协同类业务功能和诊疗信息共享、检验检查报告查询、健康档案共享等医疗信息整合共享功能。

（2）移动宽带技术。地方政府和医院应该充分应用电信运营商的各类移动宽带技术和网络，建立统一的电子病历业务应用网络和平台，避免重复建设，提高信息网络应用效益。今后，患者只要通过移动终端，在任何地点、任何时间，都可以查询自己的电子病历及健康信息。

（3）云计算技术。电子病历及区域卫生信息平台建设最适合应用云计算技术，而云计算技术也最能推进电子病历和区域卫生信息平台的建设。因此，省级政府在建立电子病历和区域卫生信息平台时，应该首先规划应用云计算技术，具体内容包括：为各医疗服务机构统一开发应用各类临床业务系统（SaaS）；为各医疗服务机构建立统一的数据中心等信息基础设施（IaaS）；开发统一的应用平台（平台即服务，platform as a service，PaaS）。

当然，上述三个方面并不是单独建设和使用的，通常来说，信息化尤其要强调加强物联网等新一代信息技术的应用，不仅要在医院的医疗业务系统建设中大量应用各类先进的信息技术，而且在电子病历、居民健康档案、区域卫生信息平台建设中同样要加强物联网等的规划建设。

四、加强相关软环境建设

作为医院信息系统和区域卫生信息平台建设的基础和核心部分，电子病历将给医疗卫生信息化带来更多急迫、复杂而棘手的问题。从近期应用来看，必须从以下几个方面加强电子病历的应用环境建设。

首先是应该根据《中华人民共和国电子签名法》的基本精神，完善与电子病历相配套的证书授权中心（certificate authority，CA）与电子签名的法定性问题，为电子病历提供像纸质病历那样的防篡改功能。

其次是患者的隐私保护。电子病历不仅记录了患者的基本信息，也记录了医疗健康卫生信息，这些都可能被某些行业用作市场分析的基本信息内容；然而，这些信息一旦泄漏，却可能给患者带来意想不到的隐患和后果。但是，我国目前尚未有专门的法律可以保障居民个人的隐私安全。为有效发展电子病历，我们有必要弥补这方面的缺陷。

再次是电子病历在不同医疗机构间的双向转诊和共享过程中产生的权利认定与事故责任分担问题。这些都是非常现实的问题，但是目前的法律法规政策层面都还没有深入的界定，因此这些问题也应该作为当前重点解决的问题之一。

最后是数据标准与信息安全管理规范的建立和完善。我们在前面已经提到，目前的电子病历数据标准规范其实是在没有顶层设计的情况下提出来的，没有与居民健康档案及区域卫生信息平台统筹考虑，因此，应该在顶层设计条件下进行重新审视，实现电子病历、居民健康档案与省级区域卫生信息平台在标准体系建设方面的一体化。与此同时，信息网络安全问题也是一个必须重视的问题，特别是在应用新一代信息技术的条件下，必须对由此产生的各类新的法律问题进行事先估计。

第二十一章　数字经济提升产业结构升级的支撑体系建设关键点：组织信息标准化

第一节　引　　言

人们普遍认为，信息资源是信息社会除土地、劳动力和资本之外的第四生产要素，而在信息化过程中怎样认识、如何应用信息资源却一直是个值得思考的问题。20世纪90年代初期，我国的信息化建设刚刚起步，以"三金"工程为代表的政府信息化，其内容是对具体工作的数字化，为加强市场监管和提高行政效率提供技术保障，工作重点主要是基础设施建设，而信息资源建设则未提到重要的议事日程上来。进入21世纪以来，加强业务协同、提高监管效能成为日益紧迫的问题，促使人们从各部门的业务信息中提取能够为所有部门所共用的、有关行政相对人的基本属性的基础信息资源。从这一要求出发，加强传统管理体制下已经建立起来的、散布在各相关部门的基础信息的数字化并对此进行改革与完善，自然成为人们的着力点。从具体内容来看，人口、法人单位、自然资源和空间地理等信息库理所当然地成为电子政务基础信息资源建设的努力方向。因此，从2002年开始，基础信息资源建设开始正式成为我国信息化和电子政务的发展方向。先是2002年发布的17号文件，明确地提出了"启动人口基础信息库、法人单位基础信息库、自然资源和空间地理基础信息库、宏观经济数据库的建设"。此后，《国家电子政务总体框架》《国民经济和社会发展信息化"十一五"规划》《2006—2020年国家信息化发展战略》等重要文件都就基础信息资源建设提出了明确的要求。组织机构代码对于四大基础信息库特别是法人单位基础信息库建设具有重要作用。国家已经明确要求以组织机构代码为唯一标识，加快法人单位基础信息库的建设。由于法人单位基础信息库建设涉及工商、编制、民政、质监等多个部门，因此要充分发挥代码在法人单位基础信息库建设中的基础性作用，就必须深入全面地分析代码的技术经济属性及其作用特点，以提高人们对代码的认识水平及应用意识。

第二节　组织机构代码的基本作用

组织机构代码是实现国家经济和社会管理现代化的一项基础性工具。早在1997年国务院听取关于全国组织机构代码和社会保障号码工作进展情况汇报的会议纪要中就指出，"对单位法人实行组织机构代码和对自然人实行社会保障号码制度，是国家整个经济和社会实现现代化管理的基本制度。尽快建立这一制度对建立社会主义市场经济体制和推动社会进步具有十分重要的意义，且具紧迫性"[①]。自1989年国家建立组织机构代码制度以来的实践证明，组织机构代码越来越成为国家宏观管理的重要基础信息，在各项经济活动和行政管理中被越来越多的部门和领域应用，已经成为国家整个经济和社会发展实现现代化管理的重要信息源之一，为各级各部门开展电子政务、加强行政管理、监督企事业单位与社会团体的经济社会行为提供了有效的技术手段，成为信息化条件下完善我国监督管理体系的一项基础性工具。从代码促进国家经济社会管理的作用过程来看，其功能主要包含六个层次。

一、标准化

这里的标准化是指按照科学合理的编码方法对所要标识的对象进行统一赋码，是从技术上讨论代码的编制方法问题。

目前的编码方法主要有两种。一种是采用有含义代码。有含义代码是指代码在标识某种信息时，本身也具有某种实际意义，不仅可以作为其代表事物的标识，而且可以直接提供该事物的相关信息。最常见的例子就是居民身份证：18位数字中，前6位数字表示居民初始登记所在地的行政区划代码，中间8位表示居民出生的年月日，再后3位表示顺序，最后一位是校验码。因此，从身份证号码就能了解持证者的基本情况。另一种就是无含义代码，即代码本身无实际含义，只作为其代表事物的唯一标识。最常见的例子就是组织机构代码，目前包括我国在内的很多国家都采用9位无含义代码对企业身份进行标识。

考虑到被赋码对象的信息项目及其内容的实时动态性，采用无含义代码比采用有含义代码更为可取。例如，海南建省和重庆成直辖市后，海南省和重庆市的居民身份证号码仍然是广东省和四川省的行政区划代码，这样有含义代码代表的信息就不准确了。在信息网络时代，无含义代码在信息项目变更、信息检索等方面具有更大的优越性。

---

① 《组织机构代码标识制度建立实施 25 周年》，https://www.cqn.com.cn/zgzlb/content/2014-10/27/content_2329100.htm[2022-04-11]。

其实，从某种标准来看，无含义代码与市场、信用等概念在逻辑关系上具有某种一致性。在一个国家，经济本身的发展会使市场突破地域限制到达一国边界内的每个角落，征信工作只有在全国的范围内开展才具有真正的信用价值。因此，对使用无含义代码的标识对象及其管理体制而言，采用属地化管理制度会人为造成管理的障碍。

在电子政务和信息化条件下，代码的标准化问题又有了新的内涵。一方面，随着代码相关的电子政务应用范围扩大，需要的政务数据库不断增加，产生的政务信息资源日益增多，因而有必要从这些由不同数据库组成的海量信息资源中提取各自的特性数据，即元数据，以便人们能够相对容易和便捷地理解和认识信息资源的特性和规律；另一方面，随着电子政务、电子商务等业务应用系统的大量增加，依靠操作人员的经验和技巧已经难以实现不同系统之间的信息共享与数据交换，必须形成相应的数据交换标准。因此，今后代码的标准化工作应该转到电子政务标准化工作的大方向上来，围绕业务协同、资源共享和信息资源开发利用建立与代码应用相关的电子政务元数据标准及数据交换标准。

二、通过标识代码对社会对象进行分类管理

根据商务印书馆出版的《现代汉语词典》(第7版)，所谓组织，从行为上来讲，就是"安排分散的人或事物使具有一定的系统性或整体性"；从属性上来讲，就是"按照一定的宗旨和系统建立起来的集体"。所谓机构，"指机关、团体等工作单位，也指其内部组织"。从这里可以看出，组织和机构就是按照一定的属性建立起来的、发挥某种特定作用的实体。这些实体本身涉及众多的个人或要素(如资本)，所以其资格须获得相关程序的认可。因此，对组织机构赋码和对自然人赋码理应存在很大的差异。实际上，自然人无须法律认可即可自然而然地获得居民身份证及其号码，如根据《中华人民共和国居民身份证法》的规定，"居住在中华人民共和国境内的年满十六周岁的中国公民，应当依照本法的规定申请领取居民身份证"。但是，组织机构要取得身份编码则其本身必须"依法成立"并具备相应的条件。例如，就作为组织机构代码主体的法人来看，《民法典》规定，"法人应当依法成立。法人应当有自己的名称、组织机构、住所、财产或者经费。法人成立的具体条件和程序，依照法律、行政法规的规定。设立法人，法律、行政法规规定须经有关机关批准的，依照其规定"。

由于自然人能够自然而然地取得身份资格，因此在赋码对象方面就不存在任何的歧义或遗漏的地方。但是，对组织机构而言就没这么简单了。虽然人们将组织机构代码看作与个人身份证件等同的另一种身份证件，但是组织机构代

码和个人身份证件之间其实存在着非常大的差异。根据《民法典》，"以取得利润并分配给股东等出资人为目的成立的法人，为营利法人。营利法人包括有限责任公司、股份有限公司和其他企业法人等""为公益目的或者其他非营利目的成立，不向出资人、设立人或者会员分配所取得利润的法人，为非营利法人。非营利法人包括事业单位、社会团体、基金会、社会服务机构等"。每类法人也都有自己的注册登记管理机关。而就社会实际发展情况来看，这些法人难以构成组织机构的全部。因此，在如何界定组织机构代码赋码对象问题上，尚存在很多问题。特别是随着我国从原先的计划经济向社会主义市场经济的转型，各种新的组织结构形式不断出现，上述《民法典》规定的四种条件往往无法全部具备。

三、政府部门应用代码信息及其横向索引功能开展行政管理与社会服务

就政府各部门的业务信息系统来看，其数据信息通常包含两个部分，一是基本信息，二是部门业务信息，见图21-1。

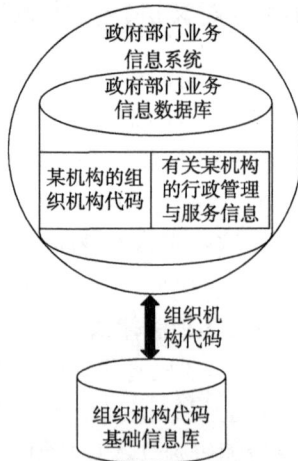

图 21-1　组织机构代码基础信息库与政府部门业务信息数据库之间的关系

在这里，组织机构代码既是基本信息中的组织机构标识代码，也是表示基本信息内容本身的检索代码，在数据库中发挥着横向索引功能。代码的这种横向索引功能主要表现在三个方面：一是代码与其标识的组织机构构成一种一一对应的关系，代码与组织机构名称是一个组织机构的两种不同法定称谓；二是代码与标识其基本身份属性信息的表格之间建立起对应关系，通过代码，人们能够非常迅速且准确地从组织机构代码基础信息库中检索到企业身份属性的基本信息；三是

代码与关于其自身状态的行业信息（扩展信息）建立起对应关系，通过代码，人们能够非常迅速且准确地从组织机构代码基础信息库中检索到企业的相关信息。所以，代码的这种横向检索功能与组织机构身份的唯一标识性相结合，能够极大地促进电子政务的行政业务协同与信息资源共享，理应成为国家电子政务建设的基石。

　　应用既是建立组织机构代码的初衷，也是其最终目的。从应用对象来看，组织机构代码的用户包括政府部门、企业和普通公众等各个层面。政府部门当然是其首选服务对象，其出发点是基于代码的索引功能，为工商、税务、海关、贸易、交通、质检、药监、环保、劳动人事、公用事业、公安、法院、银行、证券、保险等有关政府部门及其工作人员开展针对单个组织机构的单项或多项指标的微观监管，以及为本部门业务的行业管理提供最为简便也最为有效的操作工具。值得注意的是，在信息时代，组织机构代码的这种索引功能的优越性正变得越来越显著，对多部门的业务合作与资源共享发挥着日益重要的作用。例如，通过在不同业务系统中应用的组织机构代码，可以对特定类型的市场主体如假活动单位（false active unit）进行监控。

　　一般法人单位一旦成立就会向注册系统登记，因为法人单位常常需要一个身份代码以进行各项业务活动。相较之下，许多机构停业或撤销时却不会登记，尽管法律要求它们必须登记。因此，虽然一个机构已经不再进行业务活动，但它在注册系统中仍显示是活动的，这种机构被称为假活动单位。为检测这种假活动单位，可以采取以下三种方法。①建立高风险群体，将5年内登记项目没有任何变动、超过1年未有业务活动的机构等分类为高风险群体。②与工商、税务和劳动人事等部门合作，从税收或工资数据库中查找那些只在某个系统中有活动记录而在其他系统中没有记录的单位，对市场主体的业务进行全面管理，实现政府的市场监管职能。③推断非活动机构，如果一个机构出现在若干个部门业务数据库中，那么这个机构就可以被认为是存在的；相反，如果发现某个机构在多个数据库中都不复出现，那么就认为这个机构没有进行业务活动。

　　当前，代码信息资源在各地方、各部门的电子政务应用及部门之间的业务协同工作中发挥着非常重要的作用，已列入10余个部门的业务管理信息系统。同时，围绕代码信息资源开展的部门业务协作也已经被列入国家关于电子政务建设的指导意见之中，成为法人库建设的基本内容。

　　组织机构代码对于企业和社会公众的应用主要体现在基于组织机构代码构建的社会信用体系上。社会信用体系适应市场经济和信用交易发展的内在要求，在信用信息公开化和相关服务专业化、社会化的基础上，将原先单个市场主体之间的一次性或临时性博弈转变成单个市场主体与整个社会之间的长期反复的博弈，从而对每个市场主体都能够形成一种有效的社会守信激励与失信惩戒机制。不过，要实现社会信用体系这一功效，必须首先建立和完善有关的各类标准。社会信用标准主要包括三个方面：社会征信平台建设的技术标准、信用服务标准、企业信用管理标准。以组织机构代码为主索引，由企业和有关机构的注册信息构成的基本信息，应该作为信用主体及其信用档案的标识标准，成为社会征信平台建设技术标准的重要组成部分，从而使组织机构代码成为社会信用信息收集、加工、流转的首要工具，并使单个市场主体真正置身于无穷无尽的市场海洋中。

四、以代码作为统计对象的各类属性的唯一链接工具，对全部或局部标识对象进行某项（组）统计属性的调查分析

代码实际上建立了被标识的机构对象与处理的信息项目变量之间的关系标准，建立起个体与总量数据之间的统计关系。从理论上讲，代码具有的这种统计作用表现在两个方面：一是基于代码注册项目进行的总量统计，如在代码数据库中的48个登记项目中，有许多是标识机构经济属性的项目，像经济行业、注册资金、职工人数等指标；二是行业应用部门和统计机构基于代码开展的本部门或本行业的发展趋势或其特定的总量分析。实际上，随着代码注册信息项目类型的增加及其范围的扩大，代码的统计功能将越来越强大，对提高国家经济、人口普查质量及缩短普查周期都具有基础性的作用。因此，代码可以被认为是国家实现宏观调节、市场监管、公共管理和社会服务的一项基础设施。

五、促进全社会公共记录体系的建立和完善

公共记录是各级政府及行政执法、刑事司法等各政府部门在依法开展各自的监督、管理与服务过程中形成的有关各类组织机构的行为及其结果的信息记录，如有关某些组织机构的法院诉讼记录、某些行政执法机构的行政处罚记录、生产许可证、计量制造许可证、营业执照登记、商标登记证等。目前，我国的国家权力机关、国家行政机关、人民法院和人民检察院分别依法在各自的权力范围内行使职权，这些机构在依法管理过程中都会产生各种公共记录，也都各自建有相应的业务信息系统，如海关行政部门有海关的信息系统，工商行政部门有工商的信息系统，税务行政部门有税务的信息系统。然而，这些机构虽然都在各自的职权范围内进行有关公共记录的信息披露、数据采集和处理，但是相互之间却没有统一的信息征集标准，各部门信息不能在一个规范的标准下进行有效整合，以完整反映一个组织机构的公共记录。

具体而言，当前传统的公共记录管理制度正面临以下严峻挑战。一是计划经济时期建立起来的分部门、分层次管理的公共记录管理体制已经不适应市场经济

发展的需要，其公共记录能力正在受到一定的影响；二是社会主义市场经济的发展与法治国家的建设在公共记录内容和要求上已经发生了重大转变，强烈要求建立新的公共记录体系；三是电子政务和社会信息化产生了大量的信息需求与海量的信息，对社会公共记录的技术手段、管理方式和社会应用都提出了新的要求；四是缺乏统一的公共记录管理机构与管理制度，国家难以全面、准确、及时、有效地掌握社情民意。

在这种情形下，以代码及代码基础信息资源库为基础，建立统一的、跨部门的社会公共记录体系以准确、及时、完整地记录各类组织机构的社会公共信息，使国家权力机关、行政机关和公众一方面能够对具体的某个组织机构的历史行为及其性质进行完整准确的评估，另一方面也能够从宏观发展角度对某类指标进行分析和判断，以评估政策实施效果、把握社会动态及发展趋势，为国家的经济社会决策提供科学合理的政策工具。

六、全面、及时、实用等数据特性使代码库日益成为国家法人库建设的主体

从国内外发展来看，一个有关机构标识的数据库要成为国家基础信息库，至少必须具备如下几个特征。

（一）全面性

有关机构标识的数据库必须能够包含行政管理必需的所有机构类型。目前，除了组织机构代码信息库外，还有工商部门建立的有关市场主体资格的"经济户口"，统计部门为开展调查工作而建立的"基本单位名录库"，编制部门、民政部门在开展行政事业单位、民办非企业单位和社团的审批业务过程中形成的相关机构信息库，等等。此外，一些专业性较强的行业如律师事务所、医疗行业等的主管机关（司法部门、卫生部门等），也根据业务管理需要建立了相应的机构管理信息库。不过，其中工商部门、编制部门及民政部门的相关信息库都只包含与其自身业务相关的组织机构，在范围上存在明显不足；而统计部门的"基本单位名录库"只着眼于自身调查工作的需要，很难满足各行政机构的业务需要。在这方面，组织机构代码信息库包含所有法人类型及部分非法人实体，具有跨部门应用与共享的显著优点。

（二）及时性

代码管理工作中的年检制度，以及与金融、税务等经济管理部门的业务应用合作，有效地保证了代码信息内容的及时有效更新。

（三）实用性

代码信息库是目前国内应用最为广泛的信息资源库，为绝大多数国民经济和社会管理部门所采用。长期的多部门协同应用与互动有效地提高了代码信息库的数据质量，也使代码管理制度得以不断完善。

代码管理的信息化与管理制度改革也有效地提升了代码信息库的实用性。早在2002年，代码管理部门就根据信息网络应用的特点，及时调整组织管理体制，削减中间环节，提高代码数据质量，将原先的"三级赋码、四级管理"调整为"两级（国家级、省级）赋码、三级（国家级、省级、地级与县级）管理"的扁平化代码组织工作结构，并根据这种管理体制，建设全国统一的信息网络体系。而国内其他各大组织机构的信息库大多数尚未实现全国联网，有些甚至还没有建立有效的信息化工作体系，难以适应信息化和电子政务发展的需要。另外，这些组织机构信息库主要还是根据属地化管理的要求，建立在较低的行政管理层级，其出发点是加强本地区本行业的管理，因而难以实现全国共享。

上述三个特点是评判一个组织机构信息库能否作为基础信息库的重要标志。就国内现有的各类组织机构标识信息库来看，代码信息库具有最明显的优势。因此，2002年的17号文件中，明确提出国家要组织编制政务信息资源建设专项规划，设计电子政务信息资源目录体系与交换体系；启动人口基础信息库、法人单位基础信息库、自然资源和空间地理基础信息库、宏观经济数据库的建设。从近年来的建设实践来看，代码信息库已经成为各地、各业务部门信息化建设中法人单位基础信息库建设的主体，随着信息化建设的不断深入和相关制度的不断完善，代码信息库在国家法人单位基础信息库建设中的主体作用将更加凸显。

第三节　研究结论与启示

上述六个方面基本上概括了信息化条件下组织机构代码的基本作用。然而，人们对代码这些功能和作用的认识还存在着一个不断完善的演进过程。在代码制度建立初期，人们往往只从标准化角度去看待；在信息化条件下，人们开始意识到代码在加强行政监管、提高管理效能方面的巨大作用，并将其应用到一些跨部门的电子政务项目中；今后，代码将进一步成为建立全社会公共记录体系的基本工具。因此，代码的作用将逐步地超越最初的技术和标准化功能，与信息化紧密结合，在电子政务建设过程中日益发挥其综合协调作用。毫无疑问，这种综合协调作用将对法律法规的调整及管理体制的变革产生迫切的需求。

第二十二章 数字经济背景下中药产业现代性与中药品种保护制度改革研究

第一节 中药产业现代化的政策及其争议

从20世纪90年代开始,对传统中药进行现代化改造,就成为中药行业的基本方向。1996年,在全国卫生工作会议上,中共中央、国务院明确提出了"实现中药与中药生产现代化"的目标,从此中药现代化开始上升到国家战略产业的高度。2002年,国务院颁布了由中华人民共和国科学技术部(以下简称科技部)等8个部委共同制定的《中药现代化发展纲要》。2007年,科技部、卫生部等16个部门联合发布《中医药创新发展规划纲要(2006—2020年)》。

不过,尽管从国家政策和产业发展层面来说,中药现代化已经成为一项基本政策及一些部门和地方政府的具体工作,但是在理论界,特别是中医药界,中药现代化却一直受到质疑,一些学者甚至对中药现代化与创新发展政策提出了激烈的反对意见。

这些学者认为,目前的中医药现代化完全是根据西医药的标准展开的。但是,中医药和西医药是两类根本不同的医药学体系,其基本差别表现在6个方面(申漳,2005):症与病不同,中医重症,西医重病;病因、病理不同;药理不同;疗效评价方法与标准不同;对药物毒性的认识不同;有效成分的概念不同。以西医药标准来规范中医药的现代化,自然会偏离中医药的本质。从当前的新药研发实践来看,这种扭曲主要表现为这样几种情形(方文贤,2004):从中药中分离、提取有效成分,发展为化学药物;把中药当作植物药,套用西方发达国家传统医药(西药)的研究方法;利用西医"病"的研究模型(包括动物、实验模型、实验设计与实验方法、实验指标的选择等)筛选研制有效中药及中药复方;按西医药对"病"的认识,筛选中药及其提取物、有效部位、有效成分等。因此,这些学者认为,目前的中医药现代化实际上不是在发展作为国家瑰宝的中医药,而是在将其引向不归路(武志昂和毕开顺,2007)。

第二节　系统地认识中药产业的现代属性

对于上述中药产业现代化的不同认识，实际上是因为人们对于中药的现代属性缺乏科学、系统的理解和认识，人们常常基于自身的知识领域、生活经验去对待中药问题，因而往往失之偏颇。为此，我们有必要从理论层面去科学、系统、完整地认识中药的现代属性，并通过这些属性去重新诠释当前的一些错误认识。

一、现代性与中药产业现代性

毫无疑问，中药产业本身应该有一个现代转型问题。促进这种转型的包含两种作用力，一种是中药产业自身的内在张力，一种是来自各个方面的外在压力。这两种作用力共同构成构建中药现代属性的基本动力。中药产业自身的内在张力来自中药自身对现代疾病的现实解释功能与祛除作用，最突出的就是中药在抗击"非典"过程中的显著作用。所以，这种张力构成中药产业现代属性的核心。外在压力则很多，来自各个方面。其中主要有：来自西药的强大竞争，现代医疗服务自身的发展，现代社会管理制度特别是医疗和社会保障制度，疾病谱的变化，以及人口、社会发展的需要等。

在讨论这个问题之前，我们希望借用"现代性"的概念来分析现代中药应有的内涵。"现代性"这个词目前主要出现在哲学、文学、艺术、政治等领域的研究中，主要是指某种事物具有的一种或多种现代属性。例如，吉登斯认为，从制度性层面上来讲，所谓现代性应该是多维的，每一个被各种传统详细说明的要素都会发挥自己的作用，所以，资本主义、工业主义、民族国家对信息的控制、对社会的监督、对暴力手段的支配，以及战争本身的工业化，构成现代社会的4个基本维度（吉登斯和皮尔森，2001）。

"现代性"本身是一个内涵丰富、歧义丛生的概念，不同学科、不同学者往往从不同角度对其进行诠释（郑莉，2006；汪晖，2008），这里不再赘述。中药不仅是实实在在的、可以用于治疗疾病的自然物质产品，更是一种理论和文化体系；中药本身经过了漫长的发展道路，今后还将继续得到发展，因此中药同样具有现代性的问题。与思想领域的现代性概念不同，中药现代性应该是指揭示中药时代特征的那些属性。这些属性同样应该是多维度的，从具体情况来看，这些属性包括医药性、技术性、产业性、文化性、公共管理属性5个层面（图22-1）。

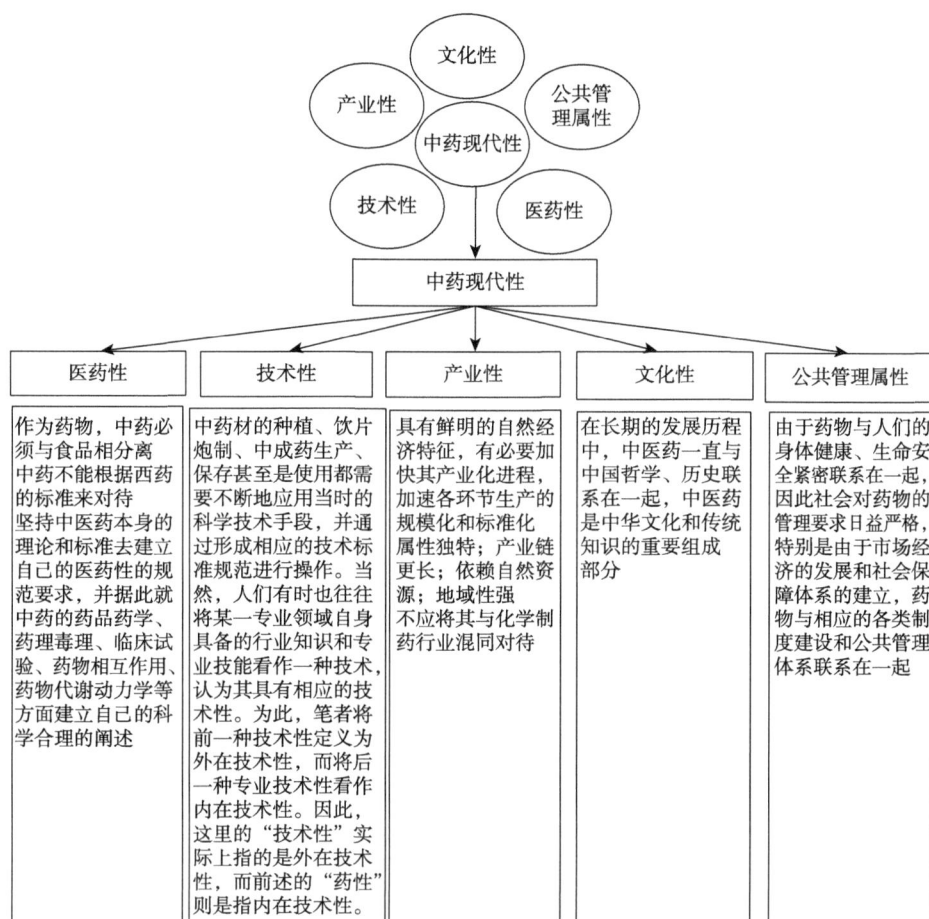

图 22-1 中药产业现代性

　　所谓医药性，即是表明作为药物，中药必须与食品相分离。虽然传统观念中有"药食同源"的说法，但是在现代，中药作为药物的属性将日益与其作为食品的价值区别开来。当然，中药不能根据西药的标准来对待，而必须坚持中医药本身的理论和标准去建立其医药性的规范要求，并据此就中药的药品药学、药理毒理、临床试验、药物相互作用、药物代谢动力学等方面建立自己科学合理的阐述。

　　所谓技术性，是指中药材的种植、饮片炮制、中成药生产、保存甚至是使用都需要不断地应用当时先进的科学技术手段，并通过形成相应的技术标准规范进行操作。当然，人们有时也往往将某一专业领域自身具备的行业知识和专业技能看作一种技术，认为其具有相应的技术性。为此，笔者将前一种技术性定义为外在技术性，而将后一种专业技术性看作内在技术性。因此，这里的"技术性"实际上指的是外在技术性，而前述的医药性则是指内在技术性。

所谓产业性，是指随着经济社会的发展，中药行业越来越脱离自然经济的特征，中药材种植、加工、有效成分提取，中成药的生产制造，中药饮片炮制，医院制剂，物流与市场交易等各环节日益规模化、标准化，各环节不仅分工明确、竞争激烈，而且相互之间由于价值创造更加紧密地联系在一起，成为一个庞大的产业链条，成为推动中药产业发展的强大动力。与化学制药行业不同，中药行业本身具有鲜明的特征：产业链条更长，依赖自然资源、农业生产与气候条件，地域性强，等等。

所谓文化性，是指在长期的发展历程中，中医药一直与中国哲学、文化、历史联系在一起，中医药是中华文化和传统知识的重要组成部分。中医理论主要来自中国古代哲学，其基本原则主要遵循道家哲学，部分来自儒家哲学，可以说中医理论是中国古代哲学的具体应用。而中药理论则是中医理论的"技术实现"。

所谓公共管理属性，是指由于药物与人们的身体健康、生命安全紧密联系在一起，社会对药物的管理要求日益严格，特别是由于市场经济的发展和社会保障体系的建立，药物与相应的各类制度建设和公共管理体系联系在一起。

在上述"五性"中，医药性是中药现代性的首要因素。中药首先是"药"，是人们用来治病救人的手段和工具，如果缺乏疗效，所谓的中药也就没有价值。技术性是中药发展的时代要求，是用来提高中药的医药性的重要条件。产业性在促进中药事业发展方面正日益发挥决定性的作用。中药以自然资源、农作物为主要原料来源，因而具有鲜明的自然经济的历史时代特征，不适应当前医疗卫生体制改革的需要，有必要加快其产业化发展历程，特别是要健全中成药品种的产业化形成机制，在整理、挖掘传统的经方、验方的同时，更要改革、理顺、促进医院制剂的新药开发与产业化形成机制，并通过资本市场的作用加速各环节生产的规模化和标准化，以促进整个中药事业的健康快速发展。文化性则是中医药区别于其他国家的植物药的重要因素，包含着中医与中药之间的密切关系，不仅自成体系，而且融入中华文化，成为其重要组成部分，对中药未来的发展具有重要价值。公共管理属性对中医药的发展正在发挥越来越重要的作用，如果中医药不根据现代社会发展的要求进行相应的创新，就将日益边缘化，因而公共管理属性直接决定中药的生存发展。对中药来说，这"五性"同时存在，不可偏废，我们只有同时从这"五性"出发，才能把握中药现代发展的基本内涵与主要内容。

二、认识误区

在认识中药现代性时，人们存在着几个误区。

一是过于强调其药物性和技术性、忽视其文化性，特别是将技术性看作中药现代化的核心内容甚至是唯一的内容。前些年来的中药产业现代化政策，由于忽视中医药的文化性，反而让人们对其产生抵触情绪，导致了全社会对中医药认识不足的局面。

二是对技术性缺乏合理的认识。行业的发展，需要内在技术和外在技术的紧密结合，实现相互促进；缺乏外在技术的应用，将难以实现行业本身的发展和进步。西医药之所以发展，主要的原因在于大量地应用物理、化学、生物等各领域的科学技术进步成果，西医药的进步与其说是其本身的进步，不如说是整个自然科学技术的进步。相比之下，中医药在应用自然科学技术成果方面显得尤为缺乏。这是中医药在当前日趋落后的一个基本原因，也与中医药界的总体认识有关。

关于技术性的另一个误区，就在于混淆西医药的内在技术性与中医药的内在技术性的差异。当前大量存在着以西医药的内在技术性去评介、替代中医药的内在技术性的现象，其最终的目的是否认中医药在当前国家医疗卫生体系中的价值。

三是将药物性与文化性混同在一起。毫无疑问，疗效是未来中药产业生存发展的根本。中药要作为药物，首先必须能够给人治病、调养身体健康。由于人类发展水平的限制，千百年来，我们祖先在采集药物、研制方剂过程中，肯定会由于各方面条件的欠缺而存在不够完善的地方，我们后人不应将这些欠缺条件（如一些作坊式生产条件）当作有价值的文化而一味固守，不去改进、创新，而应该充分应用现代科技手段，不断地提高和改善这些历史上的欠缺条件，使得中药的药物性得到不断强化。特别是中药必须适应当前人类疾病频谱的变化，不断地发展出新型复方品种，缓解甚至是祛除一些疑难杂症，继续为人类健康保驾护航。

在面对西药竞争的情况下，中药必须以疗效作为自己的核心发展方向。当然，强调疗效并不是说要根据西医药的原则去指导中医药的发展，而是在基于中医药的基础之上，从中药材道地性种植、有效成分提取与纯化、临床医学评价、不良反应监测等诸多方面不断规范和完善，使得中药疗效足以与西药竞争、抗衡。只有这样，中医药才能获得长久的生命力。

四是关于中药的产业性，突出地存在着两种倾向。第一，将中药材（或中药饮片）、中成药单独对待，人为地割裂中药产业链的完整性。关于这一点，最明显的就是体现在管理体制领域，如后面要阐述的中药品种保护制度就不涉及中药材、中药饮片的管理。第二，将中药产业与化学制药行业混同对待。我们在谈到制药行业时，往往将其看作化学制药行业，而将中药行业看作其的一个补充，中药产业的特殊性往往被忽视。从管理体制来看，表现为药品注册、药品标准管理及药品质量监管方面，将中药与化学药混同在一起。

五是没有充分考虑，甚至是根本就没有考虑其社会管理属性，使得中药面临与当今社会发展日益脱节以至于日益萎缩的危险。医药产业发展的一个最重要特征就是，医药产业发展并不仅仅与医疗服务相关联，而且日益融入社会发展的很多管理领域，成为社会系统的一个环节。医药产业与一些以前看似无关的问题如社会保障、商业保险、知识产权、隐私管理等密切相关，药品也必须满足这些方面的管理要求才能获得更多的发展。特别是包括医疗保障在内的社会保障，日益成为决定药品流通的重要渠道，甚至决定医药企业的生存。

不过，在目前有关促进中医药发展（如中药创新、中药现代化等）的政策中，并没有强调如何通过加强中药与这些行业之间的政策关联促进中药产业发展的内容，让中药产业的现代化和创新发展缺乏后续支撑作用，使得促进中药产业发展的目标实现的效果大打折扣。

三、意义

中药产业现代性让人们能够以中医自身的整体观去认识中药产业在当代应该具有的各种属性，因而也让我们能够比较全面地把握中药产业发展的总体方向，科学、有效地认识和处理各种复杂关系和问题，因此，系统地认识中药产业现代性对我们有效地保护中药具有重要意义。

基于中药产业现代性的理念，我们发现其实可以为中药提供多层次、多角度的保护。我们可以将这种多层次、多角度的保护概括为"点、线、面"的保护，如图22-2所示。

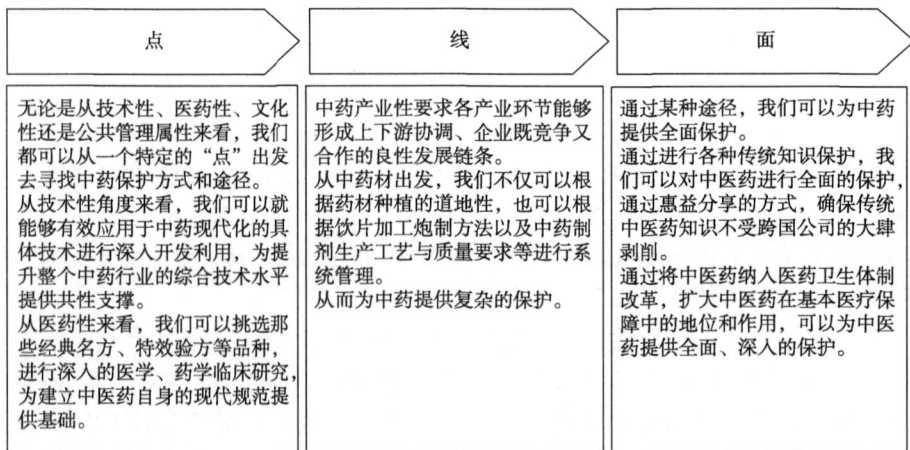

点	线	面
无论是从技术性、医药性、文化性还是公共管理属性来看，我们都可以从一个特定的"点"出发去寻找中药保护方式和途径。从技术性角度来看，我们可以就能够有效应用于中药现代化的具体技术进行深入开发利用，为提升整个中药行业的综合技术水平提供共性支撑。从医药性来看，我们可以挑选那些经典名方、特效验方等品种，进行深入的医学、药学临床研究，为建立中医药自身的现代规范提供基础。	中药产业性要求各产业环节能够形成上下游协调、企业既竞争又合作的良性发展链条。从中药材出发，我们不仅可以根据药材种植的道地性，也可以根据饮片加工炮制方法以及中药制剂生产工艺与质量要求等进行系统管理。从而为中药提供复杂的保护。	通过某种途径，我们可以为中药提供全面保护。通过进行各种传统知识保护，我们可以对中医药进行全面的保护，通过惠益分享的方式，确保传统中医药知识不受跨国公司的大肆剥削。通过将中医药纳入医药卫生体制改革，扩大中医药在基本医疗保障中的地位和作用，可以为中医药提供全面、深入的保护。

图 22-2 "点、线、面"的保护图

"点"：无论是从技术性、医药性、文化性还是公共管理属性来看，我们都可以从一个特定的"点"出发去寻求中药保护方式和途径。例如，从技术性角度来看，我们可以对能够有效应用于中药现代化的具体技术进行深入开发利用，为提升整个中药行业的综合技术水平提供共性支撑；从医药性来看，我们可以挑选那些经典名方、特效验方等品种，进行深入的医学、药学临床研究，为建立中医药自身的现代规范提供基础。

"线"：中药产业发展涉及的内容非常广泛，从而构成众多产业链条。从中药材出发，我们不仅可以根据药材种植的道地性，也可以根据饮片加工炮制方法，以及中药制剂生产工艺与质量要求等进行系统管理，从而为中药提供复杂的保护。

"面"：通过某种途径，我们可以为中药提供全面保护。例如，通过各种传统知识保护对其进行保护，通过惠益分享的方式，确保传统中医药知识不受跨国公司的大肆剥削；通过将中医药纳入医药卫生体制改革，扩大中医药在基本医疗保障中的地位和作用来为其提供保护。

第三节　中药品种保护制度应该为促进中医药产业创新提供制度保障

中药产业现代性的一个基本要求就是创新发展，无论是其中的医药性还是技术性、产业性等，都需要经过诸多的创新发展才能得以实现。自1993年1月1日起施行的《中药品种保护条例》（以下简称《条例》）及中药品种保护制度作为为数不多的中药产业促进政策，必须为其创新发展提供有效的制度保障和政策激励。为此，一方面要充分地认识中药品种的创新发展方向，另一方面要实现中药品种保护制度转型，并为此调整相应的政策措施。

一、全面认识中药品种的创新发展

实际上，中医药的创新发展不仅会产生类似于青蒿素的、具有单一化学成分的药物，也会产生类似于复方丹参滴丸的化学成分复杂的组分中药，当然还会产生非常传统的中药品种及其相应剂型。因而中药创新发展也就包含3条路径：路径一为西药化发展方向，路径二为仍然以中医药理论为支撑的新型中药，路径三是适应新病症或具有新疗效的传统中药。同时，我们也可以将路径三看作继承创新，而将路径一、二看作发展创新。

无论是在"继承创新"还是在"发展创新"中，都要辅以适当的保护措施。这些措施除了专利、商标等知识产权保护手段外，还应该充分应用以品种保护为主的中医药行政保护措施。特别是品种保护，它是专利保护之外的最为彻底的保护方式，能够为中医药企业提供更加充分的创新激励。

虽然中医药现代化的努力方向是进入以欧美国家为代表的所谓主流医药市场；但是，客观来看，中医药现代化的最终目标市场仍然是在国内及历史上深受儒家文化和中医药影响的国家，要真正进入欧美市场仍然需要相当长的时间，国内行政保护仍然是未来激励中医药企业创新发展的核心动力所在。因此，虽然缺乏国际法律效力是《条例》备受诟病的一个重要理由，但是这个看似合理的理由其实并没有多大的国际市场空间。因为等到国内行政保护需要延伸到欧美市场的时候，我国中医药现代化和国际化的任务也就完成得差不多了。从这个意义上讲，中医药现代化和创新工作应该特别注意应用行政手段去激励和保护中医药企业的各类创新行为，而不应以进入欧美市场为唯一评价目标。因此，不要因为《条例》是行政法规，其效力仅限于国内，中医药现代化与创新发展就可以不用重视品种保护的作用。只有综合运用各类有效的保护措施，中医药现代化与创新发展才能获得长期持续的动力。

二、实现中药品种保护制度的转型

经过将近20年的发展，中药品种保护制度已经较好地完成了《条例》最初赋予的历史使命。从效果来看，经过这些年的发展，我国中药市场的混乱局面得到了有效控制，一批老字号企业在稳定的市场环境下焕发生机，如北京同仁堂健康药业股份有限公司、雷允上药业集团有限公司等；同时，也涌现出一批技术创新能力强的新兴中药企业，如江中药业股份有限公司、天士力控股集团有限公司、江苏康缘药业股份有限公司等；尤其显著的是，在《条例》的保护下，我国涌现出一批市场年销售额在10亿元以上的单个中药品种，如复方丹参滴丸、健胃消食片等。这些都为我国中药产业创新发展打下了非常坚实的基础。

在当前条件下，《条例》在完成历史使命之后，有必要转变保护方式，实现中药品种保护制度的转型。今后，中药品种保护制度要由品种保护转向更为广泛全面的中药现代性发展上来，其中尤以完善中药品种说明书为首要任务。为了完成中药品种创新发展的3条路径使命，如图22-3所示，《条例》的具体政策应该进行若干调整，具体包括以下几个方面。

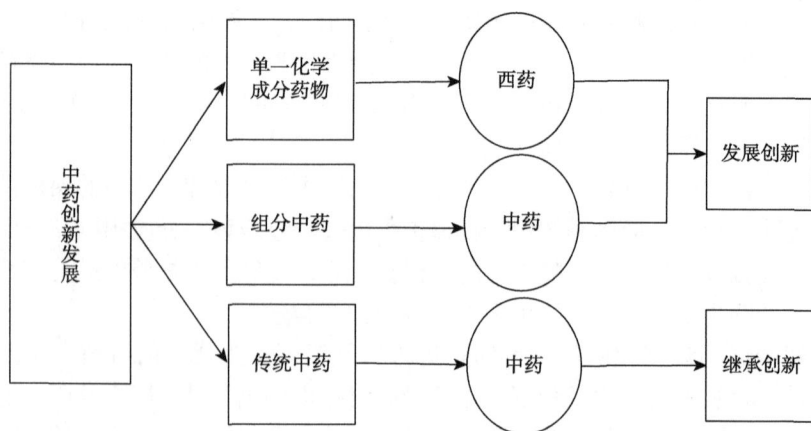

图 22-3　中药创新发展图

（一）由被动保护向主动保护转变

目前的保护程序，是先由企业提出保护申请，再由国家中药品种保护审评委员会组织专家进行审评并得出是否给予企业保护的结论。在这种情况下，国家药品监督管理局对于保护哪些品种及哪些技术其实并没有多少主动权，在同品种保护的情况下，这种状况尤其明显。我们可以将这种情况称为被动保护。今后中药保护的方式应该在完善现有保护方式的基础上增加主动性：相关政府部门在经过仔细研究和考察的基础之上，制定主动保护的原则和条件，并在此基础上选定需要保护的中药品种范围，以及需要被保护企业完成的工作内容；之后通过引入竞标的方式，让企业通过一定的竞争过程获得中药产品的被保护权利。从这里可以看出，这种机制正好可以用来完成创新中药现代性的医药性、技术性等及其他任务。

（二）由纯粹行政保护向引入市场竞争机制转变

从法律上来看，目前的《条例》被认为缺乏公平性，只给予某些企业保护权利而剥夺其他企业药品生产的正当权利。这是《条例》最遭人诟病的地方之一。但是，如果由被动保护向主动保护转变，在程序上引入市场竞争机制，就能克服公平性问题。其实，行政保护本身并没有什么过错，关键是要能够坚持"公开、公平、公正"的原则。主动保护机制本身实际上就是市场化的招投标机制的一种具体应用，也可以将政府对中药现代性的保护和创新看作一种公共服务，通过给予一定时间的特定市场经营权而支持对中药产业的创新发展。整个过程与通常的政府采购公共服务类似。对于获得市场经营权的单个或若干个企业来说，其收益是一定时期内的某种中药的独占或寡占市场经营权及其市场收入，其成本则为用于提高中药生产技术、建立和完善药物的医学药学标准规范的相关支出。

（三）由中成药生产制造环节保护向中成药上下游产业链保护转变

中药品种保护制度的功能应该是为中药行业提供除了专利等知识产权制度保护之外的又一种可供选择的、有效的保护方式。其中的"中药行业"表明，中药品种保护制度除了要保护中成药品种外，还应该根据中药发展创新的实际需要，将更多的相关内容纳入保护范围，并对这些保护品种进行分类管理。例如，进一步明确提出对中药材质量的要求，除了要求明确其来源外，还应该要求其具备固定的甚至是通过良好农业规范（good agriculture practice，GAP）认证的种植基地；基于自然环境和中药材资源保护规划，合理限制同品种保护的数量；基于医疗改革和全国疾病谱的变化，选择相应的中药品种进行保护；基于中药现代化等国家创新发展项目，选择那些现代中药品种纳入保护范围；等等。也就是说，今后的《条例》应该以品种保护为支点，着眼于整个中医药产业链条，向前促进中药材种植、炮制的规模化、规范化，关注药材的道地性与质量、品质；向后提高生产工艺的科学合理性、机械设备的先进性、生产管理的效率等，关注行业技术的创新发展与现代化，促进中药现代性的技术性要求和水平。另外，在选择保护品种和范围时，加强与《药品注册管理办法》《中药注册管理补充规定》等法律法规中有关中药、天然药物注册分类的衔接。这也就是说，今后的中药品种保护制度应该放眼于整个中药产业。因此，《条例》应该开拓疆域，着眼于整合中药发展，为将来以传统知识保护或者其他更加全面的思路管理中药的未来发展做铺垫。从这个意义上讲，未来的中药品种保护制度应该向中药保护制度过渡。

（四）由单纯的中药品种保护向中药的继承创新转变

2009年国家食品药品监督管理局发布的《关于印发中药品种保护指导原则的通知》（以下简称《指导原则》）在促进中医药理论创新发展方面迈出了可喜的步子，在审评过程中增加了不少技术要求。例如，要求批准上市前的研究资料必须包括临床、药理毒理和药学资料，药学资料包括工艺、质量标准资料；批准上市后的研究资料必须包括不良反应监测情况及质量标准执行情况等相关资料。然而，这些政策仍然是在被动保护的条件下，因而其促进中药创新发展的作用仍然难以得到充分的发挥。当然，对于主动保护来说，这些措施的确是非常有必要的基础性工作，对于促进中药医药性、技术性的提高将产生积极的影响。

（五）由单个（或若干个）企业保护向品种行业保护转变

从实际效果上来看，《条例》实际上是在保护单个企业（独家品种）或若干个企业（同品种）的市场垄断或寡断经营权利。这对于那些尽管已经获得该品种药品批准文号但是未获得同品种保护的企业，显然是不公平的，而且也有损《中华人民共和国药品管理法》及其药品批准文号的权威性和严肃性。主动保护机制由于其走向行业保护可以避免出现这个问题。

在主动保护机制下，被保护的品种并不是由企业自己提出的，而是由中药管理部门基于一定的原则和过程，通过市场化机制与企业间竞争而优化得到的，因而能够避免法律和政策上的困扰。

引入主动保护机制提高中药的医药性、技术性等属性要求，必须解决以下几个方面的问题。

1. 合理选择保护内容

在现有的被动保护方式下，被保护的品种直接来自企业的申报，中药管理部门其实并没有多少选择保护的余地，难以从全局高度引导整个中药产业的健康发展。从中药产业发展来看，这是一种缺乏战略性的状态，因而不能有效地促进中药产业的创新发展。这种状态应该而且必须加以改变。

保护内容的选择对于中药产业的继承和创新具有重要价值。从中药产业长期发展来看，保护内容的选择应该坚持以下一些基本原则和发展方向。

（1）保护内容的选择主导权要由单个企业转向专业的决策咨询机构。目前的国家中药品种保护审评委员会的职责不能只是审评，还应该包括中药保护的规划、管理与评估。

（2）保护内容应该根据国家社会保障政策（国家基本药物和医疗保障药物）的需要和当前人类疾病谱的发展变化来确定。

（3）保护内容应该体现中医药的创新与共同发展。《指导原则》颁布实施之前，《条例》保护的内容只有中药品种，没有有关该品种的临床、药物相互关系，以及科学详尽的功能主治等药品说明书要求的基本内容，而这些内容其实最能体现中药的深入发展。

（4）保护内容不仅应该包含基于配方和剂型的中药品种，还应该包含与中药产业发展密切相关的各方面内容。例如，濒危中药材资源、传统炮制技术与工艺等。

（5）保护内容应该基于我国中医药的"治未病"的独特优势，针对即将出现的"老龄社会"提前进行中医药的创新发展，从医学、药物学、临床等方面进行中医药学的准备和储备，通过各种方式促进中药在当下的科学价值的提升，丰富和完善中药现代性的内涵。

2. 加强品种保护与药品注册制度的协调，不断满足公共管理属性

目前的品种保护制度建构于药品注册制度即《中华人民共和国药品管理法》之上，法治上存在着一些不够协调的做法，因而引起人们的高度关注。根据《指导原则》，未获得同品种保护的企业，应按《条例》规定停止该品种的生产；如继续生产的，将中止其该品种药品批准文号的效力，并按《条例》第二十三条的有关规定对该企业进行查处。这也就意味着，品种保护证书的法律效力要高于药品批准文号。这显然有悖于法治的要求。这一点也是主动保护方式必须避免的，其基本思路就是建立优等生制度。

另外，比较《条例》、《指导意见》和《药品注册管理办法》、《中药注册管理补充规定》中有关中药品种的上市申请的要求，可以看出，《条例》和《药品注册管理办法》在技术指标的选择上并没有多少差别。这种情况势必进一步加剧中药保护制度的边缘化趋势。今后，中药保护制度应该进一步完善和强化对上市品种的再评价技术和管理体系，结合已有的临床使用情况，丰富中药保护品种评价指标体系，以拉开与注册制度的功能区别，突出制度自身的独特性作用和地位。

在主动保护条件下，药品注册优等生制度意味着，能够获得保护证书的是那些药品生产技术水平较高、科研条件较好、开发能力较强、市场绩效良好且有意愿通过参与某种机制获得保护证书的中药生产企业；而对于那些非优等生企业，

仍然允许其继续生产该中药品种。这样既不损害品种保护制度与药品注册管理制度之间的协调，也不违反法治的公平性原则。

为了让优等生制度能够发展下去，必须处理好以下几个方面。

（1）必须让那些优质企业具有成为优等生的动力。非优等生企业仍然可以根据药品批准文号继续生产这些中药品种，因而国家必须给予优质企业以必要的利益诱导，使其有动力成为优等生企业。这些动力主要来自前述的市场垄断或寡断经营权，具体包括：恢复中药品种保护的公益宣传，强调这种保护对于中药产业发展的重要意义；设立中药品种保护标志，并允许优等生企业将其标注于中药保护品种的标签上；将这些保护品种纳入药品招标采购目录，并将其作为药品采购招标过程中的评标指标项之一，其分值或权重应该等同于专利药；将优等生企业的中药保护品种纳入各地科技创新与进步的考核奖励范畴。

（2）让优等生制度成为推广中药产品标准、提高中药品种注册门槛的有效机制，从而使其带动整个中药产业的创新发展。优等生机制获得的得到提高的中药品种标准，应该成为其药品注册标准，并将这些标准作为各企业再注册时的审核标准。所以，优等生机制能够推广中药产品标准，使得整个中药产业的创新发展获得可持续的有效保障机制。

三、完善相关政策

（一）增加保护等级，调整保护时间

其主要内容是，基于不同的保护目的和技术水平，对中成药品种制定不同的保护层级。参考中药企业及有关专家意见，从可操作性来看，将目前的等级数量由二级扩展到三级比较合适，各级的数量分布以20%、30%、50%的结构为宜。

其中一级的20%主要是一些国家保密品种，即对一些重大疾病具有显著疗效，以及在中医药理论、临床、加工、炮制、生产技术方面实现重大的发展和创新的中成药品种；二级的30%主要应该是那些针对特定疾病具有显著疗效或在生产技术方面具有特殊性的中成药品种；三级的50%主要是一些在民间验方、经方、地方品种的改进提高上具有显著优势的品种。当然，在政策的具体执行过程中，可能难以明确上述划分标准，因为各项指标之间可能存在重叠，然而等级保护的基本立场应该是坚持中药品种的疗效、经济社会价值及技术创新效果等原则，以促进中药现代性为基本方向。

保护等级的一个重要差别应该是体现在保护时间上。一级保护的时间维持目前的安排，其变化是被保护的品种数量增加了；二级保护的时间最好是12年左右，与药品专利有效保护的时间相当并略少一些；三级保护的时间为6年左右，比新药监测期的时间略长一些。

（二）提高企业准入门槛

从调研和有关数据分析来看，很多生产中药保护品种的企业自身并不具备改进和提高产品质量的能力和条件。一些企业年销售额较低，很多企业全年销售额不足10亿元人民币，利润更低，根本就不具备进行技术改造和创新的能力和水平，特别是中药保护品种的年销售额和年利润的比例均不理想。因此，今后除了一些特殊品种外，有必要对入选企业的市场规模及其单品种的市场业绩进行考核，对其设定一个合理、合适的指标。

（三）合理控制同品种数量

根据数据分析（图22-4），不少品种存在证书数量过多的情况。证书数量过多，不仅不利于单个企业品种的做大做强，而且也将加剧相应中药材市场的过度竞争，不利于甚至损害中药行业的整体发展。因此，应该根据临床需要合理控制同品种的数量。

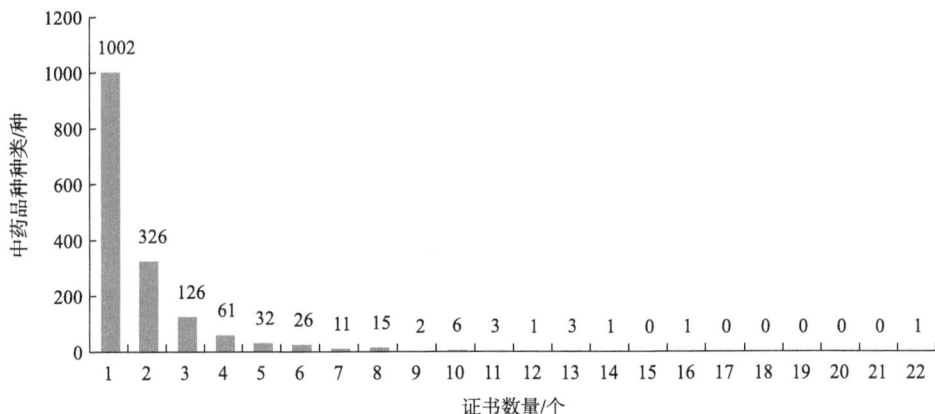

图 22-4　中药同品种保护的证书数量发布

资料来源：作者根据 2017 年国家食品药品监督管理总局网站公开的数据进行整理

（四）有条件地允许中药保护品种证书的转让

企业为获得中药品种保护证书，必须对产品生产技术和工艺进行技术改造，因而必须投入相当的财力和人力。从这个意义上讲，与该证书相对应的中药品种生产线具有某种财产属性。但是，根据《药品技术转让注册管理规定》，"在国家中药品种保护期内的"，"其药品技术转让注册申请不予受理，已经受理的不予批准"。为此，鉴于目前研发形势趋于理性、法规政策逐渐规范，有必要对此条款加以修订，有条件地允许中药保护品种证书的转让。可以考虑先期允许集团内部企业之间开展中药保护品种的技术转让，以促进优质品种向优良企业集中，促进对大品种、大企业的培育和发展。

（五）加强中药品种保护制度与专利制度的融合，不断充实中药品种的技术性

作为制度，中药品种保护制度应该能够应用多种手段促进中药事业发展，而不用仅仅局限在"品种（配方与剂型）"上。虽然专利制度在中药的品种保护方面作用存在诸多不足，但是中药品种保护的目的应该是促进整个中药行业、中药事业的发展，与此目的相配套的任何政策，都应该作为中药品种保护制度的工具和手段。

目前，《条例》《指导原则》有关中药品种保护与专利之间的关系规定得并不清楚。实际上，由于中保品种必须是已有国家标准的上市品种，因而就不可能存在专利问题，《条例》《指导原则》的相关规定也就毫无必要，除非该品种的国家标准本身就来源于未过期的专利。从调研过程来看，这项规定往往容易使企业管理人员产生这样一个印象，即中保制度与专利制度是完全不同的两个制度安排，中保制度排斥专利。这样实际上不利于中保制度本身的发展。

这里的一个关键点在于我们如何理解"中药品种"和"中药产品"的关系。从产业角度来看，"中药品种"构成"中药产品"的一个要素，但是远非全部。中药产品包含配方（复方、单方、中药提取物及其制剂）、剂型、生产技术、工艺流程及其产品质量等内容。如果我们将"中药品种"的内涵向"中药产品"进行适当扩展，我们就会发现，专利可以很好地与中保制度结合并为其服务。其具体做法是，在中保品种的审评过程中，将与该品种生产过程相关的技术、工艺、产品质量等企业专利纳入评价指标，以此促进中药企业采用更多先进技术和管理手段提高中药产品的生产水平。此外，这种做法对于整顿同品种数量过多的局面同样适用。

（六）加强协调，为中保品种提供更多优惠政策

虽然中保品种企业获得了绝对或相对排他的7年保护期，但是也面临来自西药及同类中成药（包括同品种）的激烈竞争。因此，只有为其提供相当的激励机制才能促使企业愿意在保护期内开展改进和提高工作，毕竟这些工作需要花费不少的成本。今后，应为那些按照主动保护的要求、招标书的要求完成品种工艺参数优化、质量标准提高和科学管理方式提升的企业提供政策激励和支持。

从具体情况来看，这些激励政策包括以下几个方面：①在中保品种外包装上加注国家中药品种保护标识；②与各省政府协调，将各省前述一、二级中保品种纳入国家高新技术产品认证范围；③争取更多的前述一、二级中保品种进入基本药物目录和医保目录；④根据《关于完善研究开发费用税前加计扣除政策的通知》

（财税〔2015〕119号）的要求，明确将改进、提高过程中的部分费用纳入企业研究开发费用的税前扣除范围。

（七）建立统一高效的中药管理体制

中药品种保护制度必须在一个比较合理、完善的行政管理体系下，才能发挥有效的作用。当前在讨论"条例"的修改问题时，往往就"品种保护"本身来分析和讨论这个问题，而不是从与实施中药品种保护制度相关的中药行政管理体制着眼，自然会失之偏颇。实际上，要让中药品种保护制度真正发挥其有效作用，必须建立统一高效的中药管理体制。

中药产业链条相对较长、管理环节相对较多，而当前我国中药各环节的监督管理却分散在诸多政府部门。所以，虽然我们已经有了关于中药现代化、中药产业创新发展的中央文件，目前尚未形成体系的中药产业发展规划来有效地落实这些中央文件精神。

同时，组织管理体系的不足，也使得中药保护政策在执行过程中显得非常被动。这点在中药品种保护制度方面体现得尤其明显。在当前中医药日益被边缘化的情况下，国家迫切需要转变思维，变被动为主动，坚定中药保护的信心和决心，加快中药行业管理体制改革步伐。

复兴中药产业的核心问题是重整当前分散的管理机构，建立一个统一高效的中医药管理体制，其重点是将促进中药发展的那些核心职能协调起来，加强其综合效能。

当前我国已经针对包括中药在内的所有药物建立了以质量监督为主要内容的组织架构。由于这套架构主要以美国食品药品监督管理局（Food and Drug Administration，FDA）为体例，所以比较适合西药行业的质量监督管理，然而对于中药行业来说，这套以质量监督为主要内容的体制却并不是很合适。因为对于当前的中医药来说，振兴和发展是其主要任务，所以除了药品质量监督外，建立包括中药产业发展规划与管理职能在内的中药行业管理体制具有更加重要的意义。这也是当前我们分析中药、西药管理体制时应该注意的一个重要差别。

从当前情况来看，要建立统一高效的中医药行业管理体制，必须首先从组织结构上加以保证，其关键是配齐未来中药行业管理部门应该具备的有关促进中药产业发展的那些核心职能，包括：①地道药材认证、管理，中药材种植规划、GAP认证与管理；②中药材质量、标准与交易市场管理；③中药饮片的生产加工与质量标准管理[中药饮片良好生产规范（good manufacturing practice，GMP）认证管理]；④中成药生产注册审批、重点中药品种的保护与创新发展；⑤中药新药研究、开发，中药现代化与中药产业发展规划；⑥中药标准化、中药疗效评估等。

第五篇　我国数字产业化发展若干问题的调研报告

第二十三章 关于以5G引领浙江省"未来产业"发展的建议

——基于深圳5G产业发展的调研报告

第一节 深圳5G产业发展现状

深圳是工业和信息化部（以下简称工信部）首批18个5G试点城市之一，中国电信集团有限公司（以下简称中国电信）、中国移动通信集团有限公司（以下简称中国移动）、中国联合网络通信集团有限公司（以下简称中国联通）三大运营商均在深圳布置了一系列的5G试点项目。目前，深圳在网络建设、业务应用测试、终端产业化等方面均跑在全国乃至全球前列，成为5G发展的创新高地。

（1）5G创新应用实现多个"首次"。第一，全国首个5G试验站在深圳成功部署，平均速率超过1吉字节（gigabyte，GB）每秒。第二，在全国首次实现端到端5G网络专业无人机测试飞行，成功实现无人机360度全景。第三，国内第一台能够兼容3G、4G、5G的全网通移动直播车在深圳开行。第四，首次成功实现4K超高清电视5G网络传输测试，2019年中央电视台春节联欢晚会（以下简称春晚）深圳分会场成功实现春晚举办37年以来的首次5G网络4K分辨率超高清直播。第五，深圳是全国首个开展面向商用的5G智慧电网业务的城市。

（2）5G产业"集聚效应"日益凸显。一是VR产业。2015年以来，全国新增VR企业超过六成落户深圳，全国VR市场份额深圳占比超过14%。二是工业物联网产业。深圳集合中国70%以上物联网产业链，仅RFID领域的企业就超过330家，超过40%的企业拥有专利，深圳市先施科技股份有限公司、深圳市远望谷信息技术股份有限公司等龙头企业占据国内超高射频产品市场九成份额。三是人工智能产业。5G使人工智能在处理能力、数据采集、动态识别等多方面变得更强，机器人、智能识别、医疗、金融、建筑等领域的人工智能企业数量排名中，深圳位居全球第8。

（3）5G产业"溢出效应"正在显现。2018年12月，深圳招商蛇口建设有限公司与中国移动将联合打造湖北首个5G产业园区——武汉东湖网谷。该园区一期于2018年12月开园，二期于2020年竣工。在此次合作中，中国移动湖北公司将以武汉东湖网谷为试点，将其作为5G网络业务、安防、无人巡检车试点基地，设立具备5G测试环境的室内室外测试区，吸引5G上下游企业入驻武汉东湖网谷。

第二节　主要做法

（1）培育一批5G创新应用核心企业。近年来，深圳华为、中兴、腾讯、比亚迪股份有限公司（以下简称比亚迪）、深圳市大疆创新科技有限公司（以下简称大疆）、国民技术股份有限公司（以下简称国民技术）等各行业龙头企业纷纷试水5G，探索物联网、车联网、人工智能、VR、智能制造、行业机器等领域商机。截至2019年1月，华为已发布首款5G商用芯片，获得全球各国5G商用合同30个，5G基站全球发货超过25万个，5G折叠屏手机成功发布。中兴推出了新一代5G全系列基站产品，拨通全球首个最新5G标准的手机室外通话。广东联通通信建设有限公司在深圳成立5G创新实验室，已与30多家行业龙头企业联合开展5G应用试验。

（2）加大对5G产业的战略部署。出台《深圳促进第五代移动通信（5G）创新发展行动计划（2018—2020年）》，明确5G网络覆盖率领先、技术标准持续领跑、行业示范效应显著三大目标，实施提升5G核心关键技术、构建规范健全的融合标准体系、营造开放建设融合拓展的实验网络设施、营造开放共享的产业生态环境、创建国际领先的应用先导区等五个重点行动。2018年，开展5G应用示范案例征集活动，确定智能网联汽车、联网无人机、云AR/VR、工业互联网等四大类典型场景的试验应用，推动开展5G场景应用和落地。

（3）提升5G国际产业影响力和话语权。2018年6月，由工信部、深圳市政府指导，中国5G推进组、中国通信学会、中国通信标准化协会联合共同主办的"2018年IMT-2020（5G）峰会"在深圳召开。2018年8月，主题为"5G引领集成电路产业应用新突破"的2018"芯集坪山"中国集成电路产业高峰论坛在深圳市坪山区举行。2018年11月，"5G·领跑产业未来"广东联通5G行业发布会在深圳举行，发布了近20项5G创新应用场景，展示了5G前沿科技和未来趋势。2019年2月，深圳市工业和信息化局召开工作部署会议，明确要加快打造5G创新应用示范城市。

（4）强化政策保障支持。加强与国家部委的沟通协调，争取国家5G资源开放、无人机空域准入、智能驾驶道路测试等政策率先在深圳市先行先试。设立新一代信息技术产业发展专项资金，加大5G实验网络设施的政府投资，加大对相关核心企业扶持力度。

第三节　几点建议

（1）以5G为支撑，超前谋划浙江省"未来产业"。建议如下，一是加快谋划以5G升级"浙江智造"，有关部门要研究制定5G升级"浙江智造"的路线图和时间表。二是加快研究制定出台浙江省"未来产业"发展实施意见，加快5G移动通信、第三代半导体、新型显示、人工智能等重点领域的布局，争创浙江省"未来产业"发展的新优势。

（2）加快建立5G产业发展推进机制。5G本身为移动通信核心基础技术，其发展及产业化须适应跨行业融合发展，这一过程要由多方协同才能完成。因此，可构建政、研、企多方合作的5G产业发展推进机制。具体而言，以政府为主导，成立由浙江省经济和信息化委员会（以下简称浙江省经信委）牵头，浙江省发展和改革委员会（以下简称浙江省发改委）、浙江省商务厅等部门参与，包括行业企业、专家学者的5G技术发展指导委员会，研究出相关产业发展扶持政策，统筹推进该技术全产业链在浙江省的落地推广；以行业企业、联盟机构等为主体建立分领域的5G应用中心，加快5G的应用和市场推广。

（3）搭建5G创新应用及测试平台。建议如下，一是开展5G创新应用示范案例征集活动。在浙江省开展"5G+智能制造""5G+智能网联汽车""5G+联网无人机""5G+云AR/VR""5G+工业互联网""5G+智慧城市""5G+社会治理"等5G应用场景案例征集，推动5G创新应用落地。二是搭建5G产品认证、应用测试、试验外场、网络性能监测产业监测分析等公共技术服务平台，面向研发企业提供基于软件定义网络（software defined network，SDN）/网络功能虚拟化（network functions virtualization，NFV）的5G网络应用测试环境，吸引全球5G创新应用领域前沿企业在浙江集聚发展。

（4）以5G技术引领浙江省集成电路弯道超车。随着5G通信进入实质性商用，在产业数字化和数字产业化的双重利好带动下，基于5G物联网应用的集成电路将迎来新一轮的发展高潮。目前，浙江省正在打造集成电路产业基地，建议抢抓5G发展机遇，深化"5G+集成电路装备+芯片+超级运算+物联网"产品的研发，以5G引领浙江省集成电路产业发展，实现弯道超车。

　　（5）全力做好对接深圳5G"溢出"的招商引智。深圳已经成为5G创新应用的产业高地，技术和人才正在溢出。建议浙江省有关部门要先人一步成立专业5G招商队伍，瞄准国际国内5G领军企业、科研院所开展高端精准招商，积极引进来自深圳等地的5G相关技术和人才。

第二十四章　浙江省加快发展芯片核心软件产业的对策建议

EDA软件被誉为"芯片之母"，也被誉为工业软件皇冠上的明珠，是芯片设计最上游、最高端的环节，是我国芯片产业链被卡脖子的关键环节，是衡量国家信息科技发展水平的硬核指标。2020年5月，美国将北京计算机科学研究中心、北京高压科学研究中心、哈尔滨工程大学、哈尔滨工业大学等33家高校院所和企业列入实体清单，同时对华为的芯片产业进行全面限制升级，首当其冲的就是芯片设计的上游EDA软件。目前，全球每年芯片EDA软件的产值约100亿美元，杠杆力高达50倍，主宰着全球5000亿美元的集成电路市场及1.5万亿美元的电子信息产业。浙江省在芯片设计和半导体材料领域处于全国第一方阵，完全有能力在芯片EDA软件领域获得突破，本章分析了浙江省芯片EDA软件产业发展的基础与短板，提出了以芯片EDA软件为支撑，加快发展集成电路产业的若干建议。

第一节　浙江省芯片EDA软件产业处在全国第一方阵

一、浙江省集成电路产业基础扎实

目前，浙江省集成电路及相关产业企业有约500家，基本涵盖了集成电路产业链设计、制造（封装）、装备材料配套环节。2019年，浙江省集成电路及相关产业销售收入701亿元，同比增长20%。杭州、宁波、绍兴、衢州等地集成电路产业各具特色，其中，杭州是首批全国七大集成电路产业设计基地之一，2020年在建中电海康集团有限公司（以下简称中电海康）的磁存储器芯片中试生产线、杭州大和热磁电子有限公司的8英寸、12英寸硅片生产线等一批重大项目；宁波着力引进中芯国际集成电路制造（上海）有限公司（以下简称中芯国际）的8英寸、12英寸生产线，打造国内特种工艺及模拟集成电路生产基地；绍兴华越微电子有限公司的集成电路产量曾多年位居全国第二，并为浙江省培养了大量集成电路生产人才；衢州大力推进电子化学品及硅材料的研发和产业化，集成电路产业发展布局规模初现。2019年，浙江省发起了150亿集成电路产业基金，扶持集成电路产业发展。

二、芯片 EDA 软件产业链基本形成

浙江省集聚了包括杭州广立微电子股份有限公司（以下简称广立微）、杭州行芯科技有限公司（以下简称行芯科技）、杭州法动科技有限公司（以下简称法动科技）、杭州士兰微电子股份有限公司（以下简称士兰微）、杭州华澜微电子股份有限公司（以下简称华澜微）、杭州博信智联信息科技有限公司（以下简称博信智联）、湖北鼎龙控股股份有限公司（以下简称鼎龙控股）、浙江钡联半导体设计有限公司（以下简称钡联半导体）等相关产业企业。其中广立微为我国EDA软件产业"三剑客"之一，是基于测试芯片的软、硬件系统产品及整体解决方案，专为半导体业界提供性能分析和良率提升方案的领先供应商；行芯科技核心团队来自美国硅谷，专注于集成电路芯片的设计软件与IP开发。浙江省芯片EDA软件产业发展雏形初步形成。

三、芯片 EDA 技术创新优势明显

目前，我国有20多所大学从事芯片设计方向研究，主要有复旦大学、清华大学、电子科技大学、浙江大学、北京大学、上海交通大学和西安交通大学等。在集成电路和系统CAD/EDA技术的研发上，杭州电子科技大学具有先发优势，该校自20世纪80年代成立微电子CAD研究所（中华人民共和国电子工业部直批）以来，即从事集成电路CAD/EDA技术研究，迄今为止在射频/微波毫米波-THz频段集成电路设计、CAD/EDA方法和工具、集成电路工艺支撑环境工具开发等方面积累了丰富经验和成果，主要成果都处于国内领先地位，同时培养了一大批人才，分布在全球各大芯片EDA工具公司。

第二节　浙江省芯片EDA发展面临的瓶颈和短板

一、芯片 EDA 软件开发生态体系较为薄弱

一是顶层布局和政策引导不够。由于芯片EDA软件市场小、进入壁垒高，市场主体对该技术的研发和商业化运营积极性不高。二是国内知识产权保护意识比较薄弱，有些企业大量使用盗版工具，造成产业生态恶化。三是国内市场寡头垄断的现象严重。全球EDA软件供应者主要是国际三大巨头楷登电子（Cadence）、新思科技（Synopsys）和明导（Mentor Graphics），它们占全球市场的份额超过60%。在国内市场，三大巨头所占比例高达95%。华为在美国对其技术断供之后，是目前国内仅有的一家自主布局EDA技术研发的企业。

二、芯片 EDA 软件高端研发人才缺乏

在集成电路和系统设计领域，芯片EDA软件属于短板中的短板，高端研发人才十分匮乏。在造不如买、买不如租的短期效应导向下，20余年几乎没有EDA技术的科研投入。一方面，国内设立芯片EDA专业的高校不多，全国从事芯片EDA技术研发的人员不超过1000人（美国单Cadence一家的研发人员就超过7000人、排名第2的Synopsys研发人员则超过5000人）；另一方面，互联网和金融行业吸引了大量的软件开发人才，导致芯片EDA软件研发人才严重不足。

三、芯片 EDA 软件政策扶持亟待完善

芯片EDA属于典型的投资周期长、见效慢的基础性产业。算法密集型大型软件系统，需要长期的技术积累。因此，需要政府及民间资金的合力支持。在政策层面，各地竞争日趋激烈，如深圳印发了《关于加快集成电路产业发展的若干措施》，推出国内首个明确支持芯片EDA研发的政策，包括：对从事集成电路EDA设计工具研发的企业，每年给予其EDA研发费用最高30%的研发资助，总额不超过3000万元；对集成电路设计企业购买EDA设计工具软件的，按照实际发生费用的20%给予资助，每个企业年度总额不超过300万元。上海大力扶持EDA头部企业发展，每年给予其EDA研发费用最高50%的研发资助，总额不超过3000万元。

第三节　针对性建议

一、以芯片 EDA 软件为突破口超前谋划浙江省集成电路产业

一是加快谋划以芯片EDA软件技术引领浙江省集成电路弯道超车。建议浙江省经济和信息化厅、浙江省科学技术厅等省级有关部门牵头组织研究制定芯片EDA软件产业发展的路线图和时间表。二是加快研究制定出台浙江省集成电路核心产业发展实施意见，重点在三维单芯片系统、新式计算基础需求、电子设备智能设计、高端开源硬件、软件定义硬件、特定领域片上系统等领域进行布局，争创浙江省EDA软件产业发展的新优势。

二、加快建立芯片 EDA 软件发展推进机制

芯片EDA软件产业本身为集成电路核心产业，其发展及产业化须适应跨行业融合发展。对此，建议构建政、研、企多方合作的芯片EDA软件发展推进机制。具体而言，由政府进行主导，集中力量办大事，成立由浙江省经信委牵头，浙江省发改委、浙江省商务厅、浙江省科学技术厅、浙江省市场监督管理局等省级有

关部门共同参与，以及包括行业企业、专家学者组成的芯片EDA软件技术发展指导委员会，及时研究制定相关产业发展扶持政策，统筹推进该技术全产业链在浙江省的落地和推广。

三、密切结合产业应用，适度前瞻，以优势技术积累点为突破口，由点及面推进 EDA 软件产业发展

在数字芯片设计平台基本被国际巨头垄断、国内短期难以实现全流程替代、模拟和射频芯片设计工具积累和国际先进水平差距相对较小、已经有一定的产业基础情况下，建议如下。一是以模拟和射频集成电路设计用的工具为突破口，首先形成全流程替代，由点及面逐步发展。二是布局突破面向后摩尔时代集成封装技术的快速发展，国内外针对性工具开发都处于起始阶段，大力发展面向3D异质/异构集成IC的专用设计工具、核心仿真器，形成差异化进展优势。三是要把人工智能技术的应用放在重要位置，同时注意由国库资本支持芯片/系统层设计结果的公共属性，建立一批行业可共享的基础芯片IP，建立基于人工智能的复杂电子系统设计的资源支撑。

四、健全芯片 EDA 软件创新生态体系

一是着力打造全国一流的芯片EDA产业创新服务综合体，建立基于国产化EDA工具、核心仿真器的特用、专用EDA工具开发能力、服务能力。加快打造全方位的芯片EDA软件产业服务平台，通过持续扶持重点企业，研发具有自主知识产权的芯片EDA软件技术。二是发挥芯片EDA软件产学研联盟作用。由浙江大学、杭州电子科技大学、西湖大学等高校，以及之江实验室等重点实验室发起成立EDA软件产学研联盟，探索产学研协同机制，完善协同运作机制。三是重点扶持高水平研发机构。引导之江实验室、西湖大学和阿里巴巴达摩院等开展芯片EDA软件基础理论研发，支持杭州电子科技大学分别与中国电子科技集团有限公司、北京华大九天科技股份有限公司（以下简称华大九天）合作建设"电科芯云"平台与"杭电-北京华大九天集成电路EDA技术研究中心"，形成面向广泛的EDA技术培训中心、设计支撑技术服务中心和前瞻技术研发中心。

五、健全法律法规体系并加大政策扶持力度

一是建议制定相关法律法规体系，加大芯片EDA软件知识产权保护力度，建立健康的芯片EDA软件开发产业环境。二是推出支持芯片EDA研发的政策，对国产EDA软件进行采购倾斜，特别是要给予中小EDA软件公司一定财政支持。三是认领开发，EDA软件的功能模块可由龙头EDA软件企业认领开发、悬赏揭榜开发，

政府给予大力资助。一个功能模块可由1～3家EDA软件企业承担，可冠名自己的品牌，进行市场自由竞争。政府动态监管和支持，优胜劣汰。

六、加强对硅谷溢出 EDA 软件研发人员的招才引智

美国硅谷是芯片EDA软件开发的产业高地，技术和人才正在溢出。建议浙江省的省级有关部门先人一步成立专门芯片EDA软件开发招商队伍，瞄准国际国内芯片EDA软件领军企业、科研院所开展高端精准招商，根据EDA产业链的"断链点"，加快引进来自美国硅谷等地，国内深圳市海思半导体有限公司、华大九天、中国电子科技集团公司第十三研究所及第五十五研究所等单位的芯片EDA软件开发技术和高端人才。借鉴上海对EDA软件开发高端人员给予直接落户支持的经验，重点做好EDA软件产业创新创业人才落户、住房、岗位聘用、职称评审、子女上学、社会保险、医疗保障等方面政策的落实，切实解决人才后顾之忧。

第二十五章 广州"区块链十条" 对浙江省的借鉴启示

第一节 广州"区块链十条"扶持政策

为抢占区块链产业发展高地，2017年12月，广州推出区块链产业专项扶持政策"区块链十条"，该政策是国内支持力度相对较大、模式突破相对较强的区块链扶持政策。该政策的核心条款包括七个方面，涵盖培育奖励、成长奖励、平台奖励、应用奖励、技术奖励、金融支持、活动补贴等方面。

一、激励政策

（1）培育奖励。对新设立经认定的区块链企业或机构，实缴注册资本200万元以上的，按实缴注册资本的10%自注册之日起3年内给予培育奖励，每家企业或机构累计最高奖励100万元，并一次性给予30万元技术人才引进补助。对落户本区经认定的区块链领域的行业协会，依法在国家级、省级、市级政府职能部门登记成立的，分别给予每年100万元、60万元、40万元活动经费补贴。

（2）成长奖励。对经认定的区块链企业或机构年度营业收入达到200万元以上且同比增长100%以上，每年给予50万元技术人才引进补助。对经认定的区块链企业或机构年度营业收入首次达到500万元、2000万元、1亿元以上的，分别给予50万元、100万元、500万元的奖励，同一企业按差额补足方式最高奖励500万元。对获得国家高新技术企业培育入库、认定的区块链企业或机构，分别给予10万元、30万元奖励（不含上级补助）。对在境内外资本市场上市、新三板挂牌的区块链企业或机构，分别给予500万元、最高200万元奖励（不含上级补助）。

（3）平台奖励。对省级以上认定的区块链交易中心、检测中心、数据中心、存储中心等公共平台且取得相关资质的，给予100万元奖励。对获得国家级、省级、市级认定的区块链技术重点实验室、工程（技术）研究中心、企业技术中心、新型研发机构等创新平台，分别给予500万元、300万元、100万元奖励。对获得国家级、省级、市级认定的区块链专业众创空间（孵化器），分别给予100万元、50万元、25万元的奖励，引进5家以上经认定的区块链企业或机构的，按每引进1家给予5万元奖励，每年最高奖励100万元。推进区块链数字经济示范区建设，对经认定的区块链创新基地、区块链大厦、区块链产业园，给予运营管理机构3年运营补贴，每年最高补贴100万元。

（4）应用奖励。鼓励以应用需求为导向，加快本区的区块链+应用场景的应用示范，加大财政投入，实施区块链应用示范专项计划，每年重点支持10个区块链应用场景建设，每个应用示范项目最高支持300万元。

（5）技术奖励。对参与主导编制国际、国家、行业、地方区块链技术及应用标准（规范）列入前3名的企业或机构，分别一次性给予100万元、50万元、30万元、10万元奖励，每年每家企业或机构的国家、行业、地方标准（规范）最高奖励100万元。对获得国家、省、市立项资助的区块链项目及奖励予以配套，分别按照资助或奖励金额的100%、70%、50%给予资金配套支持，最高分别不超过500万元、300万元、100万元。

（6）金融支持。对区块链企业通过商业银行或融资担保的方式获得的银行贷款，给予贷款利息及担保费用全额补贴，每年每家企业最高补贴金额50万元，补贴期限3年。对首次获得风险投资机构投资的种子期、初创期的区块链企业，按实际获得投资额的10%给予奖励，每家企业最高奖励100万元。

（7）活动补贴。对承办国际级、国家级区块链研讨、论坛等高水平交流会议的，经认定备案，最高给予100万元补贴。

二、约束条件

（1）违反承诺将追回扶持资金。享受政策的企业或机构，要承诺10年内不迁离注册及办公地址、不改变在本区的纳税义务、不减少注册资本。若违反承诺，将追回已经发放的扶持资金。

（2）奖励办法自公布之日起实施，有效期3年。有效期届满或有关法律政策依据变化，将根据实施情况予以评估修订。

第二节　补政策之短板的建议

第一，补基础研究之短板，加大对基础研究的扶持，引领抢占区块链产业制高点。从区块链研究院所的数量看，截至2018年，我国有62家区块链研究院（中心、实验室），分布在全国15个城市，北京拥有区块链研究院数量最多，达26家，占比42%；其次是杭州，有7家，占比11%；再次是上海、深圳，各有5家。但从研究内涵看，目前浙江省已经设立的研究院所更多的是从事区块链应用开发研究，核心技术研发相对不足，与抢占制高点还有较大差距。因此，要鼓励加强基础研究，支持浙江大学等科研院所和行业龙头企业开展前瞻性研究，对获得国家级、省级认定的区块链技术重点实验室、工程（技术）研究中心等创新平台，予以财政扶持，夯实区块链产业发展基础。

第二，补行业标准之短板，加大对标准制定的扶持，引领抢占区块链行业话语权。2019年5月，工信部已计划从顶层设计推动区块链标准体系的建设。浙江省要加快培育区块链龙头企业，从区块链技术和应用团体标准方面尽快着手研究设计区块链相关国家标准，争取区块链标准体系建设的话语权。对参与、主导编制国际、国家区块链技术标准（规范）的企业或机构，应给予补助奖励。

第三，补应用推广之短板，加大对区块链应用场景建设的扶持，努力将杭州打造成"区块链之都"。要适应"区块链+新业态"的发展需求，优化财政扶持专项资金的使用结构扶持期限，加大对"区块链+应用场景"的应用示范扶持。在这方面，浙江省有基础，以阿里巴巴为例，运用区块链去中心化分布式存储及防篡改的技术特性，已落地了公益、正品追溯、租赁房源溯源、互助保险等多个应用场景，截至2018年3月底，申请专利数量达80件，下一步关键是要推动浙江省"区块链+应用场景"的扩面，明确每年重点支持若干个区块链应用场景建设。

第四，补人才引进之短板。浙江省要实行更积极、更开放、更有效的人才政策，加快引进集聚一批高层次区块链创新创业人才，重点做好创新创业人才落户、住房、岗位聘用、职称评审、子女上学、社会保险、医疗保障等方面政策的落实，切实解决人才后顾之忧。特别是对外籍人才的出入境审批、国际医疗水平需求、雇佣菲佣等方面给予绿色通道。完善区块链人才创业创新服务体系，成立高层次人才信息库，实行动态管理，精准掌握高层次人才情况。构建"店小二"式的人才协调服务机制，完善服务人才专项例会制度，扶持高层次人才创业企业股改上市，全面促进人才、企业、项目、资本对接融合；健全区块链人才服务专窗、人才服务例会、项目审批代办服务等制度，组织开展高层次人才节日慰问、疗养休假等活动；推进区块链人才管理改革试验区建设，在人才创业配套资助、产业化扶持、专业化服务等方面有所突破。

第二十六章 全球性芯片短缺对浙江省产业链供应链安全稳定的冲击及对策建议

集成电路产业是产业链供应链安全稳定的核心，是支撑浙江省经济高质量发展的战略性、基础性和先导性产业。2020年底，一方面，随着5G商用及新冠疫情催生的"宅经济"的影响，市场对集成电路产品的需求持续增长；另一方面，美国政府对中国集成电路制造企业的制裁进一步加剧了全球芯片的产能紧张。包括福特汽车公司（以下简称福特）、广汽菲亚特克莱斯勒汽车有限公司（以下简称菲亚特克莱斯勒）、丰田汽车公司（以下简称丰田）等在内的汽车公司都发布了因芯片短缺将削减汽车产量的计划。近期，芯片短缺现象正在从汽车制造业向更多通信和科技产业蔓延，势必会对浙江省产业链供应链的安全稳定造成冲击。本章针对全球性芯片短缺对浙江省产业链供应链安全稳定的冲击提出了相关对策和建议，供读者参考。

第一节 准确判断全球性芯片短缺对浙江省产业链供应链安全稳定的影响

（1）芯片市场需求旺盛，集成电路产业将迎来持续景气。根据国际半导体产业协会的数据，2020年全球半导体市场大幅增长19%，中国增长率达到39%，中国已经成为全球最大的半导体设备市场。多家机构研判缺芯状况或将持续一年以上，各大芯片厂虽然开始扩产，但远水解不了近渴，这给国内集成电路产业带来机遇。目前，中芯国际、浙江力积存储科技有限公司、华虹半导体（无锡）有限公司（以下简称华虹无锡）等芯片企业均已计划扩充8英寸晶圆产能。另据芯思想研究院发布的数据，绍兴中芯集成电路制造股份有限公司（以下简称绍兴中芯）、中芯集成电路（宁波）有限公司（以下简称宁波中芯）跻身2020年中国本土晶圆代工排行榜前10位，浙江省集成电路产业发展迅速。

（2）全球性芯片短缺催化了国产芯片自主替代进程。全球性芯片短缺，特别是美国政府正在不断通过出口管制、技术断供及联合盟友封锁等措施实施对华芯片封锁，使得芯片自主的重要性进一步得到重视。一是政策层面发展芯片"国产替代"力度不断加大，国务院、工信部、科技部、中华人民共和国财政部（以下简称财政部）等多个国家部委发布关于支持集成电路产业的相关政策，工信部明确表示加大力度扶持芯片产业，力求让中国芯片自给率在2025年达到70%。二是企业层面对芯片自主的渴望加剧，芯片"国产替代"进程加速，特别是包括汽车在内的各行业不断推进国产芯片适配与调试，加大国产芯片合作力度。目前，浙江省整个集成电路产业在国内市场上所占份额较小，且主要面向中低端产品制造，中高端产品一般都被进口垄断，国产芯片自主替代将给浙江省集成电路产业快速发展带来机遇与挑战。

第二节　高度关注全球性芯片短缺对浙江省产业链供应链安全稳定的冲击

（1）浙江省产业链供应链面临断裂风险。集成电路产业是浙江省整个产业基础再造和产业链提升的核心，浙江省产业链供应链安全稳定皆离不开集成电路产品，全球性芯片短缺直接对浙江省产业链供应链安全稳定造成了极大的冲击。全球缺芯已使部分汽车企业陷入停产危机，预计2021年全球汽车市场将因此减产超200万辆，国内汽车企业的产能减产5%～8%。目前，芯片短缺已蔓延至通信设备、消费电子等领域，苹果公司（以下简称苹果）、三星集团（以下简称三星）、索尼、富士康科技集团（以下简称富士康）等公司均发出预警，其对浙江省数字安防、集成电路、网络通信、智能计算的影响日渐突出。

（2）产业链供应链成本面临上涨压力。全球性芯片短缺导致集成电路制造商普遍调价。截至2020年12月，集成电路制造商普遍价格上涨10%～15%左右。目前已经有超过40多家半导体芯片企业宣布涨价，涨价幅度高达30%～40%。以杭州海康威视数字技术股份有限公司（以下简称海康威视）为例，芯片在其总成本中占比可达15%左右，受芯片价格上涨影响，面临着较大成本上涨压力。

（3）集成电路相关产业出现外移。伴随着全球性芯片短缺，世界集成电路产业布局重构。2018年，新加坡封测大厂联合科技关闭在上海的厂房，2019年亚马逊退出中国市场，2020年三星关闭了在中国的最后一家手机工厂，2021年IBM公司关闭在中国的研究院。近日，美国拜登政府出台专门法案，激励美国芯片制造和研究，加速外资集成电路企业回撤，对浙江省产业链供应链安全稳定形成冲击。

（4）集成电路产业的关键原材料和零部件供应紧张。浙江省集成电路产业的关键原材料和零部件主要来自美日等国家。其中，在整个半导体领域，19种关键材料中有14种由日本提供了全球50%以上的产能。集成电路相关的关键原材料和零部件

"削供"甚至"断供"将对浙江省集成电路产业链安全稳定产生重大影响。

（5）集成电路产业人才更加短缺。集成电路产业是典型的资金密集、人才密集和技术密集产业。全球性芯片短缺带来的人才外流和人才争夺现象更加激烈。据招聘平台拉勾发布《2020年互联网人才招聘白皮书》统计，至2020年底新基建相关核心技术人才缺口已达426万，集成电路人才缺口约30万。浙江省在培养集成电路产业高层次人才方面的教育资源与江苏、上海、北京等地相比本就不足，人才短缺现象将更为严重。

第三节　对策与建议

（1）加快提升浙江省集成电路产业链自主配套能力。一是制订实施集成电路产业链自主供应链建设5年行动计划。抓住全球集成电路短缺的机遇，及时调整规划浙江省集成电路产业链供应链布局，加强集成电路上下游产业链动态监测，制定集成电路产业链短缺产品供应清单，构建集成电路产业链供应链安全预警指标体系。二是围绕"断链点"寻求供应链替代备选方案，针对浙江省集成电路产品用量较大的数字安防、智能计算、智能家居等领域面临的涨价和断供风险，加快速度构建完整产业链。三是以士兰微、杭州中天微系统有限公司、杭州中科微电子有限公司（以下简称中科微）、绍兴中芯、宁波中芯等芯片企业为龙头，加快形成以杭州、宁波、绍兴为核心，湖州、嘉兴、金华、衢州等地协同发展的产业布局。吸引和集聚一批封装测试与材料企业，增强产业配套能力，加快推进显示芯片测试、检测、封装等生产线建设。

（2）集中力量推动浙江省产业链龙头骨干企业向产业链和供应链高端发展。借鉴北京、上海、深圳和南京等地对集成电路发展的全产业链布局成功经验，一是围绕特色优势领域，强化集成电路设计、软件开发、系统集成、内容与服务协同创新，开发一批产业发展急需的核心芯片，以设计业的快速增长带动制造业的发展。支持发展集成器件制造（integrated device manufacture，IDM）模式，大力开发微控制器、半导体高速存储芯片、三维数据型闪存等产品。二是实现集成电路产业跨越发展。积极推动8英寸生产线建设，加快建设12英寸生产线，兼顾6英寸等特色工艺生产线建设，满足不同层次的需求，推动芯片制造业做大做强。三是实施补链、强链、延链、造链重点项目。摸清浙江省现有集成电路产业链分布情况，找准产业链、创新链、供应链的短板，着力补链、大力强链、努力延链、致力造链，围绕集成电路产业链部署创新链、完善生态链，加快提高浙江省产业基础高级化和产业链现代化水平。四是依托京东等头部企业，大力发展电子商务领域应用端芯片，倒逼浙江省集成电路产业整体提升，依据浙江省头部企业每年服务器的需求，完全有可能要求集成电路制造商就地定制生产，或设立研发机构，带动浙江省集成电路产业的发展。

（3）集中资源提升浙江省产业链供应链的引领力和控制力。一是攻关核心科技。聚焦半导体制造材料，主要包括硅片、电子气体、光掩膜、光刻胶及其配套化学品、抛光材料、湿法化学品与溅射靶材等，加大科技攻关力度，加快打造集成电路材料科技创新高地。二是打造产业链协同创新生态圈，破解芯片"卡脖子"问题。建立高风险领域的"卡脖子"技术清单，采取"挂图作战"和"揭榜挂帅"等政府推动和市场化相结合的方式，强化产业链上下游之间的战略合作，以科研院所和领军企业为主导，联合产学研用及产业链上下游企业，加快攻克基础材料、基础零部件、关键装备等领域的"卡脖子"技术。在省内打造一个共享的核心技术平台，培育众多芯片产品公司围绕平台开发产品，形成兼具规模效应和市场灵活度的产业合作生态圈。三是围绕集成电路产业链"短板"靶向突破。现阶段抓住汽车芯片短缺机遇，着重在"汽车电子芯片"设计和制造领域发力，争取时间，积累经验和市场信誉。在此基础上前瞻布局毫米波芯片、太赫兹芯片、云端一体芯片，打造国内重要的集成电路产业基地。

（4）以高水平开放推进浙江省产业链供应链国内外合作。一是加强与长三角、珠三角产业链和供应链的国内协同合作。推动与江苏、上海、广东、安徽等地的产业链和供应链进行上下游对接，深化与长三角、珠三角等产业集群合作，联合建设长三角产业联盟和长三角产业合作园。二是高水平开放，深度融入全球经济中，加强与"一带一路"沿线国家产业链供应链合作，加快构建自主可控的集成电路产业链供应链，牢牢掌握产业安全的主动权。

（5）构建富有吸引力和影响力的产业链生态体系。一是加大投资力度。以政府财政资金为引导，发挥财政资金杠杆作用，吸引大型国有企业、金融机构及社会资金。基金实行市场化运作，重点支持集成电路制造领域，兼顾集成电路设计、封装测试、装备材料等环节，并注重投资效益，争取国家持续支持。二是要警惕盲目建设。要防止各地不顾实际一拥而上搞芯片等高科技产业，要警惕盲目招商引资芯片链条相关高科技产业而引发重复投资、资源浪费和产能过剩等问题。三是落实扶持政策。进一步加大力度贯彻落实《国务院关于印发新时期促进集成电路产业和软件产业高质量发展若干政策的通知》（国发〔2020〕8号），落实支持集成电路封装与测试、专用材料企业所得税优惠政策。加强集成电路产业载体建设，在土地、人才、资金等政策方面向园区倾斜，引导重点企业和新建项目向园区集聚。四是加强人才培养。聚焦构建集成电路产业链供应链共生发展的产业生态，通过"强基计划"等多种方式，加快浙江大学、杭州电子科技大学等高校"集成电路科学与工程"学科发展，大力培养国内集成电路等方面的高端人才；通过"筑巢引凤"，创造"类海外"的发展环境，吸引海内外领军人才和创新团队，特别是引进日本集成电路高级集成人才；通过"靠凤筑巢"在海外建立一支为浙江省所用的高端人才队伍。

第二十七章　新冠疫情下浙江省加快5G产业发展对策研究

2019年底，我国发生新冠疫情，与2003年"非典"相比，新冠疫情在浙江省的扩散面更广、影响范围更深，对浙江省经济社会发展造成了较大冲击。2020年2月21日，中共中央政治局会议提出要加快生物医药、医疗设备、5G网络、工业互联网等产业的发展。作为率先开展5G商用的省份，浙江省应把5G产业发展作为逆周期调节的重要手段，带动5G产业链上下游景气度提升，培植数字经济发展新优势，推动浙江省经济高质量发展。本章分析了新冠疫情对浙江省5G产业发展的影响，以及浙江省5G产业发展的基础与短板，提出了加快5G网络投资、推动5G创新应用、加大产业链条培育力度、抢占5G创新高地等若干建议。

第一节　浙江省加快5G产业发展的基础

（1）产业链构架初步搭建。浙江省拥有新华三技术有限公司（以下简称新华三）、三维通信股份有限公司（以下简称三维通信）、东方通信股份有限公司（以下简称东方通信）、士兰微、航天通信控股集团股份有限公司（以下简称航天通信）等优质通信企业，初步形成了5G高速芯片、5G基站系统、5G射频器件、路由器等芯片和关键器件产业链。集结了阿里巴巴、网易（杭州）网络有限公司（以下简称网易）、海康威视、浙江大华技术股份有限公司（以下简称大华）、浙江浙大网新集团有限公司（以下简称浙大网新）、浙江中控技术股份有限公司（以下简称中控）、传化物流集团有限公司（以下简称传化物流）、聚光科技（杭州）股份有限公司（以下简称聚光科技）、浙江宇视科技有限公司（以下简称宇视科技）等信息化领域领军企业，为5G与人工智能、云计算、大数据等新兴领域在智慧医疗、智慧城市、工业制造、智慧安防、智慧物流、智慧教育等垂直领域的深度融合奠定扎实基础。

（2）5G基站建设全国领先。在网络基础设施建设推进过程中，得到了浙江省各级政府、各产业科技园区，特别是西湖景区、浙江大学等重点保障区块属地业主单位的大力支持。2019年，三大运营商第一批规划5G基站共计3622个，6月底前在杭州基本建成。全年全省共建5G基站15 770个，基站总数仅次于广东，位居全国第二。如果从建城区面积考虑，杭州人均基站数可以排全国第二。

（3）5G生态圈雏形初具。一是政策力度大。浙江省5G产业起步较早，受关注程度高。早在2018年5月，我国第一个省级5G产业联盟在杭州成立，揭开了浙江省5G商用的大幕。2019年4月，杭州重磅发布了《杭州市加快5G产业发展若干政策》《5G基站站址布点规划（示范区部分）》等一系列5G相关政策和规划，抢占5G发展制高点。二是社会资本投资活跃。浙江省是国内5G产业投融资力度比较大的城市。早在2019年初，浙江省政府工作报告就提出，浙江省将率先开展5G商用，设立100亿元数字经济产业基金，支持数字经济发展。中国（杭州）5G创新谷开园，按照"一院一园一基金"模式运营浙江省5G产业基金，基金规模达20亿元。三是科研机构总量居全国前列。浙江省有之江实验室、浙江大学、西湖大学、华信咨询设计研究院有限公司（以下简称华信设计）、北京航空航天大学杭州创新研究院等重点科研载体，已经在5G领域开展科研布局，推进5G新技术的融合创新研究。但与广东相比差距明显，截至2019年11月，在5G专利申请数量上，华为以3325件排全球第一，其5G必要专利数为1337件，为全球第四。

第二节　新冠疫情对浙江省5G产业发展的影响

一、从短期上看，延缓浙江省5G产业发展

一是5G网络规划建设延迟。受新冠疫情的影响，5G网络规划建设进度出现不同程度的延迟。同时，虽然新冠疫情防控重点场所5G基站建设加快，但是大部分区域，由于防控新冠疫情的需要，出现网络建设施工人员人手短缺，一些小区、商业楼宇等无法进场施工，物流不畅导致5G设备无法到位等情况。部分公共设施或国家机关、单位管辖的区域存在审批慢、协调难、互相推诿等现象。二是5G相关产业链受到冲击。截至2019年6月，5G概念A股上市公司市值排名前100名中，浙江共有7家。一方面，2020年受新冠疫情影响较大的武汉是我国重要的光电子信息产业集群，长飞光纤光缆股份有限公司（以下简称长飞）和烽火通信科技股份有限公司（以下简称烽火）占全国光棒产能的40%，而拥有近32家5G相关上市公司的广东省新冠疫情也较为严重，随着新冠疫情的持续，5G关键元器件供应可能面临吃紧状况，将影响浙江省5G产业发展。另一方面，运营商5G招标延迟，浙江省与5G相关产业上下游供应商短期将面临销量下降、存货上升、现金流压力加大等风险。三是5G手机市场消费将遇冷。由于新冠疫情防控需要，线下营销活动难以开展，影响存量用户向5G和千兆网络升级。同时，新冠疫情还将抑制5G手机换机需求，IDC指出2020年第一季度国内手机市场出货量同比下滑约30%，对5G用

户增长造成负面影响。

二、从长期看，促进 5G 应用场景加快落地

一是拓展了行业应用新空间。新冠疫情防控过程中，5G+远程医疗、5G+智慧防控等行业应用极大地提高了防疫效率，发挥了产业赋能、衍生的新兴作用。例如，浙江大学医学院附属第一医院开发的基于5G的测温巡逻机器人系统，用于红外测温筛查及防控指挥，效率提高了10倍以上；浙江大学医学院附属第二医院开发的5G远程诊疗系统能够实现异地远程会诊；杭州移动、中移（雄安）产业研究院携手达闼科技（北京）有限公司（以下简称达闼公司）共同开发的5G云端机器人及VR远程探查系统在浙江大学医学院附属第二医院急诊医学科投入使用，提升了病区管理的智能化和安全性。二是激发了在线应用新需求。在新冠疫情防控中，远程办公、远程医疗、在线教育、无人配送、网络游戏娱乐等"宅经济"逆势上扬，在很大程度上对冲了新冠疫情的负面影响。在线教育助力学生"停课不停学"，远程办公、视频会议极大降低了错峰复工、延迟复工对企业经营的影响。新冠疫情在推动在线应用发展的同时激发了公众对更大容量、更快速度的信道的需求，让5G的应用场景变得更加清晰、可行。三是凝聚了数字经济新共识。新冠疫情的暴发，不仅折射出数字经济逆周期的行业特征，也体现了相关企业在协调资源、技术赋能社会治理上的高效作用。预计相当部分的地方政府将会把智慧城市、线上消费、无人配送、远程医疗等作为重点扶持的产业。5G、云计算、物联网、工业互联网等作为推动数字经济与实体经济深度融合的关键路径，将有效拉动消费升级，推动浙江省经济社会数字化转型，在浙江省经济社会发展中发挥越来越重要的支撑作用。

第三节　浙江省加快5G产业发展的若干对策

（1）加快5G网络投资，对冲下行风险。一是推动5G在浙江省电力、水利、公路、铁路、港口等基础设施的全方位应用改造，促进传统基础设施向智能化新型基础设施升级，构筑支撑浙江省经济社会数字化转型的坚实基础。二是对标深圳，创新"市、区、街道"三级联动机制。解决站点入场问题，加快免费开放政府机关、企事业单位、公共机构等拥有的公共设施资源，以及城市道路等场所和设施的步伐，破解基站"入场难"的核心难题。三是加大对运营商的补贴力度。支持通信网开展直供电改造，鼓励参加市场化交易，简化申请报装程序；根据建设成效，给予每个基站和运营商一定额度的奖励，降低5G建设成本。

（2）以2022年亚洲运动会（以下简称亚运会）突发公共卫生事件响应机制建设为契机，推动5G创新应用。一是加快"5G+智慧医疗"发展。当前，浙江省在

"5G+智慧医疗"方面已取得良好的应用示范效果，实现了5G在医疗健康领域包括远程会诊、远程超声、远程手术、应急救援、远程示教、远程监护、智慧导诊、移动医护、智慧院区管理、人工智能辅助诊断等众多场景的广泛应用。今后要加快出台5G跨行业应用指导政策和融合标准，提供实时计算、低时延的医疗边缘云医疗服务，包括但不限于移动急救、人工智能辅助诊疗、虚拟现实、影像设备赋能等高价值应用场景，在重点骨干医院建设多维度5G急救协同指挥平台。二是以城市大脑应用为切入点，推动5G技术在社区网络化管理中应用。社区防控是突发公共卫生事件防控的基础和关键环节，浙江省要科学有序推进5G在社区精准治理、惠民服务和生态宜居等重点领域应用示范，推动智慧社区建设和应用演进升级，提升社区网格化管理的运行效能。三是实现高清视频全产业链升级。以国家级短视频基地落户杭州为基础，加快"5G+超高清视频"示范应用工程，建设"5G+4K/8K超高清视频"联合创新实验室，实现基于5G的超高清视频娱乐。借助超高清视频直播、360度直播、AR/VR等，提升观众观感体验。

（3）加大产业链条培育力度，推动浙江省经济高质量发展。一是鼓励发展射频芯片及器件、光模块和25G激光器芯片、全制式多通道射频单元、小基站和微基站、有源阵列天线、前传交换机、基带单元、分布式系统等产品，发展基于5G技术的智能手机、超高清视频终端、智能网联车、可穿戴设备、VR/AR、全息影像等终端产品。对新华三、三维通信、浙江富春江通信集团有限公司（以下简称富春光电）等优质骨干企业进行梯次培育，使其成为细分领域隐形冠军和创新标杆企业。二是引进国内外5G及相关领域龙头企业和高新技术企业落户杭州或设立子公司、区域总部、研发中心。三是遴选一批5G及相关企业，如东方通信、士兰微和三维通信等龙头企业，集合各级各类政策，实施动态滚动支持。对影响大、带动强的重大项目，采取"一事一议"方式给予支持。

（4）抢占5G创新高地，提升5G行业话语权。一是围绕新型多址、网络切片、中高频器件、光芯片、测试技术和信息安全等重点方向，采取项目储备、招标悬赏等主动布局方式，组织实施5G关键核心技术攻关项目，力争实现5G领域一批核心技术的重大突破。二是建立5G重大科技联合攻关和产业协同发展机制，推进5G产业关键共性技术合作研发和成果产业化。三是聚焦中高频功率放大器、滤波器、阵列天线、射频芯片和模组等核心器件，加快建设5G中高频器件制造业创新中心，对获批国家级制造业创新中心的实施主体，根据有关政策，给予国家资助资金1∶1配套。四是加大对应用标准制定的扶持，尽快着手研究设计5G相关国际标准，争取5G标准体系建设的话语权。对参与编制国际、国家5G技术及应用标准（规范）的企业或机构，应给予补助奖励。

第二十八章　杭州打造"区块链之都"的优势、短板及建议
——关于杭州与深圳抢占"区块链之都"的比较分析

杭州是世界互联网发展新高地，深圳是中国乃至全球的创新中心，城市属性决定区块链产业发展未来。当前，拥有雄厚互联网基础优势的深圳与杭州，都在发力打造"区块链之都"，谁能率先一步成为"区块链之都"？近期，笔者进行了深度调研。

第一节　优势：杭州打造互联网发展新高地，深圳是中国乃至全球的创新中心

（1）区块链头部企业具备一定实力。蚂蚁科技集团股份有限公司（以下简称蚂蚁金服）已进入福布斯全球区块链50强，杭州嘉楠耘智信息科技有限公司（以下简称嘉楠耘智）、蚂蚁金服、杭州趣链科技有限公司（以下简称趣链科技）、杭州云象网络技术有限公司（以下简称云象网络）4家企业也进入了2018年度胡润区块链企业排行榜前20强。万向集团公司（以下简称万向集团）、传化集团有限公司等传统企业，都在深化区块链应用，拓展现有产业。

（2）区块链硬件设备制造细分市场国际领先。嘉楠耘智是全球第二大比特币挖矿机生产商，已推出全球首颗7nm矿机芯片，2019年上半年在全球比特币挖矿机市场份额达21.9%。

（3）底层开发技术平台国内领先。趣链科技、杭州存信数据科技有限公司（以下简称存信数据）、杭州秘猿科技有限公司（以下简称秘猿科技）、浙江数秦科技有限公司（以下简称数秦科技）、云象网络等企业都已自行研发了区块链底层平台。趣链科技研发的国产自主可控区块链底层平台Hyperchain，能提供企业级的区块链解决方案，是国内第一家通过工信部区块链标准测试的平台，已应用于中国银联相关系统。存信数据公有链平台已进入全球公有链基础技术十强。

（4）区块链融资规模全国最大。杭州是全国第一个将区块链写入政府工作报告的城市，并将区块链产业列为七大未来产业之一。杭州是国内区块链行业投融资最活跃的城市之一。2018年杭州余杭、未来科技城与杭州暾澜投资管理有限公司（以下简称暾澜投资）三方设立了100亿元的雄岸全球区块链创新基金。趣链科技成功融资15亿元，是目前国内区块链行业最大规模的融资。

（5）区块链产业园区竞争力全国第一。根据《2019年中国区块链产业园发展报告》，杭州区块链产业园综合竞争力居全国22个园区第一名。

第二节　短板：杭州与深圳综合竞争力比分3∶5

要清醒地看到，深圳是中国最开放的城市，深圳的IT产业位居全国首位，作为首个国家创新型城市，深圳在区块链生态圈拥有强大竞争力。

通过杭州与深圳在区块链产业布局分析，对比产业基础（2018年软件、信息服务业）等8个方面，如表28-1所示，杭州与深圳区块链综合竞争力PK的中场比分是3∶5，杭州领先3个方面、深圳领先5个方面。

表 28-1　杭州与深圳区块链产业发展主要指标比较

产业发展主要指标	杭州	深圳
产业基础（2018年度软件、信息服务业）	4000多亿元	6200亿元
科研创新（2018年度研究与试验发展经费支出占地区生产总值比重）	3.3%	4.17%
资本支持（创投基金）	100亿元	5亿元
政策环境	力度大	力度较大
区块链企业数（截至11月份，全国企业查询工商征信查询平台统计）	1355家	4804家
区块链企业数（据网信办境内区块链信息服务备案数量统计）	43家	66家
区块链产业园	3家	0家
专利数（2019年上半年统计数）	54件	137件

（1）比公司数量，深圳比杭州多。据全国企业查询工商征信查询平台统计，截至2019年11月份，广东省成立的名称中含有"区块链"和经营范围包含"区块链"的公司共计19 753家，全国排名第一，排名第二的浙江省仅2094家。其中，深圳为4804家，杭州为1355家，深圳在数量上超过杭州。

（2）比政策，杭州比深圳力度大。2017年5月，杭州出台《关于打造西溪谷区块链产业园的政策意见（试行）》，对获奖并在西湖区实施转化的科技成果，按照国家级100万元予以补助。对新认定为国家、省、市级企业研究院、研发中心的，最高给予300万元的奖励。2018年5月出台《中国·杭州区块链产业园政策（暂行）》，杭州区块链产业园欲吸引高层次人才安家落户，购房补贴最高可达 300 万元。深圳为区块链创新项目提供600万元以内的奖金支持。

（3）比巨头公司，深圳比杭州多。在区块链领域，深圳的腾讯、华为、深圳市迅雷网络技术有限公司（以下简称迅雷）三大科技巨头都已经入链。杭州有阿里巴巴系一家独大，趣链科技、云象网络等龙头企业仍属于初创型企业，营业收入较少，2018年趣链科技营业收入不到2000万元。

（4）比研究机构，杭州比深圳多。深圳有中国人民解放军战略支援部队信息工程大学区块链研究院等9家区块链研究院。杭州有浙江大学区块链研究中心等4家高校或校企合作研究院，阿里巴巴达摩院区块链实验室、蚂蚁金服光年实验室、中钞信用卡产业发展有限公司杭州区块链技术研究院（以下简称中钞区块链技术研究院）等7家企业研究院。

（5）比应用，深圳走在杭州前面。从区块链巨头的应用开发来看，腾讯侧重于鉴证证明、共享账本、数字资产及共享经济等领域的应用，华为注重在数据交易、身份认证、新能源、供应链等领域的应用，迅雷则注重在金融、电商、游戏及社交等场景的应用。杭州建设了阿里巴巴跨境电商溯源项目、蚂蚁金服跨境支付项目、数秦科技电子证据司法鉴定服务项目、趣链科技可信数字凭证项目、云象网络金融产品发审项目等一批具有较强行业代表性的项目。

（6）比与实体经济融合度，深圳比杭州深。深圳不断探索区块链的应用场景，将区块链应用于实体经济，打造"区块链+"，扩大区块链技术在金融、商贸、政务、民生、智能制造、物流和能源等重点行业的应用。杭州区块链企业主要集中在金融业，占总企业数42%，为实体经济提供区块链服务的企业占总数1/4左右，硬件设备等配套企业占总数的9%，其他领域应用仍有待深入推进。

（7）比创投基金，集聚杭州的钱比深圳多。在时间节点上，深圳和杭州都是在2018年4月设立区块链创投基金。杭州雄岸全球区块链创新基金100亿元，政府出资30亿元；在雄岸全球区块链创新基金亮相当月，有1500万人关注雄岸，300余家企业申请落地杭州，700个区块链项目向雄岸全球区块链创新基金发来白皮书。深圳区块链创投基金首期规模为5亿人民币，政府出资40%。

（8）比人才，深圳的吸引力相对较强。北京网聘咨询有限公司（以下简称智联招聘）发布的《2019年区块链人才供需与发展报告》显示，2019年第三季度，区块链招聘需求城市分布中，深圳、上海、北京位于第一梯队，招聘人数占比分别达到21.07%、16.07%、13.9%，其中深圳招聘需求占比较去年同期提高5.06个百分点，赶超北京，位居第一，而杭州则以4.04%的占比居第六位。

第三节 建议：补齐发展短板，找准发力路径

知己知彼，百战不殆。杭州要率先打造成为"区块链之都"，必须补齐发展短板，找准发力路径。结合当前实际，本节提出以下建议。

（1）加强浙江头部企业与趣链科技的"区块链+"战略合作。杭州区块链产业发展的主发动机在哪里？在趣链科技等头部企业。杭州的区块链基因在哪里？以趣链科技等企业为主。目前，区块链产业能够在杭州集聚，很大程度是受到阿里巴巴企业文化的影响。培育区块链未来产业，杭州必须要加强趣链科技与其他头部企业的战略合作。下一步，建议政府部门加强与趣链科技等企业及阿里巴巴达摩院区块链实验室合作，以项目为纽带促进区块链技术开发和应用场景落地。

（2）强化产学研政协同创新。鼓励企业、高校及科研单位共同加强区块链技术的研发、创新与应用。一是鼓励企业自主探索区块链技术在行业内的各种新业态、新商业模式，重点支持区块链技术与大数据、云计算、物联网等技术的应用研究。二是借助浙江大学、杭州电子科技大学等一批具有信息技术优势的在杭高校及科研单位，强化校企协同互动，开展区块链基础技术探索。三是鼓励以企业为主体建设区块链创新中心和应用示范中心，支持区块链产业协同发展，引导万向集团、恒生电子股份有限公司（以下简称恒生电子）、浙商银行股份有限公司（以下简称浙商银行）、云象网络等开展协同创新，形成良好的产业创新生态。

（3）开放一批政府区块链合作项目，以政府采购促进应用场景落地。区块链经济的核心不在技术，而在于商业逻辑的重构。区块链不仅仅是一场技术革命，更是一场认知革命。为此，政府有关部门应当在认知上超前一步，要在区块链应用上加大支持力度。建议政府有关部门利用区块链的防篡改性特点，发布一批"区块链+"税务、知识产权管理、公益慈善、社会福利保障、政府和社会诚信体系维护等区块链服务项目，引导区块链技术应用场景加快落地。

（4）将区块链服务实体经济项目列入首台套目录，以区块链促进产业结构转型升级。区块链服务实体经济的领域非常广泛，包括产地溯源、电子存证，还有医疗大健康、物联网等。建议如下，一是完善首台套政策，将区块链服务项目列入首台套目录之中；二是加大对区块链促进产业结构转型升级的政策扶持，在这方面江西的做法值得借鉴，江西赣州对园区内采购区块链技术（应用）服务用于实现企业"降本增效"或转型升级，经认定目标达成的企业，给予采购资金总额的20%，单个企业最高不超过50万元的补贴。

（5）营造良好发展环境。一是加强制度供给。目前，广州、重庆、青岛等地纷纷制定出台了加快推进区块链产业发展的政策意见，市级有关部门要尽快研究，加快推进区块链与实体经济深度融合。二是加强市场审慎监管。区块链

诞生后的一段时期，与以比特币为代表的虚拟货币存在较多联系，但作为一种底层技术，区块链与比特币不能混为一谈。对此，相关部门要研究建立审慎监管机制，推动产业健康发展。三是完善人才保障。支持浙江大学、杭州电子科技大学等高校开设区块链课程，培养高层次区块链专业技术人才，为区块链产业发展提供人才储备。

第二十九章　杭州加快北斗卫星导航应用产业发展对策研究

2020年7月31日,北斗三号全球卫星导航系统建成暨开通仪式在人民大会堂隆重举行。作为我国自主建设、独立运行的全球卫星导航系统,北斗系统抗遮挡能力强、空间信号精度高、通信融合能力佳,北斗系统与互联网、大数据、人工智能等新技术融合发展,必将推进形成以北斗时空信息为主要内容的新兴产业生态链。杭州要抓住机遇,依托现有产业基础,探索杭州北斗卫星导航应用产业发展的具体路径。

第一节　杭州北斗卫星导航应用产业发展现状

一、产业链日渐成熟

北斗卫星导航系统融合度高、应用前景广泛。从产业链角度看,在芯片、板卡和导航电子地图等上游基础产品方面,杭州市拥有中科微、北斗天地通网络科技有限公司、北斗天绘信息技术有限公司、中飞通航科技有限公司等优秀公司,其中中科微是国内北斗芯片的核心厂家之一,法动科技是一家专门为北斗导航芯片与设备商等提供统一完整的全流程设计支撑的创新型企业。在地理信息系统(geographic information system,GIS)数据采集器、高精度测量产品、授时终端、车辆监控调度产品、车载导航、户外手持机等中游终端产品方面,杭州市拥有浙大正呈科技有限公司(以下简称浙大正呈)、杭州中导科技开发有限公司(以下简称杭州中导)、成都振芯科技股份有限公司(以下简称振芯科技)、广州中海达卫星导航技术股份有限公司(以下简称中海达)等公司。其中,浙大正呈是北斗应用综合方案提供商,是浙江省内第一家取得北斗民用分理服务资质的单位;杭州中导是中国卫星导航应用产业十佳产品提供商之一。在下游应用服务方面,星软集团有限公司(以下简称星软集团)的北斗卫星导航系统/全球定位系统(global positioning system,GPS)、卫星定位技术在国内位置信息服务行业处于主导领先地位。同时,已将北斗位置服务应用在水务巡检、电动车监管、精准农业、危旧房监测、大坝监测、边坡监测、自动驾驶、无人机植保等领域。

二、产业平台初步形成

杭州市积极发展北斗卫星导航应用产业平台建设，2014年6月5日，在杭州市成立了浙江省北斗产业联盟。2016年8月，由浙江杭州未来科技城管委会、浙江北斗航天卫星应用科技公司、北斗国信（北京）智能科技公司和杭州尚想科技公司等四方共建"北斗时间小镇"合作协议在杭州正式签约，规划打造北斗授时、北斗钟表、北斗时间孵化服务平台、北斗时间产业基地、北斗应用数据中心、北极星智慧社区等产业板块[①]。2016年成立浙江省北斗卫星导航应用产业协会，致力于打通产业链，协同提升创新和市场能力。2018~2020年连续3年召开空天信息大会，致力于推动空天信息产业链条快速发展。

三、技术创新全面展开

浙江大学、杭州北斗时空研究院、北京航空航天大学杭州创新研究院和中国空间技术研究院杭州中心等重点科研载体已经在北斗卫星导航应用领域开展科研布局，推进北斗卫星导航应用新技术的融合创新研究。技术创新与产业孵化平台初步形成，云栖小镇2.0瞄准空天信息产业，布局1000亩[②]飞天科学城，其中一期250亩已在加快建设，同时设立20亿元的空天信息产业投资基金。目前，云栖小镇与中国空间技术研究院、杭州北斗时空研究院等行业龙头进行深度合作，推进虹云工程等项目落地，集聚60余家空天信息领域的创新型企业和研究机构，技术创新全面展开。

第二节　杭州北斗卫星导航应用产业发展存在的问题与挑战

一、产业规模总体偏小

与北京、上海、南京等城市相比，杭州北斗产业规模偏小，龙头企业较少。2019年北京北斗产业产值超500亿元，预计到2022年产值接近1000亿元；南京2019年北斗卫星应用相关产值达300亿元，上下游产业链带动产值超过600亿元；初步估算2019年上海卫星导航产业总规模超300亿元。从企业数量看，截至2020年7月，杭州共有北斗卫星导航应用技术相关企业32家，在深圳（252家）、北京

---

① 由于新冠疫情影响，该项目尚未落地。

② 1亩≈666.67m²。

（184家）、南京（73家）、上海（61家）和广州（36家）之后，相关产业产值不超过100亿元。

二、自主创新能力有待提高

不仅头部企业数量少，杭州研发与制造水平整体也不高。据工信部电子知识产权中心统计，2016～2018年中国卫星导航应用专利连续三年年度申请量超过1万件。又据专利之星检索，截至2019年7月23日，北京北斗卫星导航应用专利申请数为521项，其中绝大多数是北斗卫星导航应用核心标准、专利；上海北斗卫星导航应用专利申请数量为234项；南京282项；而杭州仅为60项。

三、产业规划与政策支撑尚不明晰

产业的快速发展离不开明晰的顶层设计与产业规划，以及良好的政策支撑环境。近年来，北京先后发布《北京市推进北斗导航与位置服务产业发展实施方案（2012—2015年）》《京津冀协同推进北斗导航与位置服务产业发展行动方案（2017—2020年）》《北京市关于促进北斗技术创新和产业发展的实施方案（2020年—2022年）》；南京2010年启动"南京市北斗卫星产业规划"，2013年签订《军民融合共推北斗产业发展战略合作协议》；上海发布两轮《上海市推进战略性新兴产业"卫星导航"专项工程实施方案》，为北斗产业发展提供了政策支撑。而2019年杭州对北斗卫星导航相关产业规划与顶层设计尚未明确，与北京、上海、南京等城市还存在较大差距，详见表29-1。

表29-1 部分城市北斗卫星导航应用相关产业及支撑体系比较表

产业规划与支撑体系	杭州	北京	上海	南京
2019年产值/亿元	<100	<500	<300	300
2020年7月企业数/家	32	184	61	73
2019年7月专利申请数/项	60	521	234	282
2019年7月专利授权数/项	34	248	96	109
2019年7月资本支持/投资基金	20亿元（云栖小镇空天信息产业投资基金）	高精尖产业发展专项资金；北斗产业发展基金	7亿元（西虹桥基地建设初期）	100亿元（2015年南京高新区）
2019年7月政策环境	尚未出台相应规划与指导意见	已出台规划与指导意见，支持力度大	已出台专项实施方案，支持力度大	已出台规划与指导意见，支持力度大

第三节　国内城市发展北斗卫星导航应用产业的典型经验

一、北京北斗卫星导航应用产业发展的主要经验与做法

一是典型应用示范驱动。北京围绕"城市精细管理、城市安全运行、便捷民生服务、高效产业提升"形成了一批在全国具有影响力的典型北斗应用示范工程。例如，2018年"基于北斗的应急报灾系统"项目部署便携终端4000套，覆盖全市16区和320个乡镇。二是全方位措施保障。从加强统筹协调、建立多渠道资金扶持体系、加大应用推广政策支持力度、完善人才引进和培养机制、筑牢位置信息安全防护、加强产业宣传和科普等方面提供全方位保障，建设具有全球影响力的北斗卫星导航应用产业园。

二、上海北斗卫星导航应用产业发展的主要经验与做法

一是加强顶层设计引领。上海发布了《上海市推进战略性新兴产业"卫星导航"专项工程实施方案（2012—2015年）》，制订北斗产业园区规划，设立战略性新兴产业专项资金，从产业基础设施建设、关键共性技术攻关和推进重点行业应用等方面推动上海北斗产业发展。二是产业集聚效应凸显。北斗西虹桥基地是国内技术综合竞争力最强、产业链最完整、公共服务支撑平台最完善的"北斗第一园"。闵行卫星导航应用产业园、司南北斗高新技术产业园、杨浦湾谷北斗高精度产业园等北斗产业园区，给产业发展带来了规模化和快速迭代发展的效果。

三、南京北斗卫星导航应用产业发展的主要经验与做法

一是高端人才创新引领。利用校企联合研究、人才培养、共建研究机构等形式，强化北斗导航应用产业人才支撑。二是战略规划保障。推出系列产业政策和举措集中资源发展卫星导航应用产业，预留战略性发展及配套设施建设用地。目前，南京北斗导航应用产业已形成以江北新区为核心区，江宁、雨花和鼓楼等为特色应用区的集聚趋势。

第四节　杭州发展北斗卫星导航应用产业的路径与举措

一、超前谋划杭州北斗卫星导航应用产业发展路径

一是建议由杭州市经济和信息化局、杭州市科学技术局牵头谋划以北斗卫星导航应用产业引领杭州市空天信息产业发展的战略路径。二是研究制定"杭州市

北斗卫星导航应用产业发展实施意见"，重点在芯片、板卡和导航电子地图等关键技术，北斗卫星导航产业的移动智能终端、技术服务支持，以及产业应用融合等领域进行布局。

二、加快建立北斗卫星导航应用产业推进机制

建议构建政、研、军、企多方合作的北斗卫星导航应用产业发展推进机制。成立由杭州市经济和信息化局牵头，杭州市发展和改革委员会、杭州市商务局、杭州市科学技术局、杭州市市场监督管理局等省级有关部门共同参与，各行业企业、军方、专家学者共同组成的北斗卫星导航应用产业技术发展指导委员会，统筹研究相关应用产业发展扶持政策。

三、实施北斗卫星导航应用产业研发和产业推进工程

一是支持开展北斗卫星导航应用产业关键技术研发。建议将云栖小镇设为北斗卫星导航应用产业研发先行区，组建以中科微、浙大正呈等领军企业力量和杭州北斗时空研究院、中国空间技术研究院杭州中心等科研力量为核心的产学研用联盟，搭建开放式研发试验平台，建设具有全球影响力的北斗卫星导航应用产业园。二是加速延链、补链、强链，做大做强芯片、板卡和导航电子地图等产业。围绕北斗卫星导航芯片相关产业，大力扶持中科微、法动科技等芯片设计企业发展，构建"设计—制造—封装测试—应用"产业链，上下游齐头并进。依托海康威视等龙头企业，引进培育一批板卡和导航电子地图等头部企业，在不断补齐产业链条的同时着力做优产业生态，推动价值链不断向高端攀升。三是聚焦应用场景，发展基于北斗卫星导航产业的产业融合发展。发挥杭州数字经济特色，发展"北斗+5G""北斗+工业互联网""北斗+物联网""北斗+车联网"等新兴应用领域，实现北斗卫星导航技术在智慧城市建设、智慧民生服务、产业效率提升等领域的应用，建立"北斗+"融合应用生态圈。

四、推动北斗卫星导航应用产业重点领域应用示范

一是"北斗+车联网"智慧交通应用示范。推动浙大正呈、杭州中导、杭州软星科技有限公司（以下简称软星集团）等北斗导航领域龙头，与杭州西湖数源软件园有限公司（以下简称西湖数源）、浙江吉利控股集团有限公司（以下简称吉利）、华为、上海汽车集团股份有限公司（以下简称上汽）、大华等行业龙头开展协同创新，推进北斗高精度定位技术、实时交通信息系统（traffic message channel，TMC）技术在汽车导航中的应用研究和联合开发，支持北斗技术的创新与产业化。二是"北斗+物联网"产业赋能应用示范。依托杭州工厂物联网和工业互联网试

点项目建设，推进北斗在生产过程控制、设备监控管理、供应链优化、环保监测及能源管理等领域应用全覆盖。三是"北斗+城市大脑"未来智慧治理应用示范工程。依托杭州"城市大脑"建设，联合阿里云、浙江中控信息产业股份有限公司（以下简称浙江中控）、海康威视、浙大正呈、杭州中导、软星集团等行业龙头，探索构建"时空信息＋城市大脑＋应用场景"的智慧城市治理模式。四是"北斗+智慧亚运会"重大活动应用示范工程。建立"北斗+智慧亚运会"服务系统，推动亚运会物资储运、赛场与场馆运行、赛事服务保障等方面的北斗综合应用，实现重大活动区域的实时安全监测、风险管控及精细管理。

五、加大对北斗卫星导航应用产业的扶持，抢占北斗卫星导航应用产业制高点

一是积极争取政策支持。加强与工信部协调对接，推动杭州企业参加北斗卫星导航应用产业标准制定，积极申请杭州成为国家北斗卫星导航应用产业商用首批试点城市。二是加强财政资金保障。发挥政府产业基金引导作用，探索建立以企业为主体的创新投融资机制，鼓励社会资本参与北斗卫星导航应用产业和公共服务平台建设。对在北斗卫星导航应用产业技术研发领域取得突破性成果，以及率先开展北斗卫星导航应用产业技术应用的企业给予一定奖励性财政资金补助。三是加强人才保障。引进北斗卫星导航领域科研产业创新人才，鼓励校企进一步合作，培养一批具有国际竞争力的北斗卫星导航应用领域高端技术人才和综合应用类人才。四是加强区域合作。加强长三角区域城市的交流与合作，共同推动北斗卫星导航应用产业模式创新、技术创新、应用创新，助推长三角区域一体化发展。

第三十章 杭州打造"未来经济之都"的对策建议

　　未来经济是以新产业、新业态、新商业模式为主体，由以互联网为代表的新技术革命推动，以信息化和产业化深度融合，商业模式和体制机制创新、人力资本高效投入和减少对物质要素依赖为标志的经济形态。党的十九届五中全会提出要培育新技术、新产品、新业态、新商业模式①。2020年4月26日，杭州政府工作报告提出，杭州将拓展都市经济、幸福经济、未来经济三大新蓝海。未来经济作为新一轮科技和产业革命的发展方向，符合中国经济全方位转型升级的要求，也是加快形成内循环为主、"双循环"发展新格局的需求。因此，总结分析杭州未来经济发展优势与短板，推动未来经济发展，获取未来竞争新优势，抢占"未来经济发展之都"具有重要意义。

第一节 杭州打造"未来经济之都"的优势

　　近年来，杭州市围绕人工智能、VR、区块链、量子技术、增材制造、商用航空航天、生物技术和生命科学等七大重点前沿领域，率先探索布局未来经济相关产业，取得了较快发展，主要优势表现在以下方面。

　　一是未来经济相关产业规模高速增长，集聚效应凸显。近年来，杭州市未来经济产业发展成效显著，产业创新资源不断集聚，已形成国内较为完整的产业链。据统计，2020年，数字经济核心产业、高新技术产业和战略性新兴产业增加值分别达到4290亿元、2448亿元、1415亿元，规模和增速名列全国前茅。另据中国企业评价协会发布《2020中国新经济企业500强发展报告》显示，杭州成为中国"新经济第三城"，总计42家企业入选"新经济企业500强"，仅次于北京（115家）、上海（61家），形成了以阿里巴巴、海康威视、新华三等为龙头，上市公司和独角兽企业为中坚，"双创"为支撑的雁形企业群。

---

　　① 《中共中央关于制定国民经济和社会发展第十四个五年规划和二〇三五年远景目标的建议》，http://www.gov.cn/zhengce/2020-11/03/content_5556991.htm[2020-11-03].

二是创新资源集聚，技术产品领先。杭州大力推进国家自主创新示范区建设，成为继北京、上海之后批复的第三批国家新一代人工智能创新发展试验区。钱江新城、杭州城西科创大走廊及紫金港科技城、未来科技城、青山湖科技城一批大平台正在串珠成链。杭州全社会R&D经费支出占地区生产总值的比重从2015年的3%提高到2020年的3.5%左右，研发投入强度达到创新型国家研发投入水平。

三是典型应用示范引领，新经济形态发展成效显著。杭州加快未来产业与各行业的互动融合发展，在制造、农业、商业、物流、金融、电信、医疗、教育、家居等重点行业和领域广泛开展试点示范，推动未来产业科技成果规模化应用，涌现了数字经济、智能经济、绿色经济、创意经济、流量经济、共享经济等六大新经济形态。

第二节 杭州打造"未来经济之都"的短板

虽然杭州未来经济的发展在较多领域与全球同步，在基础研究、技术研发、生产制造、推广应用等方面都有较好的基础，但是，也要清醒地看到，随着资源环境约束日趋强化，区域产业和项目竞争愈发激烈，产业高端化、智能化、绿色化、服务化要求凸显，杭州持续保持未来经济先发优势和引领发展的压力陡增，主要表现在以下方面。

一是核心技术缺乏、源头创新不足。未来经济源于新技术的创业创新，杭州数字经济规模已全国领先，但面临底层技术原创性不足、商业模式创新空间日渐狭窄，未来经济发展相关原创性、基础性的技术成果较少。基础软件除"飞天"操作系统、OceanBase数据库外几乎是空白，核心芯片、芯片设计平台、高端零部件等仍受制于人。

二是创新资源要素缺口较大、发展潜力受到影响。由于未来经济是创业者和企业家试错的结果，因此创新资源要素不断投入非常重要。杭州2018～2020年人才净流入率、互联网人才净流入率保持全国第一，但创新资源要素短板和缺口也十分明显。第一，研发经费投入不足，2020年杭州市R&D经费强度为3.5%左右，与北京（6.3%）、深圳（4.9%）、上海（4.1%）还存在较大差距；第二，高水平研究机构不足，杭州仅有浙江大学一所211/985高校，而国家重点实验室数量（9个）也和北京（101个）、上海（28个）、西安（20个）、武汉（19个）等存在较大差距；第三，研发平台分散，杭州虽然已初步形成了相当规模的基础与应用创新平台，但平台间割裂独立，存在交流与合作壁垒，无法形成创新合力。

三是企业发展成本高企、高端人才保障条件缺乏。一方面，随着杭州经济的快速发展，土地资源日趋短缺，高地价、高房价、高租金的问题十分突出。在长三角城市中，杭州2019年房价收入比为20.5，排名第二，仅次于上海，杭州市住房负担较重，再加上劳动力成本、资金成本、原材料成本等综合成本上升，挤压了制造业发展的空间，一部分制造业企业待不住，实体经济的根基受到影响。另一方面，为未来经济创造价值的人才，对生活品质有较高的要求，大致包括：气候宜人、环境优美；多样化需求的满足，如子女教育、医疗和文化；生活和交通的便利性等。在这些方面杭州仍然存在短板。

第三节 杭州加快打造"未来经济之都"的对策

一、加强谋划布局，以顶层设计部署未来经济发展

一是在《杭州市人民政府关于加快推动杭州未来产业发展的指导意见》基础上，尽快制订出台"杭州市未来经济发展规划"及实施细则。从环境营造、技术创新、人才储备、孵化平台、扶持政策、资金配套等方面制订未来经济发展规划，切实引导与保障杭州未来经济及相关产业发展，努力将杭州建设成具有全球影响力和竞争力的未来经济发展策源地。

二是分类分步地规划与布局一批重点项目和重大工程，培育一批未来经济产业集群与世界级领军企业。在集成电路、生物医药、航空航天、人工智能、VR、区块链、量子技术、增材制造等重点前沿领域率先探索布局，分类、分步编制出台未来经济细分领域的发展规划、政策、路线图，组织实施一批重大技术攻关和重大成果产业化项目；以国家新一代人工智能创新发展试验区、国际级软件名城建设为契机，瞄准电子商务、人工智能视觉、人工智能、云计算、大数据、物联网、区块链、生命健康、新能源、智能芯片等未来经济战略必争点，培育一批具有话语权和控制力的世界级领军企业，形成若干具有国际竞争力的未来经济产业集群。

二、夯实创新要素，以未来技术支撑未来经济发展

一是加快建设高能级科创平台，建设未来经济创新策源地。以杭州城西科创大走廊为主平台，围绕未来经济重大科学前沿问题和共性关键技术领域，高水平建设国家自主创新示范区；聚焦未来网络计算、人工智能、信息安全、生命科学、新材料、量子技术、类脑芯片等方向，重点发展集成电路创新中心及公共服务平台、先进芯片产业创新中心、5G技术应用创新中心等创新平台，推动实现重大原始创新、颠覆性创新突破。

二是积极打造未来经济创新服务综合体，加速创新要素聚集。聚焦未来经济发展的重点方向和场景落地，突出创新服务能力建设，依托龙头企业、独角兽企

业、重点园区和高校科研院所，打造集技术研发、工业设计、检验检测、知识产权等功能于一体的重点领域产业创新服务综合体，在优势领域创建一批国家产业创新中心、国家科技创新中心、国家制造业创新中心和产业创新综合体。

三是聚焦基础研发，攻克一批关键核心技术，实现技术突围。面对产业链供应链"卡脖子"威胁，更需强化内生性科技创新。以问题为导向，加大基础科学创新，推动集成电路、基础软件、工业设计软件、工业大数据、核心元器件等薄弱环节实现根本性突破，着力解决"缺芯少魂"问题；以重大需求为引导，瞄准人工智能、生物工程、柔性电子、前沿新材料、量子信息等领域关键核心技术进行重点攻关，占领未来经济技术高地。

四是聚焦应用技术与应用场景开发，完善以企业为主体的未来技术创新体系。促进创新要素向企业集聚，发挥大企业引领支撑作用，引导培育一批龙头企业引领的制造业创新中心、企业技术中心，支持龙头企业牵头组建创新联合体和知识产权联盟，聚焦应用性强、引领产业发展的技术创新，培育更多"专精特新"企业，促进科创企业发展。

三、发挥先发优势，以数字化改革引领未来经济发展

一是积极探索"产业大脑+未来工厂"，超前布局先进制造业未来经济增长引擎。深入实施"新制造业计划"，探索"产业大脑+未来工厂"，建立以数据链为纽带，产业链、创新链、供应链、要素链全面链接的产业运行系统；加快构建工业互联网平台体系，实现制造业高端化、智能化、绿色化、服务化发展；超前布局5G生态、下一代人工智能、量子通信、机器人、商业航天、光电芯片、前沿新材料、智能网联汽车等先进制造业未来经济增长引擎。

二是大力发展数字生产性服务产业，形成具有国际影响力的数字生态圈。鼓励数字化解决方案领导者根据中小企业需求，探索工厂可视化、无人工厂等数字化解决方案，提供云计算、大数据、人工智能、工业互联网、信息安全、智能连接、新安防、边缘计算等在内的一站式数字化解决方案，谋划一批高能级数字生产性服务产业，鼓励具备国际竞争力的优势行业企业联合组建本行业的数字生态圈。

三是谋划若干高能级"数字经济+未来经济"产业集群。探索构建新一代5G智能工厂、大力推进工业大数据应用、打造工业"数字孪生"等未来经济模式；超前布局发展数字经济与5G生态、下一代人工智能、生物工程、第三代半导体、类脑芯片、柔性电子、前沿新材料、量子信息等的深入融合，谋划一批高能级"数字经济+未来经济"新产业集群。

四、推广场景应用，以未来生活共享未来经济发展

一是重点推广"人工智能+未来生活"场景应用，提升未来智慧生活服务经济产业水平。依托城市大脑、未来社区、智慧亚运会等重点工程，实施人工智能应用场景建设工程，形成可复制、可推广的"人工智能+未来生活"场景应用示范，激发相关未来产业发展潜力；探索"5G+北斗"未来出行应用场景，打造陆、海、空无人系统综合示范区，加快推动车联网、无人机、无人驾驶、无人配送等场景试验和应用，谋划未来智慧生活服务产业发展。

二是大力发展网游、电竞、短视频等"无重量经济"，培育休闲经济新增长点。依托杭州国家短视频基地建设项目，全力打造面向国际、亚洲领先、国内一流的短视频生态链和舆论传播主阵地，努力催生新技术、新媒体、新业态创新发展；依托网游、动漫龙头企业力量，提升电竞产业和文化产业影响力、竞争力、创新力。

三是大力发展"未来健康"产业。加快发展大健康产业、探索杭州健康码常态化应用、建立数字化居民全生命周期健康管理体系、实施智慧医联体建设、夯实基层健康服务体系基础；推动智慧养老场所建设，基于5G、人工智能等技术提供远程医疗、在线问诊、智能康复和陪护服务，探索"未来健康"产业模式。

四是发展高品质、多样化生活性服务业，打造杭州未来生活品质之城。打造在线消费新热点、消费新场景，大力发展夜间经济、首店经济等新消费模式，提升杭州国际消费中心城市形象；加快传统消费业态转型、大力发展新金融、争创数字货币试点城市，加快全球数字金融中心建设；推动健康、养老、育幼、文化、旅游等生活性服务业向高品质和多样化升级，加快服务业数字化、标准化、品牌化。

五是大力发展未来治理与服务新模式，以未来城市激活未来经济发展。以城市大脑赋能城市治理工作，推动全面、全程、全域实现城市治理体系和治理能力现代化；以需求为导向，大力发展数字服务，推进生活数字化、公共服务数字化，特别要实施"傻瓜相机""傻瓜手机"式服务，打破数字服务领域弱势群体的数字鸿沟；打造一批未来治理与未来服务"标志性成果"，努力形成更多"最佳实践"。

五、创新体制机制，以最佳环境助力未来经济发展

一是营造"鼓励创新、包容审慎"的未来经济发展氛围，打造全球最佳营商环境。杭州市要充分发挥政务环境优、市场机制活的优势，进一步创新产业服务模式，完善产业治理体系，把新治理和新服务作为政府改革和创新的关键点，把营商环境渗透到城市发展内在机理之中，努力打造全球未来经济发展最

佳营商环境。

二是探索创新创业金融保险模式，多渠道打通未来经济发展的资金瓶颈。积极探索设立面向未来经济的天使投资基金、创业投资基金，引导产业资本、金融资本、社会资本支持未来经济发展；鼓励金融机构、投资机构创新金融服务，通过融资、并购等多种形式将社会资金引入未来经济研发领域；探索创新创业保险模式，为中小科技企业、小微企业创新创业保驾护航，解决其后顾之忧，提升创新创业信心。

三是创新行业企业监管模式，构建未来经济治理体系，护航未来经济健康发展。充分利用云计算、物联网大数据、人工智能等技术，创新行业企业监管手段，建立安全、开放、透明的信息共享平台，构建以信用为核心的新型监管模式，根据产业特征细化监管手段，形成"上下联动、左右协同"的监管机制，实现未来经济协同治理。

四是优化人才生态环境，打造未来经济人才高地。发挥和利用好全球引才"521"计划、"115"引进国（境）外智力计划、"人才新政27条"、"人才若干意见22条"等政策效应，将引进国际一流的科技领军人才和高水平创新团队作为未来经济发展的重中之重，努力成为全球未来经济高端人才"蓄水池"；以高含金量的政策吸引一批全球顶尖科学家、行业领军人才和经营管理人才；鼓励和支持企业、科研机构、高等院校等开展未来经济相关教育和培训，加大对未来经济人才的培养和支持力度，壮大高水平工程师和高技能人才队伍。

参 考 文 献

阿特金森 R D，科尔特 L H. 2000. 美国新经济. 焦瑞进，刘新利，译. 北京：人民出版社.

白雪，雷磊. 2014. 我国城市群"两化"融合水平时空变化分析. 经济地理，34（7）：52-57，102.

波拉特 M. 1987. 信息经济. 袁君时，周世铮，译. 北京：中国展望出版社.

波特 M. 2005. 竞争战略. 陈小悦，译. 北京：华夏出版社.

昌忠泽，孟倩. 2018. 信息技术影响产业结构优化升级的中介效应分析——来自中国省级层面的
    经验证据. 经济理论与经济管理，（6）：39-50.

陈建军，刘月，邹苗苗. 2016. 产业协同集聚下的城市生产效率增进——基于融合创新与发展动
    力转换背景. 浙江大学学报（人文社会科学版），（3）：150-163.

陈筠泉，殷登祥. 2000. 新科技革命与社会发展. 北京：科学出版社.

陈亮，李杰伟，徐长生. 2011. 信息基础设施与经济增长——基于中国省际数据分析. 管理科学，
    （1）：98-107.

陈玲. 2010. 双边市场理论视角下的市场平台研究. 商业研究，（4）：21-24.

陈柳钦. 2007. 产业融合效应与促进我国产业融合的措施. 北京市经济管理干部学院学报，（2）：
    13-19.

陈维涛. 2017. "新经济"的核心内涵及其统计测度评析. 南京社会科学，（11）：23-30.

陈炜. 2008. 我国信息消费与经济增长关系及区域差异性分析. 杭州：浙江工商大学.

陈曦，王中华. 2017. 加快构建我国新经济监测评价指标体系——美国新经济指数对我国的启
    示. 价格理论与实践，（3）：112-115.

陈翔宇，李雅婷，许秋，等. 2020. 数字普惠金融视角下的金融风险监测体系研究. 全国流通经
    济，（1）：156-157.

陈晓红. 2018. 数字经济时代的技术融合与应用创新趋势分析. 中南大学学报（社会科学版），
    24（5）：1-8.

陈醒. 2018. 中国数字经济发展呈现明显的省域差异. 国际融资，（4）：80.

陈永清，夏青，周小樱. 2016. 产业政策研究及其争论述评. 经济评论，（6）：150-158.

陈运红. 2012. 云端革命：全球ICT生态链下的中国突围. 北京：科学出版社.

崔建华. 2006. 信息消费力几个理论问题研究. 消费经济，（4）：67-70.

崔勇. 2014. 产业结构优化与税收优惠. 现代营销（学苑版），（4）：108-109.

邓少军. 2014. 多层次信息消费驱动我国传统产业转型升级的机理研究——动态能力理论视角. 社会科学, (1): 32-41.

邓胜利. 2002. 21世纪信息消费发展新特征及障碍研究. 情报资料工作, (6): 13-16.

邓小军, 史薇. 2016. 大学生网络信息消费的媒介使用情况及影响因素——以首都高校为例. 调研世界, (6): 13-17.

丁志帆. 2020. 数字经济驱动经济高质量发展的机制研究: 一个理论分析框架. 现代经济探讨, (1): 85-92.

杜传忠, 杨志坤. 2015. 我国信息化与工业化融合水平测度及提升路径分析. 中国地质大学学报 (社会科学版), 15 (3): 84-97, 139.

杜厚文, 董裕平. 2000. 对美国"新经济"的若干思考. 宏观经济研究, (7): 5-10.

杜庆昊. 2018. 关于建设数字经济强国的思考. 行政管理改革, (5): 51-56.

段君玮. 2014. 技术创新对我国信息技术产业结构调整作用机理研究. 长春: 吉林大学.

多西 G, 弗里曼 C, 纳尔逊 R, 等. 1992. 技术进步与经济理论. 钟学义, 沈利生, 陈平, 等 译. 北京: 经济科学出版社.

方文贤. 2004. 中药现代研究存在问题及思考. 中国中药杂志, (12): 88-90.

方兴东, 严峰. 2017. 浅析超级网络平台的演进及其治理困境与相关政策建议——如何破解网络时代第一治理难题. 汕头大学学报 (人文社会科学版), 33 (7): 41-51.

干春晖, 郑若谷, 余典范. 2011. 中国产业结构变迁对经济增长和波动的影响. 经济研究, 46(5): 4-16, 31.

高红, 徐玲玲, 党志琴. 2020. 差异化视角下数字经济与农村电商发展. 商业经济研究, (19): 95-98.

高秦伟. 2014. 论行政法上的第三方义务. 华东政法大学学报, (1): 38-56.

葛继平, 黄明, 梁旭, 等. 2012. 创新人才培养模式提升高校服务区域经济能力——大连交通大学复合型软件人才培养模式的研究和实践. 现代教育管理, (11): 89-91.

葛继平, 林莉, 黄明. 2010. 信息化提升中国装备制造业国际竞争力的机理与路径研究. 工业技术经济, (6): 43-46.

龚晓莺, 王海飞. 2019. 当代数字经济的发展及其效应研究. 电子政务, (8): 51-62.

顾颖, 陈馨. 2012. 中国产业结构升级的产业关联效应——基于投入产出的实证分析. 云南社会科学, (3): 82-85.

关会娟, 许宪春, 张美慧, 等. 2020. 中国数字经济产业统计分类问题研究. 统计研究, 37(12): 3-16.

关欣, 乔小勇, 孟庆国. 2013. 信息化发展对科技进步的影响作用机理及地区性差异研究——基于我国内地31个省 (直辖市、自治区) 的面板数据. 科技进步与对策, 30 (7): 6-11.

郭克莎. 2000. 外商直接投资对我国产业结构的影响研究. 管理世界, (2): 34-45, 63.

郭晓庆. 2015. 我国人力资本投资对产业结构升级影响的机理分析与实证研究. 商业经济研究，
　　（11）：126-127.

郭珍军，徐柳. 2012. 两化融合的科学认识与发展实践. 电信科学，28（3）：122-125.

韩宝国，李世奇. 2018. 软件和信息技术服务业与中国经济增长. 数量经济技术经济研究，
　　35（11）：128-141.

韩顺法，李向民. 2009. 基于产业融合的产业类型演变及划分研究. 中国工业经济，（12）：66-75.

韩先锋，惠宁，宋文飞. 2014. 信息化能提高中国工业部门技术创新效率吗？. 中国工业经济，
　　（12）：70-82.

何江，张馨之. 2006. 中国区域经济增长及其收敛性：空间面板数据分析. 南方经济，（5）：44-52.

何枭吟. 2013. 数字经济发展趋势及我国的战略抉择. 现代经济探讨，（3）：39-43.

贺丹，田立新. 2015. 基于低碳经济转型的产业结构优化水平实证研究. 北京理工大学学报（社
　　会科学版），17（3）：31-39.

贺修铭. 1996. 科学研究与发展（R&D）信息消费过程的历时性结构分析. 武汉大学学报（哲学
　　社会科学版），（2）：105-111.

侯若石，李金珊. 2006. 资产专用性、模块化技术与企业边界. 中国工业经济，（11）：91-98.

胡鞍钢，周绍杰. 2002. 中国如何应对日益扩大的"数字鸿沟". 中国工业经济，（3）：5-12.

胡汉辉，邢华. 2003. 产业融合理论以及对我国发展信息产业的启示. 中国工业经济，（2）：23-29.

胡金星. 2007. 产业融合的内在机制研究. 上海：复旦大学.

胡丽娟，桂学文. 2010. 对信息经济与知识经济关系的再认识. 图书馆学研究，（11）：10-13.

胡美娣. 2014. 我国消费结构、产业结构和经济增长关系的实证研究. 长春：吉林大学.

胡世良. 1998. 信息消费热点的形成与上海信息产业发展的实证研究. 消费经济，（5）：42-44.

胡延平. 2002a. 第四种力量：新四化路途当中的信息化与信息产业生态观察. 北京：社会科学
　　文献出版社.

胡延平. 2002b. 跨越数字鸿沟：面对第二次现代化的危机与挑战. 北京：社会科学文献出版社.

胡永佳. 2008. 产业融合的经济学分析. 北京：中国经济出版社.

黄郴. 2001. 知识创新的信息消费及其保障. 图书情报工作，（9）：29-32.

黄可人，韦廷柒. 2016. 经济增长、产业结构变迁与城乡居民收入差距——基于PVAR模型的动
　　态分析. 工业技术经济，35（4）：145-152.

黄璐，李蔚. 2001. 网络经济资源配置的特点. 发展研究，（4）：33-34.

黄群慧. 2016. "新经济"基本特征与企业管理变革方向. 辽宁大学学报（哲学社会科学版），
　　44（5）：1-7.

黄文金，张海峰，叶少莉. 2018. 基于"有中心，无边界"的数字经济评价模型的构建. 中国工
　　程咨询，（11）：31-36.

黄征学. 2016. 到底什么是新经济. 中国经贸导刊，（31）：41-43.

黄宗捷. 2001. 关于创建网络经济学的构想. 成都信息工程学院学报，（1）：46-51.

惠宁，周晓唯. 2016. 互联网驱动产业结构高级化效应分析. 统计与信息论坛，31（10）：54-60.

吉登斯 A，皮尔森 C. 2001. 现代性：吉登斯访谈录. 尹弘毅，译. 北京：新华出版社.

吉丽，黄卫东，王子敏. 2013. 信息消费——经济增长新动力. 通信企业管理，（3）：75-77.

纪宏，张宝学，任韬，等. 2020. 建设新经济统计，赋能数字经济，助力智能时代——关于开展新经济统计研究与实践的思考. 数理统计与管理，39（5）：788-793.

嘉蓉梅. 2012. 产业结构水平测度模型及对地区的实证考察. 云南社会科学，（4）：102-105.

贾晓峰. 2015. 江苏最终需求结构与产业结构之间互动变化定量研究. 江苏社会科学，（6）：260-267.

姜奇平. 2000. 新商业模型. 北京：中国友谊出版公司.

姜涛. 2009. 转型时期中国居民消费升级的产业结构效应研究. 济南：山东大学.

姜元章，张岐山. 2004. 区域经济信息化程度比较的灰关联分析方法. 农业系统科学与综合研究，（1）：12-13.

姜泽华，白艳. 2006. 产业结构升级的内涵与影响因素分析. 当代经济研究，（10）：53-56.

蒋序怀. 2000. 略论我国居民信息消费的现状及存在的问题. 消费经济，（5）：33-37.

焦勇，杨蕙馨. 2017. 信息化与工业化融合的耦合程度和增值能力. 社会科学研究，（4）：46-55.

荆文君，孙宝文. 2019. 数字经济促进经济高质量发展：一个理论分析框架. 经济学家，（2）：66-73.

靖继鹏，王欣. 1993. 信息产业结构与测度方法比较研究. 情报科学，（1）：7-16，79.

靖学青. 2005. 产业结构高级化与经济增长——对长三角地区的实证分析. 南通大学学报（社会科学版），（3）：45-49.

科马里 S. 2000. 信息时代的经济学. 姚坤，何卫红，译. 南京：江苏人民出版社.

克拉克 C. 2020. 经济进步的条件. 张旭昆，夏晴，等译. 北京：中国人民大学出版社.

库兹涅茨 S. 1989. 现代经济增长：速度、结构与扩展. 戴睿，易诚，译. 北京：北京经济学院出版社.

兰建平，黄学，胡胜蓉. 2020. 浙江省"加快发展地区"数字经济发展路径研究. 浙江工业大学学报（社会科学版），19（2）：196-203.

蓝庆新，窦凯. 2018. 共享时代数字经济发展趋势与对策. 社会科学文摘，（2）：46-48.

黎苑楚. 2005. 信息产业演进规律与发展模式研究. 武汉：武汉大学.

李国杰，徐志伟. 2017. 从信息技术的发展态势看新经济. 中国科学院院刊，32（3）：233-238.

李浩，聂子龙. 2003. 产业融合中的企业战略思考. 南方经济，（5）：46-49.

李建忠，俞立平. 2011. 基于联立方程模型的信息化与经济发展关系研究. 情报杂志，30（11）：192-195.

李金昌，洪兴建. 2020. 关于新经济新动能统计研究的若干问题. 现代经济探讨，（4）：1-10.

李京文，小松崎清介，郑友敬，等. 1994. 信息化与经济发展. 北京：社会科学文献出版社.

李静萍，高敏雪. 2018. 网约打车交易宏观核算机理研究. 统计研究，35（3）：93-102.

李君君，孙建军.2006.试析网络经济下的信息消费.情报杂志，（4）：48-49，52.

李坤望，邵文波，王永进.2015.信息化密度、信息基础设施与企业出口绩效——基于企业异质性的理论与实证分析.管理世界，（4）：52-65.

李林.2008.产业融合：信息化与工业化融合的基础及其实践.上海经济研究，（6）：90-95.

李美云.2005.国外产业融合研究新进展.外国经济与管理，（12）：12-20，27.

李鹏飞.2013.制造企业信息化水平的评价研究.青岛：中国海洋大学.

李邃，江可申.2011.高技术产业科技能力与产业结构优化升级.科研管理，32（2）：44-51，66.

李文侠.2012.网络经济对传统经济冲击的经济学分析.商业时代，（7）：43-44.

李晓华.2019.数字经济新特征与数字经济新动能的形成机制.改革，（11）：40-51.

李晓钟，陈涵乐，张小蒂.2017.信息产业与制造业融合的绩效研究——基于浙江省的数据.中国软科学，（1）：22-30.

李旭辉，程刚.2012.农村信息消费水平评价指标体系构建研究.洛阳理工学院学报（社会科学版），27（2）：49-52.

李艺铭，安晖.2017.数字经济：新时代 再起航.北京：人民邮电出版社.

厉无畏，王慧敏.2002.产业发展的趋势研判与理性思考.中国工业经济，（4）：5-11.

廖荣俊.2010.基于信息化的产业结构升级机制研究.金华：浙江师范大学.

林莉，葛继平.2012.大学科技园中的技术经营问题及其对策研究.科技管理研究，32（16）：97-101.

林秀梅，关帅.2020.环境规制推动了产业结构转型升级吗？——基于地方政府环境规制执行的策略互动视角.南方经济，（11）：99-115.

林毅夫，蔡防，李周.1999.中国的奇迹发展战略与经济改革（增订版）.上海：上海三联书店，上海人民出版社.

凌亢.2015.关于"互联网+交通"新业态发展情况及相关建议.交通与港航，2（3）：13-16.

凌黎，庄贵军.2015.网络交互研究综述.情报探索，（3）：1-7.

刘崇仪.2001.试论美国"新经济"发展模式.财经科学，（2）：41-46.

刘春梅.2010.信息产业对经济增长质量的影响研究及实证分析.北京：北京邮电大学.

刘聪.2015.信息产业促进产业结构调整升级的机理与实证研究——以广东省为例.广州：广东省社会科学院.

刘丹.2013.信息产业促进区域产业结构升级的机制研究.南昌：江西财经大学.

刘芳，倪浩.2009.我国产业结构调整的影响因素分析及相应措施.技术与创新管理，30（3）：321-323，358.

刘湖，张家平.2015.互联网+时代背景下ICT与经济增长关系的实证分析——来自中国省级面板数据研究.统计与信息论坛，30（12）：73-78.

刘建平.2002.数字经济与政府规制.中国行政管理，（9）：9-12.

刘军，杨渊鋆，张三峰.2020.中国数字经济测度与驱动因素研究.上海经济研究，（6）：81-96.

刘厉兵. 2010. 科学发展信息化 促进经济转型升级. 中国信息界, （10）: 17-19.

刘丽波. 2017. 新兴经济活动政府统计难点及应对之策. 中国统计, （12）: 57-59.

刘茂松. 2005. 论新世纪湖南工业化反梯度推移战略. 湖湘论坛, （5）: 50-52.

刘启, 李明志. 2008. 双边市场与平台理论研究综述. 经济问题, （7）: 17-20.

刘生龙, 胡鞍钢. 2010. 基础设施的外部性在中国的检验: 1988—2007. 经济研究, 45（3）: 4-15.

刘仕国. 2002. 新经济测度. 世界经济, （10）: 65-74, 80.

刘淑春. 2019. 中国数字经济高质量发展的靶向路径与政策供给. 经济学家, （6）: 52-61.

刘树成, 李实. 2000. 对美国"新经济"的考察与研究. 经济研究, （8）: 3-11, 55-79.

刘伟, 张辉, 黄泽华. 2008. 中国产业结构高度与工业化进程和地区差异的考察. 经济学动态, （11）: 4-8.

柳杨, 李君, 左越. 2019. 数字经济发展态势与关键路径研究. 中国管理信息化, 22（15）: 112-114.

卢学法, 杜传忠. 2016. 新常态下产业结构变动与经济增长——基于省级动态面板数据的GMM方法. 商业经济与管理, （2）: 58-67.

鲁春丛, 孙克. 2017. 繁荣数字经济的思考. 中国信息界, （2）: 32-35.

栾申洲. 2018. 对外贸易、外商直接投资与产业结构优化. 工业技术经济, 37（1）: 86-92.

罗贞礼. 2020. 我国数字经济发展的三个基本属性. 人民论坛·学术前沿, （17）: 6-12.

马成文, 毛舒乐. 2010. 农村居民消费结构对我国产业结构变动影响分析. 特区经济, （10）: 170-171.

马化腾. 2016. 关于以"互联网+"为驱动推进我国经济社会创新发展的建议. 中国科技产业, （3）: 38-39.

马化腾. 2018. 马化腾: 数字化将全面提升国人生活品质. 中国企业家, （13）: 20-21.

马建堂. 2016. 加快发展新经济 培育壮大新动能. 行政管理改革, （9）: 4-6.

马健. 2003. 信息产业融合与产业结构升级. 产业经济研究, （2）: 37-42, 55.

马克林. 2018. 基于消费视角的产业转型升级路径研究. 商业经济研究, （7）: 166-168.

马名杰. 2018. 数字技术及创新推动公共服务领域改革的特征和趋势. 发展研究, （1）: 16-18.

马晓国, 李宗植, 管军. 2006. 产业融合理论及发展江苏信息产业的分析. 科学学研究, （S1）: 158-162.

马艳, 郭白滢. 2011. 网络经济虚拟性的理论分析与实证检验. 经济学家, （2）: 34-42.

美国商务部. 1998. 浮现中的数字经济. 姜奇平, 等译. 北京: 中国人民大学出版社.

宁吉喆. 2017. 中国经济持续向好的底气何来. 人民论坛, （14）: 6-8.

牛艳梅. 2012. 基于反梯度推移的绿色产业发展问题研究. 农业经济, （7）: 46-48.

诺思 D C. 1994. 制度、制度变迁与经济绩效. 刘守英, 译. 上海: 上海三联书店.

庞瑞芝, 李鹏. 2011. 中国新型工业化增长绩效的区域差异及动态演进. 经济研究, 46（11）: 36-47, 59.

逄健，朱欣民. 2013. 国外数字经济发展趋势与数字经济国家发展战略. 科技进步与对策，30（8）：124-128.

裴长洪. 2018. 中国经济发展新趋势与外贸增长新优势. 国际贸易问题，（12）：8-10.

彭刚，赵乐新. 2020. 中国数字经济总量测算问题研究——兼论数字经济与我国经济增长动能转换. 统计学报，1（3）：1-13.

彭洲红，李静，谢琼立. 2020. 数字经济发展路径研究——以南京市为例. 经济研究导刊，（24）：115-117.

戚聿东，刘欢欢. 2020. 数字经济下数据的生产要素属性及其市场化配置机制研究. 经济纵横，（11）：2，63-76.

钱德勒 A D Jr. 1999. 企业的规模经济与范围经济：工业资本主义的原动力. 张逸人，等译. 北京：中国社会科学出版社.

乔阳娇，岳国强. 2020. 数字经济企业的类型及价值评估分析. 金融与经济，（9）：60-67.

青木昌彦，安藤晴彦. 2003. 模块时代：新产业结构的本质. 周国荣，译. 上海：上海远东出版社.

屈超，张美慧. 2015. 国际ICT卫星账户的构建及对中国的启示. 统计研究，32（7）：74-80.

荣宏庆. 2013. 新型工业化与信息化深度融合路径探讨. 社会科学家，（7）：73-76.

桑野幸德. 1999. 数字革命新时代. 杨明君，张凤梧，常敏慧，译. 北京：科学出版社.

沙勇忠，刘焕成. 2001. 信息环境演化对信息消费的影响. 情报科学，（12）：1310-1313.

尚进. 2018. 我国数字经济发展进入快车道. 中国信息界，（6）：7.

尚新颖. 2009. 网络经济下的垄断的形成机理及特征分析. 中央财经大学学报，（1）：61-65.

申漳. 2005.《中药现代化发展纲要》引发的思考. 湖北民族学院学报（医学版），（2）：4-8.

沈剑. 2011. 我国三网融合上下游产业有效竞争关系研究. 北京：北京邮电大学.

沈小玲. 2013. 安徽城镇居民信息消费结构变化的实证分析——基于面板ELES模型. 科技经济市场，（9）：28-33.

盛洪. 2006. 分工与交易：一个一般理论及其对中国非专业化问题的应用分析. 上海：上海三联书店，上海人民出版社.

石培华. 2002. 新经济与中国的数字化. 贵阳：贵州人民出版社.

宋艳萍. 2014. 信息化与城镇化融合发展研究. 河南社会科学，22（11）：110-113.

宋洋. 2020. 数字经济、技术创新与经济高质量发展：基于省级面板数据. 贵州社会科学，（12）：105-112.

苏东水. 2000. 产业经济学. 北京：高等教育出版社.

苏为华，陈骥. 2006. 综合评价技术的扩展思路. 统计研究，（2）：32-37，81.

孙伯龙. 2018. 新经济下的共享经济创新与政府管制转型：挑战与因应——"中国的共享经济：为求创新是该继续管制还是放松管制"会议综述. 竞争政策研究，（3）：46-53.

孙永波，王道平. 2009. 产业融合及如何促进我国产业融合的发展. 北京工商大学学报（社会科学版），（1）：105-110.

泰勒尔 J. 1997. 产业组织理论. 张维迎，译. 北京：中国人民大学出版社.

泰普斯科特. 1999. 数字经济蓝图：电子商务的勃兴. 陈劲，何丹，译. 大连：东北财经大学出版社.

唐晓华，姜博，马胜利. 2015. 基于ISCNFI分析框架的我国区域产业融合发展研究. 商业研究，（5）：1-10.

唐昭霞，朱家德. 2008. 产业融合对产业结构演进的影响分析. 理论与改革，（1）：83-86.

陶涛，李广乾. 2015. 平台演进模式与我国电子商务发展趋势. 中国发展观察，（4）：31-35.

陶长琪，齐亚伟. 2009. 融合背景下信息产业结构演化的实证研究. 管理评论，21（10）：13-21.

陶长琪，周璇. 2015. 产业融合下的产业结构优化升级效应分析——基于信息产业与制造业耦联的实证研究. 产业经济研究，（3）：21-31，110.

万金. 2018. 数据挖掘技术对民营经济统计数据质量的提升作用分析. 科技经济市场，（2）：18-20.

汪晖. 2008. 对象的解放与对现代的质询——关于《现代中国思想的兴起》的一点再思考. 开放时代，（2）：73-87.

汪景梁，王叶冰. 2008. 高校学生信息消费水平评价指标体系及实证研究. 情报科学，（1）：69-72.

王彬燕，田俊峰，程利莎，等. 2018. 中国数字经济空间分异及影响因素. 地理科学，38（6）：859-868.

王丙毅. 2005. 网络经济下规模经济的新特点与规模经济理论创新. 经济问题，（1）：9-12.

王成东，綦良群. 2015. 中国装备制造业与生产性服务业融合研究. 学术交流，（3）：132-136.

王静. 2013. 基于集对分析的智慧城市发展评价体系研究. 广州：华南理工大学.

王军，马上. 2000. 依然看好科技股——美国股市走势及前景分析. 国际贸易，（4）：54-57.

王君兰. 2017. 提速降费 政策落地仍需监管护航. 通信世界，（20）：36-37.

王锰，郑建明. 2015. 国内信息化与工业化融合之动力机制分析. 图书馆学研究，（1）：8-12.

王梦菲，张昕蔚. 2020. 数字经济时代技术变革对生产过程的影响机制研究. 经济学家，（1）：52-58.

王世强，陈逸豪，叶光亮. 2020. 数字经济中企业歧视性定价与质量竞争. 经济研究，55（12）：115-131.

王爽英. 2005. 企业信息化应用水平评价指标体系的研究. 企业技术开发，（8）：64-65，71.

王田青. 2014. 江苏省城乡居民信息消费差异性研究. 南京：南京邮电大学.

王翔，肖挺. 2015. 产业融合视角下服务业企业商业模式创新绩效分析. 技术经济，34（5）：48-57.

王瑜炜，秦辉. 2014. 中国信息化与新型工业化耦合格局及其变化机制分析. 经济地理，34（2）：93-100.

王智波. 2012. 中国产业结构升级的归因矩阵分析. 宏观经济研究，（4）：93-96，104.

王自锋, 孙浦阳, 张伯伟, 等. 2014. 基础设施规模与利用效率对技术进步的影响: 基于中国区域的实证分析. 南开经济研究, (2): 118-135.

魏和清. 2007. 知识经济测度方法研究. 大连: 东北财经大学.

温广龙. 2014. 新经济环境下企业统计工作的改革. 中外企业家, (23): 42-43.

乌家培. 2000. 网络经济及其对经济理论的影响. 学术研究, (1): 4-10.

乌家培, 谢康, 王明明. 2002. 信息经济学. 北京: 高等教育出版社.

邬小霞. 2020. 数字经济驱动下中小企业转型升级路径. 江苏经贸职业技术学院学报, (4): 28-31.

吴凤武, 胡祖铨. 2013. 我国城镇居民信息消费规模测算及特征分析. 商业时代, (33): 44-45.

吴钢华, 杨京英, 闫海琪. 2007. 信息消费系数及其测算方法研究. 图书情报知识, (2): 69-71.

吴继英, 孙晓阳. 2015. 技术创新对江苏产业结构演进的影响研究. 科技与经济, 28 (2): 66-70.

吴伟萍. 2003. 中国信息化与工业化协同推进的路径选择. 南方经济, (6): 69-72.

吴玉鸣. 2007. 中国区域研发、知识溢出与创新的空间计量经济研究. 北京: 人民出版社.

武晓霞. 2014. 省际产业结构升级的异质性及影响因素——基于1998年～2010年28个省区的空间面板计量分析. 经济经纬, 31 (1): 90-95.

武志昂, 毕开顺. 2007. 关于中药现代化思潮的评述 (一). 中国医药导刊, (4): 267-271.

希勒 D. 2001. 数字资本主义. 杨立平, 译. 南昌: 江西人民出版社.

夏炎, 王会娟, 张凤, 等. 2018. 数字经济对中国经济增长和非农就业影响研究——基于投入占用产出模型. 中国科学院院刊, 33 (7): 707-716.

鲜祖德. 2016. 做好"三新"和新经济统计这篇大文章. 中国统计, (12): 4-5.

肖静华, 谢康, 周先波, 等. 2006. 信息化带动工业化的发展模式. 中山大学学报 (社会科学版), (1): 98-104, 128.

肖婷婷. 2010. 我国城乡居民信息消费比较——基于2000～2007年的实证. 经济问题, (2): 46-48.

萧琛. 2003. 美国"新经济"正在重新崛起? ——论网络经济的衰退、复苏和高涨. 世界经济与政治, (7): 58-63, 79-80.

谢康, 李礼, 谭艾婷. 2009a. 信息化与工业化融合、技术效率与趋同. 管理评论, 21 (10): 3-12.

谢康, 肖静华, 乌家培. 2009b. 中国工业化与信息化融合的环境、基础和道路. 经济学动态, (2): 28-31.

谢康, 肖静华, 周先波, 等. 2012. 中国工业化与信息化融合质量: 理论与实证. 经济研究, 47 (1): 4-16, 30.

谢康, 肖静华, 周先波, 等. 2017. 中国工业化与信息化融合质量: 理论与实证. 中国信息化, (4): 72-83.

谢丽, 王健, 马林青. 2017. InterPARES项目: 成果回顾与未来方向. 档案学研究, (S1): 14-20.

熊彼特 J. 1990. 经济发展理论：对于利润、资本、信贷、利息和经济周期的考察. 何畏，易家详，等译. 北京：商务印书馆.

徐春华，刘力，吴瑕. 2014. 需求结构差异及其产业结构升级效应——基于6国非竞争型投入产出模型的分析. 消费经济，30（3）：42-48.

徐晖. 2016. 引领风能产业发展 推动能源战略转型——2016北京国际风能大会暨展览会金秋绽放. 电器工业，（11）：45-47.

徐丽梅，李宪立. 2012. 信息化与工业化融合的障碍与策略研究. 科技管理研究，32（1）：19-22，34.

徐琼梅，文斌. 2016. 新经济统计方法制度研究. 现代经济信息，（23）：112.

徐盈之，孙剑. 2009. 信息产业与制造业的融合——基于绩效分析的研究. 中国工业经济，（7）：56-66.

许宪春. 2015. 我国经济结构的变化与面临的挑战. 国家行政学院学报，（6）：4-11.

许宪春. 2016. 新经济的作用及其给政府统计工作带来的挑战. 经济纵横，（9）：1-5.

许宪春，张美慧. 2020. 中国数字经济规模测算研究——基于国际比较的视角. 中国工业经济，（5）：23-41.

闫海. 2013. 我国智慧城市建设水平评价研究. 太原：太原科技大学.

杨安. 2013. FDI与产业结构优化升级的相关性研究. 山东大学.

杨诚. 2010. 我国农民信息消费力现状与提升对策. 安徽农业科学，38（8）：4266-4269.

杨京英，吴钢华，闫海琪. 2006. 信息消费系数初探. 数据，（7）：14-15.

杨佩卿. 2020. 数字经济的价值、发展重点及政策供给. 西安交通大学学报（社会科学版），40（2）：57-65.

杨佩卿，张鸿. 2019. 发展数字经济促进改善就业. 新西部，（16）：80-83.

杨元利. 2017. 数字经济为我国经济增长提供新动能. 中国经贸，（22）：147-150.

杨震，黄卫东. 2014. 江苏信息消费促进产业发展的战略研究. 南京邮电大学学报（社会科学版），16（2）：1-11.

杨智峰，陈霜华，汪伟. 2014. 中国产业结构变化的动因分析——基于投入产出模型的实证研究. 财经研究，（9）：38-49.

杨仲山. 2001. 未来国民经济核算将发生巨大变化. 中国统计，（11）：11-12.

杨仲山，屈超. 2009. 对信息经济测度中"知识测度"方法的思考. 统计研究，（2）：15-21.

杨仲山，王岩. 2015. 中国经济的生产能力、实际购买力及其差额分解. 统计研究，32（12）：12-21.

杨卓凡. 2018. 数字经济平台的规模效应、技术创新与"IT生产率悖论"解析. 互联网天地，（10）：24-27.

姚亿博. 2018. 汇聚起建设网络强国的磅礴力量——深入学习习近平网络强国战略思想. 紫光阁，（05）：42-43.

易明，李奎. 2011. 信息化与工业化融合的模式选择及政策建议. 宏观经济研究，（9）：80-86.

殷国鹏，陈禹. 2009. 企业信息技术能力及其对信息化成功影响的实证研究——基于RBV理论视角. 南开管理评论，12（4）：152-160.

尹世杰. 2003. 消费经济学. 北京：高等教育出版社.

尹世杰. 2007. 加强消费和谐，促进全面小康建设. 消费经济，（6）：3-7.

于刃刚，李玉红. 2004. 产业融合对产业组织政策的影响. 财贸经济，（10）：18-22.

于长钺. 2020. 新一代信息技术产业发展评价及影响因素研究. 北京：北京邮电大学.

余典范，干春晖，郑若谷. 2011. 中国产业结构的关联特征分析——基于投入产出结构分解技术的实证研究. 中国工业经济，（11）：5-15.

余冬筠，魏伟忠. 2008. 工业化进程中信息产业对产业结构变动的作用. 技术经济，27（12）：87-92.

俞立平. 2012. 信息化对经济增长贡献的时空变化研究. 财贸研究，23（5）：54-60.

俞立平. 2013. 中国区域信息经济的技术进步与效率测度研究. 科学学与科学技术管理，（1）：78-84.

俞立平，潘云涛，武夷山. 2009. 工业化与信息化互动关系的实证研究. 中国软科学，（1）：34-40.

曾五一，王开科. 2014. 美国GDP核算最新调整的主要内容、影响及其启示. 统计研究，（3）：9-15.

张凤乔，施雪松，李晨辉. 2017. 信息化与工业化融合的机制研究. 南方农机，48（3）：101-102.

张辉，石琳. 2019. 数字经济：新时代的新动力. 北京交通大学学报（社会科学版），18（2）：10-22.

张磊. 2001. 产业融合与互联网管制. 上海：上海财经大学出版社.

张莉. 2016. "分享经济"拓展经济发展新空间. 今日中国，65（6）：52-55.

张琳，汪明珠. 2019. G20国家数字经济实力对比与发展特征. 政策瞭望，（7）：43-46.

张敏，马泽昊. 2013. 信息化、产业结构与区域经济增长——基于中国省际面板数据的经验分析. 财政研究，（8）：39-42.

张鹏. 2001. 我国城镇和农村居民信息消费的比较分析. 统计与信息论坛，（6）：25-28.

张鹏. 2019. 数字经济的本质及其发展逻辑. 经济学家，（2）：25-33.

张若雪. 2010. 人力资本、技术采用与产业结构升级. 财经科学，（2）：66-74.

张思航. 2015. 信息消费系数测算方法及信息消费影响因素研究. 北京邮电大学.

张太平. 2018. 强化大数据产业基础加快数字经济发展. 北方经济，（363）：28-30.

张同利. 2005. 我国居民信息消费问题研究. 审计与经济研究，（6）：58-61.

张新宝. 2017. 从《民法通则》到《民法总则》：基于功能主义的法人分类. 比较法研究，（4）：16-34.

张亚斌，金培振，沈裕谋. 2014. 两化融合对中国工业环境治理绩效的贡献——重化工业化阶段的经验证据. 产业经济研究，（1）：40-50.

张亦学. 2002. 论信息消费在可持续发展战略中的重要地位. 山东社会科学, (5): 146-148.

张轶龙, 崔强. 2013. 中国工业化与信息化融合评价研究. 科研管理, (4): 43-49.

张莹. 2015. 信息产业融合度的测算及其对经济增长影响的计量分析. 大连: 东北财经大学.

张于喆. 2018. 数字经济驱动产业结构向中高端迈进的发展思路与主要任务. 经济纵横, 34(3): 86-88.

张媛. 2013. 战略性新兴产业财务风险及其控制. 人民论坛, (20): 88-89.

赵付春. 2014. 我国信息消费构成、影响和发展重点研究. 社会科学, (1): 64-73.

赵广川. 2013. 基于VECM模型的江苏省消费结构、产业结构与经济增长关系研究. 南京: 南京财经大学, .

赵洪江, 陈林. 2015. 互联网技术、互联网金融与中小企业贷款技术创新——以阿里小贷为例. 电子科技大学学报 (社会科学版), (1): 39-44.

赵珏, 张士引. 2015. 产业融合的效应、动因和难点分析——以中国推进"三网融合"为例. 宏观经济研究, (11): 56-62.

赵喜仓, 余正娟. 2014. 创新驱动对江苏产业结构优化升级的影响研究. 中国集体经济, (30): 30-31.

赵昕, 茶洪旺. 2015. 信息化发展水平与产业结构变迁的相关性分析. 中国人口·资源与环境, 25 (7): 84-88.

赵星. 2016. 数字经济发展现状与发展趋势分析. 四川行政学院学报, (4): 85-88.

浙江省发改委高技处, 浙江省经济信息中心信息化研究处课题组. 2015. 2010—2013年浙江省信息经济发展评价报告. 浙江经济, (1): 37-39.

郑称德, 于笑丰, 杨雪, 等. 2016. 平台治理的国外研究综述. 南京邮电大学学报(社会科学版), 18 (3): 26-41.

郑丽. 2014. 我国居民信息消费及对经济增长和产业结构影响研究. 北京: 北京邮电大学.

郑莉. 2006. 超越后现代社会学, 建构后现代性社会学: 鲍曼的理论构想及方法论探析. 社会, (2): 18-33, 205-206.

郑明高. 2010. 产业融合发展研究. 北京: 北京交通大学.

郑英隆, 王勇. 2009. 我国城乡居民信息消费的结构差异成长. 经济管理, (1): 152-159.

郑英隆, 袁健. 2016. 基于三维结构的信息消费分层发展. 经济与管理研究, 37 (7): 94-102.

支燕, 白雪洁. 2012. 我国高技术产业创新绩效提升路径研究——自主创新还是技术外取?. 南开经济研究, (5): 51-64.

植草益. 2001. 信息通讯业的产业融合. 中国工业经济, (2): 24-27.

中国信息通信研究院. 2017. 中国数字经济发展白皮书 (2017年). 北京: 中国信息通信研究院.

钟章奇, 王铮. 2017. 创新扩散与全球产业结构优化——基于Agent模拟的研究. 科学学研究, 35 (4): 611-624.

仲伟仁，李雅婷. 2015. 信息技术变革对我国城镇居民出行行为的影响研究——以社会信息化为中介变量. 人文地理，30（3）：34-41.

周昌林，魏建良. 2007. 产业结构水平测度模型与实证分析——以上海、深圳、宁波为例. 上海经济研究，（6）：15-21.

周骥. 2013. 智慧城市评价体系研究. 武汉：华中科技大学.

周明生，梅如笛. 2013. 中国产业结构变迁与经济增长的关联性分析. 经济与管理研究，（6）：14-20.

周鹏. 2011. 信息化与工业化融合模式探析. 信息系统工程，（5）：123-135.

周勤，张红历，王成璋. 2012. 信息技术对经济增长的影响——一个新兴古典微观模型. 贵州社会科学，（12）：105-110.

周永涛，钱水土. 2012. 中国新型工业化增长绩效的区域差异及动态演进. 中国经贸探索，（4）：90-102.

周振华. 1991. 产业结构优化论. 上海：上海人民出版社.

周振华. 2003. 信息化与产业融合. 上海：上海人民出版社.

周振华. 2004. 论信息化中的产业融合类型. 上海经济研究，（2）：11-17.

朱红，张洪亮. 2005. 山西高校信息消费水平调查分析. 情报杂志，（9）：97-99.

朱启贵. 2002. 新金融及其风险防范. 合肥联合大学学报，12（1）：28-28.

朱瑞博. 2003. 价值模块整合与产业融合. 中国工业经济，（8）：24-31.

朱晓铭. 2012. 我国居民信息消费结构对产业结构影响分析. 蚌埠：安徽财经大学.

朱永彬，刘昌新，王铮，等. 2013. 我国产业结构演变趋势及其减排潜力分析. 中国软科学，（2）：35-42.

左鹏飞. 2017. 信息化推动中国产业结构转型升级研究. 北京：北京邮电大学.

Abbott R，Bogenschneider B. 2018. Should robots pay taxes? Tax policy in the age of automation. Harvard Law & Policy Review，12：145-175.

Abd Allah M A B. 2019. Digital economy in Egypt：the path to achieve it. International Journal of Innovation in the Digital Economy *(IJIDE)*，10（2）：1-27.

Abramoitz M. 1989. Thinking about Growth and Other Essays on Economic Growth and Welfare. Cambridge：Cambridge University Press.

Acemoglu D，Restrepo P. 2018. The race between machine and man：implications of technology for growth，factor shares and employment. American Economic Review，108（6）：1488-1542.

Acemoglu D，Robinson J. 1998. Persistence of power，elites and institutions. American Economic Review，98（1）：267-293.

Adaval R. 2001. Sometimes it just feels right：the differential weighting of affect-consistent and affect-inconsistent product information. Journal of Consumer Research，28：1-17.

Adomavicius G，Bockstedt J C，Gupta A，et al. 2008. Making sense of technology trends in the information technology landscape：a design science approach. MIS Quarterly，32（4）：779-809.

Ahmad N. 2017. Is GDP still measured correctly in an era of digitalisation?. Economic Analysis，192：67-84.

Akamatsu K. 1932. The synthetic principles of the economic development of our country. Theory of Commerce and Economics，6：179-220.

Akinwale Y O. Grobler W C. 2019. Education，openness and economic growth in South Africa：empirical evidence from VECM analysis. The Journal of Developing Areas，53（1）：51-64.

Alizadeh T. 2017. Urban digital strategies：planning in the face of information technology. Journal of Urban Technology，24（2）：35-49.

Anselin L. 1998. Spatial Econometrics：Methods and Models. Dordrecht：Kluwer Academic Publishers.

Antonelli C. 2003. The Economics of Innovation，New Technologies and Structural Change. London：Routledge.

Ariely D. 2000. Controlling the information flow：effects on consumers' decision making and preferences. Journal of Consumer Research，27（2）：233-248.

Aschauer D A. 1989. Is public expenditure productive?. Journal of Monetary Economics，23（2）：177-200.

Atkinson A B. 1970. On the measurement of inequality. Journal of Economic Theory，2（3）：244-263.

Atkinson R D，Andes S. 2008. The 2010 State New Economy Index：Benchmarking Economic Transformation in the States. https://files.eric.ed.gov/fulltext/ED515552.pdf[2022-04-24].

Avgerou C. 2008. Information systems in developing countries：a critical research review. Journal of Information Technology，23（3）：133-146.

Azadegan A. Wagner S M. 2011. Industrial upgrading，exploitative innovations and explorative innovations. International Journal of Production Economics，130（1）：54-65.

Badenhop M B，Kuznets S. 1966. Economic growth and structure. Journal of Farm Economics，48（1）：148-150.

Badescu M，Garcés-Ayerbeb C. 2009. The impact of information technologies on firm productivity：empirical evidence from Spain. Technovation，29（2）：122-129.

Baker S R，Bloom N，Davis S J. 2016. Measuring economic policy uncertainty. The Quarterly Journal of Economics，131（4）：1593-1636.

Baldwin R. 2016. The Great Convergence：Information Technology and the New Globalization. Cambridge：The Belknap Press of Harvard University Press.

Baller S, Dutta S, Lanvin B. 2016. The Global information technology report 2016: innovating in the digital economy. https://formatresearch.com/img/file/varie/2016/WEF_GITR_Full_Report.pdf [2022-08-11].

Baltagi B H, Li D. 2001. Double length artificial regressions for testing spatial dependence. Econometric Reviews, 20 (1): 31-40.

Baltagi B H. 2001. Econometric Analysis of Panel Data. New York: John Wiley & Sons, Inc.

Bartel A, Ichniowski C, Shaw K. 2007. How does information technology affect productivity? Plant level comparisons of product innovation, process improvement, and worker skills. The Quarterly Journal of Economics, 122 (4): 1721-1758.

Basu S, Fernald J. 2007. Information and communications technology as a general-purpose technology: evidence from US industry data. German Economic Review, 8 (2): 146-173.

BEA. 2019. Measuring the digital economy: an update incorporating data from the 2018 comprehensive update of the industry economic accounts. https://www.bea.gov/system/files/2019-04/digital-economy-report-update-april-2019_1.pdf [2020-03-28].

Beck T, Levine R, Loayza N. 2000. Finance and the sources of growth. Journal of Financial Economics, 58: 261-300.

Becker R, Henderson V. 2000. Effects of air quality regulations on polluting industries. Journal of Political Economy, 108 (2): 379-421.

Bekkers R, Martinelli A. 2012. Knowledge positions in high-tech markets: trajectories, standards, strategies and true innovators. Technological Forecasting and Social Change, 79 (7): 1192-1216.

Bell D. 1973. The Coming of Post-Industrial Society: A Venture in Social Forecasting. New York: Basic Books.

Blackman C R. 1998. Convergence between telecommunications and other media: how should regulation adapt?. Telecommunications Policy, 22 (3): 163-170.

Boon J A, Britz J J, Harmse C. 1994. The information economy in South Africa: definition and measurement. Journal of Information Science, 20 (5): 334-347.

Braun E. 1982. Information activities, electronics and telecommunications technologies: impact on employment, growth and trade-vol1: OECD, Paris. Telecommunications Policy, 6(2): 147-148.

Brezis E, Krugman P, Tsiddon D. 1993. Leapfrogging in international competition: a theory of cycles in national technological leadership. American Economic Review, 83 (5): 1211-1219.

Bröring S. 2010. Developing innovation strategies for convergence-is 'open innovation' imperative?. International Journal of Technology Management, 49: 272-294.

Brynjolfsson E, Kahin B. 2000. Understanding the Digital Economy: Data, Tools, and Research. Cambridge: The MIT Press.

Carlsson B. 2004. DERMATOLOGICAL FORMULATIONS: WO, WO2002089917 A3.

Castellacci F. 2010. Structural change and the growth of industrial sectors: empirical test of a GPT model. Review of Income and Wealth, 56 (3): 449-482.

Castells M. 1997. Power of Identity: The Information Age: Economy, Society, and Culture. Malden: Blackwell Publishers, Inc.

Chen B, Liu T, Guo L, et al. 2020. The disembedded digital economy: social protection for new economy employment in China. Social Policy & Administration, 54 (7): 1246-1260.

Chen J H, Chen Y J. 2015. New industry creation in less developed countries: the case of the Taiwanese flat panel display industry. Innovation: Organization & Management, 17 (2): 250-265.

Cho H J, Pucik V. 2005. Relationship between innovativeness, quality, growth, profitability, and market value. Strategic Management Journal, 26 (6): 555-575.

Clark C. 1940. The Conditions of Economic Progress. London: Macmillan.

Clements B. 1998. The impact of convergence on regulatory policy in Europe. Telecommunications Policy, 22 (3): 197-205.

Colecchia A, Antonzabalza E, Devlin A, et al. 2002. Measuring the information economy 2002 The ICT sector. Source OECD Science & Information Technology, (35): 35-69.

Commission E. 2015. Digital Economy and Society Index. Methodological note. Brussels: European Commission, 1-20.

Córdobaa J C, Verdier G. 2008. Inequality and growth: some welfare calculations. Journal of Economic Dynamics and Control, 32 (6): 1812-1829.

Corning P A. 1998. "The synergism hypothesis": on the concept of synergy and its role in the evolution of complex systems. Journal of Social and Evolutionary Systems, 21 (2): 133-172.

Csikszentmihalyi M. 2000. The costs and benefits of consuming. Journal of Consumer Research, 27 (2): 267-272.

Cullen R. 2003. The digital divide: a global and national call to action. The Electronic Library, 21 (3): 247-257.

Curran C S, Bröring S, Leker J. 2010. Anticipating converging industries using publicly available data. Technological Forecasting and Social Change, 77 (3): 385-395.

Curran C S, Leker J. 2011. Patent indicators for monitoring convergence-examples from NFF and ICT. Technological Forecasting and Social Change, 78 (2): 256-273.

Das D K, Erumban A A, Aggarwal S, et al. 2016. Productivity growth in India under different policy regimes//Jorgenson D W, Fukao K, Timmer M P. The World Economy. Cambridge: Cambridge University Press: 234-280.

Datta A, Agarwal S. 2004. Telecommunications and economic growth: a panel data approach. Applied Economics, 36 (15): 1649-1654.

del Águila A R，Padilla A，Serarols C，et al. 2003. Digital economy and management in Spain. Internet Research，13（1）：6-16.

Dicken P，Kelly P F，Olds K，et al. 2001. Chains and networks territories and scales：towards a relational framework for analyzing the global economy. Global Networks，1（2）：89-112.

Dosi G. 1982. Technological paradigms and technological trajectories：a suggested interpretation of the determinants and directions of technical change. Research Policy，11（3）：147-162.

Drnevich P L，Croson D C. 2013. Information technology and business-level strategy：toward an integrated theoretical perspective. MIS Quarterly，37（2）：483-509.

Duch-Brown N，Grzybowski L，Romahn A，et al. 2017. The impact of online sales on consumers and firms：evidence from consumer electronics. International Journal of Industrial Organization，52：30-62.

Dumitrescu G C，Poladian S M. 2019. The digital economy and society index：a comparative analysis. Euroinfo，3：71-77.

Dunning J H. 1993. Multinational Enterprises and the Global Economy. Workingham：Addison-Wesley.

Dutta S，Bilbao-Osorio B. 2012. The global information technology report 2012. https://www3.weforum.org/docs/Global_IT_Report_2012.pdf [2022-08-11].

Economides N.1996. The economics of networks. International Journal of Industrial Organization，14（6）：673-699.

Economides N. 2001. The Economics of Networks. http://www.stern.nyu.edu/networks/top.html [2001-05-21].

Economist Intelligence Unit. 2010. Digital Economy Rankings 2010：Beyond E-Readiness. London：Economist Intelligence Unit.

Eres B K. 1982. Socioeconomic conditions relating to the level of information activity in less developed countries. Philadelphia：Drexel University.

Eres B K. 1985. Socioeconomic conditions related to information activity in less developed countries. Journal of the American Society for Information Science and Technology，36（3）：213-219.

Ernst D. 2008. Asia's "upgrading through innovation" strategies and global innovation networks：an extension of Sanjaya Lall's research agenda. Transnational Corporations，17（3）：31-57.

European Commission. 1997. Green paper on the convergence of the telecommunications，media and information technology sectors，and the implications for regulation. https://dm2ue6l6q7ly2.cloudfront.net/wp-content/uploads/2019/08/01145629/1997GreenPaperonConvergence.pdf

Fai F，von Tunzelmannv F N. 2001. Industry-specific competencies and converging technological systems：evidence from patents. Structural Change and Economic Dynamics，12（2）：141-170.

Fu X L, Gong Y D. 2011. Indigenous and foreign innovation efforts and drivers of technological upgrading: evidence from China. World Development, 39 (7): 1213-1225.

Gabriel I C. 2020. The need for rethinking the model of assessing value in the digital economy context. Proceedings of the International Conference on Business Excellence, 14(1): 170-181.

Gaines B R. 1998. The learning curves underlying convergence. Technological Forecasting and Social Change, 57: 7-34.

Gambardella A, Torrisi S. 1998. Does technological convergence imply convergence in markets? Evidence from the electronics industry. Research Policy, 27 (5): 445-463.

Gambardella A, Torrisi S. 1998. Does technological convergence imply 146 convergence in markets? Evidence from the electronics industry. Research Policy, 27 (5): 445-463.

Garbacz C, Thompson H G. 2007. Demand for telecommunication services in developing countries. Telecommunications Policy, 31 (5): 276-289.

Gatti D D, Gallegati M, Greenwald B C, et al. 2009. Business fluctuations and bankruptcy avalanches in an evolving network economy. Journal of Economic Interaction and Coordination, 4 (2): 195-212.

Geradin D. 2001. Regulatory issues raised by network convergence: the case of multi-utilities. Journal of Network Industries, 2 (1): 113-126.

Gerchenkron A. 1962. Economics Backwardness in Historical Perspective: A Book of Essays. Cambridge: The Belknap Press of Harvard University Press.

Gereffi G. 2009. Development models and industrial upgrading in China and Mexico. European Sociological Review, 25 (1): 37-51.

Gill G, Young K, Pastore D, et al. 1997. Economy-wide and industry-level impact of information technology. U.S Department of Commerce ESA/OPD.

Gokhberg L, Roud V. 2016. Structural changes in the national innovation system: longitudinal study of innovation modes in the Russian industry. Economic Change and Restructuring, 49: 269-288.

Gordon I R, McCann P. 2000. Industrial cluster: complexes, agglomeration and/or social networks. Urban Studies, 37 (3): 513-532.

Graetz G, Michaels G. 2017. Is modern technology responsible for jobless recoveries. American Economic Review, 107 (5): 168-173.

Gruber H, Koutroumpis P. 2010. Mobile communications: diffusion facts and prospects. Communications and Strategies No.77.

Gust C, Marquez J. 2004. International comparisons of productivity growth: the role of information technology and regulatory practices. Labour Economics, 11 (1): 33-58.

Hacklin F. 2008. Management of Convergence in Innovation: Strategies and Capabilities for Value Creation Beyond Blurring Industry Boundaries. Heidelberg: Physica-Verlag.

Hirschman A O. 1958. The Strategy of Economic Development. New Haven: Yale University Press.

Hoag A. 1998. Measuring usage and satisfaction : cable modems and the Internet. http://dlib.org/dlib/march98/hoag/03hoag.html[2022-08-11].

Hoffmann W G. 1958. The Growth of Industrial Economies. Manchester: Manchester University Press.

Hofman A, Aravena C, Aliaga V. 2016. Information and communication technologies and their impact in the economic growth of Latin America, 1990-2013. Telecommunications Policy, 40 (5): 485-501.

Howells J, Neary I. 1991. Science and technology policy in Japan: the pharmaceutical industry and new technology//Wilks S, Wright M. The Promotion and Regulation of Industry in Japan. New York: Palgrave Macmillan: 81-109.

Hui K L, Chau P Y K. 2002. Classifying digital products. Communications of the ACM, 45 (6): 73-79.

Ibrahimova K, Suleymanov E, Rahmanov F. 2020. The digital economy and the impact of its formation on economic development. Academic Journal of Economic Studies, 6 (3): 105-109.

Jeucken M. 2001. Sustainable Finance and Banking: The Financial Sector and the Future of the Planet. London: The Earthscan Publication Ltd.

Jia G L. 2004. On advantage of backwardness: the view of evolutionary economics. Journal of Shanxi University (Philosophy and Social Sciences), (1): 70-75.

Jorgensen D W, Stiroh K J. 2000. Raising the speed limit: U.S. economic growth in the information age. Brookings Papers on Economic Activity, (1): 125-235.

Jorgenson D W, Motohashi K. 2005. Information technology and the Japanese economy. Journal of the Japanese and International Economies, 19 (4): 460-481.

Jorgenson D W, Vu K. 2007. Information technology and the world growth resurgence. German Economic Review, 8 (2): 125-145.

Journal I. 2008. OECD Ministerial meeting on the future of the internet economy. International Organizations Research Journal, 3 (2): 45-47.

Judd C M, Kenny D A. 1981. Process analysis: estimating mediation in treatment evaluations. Evaluation Review, 5 (5): 602-619.

Katz M L, Shapiro C. 1985. Network externalities, competition, and compatibility. The American Economic Review, 75 (3): 424-440.

Kazakevitch G, Torlina L. 2001. Market structures and competition in the digital economy, global cooperation in the new millennium. Bled: European Conference on Information Systems 2001.

Keller W. 2002. Trade and the transmission of technology. Journal of Economic Growth, 7（1）: 5-24.

Kim B, Barua A, Whinston A B. 2002. Virtual field experiments for a digital economy: a new research methodology for exploring an information economy. Decision Support Systems, 32（3）: 215-231.

Kim M S, Park Y. 2009. The changing pattern of industrial technology linkage structure of Korea: did the ICT industry play a role in the1980s and forecasting social change. Technological Forecasting and Social Change, 76（5）: 688-699.

Kim Y, Li H D, Li S Q. 2014. Corporate social responsibility and stock price crash risk. Journal of Banking & Finance, 43: 1-13.

Kling R, Lamb R. 1999. IT and organizational change in digital economies. ACM SIGCAS Computers and Society, 29（3）: 17-25.

Kraut R, Steinfield C, Chan A P, et al. 1999. Coordination and virtualization: the role of electronic networks and personal relationships. Organization Science, 10（6）: 693-815.

Krugman P. 1997. Development, Geography, and Economic Theory. Cambridge: The MIT Press.

Ktistakis G, Akoumianakis D. 2014. Towards digital materiality: imbrication of services and the re-configuration of agencies. Athens: PCI '14: Proceedings of the 18th Panhellenic Conference on Informatics.

Kunreuther H. 2001. Incentives for mitigation investment and more effective risk management: the need for public-private partnerships. Journal of Hazardous Materials, 86: 171-185.

Kuznets S. 1966. Modern Economic Growth: Rate, Structure and Spread. New Haven: Yale University Press.

Lane N. 1999. Advancing the digital economy into the 21st century. Information Systems Frontiers, 1（3）: 317-320.

Lei D T. 2000. Industry evolution and competence development: the imperatives of technological convergence. International Journal of Technology Management, 19: 699-738.

Li R, Guo Q, Wang Z, et al. 2012. Research on innovative practice of informatization in China rural areas. TaiPei: ICACII 2012.

Lind J. 2005. Ubiquitous convergence: market redefinitions generated by technological change and the industry life cycle. Aalborg: DRUID ACADEMY Winter Conference.

Liu N. 2018. China's digital economy: a leading global force. China's Foreign Trade, 567（3）: 20-21.

Lund S, Tyson L. 2018. Globalization is not in retreat: digital technology and the future of trade. Foreign Affairs, 97（3）: 130-140.

Lusigi A，Piesse J，Thirtle C. 1998. Convergence of per capital incomes and agricultural productivity in Africa. Journal of International Development，10（1）：105-115.

Machlup F. 1962. Five classes of knowledge. Princeton：Princeton University Press.

Malhotra A. 2001. Firm strategy in converging industries：an investigation of US commercial bank responses to US commercial investment banking convergence. Washington，D.C.：University of Maryland，College Park.

McAfee A，Brynjolfsson E. 2016. Human work in the robotic future: policy for the age of automation. Foreign Affairs，95（4）：139-150.

MIAC. 2017. The 2016 white paper on information and communications in Japan. Journal of the institute of electrical installation engineers of Japan，1-5.

Mortimer J T，Larson R. 2002. The Changing Adolescent Experience: Societal Trends and the Transition to Adulthood. Cambridge：Cambridge University Press.

Moulton B R，Seskin E P. 1999. A preview of the 1999 comprehensive revision of the national income and product accounts：statistical changes. https://apps.bea.gov/scb/pdf/national/nipa/1999/1099niw.pdf [2022-08-11].

Mountain J. 1998. The great escape. Nurs Times，94（18）：36-37.

Mueller M，Tan Z X. 1997. China in the Information Age：Telecommunications and the Dilemmas of Reform. Washington，D.C.：The Centre for Strategic and International Studies.

National Telecommunications and Information Administration. 1995. Falling through the net：a survey of the "havenots" in rural and urban America. Washington DC：NTIA.

Nguyen D，Paczos M. 2020. Measuring the economic value of data and cross-border data flows：a business perspective. OECD Digital Economy Papers No.297.

Norris P. 2001. Digital Divide：Civic Engagement，Information Poverty and the Internet Worldwide. Cambridge：Cambridge University Press.

OECD. 2012. OECD Internet Economy Outlook2012. Pairs：OECD Publishing.

OECD. 2015. OECD Digital Economy Outlook2015. Pairs：OECD Publishing.

Oliner S D，Sichel D E. 2000. The resurgence of growth in the late 1990s：is information technology the story?. Journal of Economic Perspectives，14：3-22.

Ozawa T. 2009. The Rise Of Asia：The 'Flying-Geese' Theory of Tandem Growth and Regional Agglomeration. Cheltenham：Edward Elgar.

Pan S. 2016. E-commerce in India-issues and challenges. International Journal of Research in Economics and Social Sciences，6（9）：14-21.

Paul M，James W. 2001. Digital future：an agenda for a sustainable digital economy. Corporate Environmental Strategy，8（3）：275-280.

Pavlou P A, El Sawy O A. 2010. The "third hand": IT-enabled competitive advantage in turbulence through improvisational capabilities. Information Systems Research, 21 (3): 443-471.

Pedroni P. 2004. Panel cointegration: asymptotic and finite sample properties of pooled time series tests with an application to the PPP hypothesis. Econometric Theory, 20 (3): 597-625.

Peneder M. 2003. Industrial structure and aggregate growth. Structural Change and Economic Dynamics, 14 (4): 427-448.

Pennings J M, Puranam P. 2001. Market convergence and firm strategy: new directions for theory and research. Eindhoven: The Future of Innovation Studies.

Peters M, Schneider M, Griesshaber T, et al. 2012. The impact of technology-push and demand-pull policies on technical change: does the locus of policies matter. Research Policy, 41 (8): 1296-1308.

Petersen M A. 2009. Estimating standard errors in finance panel data sets: comparing approaches. The Review of Financial Studies, 22 (1): 435-480.

Pikkarainen T, Pikkarainen K, Karjaluoto H, et al. 2004. Consumer acceptance of online banking: an extension of the technology acceptance model. Internet Research, 14 (3): 224-235.

Pool I D S. 1983. Technologies of Freedom. Cambridge: The Belknap Press of Harvard University Press.

Porat M U. 1977. The information economy: definition and measurement. Washington, D.C.: U.S. Department of Commerce.

Porter M E. 1985. Technology and competitive advantage. Journal of Business Strategy, 5(3): 60-78.

Porter M E. 1990. Competitiveness: challenging the conventional wisdom. Social Science Electronic Publishing, (68): 190-192.

Poutanen S, Kovalainen A. 2017. Gender and Innovation in the New Economy: Women, Identity, and Creative Work. New York: Palgrave Macmillan.

Prajogo D I, Ahmed P K. 2006. Relationships between innovation stimulus, innovation capacity, and innovation performance. R& D Management, 36 (5): 499-515.

Pyka A. 2002. Innovation networks in economics: from the incentive-based to be knowledge-based approach. European Journal of Innovation Management, 5 (3): 152-163.

Quah D. 2002. Digital goods and the new economy. https://citeseerx.ist.psu.edu/viewdoc/download?doi=10.1.1.142.5609&rep=rep1&type=pdf[2022-08-11].

Quinton S, Canhoto A, Molinillo S, et al. 2018. Conceptualizing a digital orientation: antecedents of supporting SME performance in the digital economy. Journal of Strategic Marketing, 26(5): 427-439.

Reenen J V. 2011. Wage inequality, technology and trade: 21st century evidence. Labour Economics, 18 (6): 730-741.

Repkine A. 2008. ICT penetration and aggregate production efficiency: empirical evidence for a cross-section of fifty countries. https://citeseerx.ist.psu.edu/viewdoc/download?doi=10.1.1.489. 4255&rep=rep1&type=pdf[2022-08-11].

Rifkin J. 2014. The Zero Marginal Cost Society. New York: Palgrave Macmillan.

Romano L, Traù F. 2017. The nature of industrial development and the speed of structural change. Structural Change and Economic Dynamics, 42: 26-37.

Rugman A M, Verbeke A. 1994. Generic Strategies In Global Competition. Bingley: Emerald Group Publishing.

Schor J B. 2014. Climate discourse and economic downturns: the case of the United States, 2008–2013. Environmental Innovation and Societal Transitions, 13: 6-20.

Shapiro C, Varian H R. 1999. Information Rules: A Strategic Guide to the Network Economy. Boston: Harvard Business School Press.

Sher P J, Lee V C. 2004. Information technology as a facilitator for enhancing dynamic capabilities through knowledge management. Information & Management, 41 (8): 933-945.

Shirk J C. 1998. The costs and benefits of lifelong learning: consumer behavior. https://files.eric.ed.gov/fulltext/ED419078.pdf[2022-08-11].

Shy O. 2001. The Economics of Network Industries. New York: Cambridge University Press.

Siggel E. 2001. India's trade policy reforms and industry competitiveness in the 1980s. The World Economy, 24 (2): 159-183.

Silveira G D. 2001. Innovation diffusion: research agenda for developing economies. Technovation, 21 (12): 767-773.

Soete L. 1985. International diffusion of technology, industrial development and technological leapfrogging. World Development, 13 (3): 409-422.

Solow R M. 1957. Technological change and the aggregate production function. The Review of Economics and Statistics, 39 (3): 312-320.

Stieglitz N. 2002. Industry dynamics and types of market convergence. https://citeseerx.ist.psu.edu/viewdoc/download?doi=10.1.1.112.2393&rep=rep1&type=pdf[2022-08-11].

Stiroh K J. 2005. Reassessing the impact of IT in the production function: a meta-analysis and sensitivity tests. Annales d'Économie et de Statistique, 79/80: 529-561.

Strange R, Zucchella A. 2017. Industry 4.0, global value chains and international business. Multinational Business Review, 25 (3): 174-184.

Szalavetz A. 2004. Structural change and structural competitiveness - the Hungarian experience. Economic Thought, (6): 43-57.

Tapscott D. 1996. The Digital Economy: Promise and Peril in the Age of Networked Intelligence. New York: McGraw-Hill.

Ticoll D, Tapscott D, Lowy A, et al. 1998. Blueprint to the Digital economy: creating wealth in the era of e-business. Computer, 31（9）: 101.

Tchamyou V S, Erreygers G, Cassimon D. 2019. Inequality, ICT and financial access in Africa. Technological Forecasting and Social Change, 139: 169-184.

Teece D J. 2012. Dynamic capabilities: routines versus entrepreneurial action. Journal of Management Studies, 49（8）: 1395-1401.

Tian G D, Chu J W, Hu H S, et al. 2014. Technology innovation system and its integrated structure for automotive components remanufacturing industry development in China. Journal of Cleaner Production, 85: 419-432.

Turcan V, Gribincea A, Birca I. 2014. Digital economy - a premise for economic development in the 20th century. Economy and Sociology: Theoretical and Scientifical Journal,（2）: 109-115.

Turner J, Holmes L, Hodgson F C. 2000. Intelligent urban development: an introduction to a participatory approach. Urban Studies, 37（10）: 1723-1734.

U.S. Department of Commerce. 1998. Falling Through the Net Ⅱ: New Data on the Digital Divide. Washington D.C: U.S. Department of Commerce.

U.S. Department of Commerce. 2000. Falling Through the Net: Towards Digital Inclusion. Washington D.C: U.S. Department of Commerce.

U.S. Department of Commerce. 2002. A Nation Online: How Americans are Expanding Their Use of the Internet. Washington D.C.: U.S. Department of Commerce.

Umesao T. 1963. Information industry theory: dawn of the coming era of the ectodermal industry. Hoso Asahi, 1: 4-17.

UNCTAD. 2015. Information Economy Report 2015: Unlock the Potential of E-commerce for Developing Countries. Geneva: UCTAD.

UNCTAD. 2017. Information Economy Report 2017: Digitalization, Trade, and Development. Geneva: UCTAD.

UNCTAD. 2019. Digital Economy Report 2019: Value Creation and Capture: Implications for Developing Countries. Geneva: UCTAD.

van Elkan R. 1996. Catching up and slowing down: learning and growth patterns in an open economy. Journal of International Economics, 41: 95-111.

Vandenberg J J. 1995. Risk assessment and research: an essential link. Toxicology Letters, 79: 17-22.

Varian H R, Shapiro C. 1999. The art of standards wars. California Management Review, 41: 8-32.

Vicente M R, López A J. 2011. Assessing the regional digital divide across the European Union-27. Telecommunications Policy, 35（3）: 220-237.

Walsham G, Robey D, Sahay S. 2007. Foreword: special issue on information systems in developing countries. MIS Quarterly, 31（2）: 317-326.

Weaver B. 2007. Research proposal: industry convergence: driving forces, factors and consequences. Bergen: Nordic Academy of Management Conference.

Weber K. 2003. Does globalization lead to convergence? The evolution of organization's cultural repertoires in the biomedical industry. Ann Arbor: University of Michigan.

Wei L. 2020. Research on quality evaluation and promotion strategy of digital economy development. Open Journal of Business and Management, 8 (2): 932-942.

World Bank Group. 2020. Burundi Digital Economy Assessment. Washington D.C.: World Bank Group.

Yang Y P, Hui M, Li D, et al. 2010. The measurement model for enterprise informationization capability maturity//2010 Third International Joint Conference on Computational Science and Optimization. Huangshan: IEEE.

Yoffie D B. 1997. Competing in the age of digital convergence. California Management Review, 38: 31-53.

Zhou X B, Li K W, Li Q. 2011. An analysis on technical efficiency in post-reform China. China Economic Review, 22 (3): 357-372.